les grandes dates
de l'histoire de France

événements politiques
faits économiques et sociaux
civilisation

les grandes dates
de l'histoire de France

événements politiques
faits économiques et sociaux
civilisation

Éric Bournazel
professeur à l'université de Paris X - Nanterre

Germaine Vivien
† agrégée de l'université

Max Gounelle
professeur à la faculté de droit
de l'université de Toulon

avec la collaboration de
Pierre Flandin-Bléty
professeur à l'université de Limoges

RÉFÉRENCES
Larousse

17, RUE DU MONTPARNASSE - 75298 PARIS CEDEX 06

Responsable éditoriale
Anne Leclerc

Secrétariat de rédaction
Mireille de Monts

Secrétariat d'édition
Joëlle Narjollet

Correction-révision
Bernard Dauphin – Annick Valade

Mise en pages
Claude Magnin

Fabrication
Claude Guérin

Cartographie
Michèle Bézille

Tableaux généalogiques
Christophe Levantal

ISBN 2-03-720265-2

SOMMAIRE

Tableaux généalogiques par Christophe Levantal

AVERTISSEMENT

Qu'est-ce qu'une chronologie à une époque où la recherche historique n'attache qu'une importance relative à l'événement, remet en question certaines dates et dénonce l'artificiel d'un temps fondé sur le seul calendrier ? Un outil, dirions-nous : non seulement un moyen parmi d'autres pour « faire de l'histoire », mais un véritable instrument permettant de situer un fait, social, politique, culturel, dans son environnement et dans son enchaînement historiques. Un instrument, indispensable à ce titre, mais qu'il faut considérer comme tel, avec la part inévitable de « choix » qu'implique même l'objectivité, et qui ne saurait remplacer ni un manuel ni un dictionnaire.

Quant aux tableaux et aux biographies qui figurent dans chaque chapitre, s'ils ont été retenus pour représenter une période, ils ne prétendent en aucun cas la résumer, mais plutôt l'illustrer.

LES AUTEURS

LES MÉROVINGIENS

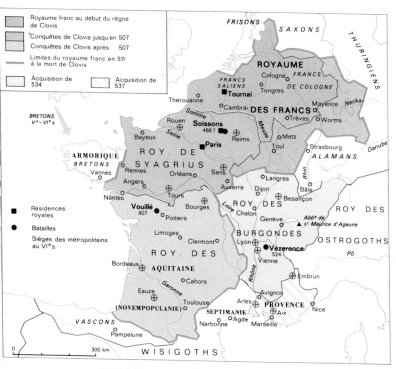

L'établissement du royaume franc

L'EMPIRE CAROLINGIEN

Le royaume des Francs en 771

Conquêtes de Charlemagne

Couronnement impérial de Charlemagne en 800

Peuples dépendants en 814

✝ Archevêchés   ▲ Abbayes importantes

Partage de Verdun (843)

Royaume de Charles le Chauve (Francia occidentalis)

Royaume de Lothaire

Royaume de Louis le Germanique (Francia orientalis)

★ Bataille

II

Formation et partage de l'Empire de Charlemagne

LE ROYAUME CAPÉTIEN

ROY. D'ANGLETERRE

DUCHÉ DE BASSE-LORRAINE
Cologne
Cassel
Montreuil • FLANDRE
Cᵗᵉ DE PONTHIEU
Corbie
Mayence
Trèves
COMTÉ DE VERMANDOIS
Rouen
Attigny
Metz
VEXIN
Compiègne • Reims
DUCHÉ DE HAUTE-LORRAINE
Dᶜʰᵉ DE NORMANDIE
Poissy
Strasbourg
Paris
COMTÉ DE CHAMPAGNE
• Mortain
Cᵗᵉ PENTHIÈVRE
DE BRETAGNE
Rennes
MAINE
Sens • Troyes
CORNOUAILLE
ANJOU
Blois • Orléans
Dᶜʰᵉ DE BOURGOGNE
Dijon
COMTÉ DE BOURGOGNE
Bâle
Nantes
Tours • Bourges
• Besançon
Nevers
Poitiers
Chalon
POITOU
Sⁱᵉ DE BOURBON
Beaujeu
DUCHÉ D'AQUITAINE
Lyon
Saintes
Limoges • Clermont
FOREZ
DAUPHINÉ
Bordeaux
AUVERGNE
GÉVAUDAN
Viviers
Embrun
DUCHÉ DE GASCOGNE
QUERCY
ROUERGUE
Albi
PROVENCE
Cᵗᵉ DE TOULOUSE
Arles
BÉARN
COMMINGES
GOTHIE
Aix
ROYAUME DE NAVARRE
Narbonne
ROY. DE BOURGOGNE
ROUSSILLON
COMTÉ DE BARCELONE

E S P A G N E

Le Domaine royal à l'avènement d'Hugues Capet (987)

LA FRANCE À LA FIN DU Xᵉ s.

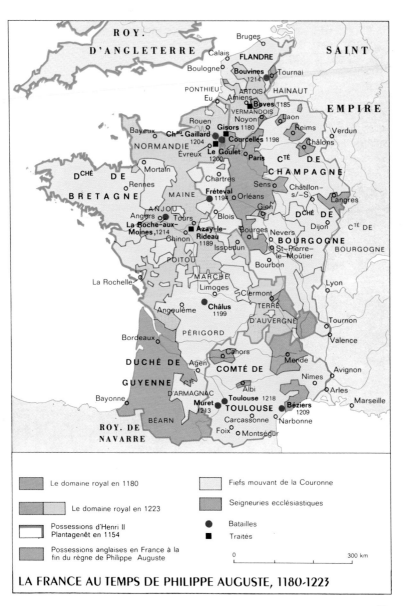

ROY. D'ANGLETERRE

SAINT

Bruges
Calais
Boulogne

FLANDRE
Bouvines 1214
Tournai

PONTHIEU
Eu Amiens
ARTOIS HAINAUT

EMPIRE

Boves 1185
VERMANDOIS
Noyon
Laon

Rouen
Bayeux
Ch. Gaillard 1204
NORMANDIE
Évreux
Mortain

Gisors 1180
Courcelles 1198
Le Goulet 1200
Paris

Reims
Verdun
Châlons

D CHÉ DE BRETAGNE
Rennes
MAINE
Chartres
ANJOU
Angers Tours
La Roche-aux-Moines 1214
Chinon
Azay-le-Rideau 1189

Fréteval 1194
Orléans
Blois
Bourges
Issoudun

C TÉ DE CHAMPAGNE
Sens
Châtillon-s/-S.
Gien
Nevers
St-Pierre-le-Moûtier

D CHÉ DE BOURGOGNE
Langres
Dijon
C TÉ DE BOURGOGNE

POITOU
Bourbon

La Rochelle
MARCHE
Limoges
Clermont
Châlus 1199
TERRE D'AUVERGNE
Lyon

Angoulême
PÉRIGORD
Tournon
Valence

Bordeaux
Cahors
Mende

DUCHÉ DE GUYENNE
Agen
COMTÉ DE
Nîmes
Avignon

C TÉ D'ARMAGNAC
Albi
Toulouse 1218
Arles
Marseille

Bayonne
Muret 1213
TOULOUSE
Béziers 1209

BÉARN
Carcassonne
Narbonne

ROY. DE NAVARRE
Foix Montségur

Le domaine royal en 1180

Le domaine royal en 1223

Possessions d'Henri II Plantagenêt en 1154

Possessions anglaises en France à la fin du règne de Philippe Auguste

Fiefs mouvant de la Couronne

Seigneuries ecclésiastiques

● Batailles

■ Traités

0   300 km

LA FRANCE AU TEMPS DE PHILIPPE AUGUSTE, 1180-1223

V

LA FRANCE À LA FIN DE LA GUERRE DE CENT ANS

ROY. D'ANGLETERRE

FLANDRE
Anvers
Liège
BRABANT
Calais
Lille
Tournai
Arras 1435
Azincourt 1415
Cambrai
Eu
Amiens
LUXEMBOURG
Harfleur
Rouen 1431
Compiègne 1430
Rethel
Reims 1429
SAINT
Caen
Mantes
Reconquête de Paris 1436
Le Mont-St-Michel
NORMANDIE
Paris
CHAMPAGNE
Vaucouleurs
Verneuil-s/-A. 1424
Montereau 1419
Troyes 1420
Domremy
LORRAINE
Brest
BRETAGNE
MAINE
Rouvray 1429
Patay 1429
Orléans 1429
Auxerre
COMTÉ DE
Le Mans
ANJOU
Tours
Blois
Cravant 1423
Dché DE
Besançon
Angers
Mehun-s/-Y.
La Charité s/-L.
Dijon
BOURGOGNE
Nantes
Saumur
Chinon
Bourges
BERRY
Nevers
BOURGOGNE
Poitiers
St-Pierre-le-M.
Mâcon
POITOU
BOURBONNAIS
Beaujeu
EMPIRE
La Rochelle
MARCHE
Clermont
Lyon
Limoges
LIMOUSIN
Vienne
AUVERGNE
Grenoble
Bordeaux
Castillon
DAUPHINÉ
Die
GUYENNE
Agen
Rodez
Avignon
PROVENCE
Albret
ARMAGNAC
Toulouse
Nîmes
Aix
Bayonne
LANGUEDOC
Montpellier
SOULE
BÉARN
Narbonne
Foix
ROY. DE NAVARRE

LA FRANCE DE 1415 À 1436

La France divisée, 1415-1428

→ Chevauchée d'Henri V (1415)

Domination française, "royaume de Bourges"

Domination anglaise

Domination bourguignonne

Frontières du royaume de France

★ Combats   ■ Traités

L'arrivée de Jeanne d'Arc, 1429

○ Levée du siège d'Orléans (8 mai 1429)

→ Chevauchée du sacre (1429)

La neutralité bourguignonne

▨ Acquisitions du duc de Bourgogne confirmées au traité d'Arras (1435)

0 _____ 300 km

LA CONSOLIDATION DU ROYAUME

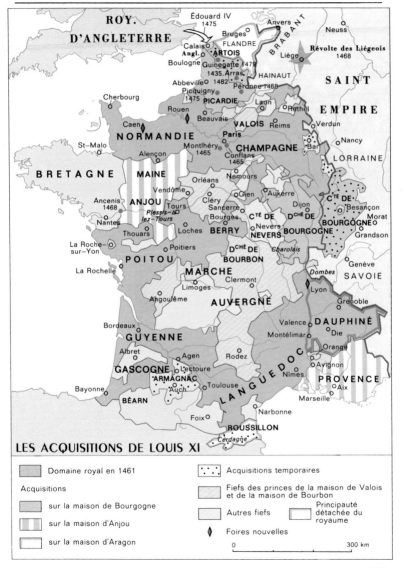

ROY. D'ANGLETERRE

Édouard IV 1475

Anvers
Neuss

Bruges
Calais
Angl. **ARTOIS**
Liège
BRABANT
Révolte des Liégeois 1468

Boulogne
Guinegatte 1479
1435 Arras 1482
Abbeville
Péronne 1468
Picquigny 1475
HAINAUT
SAINT

PICARDIE
Laon
Rethel

Cherbourg
Rouen
Beauvais
VALOIS
Reims
Verdun
EMPIRE

Caen
Paris
Nancy

NORMANDIE
Montlhéry 1465
CHAMPAGNE
Bar

St-Malo
Alençon
Conflans 1465
LORRAINE

BRETAGNE
MAINE
Orléans
Nemours

Vendôme
Cléry
Gien
Auxerre
Cᵀᴱ DE

Ancenis 1468
ANJOU
Tours
Sancerre
Dijon
Besançon
Morat

Nantes
Plessis-lez-Tours
Bourges
Cᵀᴱ DE
Dᶜᴴᴱ DE
BOURGOGNE

Thouars
Loches
BERRY
Nevers
NEVERS
BOURGOGNE
Grandson

La Roche-sur-Yon
Poitiers
Dᶜᴴᴱ DE
Charolais
Genève

POITOU
BOURBON
Dombes
SAVOIE

La Rochelle
MARCHE
Lyon

Limoges
Clermont

Angoulême
AUVERGNE
Grenoble

Bordeaux
Valence
DAUPHINÉ

GUYENNE
Montélimar
Die

Albret
Agen
Rodez
Orange

GASCOGNE
Lectoure
Nîmes
Avignon

Bayonne
ARMAGNAC
Auch
Toulouse
LANGUEDOC
PROVENCE
Aix

BÉARN
Marseille

Foix
Narbonne

ROUSSILLON
Cerdagne

LES ACQUISITIONS DE LOUIS XI

▨ Domaine royal en 1461	∴ Acquisitions temporaires
Acquisitions	▨ Fiefs des princes de la maison de Valois et de la maison de Bourbon
▨ sur la maison de Bourgogne	▨ Autres fiefs · Principauté détachée du royaume
▨ sur la maison d'Anjou	
▨ sur la maison d'Aragon	◆ Foires nouvelles

0   300 km

VII

LA FRANCE EN 1789

Pays d'état

Pays d'élection

ARTOIS Gouvernements militaires

0   200 km

LA FRANCE SOUS LA CONVENTION

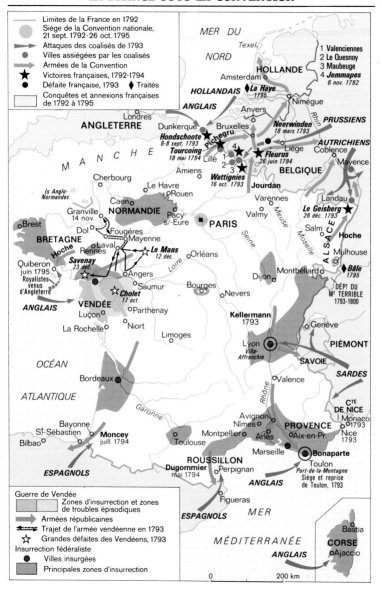

Légende :
- Limites de la France en 1792
- Siège de la Convention nationale, 21 sept. 1792-26 oct. 1795
- Attaques des coalisés de 1793
- Villes assiégées par les coalisés
- Armées de la Convention
- ★ Victoires françaises, 1792-1794
- ● Défaite française, 1793 ♦ Traités
- Conquêtes et annexions françaises de 1792 à 1795

1 Valenciennes
2 Le Quesnoy
3 Maubeuge
4 Jemmapes 6 nov. 1792

MER DU NORD

Texel

HOLLANDE
Amsterdam

♦ La Haye 1795

HOLLANDAIS
ANGLAIS

Anvers
Nimègue

PRUSSIENS

ANGLETERRE

Londres
Dunkerque
Bruxelles
Pichegru

Hondschoote 6-8 sept. 1793
Tourcoing 18 mai 1794
Lille

Neerwinden 18 mars 1793

AUTRICHIENS
Liège
Coblence

4 ★★ Fleurus 26 juin 1794
1 ★ 2
3 ★
Wattignies 16 oct. 1793

BELGIQUE

Mayence

MANCHE

Cherbourg
Le Havre
Rouen
Amiens
Jourdan

Is Anglo-Normandes

Caen
NORMANDIE
Pacy-s/-Eure
PARIS

Varennes
Valmy
Landau
Le Geisberg 26 déc. 1793

Rhin

ALSACE

Granville 14 nov.
Dol
Fougères
Mayenne
Laval
★ Le Mans 12 déc.
Orléans

Salm
Hoche

Brest
BRETAGNE
Hoche
Rennes

Meuse
Moselle
Mulhouse

Quiberon juin 1795
Royalistes venus d'Angleterre

☆ Savenay 23 déc.
Angers
Saumur

Loire

Dijon
Montbéliard

♦ Bâle 1795

DÉPt DU Mt TERRIBLE 1793-1800

ANGLAIS

☆ Cholet 17 oct.
VENDÉE
Luçon
Parthenay

Bourges
Nevers

Genève

La Rochelle
Niort

Limoges

Kellermann 1793

OCÉAN

Bordeaux

ATLANTIQUE

Garonne

Lyon Ville-Affranchie

SAVOIE

Valence

PIÉMONT

SARDES

Bayonne
St-Sébastien
Bilbao

Moncey juill. 1794

Avignon
Nîmes
Montpellier
Toulouse

Rhône

Cte DE NICE
Monaco 1793
Nice 1793

Aix-en-Pr.
PROVENCE
Arles
Marseille
Bonaparte

ROUSSILLON
Dugommier mai 1794
Perpignan

Toulon Port-de-la-Montagne Siège et reprise de Toulon, 1793

ESPAGNOLS

ANGLAIS

Figueras

ESPAGNOLS

MER

MÉDITERRANÉE

ANGLAIS

Bastia

CORSE
Ajaccio

Guerre de Vendée
- Zones d'insurrection et zones de troubles épisodiques
- Armées républicaines
- Trajet de l'armée vendéenne en 1793
- ☆ Grandes défaites des Vendéens, 1793

Insurrection fédéraliste
- ● Villes insurgées
- Principales zones d'insurrection

0   200 km

La France des 83 départements en 1791

L'Empire français des 130 départements en 1811

États dépendants

Prusse alliée depuis le traité de Tilsit (1807)

Pays alliés

Confédération du Rhin

Provinces Illyriennes

Occupation des provinces danubiennes par les Russes (1806-1812)

Décret anglais du 16 mai 1806 : blocus maritime anglais

Bases navales anglaises

Commerce anglais avec le continent

Bombardement de Copenhague par les Anglais (sept. 1807)

Poméranie suédoise

Blocus continental

Blocus continental en 1811

Décrets relatifs au blocus continental

1810 Dates des annexions opérées par Napoléon

ROY.
NOR
uni au Dane
Chris

MER
DU NORD

ROY. DE
DANEMA

Édimbourg

IRLANDE
Dublin   Liverpool   Manchester   Helgoland
ROYAUME-UNI
DE GRANDE-BRETAGNE
ET D'IRLANDE   Amsterdam   HOLLAND
Londres   1810
Flessingue
Anvers
Boulogne   Bruxelles
Is Anglo-   Dunkerque   Francfort
Normandes
Paris
Brest   Strasbourg
OCÉAN   Fontainebleau   Mulhouse
13-X-1807   (1798)   Ba
pte de Oc
EMPIRE   HELV
ATLANTIQUE   Rochefort   **FRANÇAIS**   Neuchâtel
Milan
Lyon   17-XII-180
Bordeaux   Turin
Gênes
La Corogne   Bayonne   Avignon
St-Sébastien   Toulouse   Toulon
Porto   Marseille
Saragosse
ROY. DE   Barcelone   Ajaccio
PORTUGAL   **ROYAUME**
Lisbonne   Madrid   Aranjuez
Minorque
D'ESPAGNE   1798-1802   ROY.
G.-B.   SARDA
Cordoue   BALÉARES
Séville
Cadix
Gibraltar   Alger   ME
Ceuta
Esp.
Melilla   ALGÉRIE
Esp.
MAROC   TU

Hambo
Brêm

Ca

0   400   800 km

X

Formation de l'empire colonial français

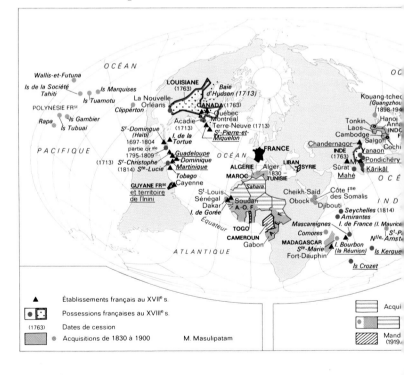

Légende :

▲ Établissements français au XVIIᵉ s.

◼◦ ⬛ Possessions françaises au XVIIIᵉ s.

(1763) Dates de cession

◼ ● Acquisitions de 1830 à 1900   M. Masulipatam

Acqui

◦ Mand (1919...

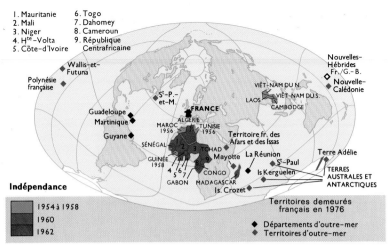

1. Mauritanie
2. Mali
3. Niger
4. H^{te}-Volta
5. Côte-d'Ivoire
6. Togo
7. Dahomey
8. Cameroun
9. République
   Centrafricaine

Wallis-et-Futuna

Polynésie française

Nouvelles-Hébrides Fr./G.-B.

Nouvelle-Calédonie

St-P.-et-M.

FRANCE

VIÊT-NAM DU N.

LAOS

VIÊT-NAM DU S.

CAMBODGE

Guadeloupe
Martinique
Guyane

MAROC 1956
ALGÉRIE
TUNISIE 1956
SÉNÉGAL
GUINÉE 1958

1 2 3 TCHAD
4 5 6 7 8 9
GABON
CONGO
MADAGASCAR
Is. Crozet

Territoire fr. des Afars et des Issas

Mayotte
La Réunion
St-Paul
Is Kerguelen

Terre Adélie

TERRES AUSTRALES ET ANTARCTIQUES

Indépendance

■	1954 à 1958
■	1960
■	1962

Territoires demeurés français en 1976

◆ Départements d'outre-mer
◆ Territoires d'outre-mer

Les grandes étapes de la décolonisation

elles-Hébrides
● (Fr./G.-B.)
OCÉANIE
● Nouvelle-Calédonie
PACIFIQUE

E ADÉLIE
142° E
découverte
en 1840
revendiquée
par la France
en 1934

eures à 1900

e colonial
s en 1930
été des Nations

LES DIVISIONS ADMINISTRATIVES
ACTUELLES

RÉGIONS

— limite de région

NORD–PAS–DE–CALAIS

HAUTE–NORMANDIE
BASSE–NORMANDIE
PICARDIE
CHAMPAGNE–ARDENNE
ÎLE–DE–FRANCE
LORRAINE
ALSACE

BRETAGNE

PAYS DE LA LOIRE
CENTRE
BOURGOGNE
FRANCHE–COMTÉ

POITOU–CHARENTES
LIMOUSIN
AUVERGNE
RHÔNE–ALPES

AQUITAINE
MIDI–PYRÉNÉES
LANGUEDOC–ROUSSILLON
PROVENCE–ALPES–CÔTE–D'AZUR

CORSE

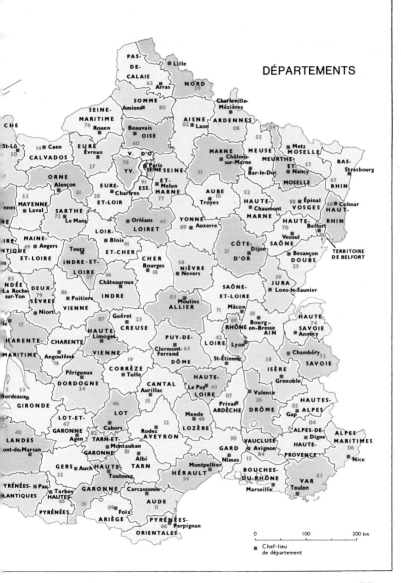

DÉPARTEMENTS

PAS-DE-CALAIS 62
■ Lille
NORD 59
■ Arras
Charleville-Mézières
SOMME 80
■ Amiens
SEINE-MARITIME 76
■ Rouen
■ Beauvais
OISE 60
AISNE 02 ■ Laon
ARDENNES 08
St-Lô CHE 14 ■ Caen
50 CALVADOS
EURE 27
■ Évreux
V. D'O. 78
YV. 91
■ Paris
SEINE ET- 95
ESS.
MARNE 51
■ Châlons-sur-Marne
MEUSE 55
MOSELLE 57 ■ Metz
MEURTHE-ET-MOSELLE 54
■ Nancy
■ Bar-le-Duc
BAS-RHIN 67
■ Strasbourg
ORNE 61
■ Alençon
EURE-ET-LOIR 28
■ Chartres
MARNE 77
AUBE 10
■ Troyes
HAUTE-MARNE 52
■ Chaumont
VOSGES 88
■ Épinal
HAUT-RHIN 68
■ Colmar
MAYENNE 53
■ Laval
SARTHE 72
■ Le Mans
LOIRET 45
■ Orléans
YONNE 89
■ Auxerre
CÔTE-D'OR 21
■ Dijon
HAUTE-SAÔNE 70
■ Vesoul
DOUBS 25
■ Besançon
TERRITOIRE DE BELFORT
■ Belfort
MAINE-ET-LOIRE 49
■ Angers
■ Tours
LOIR-ET-CHER 41
■ Blois
INDRE-ET-LOIRE 37
CHER 18
■ Bourges
NIÈVRE 58
■ Nevers
SAÔNE-ET-LOIRE 71
■ Mâcon
JURA 39
■ Lons-le-Saunier
VENDÉE 85
■ La Roche-sur-Yon
DEUX-SÈVRES 79
■ Niort
VIENNE 86
■ Poitiers
INDRE 36
■ Châteauroux
ALLIER 03
■ Moulins
AIN 01
■ Bourg-en-Bresse
RHÔNE 69
HAUTE-SAVOIE 74
■ Annecy
CHARENTE-MARITIME 17
HAUTE-VIENNE 87
■ Limoges
CREUSE 23
■ Guéret
PUY-DE-DÔME 63
■ Clermont-Ferrand
LOIRE 42
■ Lyon
■ St-Étienne
SAVOIE 73
■ Chambéry
ISÈRE 38
■ Grenoble
CHARENTE 16
■ Angoulême
CORRÈZE 19
■ Tulle
DORDOGNE 24
■ Périgueux
CANTAL 15
■ Aurillac
HAUTE-LOIRE 43
■ Le Puy
ARDÈCHE 07
■ Privas
DRÔME 26
■ Valence
HAUTES-ALPES 05
■ Gap
GIRONDE 33
■ Bordeaux
LOT 46
■ Cahors
LOZÈRE 48
■ Mende
GARD 30
■ Nîmes
VAUCLUSE 84
■ Avignon
ALPES-DE-HAUTE-PROVENCE 04
■ Digne
ALPES-MARITIMES 06
■ Nice
LANDES 40
■ Mont-de-Marsan
LOT-ET-GARONNE 47
■ Agen
TARN-ET-GARONNE 82
■ Montauban
AVEYRON 12
■ Rodez
TARN 81
■ Albi
HÉRAULT 34
■ Montpellier
BOUCHES-DU-RHÔNE 13
■ Marseille
VAR 83
■ Toulon
GERS 32
■ Auch
HAUTE-GARONNE 31
■ Toulouse
PYRÉNÉES-ATLANTIQUES 64
■ Pau
HAUTES-PYRÉNÉES 65
■ Tarbes
AUDE 11
■ Carcassonne
ARIÈGE 09
■ Foix
PYRÉNÉES-ORIENTALES 66
■ Perpignan

0   100   200 km

■ Chef-lieu de département

XV

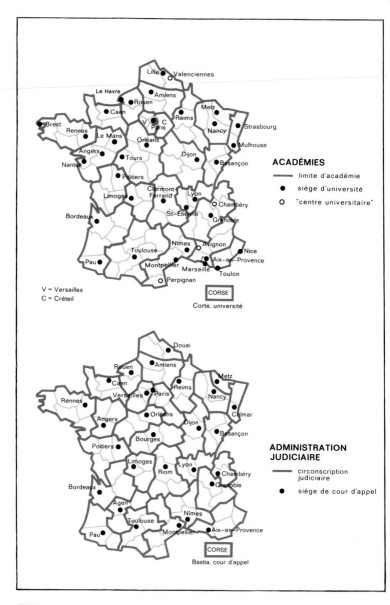

ACADÉMIES

— limite d'académie
● siège d'université
○ "centre universitaire"

V = Versailles
C = Créteil

CORSE

Corte, université

ADMINISTRATION JUDICIAIRE

— circonscription judiciaire
● siège de cour d'appel

CORSE

Bastia, cour d'appel

XVI

La Gaule préromaine et romaine et la pénétration barbare

Grâce à sa situation au croisement des voies méditerranéennes et des routes alpestres, la Gaule celtique connaît une riche diversité de peuplements et de civilisations. Les Celtes, arrivés de l'Est par vagues successives depuis l'âge du bronze, se sont mélangés aux Ligures du Midi, aux Ibères du Sud-Ouest, sans créer véritablement de « civilisation celtique ». Après la conquête par César, le génie gaulois s'épanouit alors vraiment en une culture originale, les villes plus que les campagnes attestant la progressive romanisation. C'est le règne d'Auguste (31 av. J.-C.-14 apr. J.-C.) qui crée la Gaule romaine. Paix civile, activité économique et culturelle réalisent un certain équilibre entre Gaulois et Romains jusqu'au milieu du IIIe siècle. C'est alors que la noblesse gallo-romaine, quittant en partie les villes pour la campagne, renforce sa pression sur la paysannerie. Les raids ou les pirateries des tribus germaniques rhénanes, la révolte des bagaudes entraînent la réaction impériale du début du Bas-Empire. Alors se développe un système bureaucratique qui entend encadrer et contrôler toute la société ; le christianisme devient religion d'État ; l'armée est renforcée par le recrutement massif de barbares. Mais les mesures mêmes qui prétendaient sauvegarder l'Empire le conduiront à sa ruine, du moins en Occident. Les « grandes invasions » ne feront que la parachever.

La Gaule celtique

Âge du bronze (1800-750 av. J.-C.).

1500 à 1200 av. J.-C.
Tumulus de bronze.

De 1200 à 700 av. J.-C.
Invasion progressive des Proto-Celtes (culture des champs d'urnes et rites d'incinération) et des Celtes en Gaule, succédant à la culture campaniforme (2300 av. J.-C. : diffusion de la métallurgie) et à celle de la céramique cordée (2000 : hache de combat).

725 à 450 av. J.-C.
Premier âge du fer, dit de « Hallstatt ». Rite d'inhumation.

V. 620 av. J.-C.
Fondation de Massilia (Marseille) par des Grecs d'Asie Mineure.

V. 450 av. J.-C.
Sépulture de Vix (Châtillon-sur-Seine).

450-50 av. J.-C.
Second âge du fer. Civilisation celtique dite de « La Tène ». Tombes à chars de combat.

3

333-323 av. J.-C.
Voyage de Pythéas de Marseille.

300-250 av. J.-C.
Les Celtes dans la Gaule du Sud. Fondation d'Entremont (Provence), capitale des Salyens (Celto-Ligures).

225-222 av. J.-C.
Conquête romaine de la Gaule cisalpine.

218 av. J.-C.
Appui des Gaulois cisalpins et transalpins à Hannibal lors de la deuxième guerre punique.

125 av. J.-C.
Victoire des Romains sur les Salyens, qui attaquent Marseille. Destruction d'Entremont (124 av. J.-C.) ; fondation d'Aix-en-Provence. Prise de Vaison (-123), cité majeure des Voconces. Les Romains pénètrent dans le sud de la Gaule.

121 av. J.-C.
Défaite de Bituit, chef des Arvernes. Annexion du territoire des Allobroges.

120-118 av. J.-C.
Fondation de la Gaule transalpine : Narbonne, capitale de cette *Provincia* (ou Narbonnaise).

113 av. J.-C.
Victoire des Cimbres et des Teutons (Germains) sur les Romains dans les Alpes du Norique. Ils franchissent le Rhin en – 109.

107 av. J.-C.
Défaite des Romains près d'Agen devant les Tigurins helvétiques (Celtes, alliés des Germains).

102-101 av. J.-C.
Marius bat les Teutons près d'Aix, puis écrase les Cimbres à Verceil.

90-83 av. J.-C.
Soulèvement des Salyens.

61 av. J.-C.
Arioviste, chef des Suèves, appelé en Gaule par les Séquanes, menace les Éduens, qui appellent les Romains (-59).

58 av. J.-C.
César bat les Helvètes près de Bibracte puis, en Alsace, les Suèves d'Arioviste.

57 av. J.-C.
Campagne de César dans le nord de la Gaule, achevée par la soumission d'autres peuples (notamment d'Armorique).

56 av. J.-C.
Révolte en Armorique et intervention de César et de Crassus. Soumission des Aquitains et des Trévires.

52 av. J.-C.
Insurrection générale de la Celtique sous le commandement de l'Arverne Vercingétorix. César prend Avaricum (Bourges), échoue devant Gergovie, est victorieux à Alésia (sept.). Vercingétorix capitule (exécuté à Rome en 46 av. J.-C.). Chute de la dernière forteresse gauloise (-51) : Uxellodunum en Quercy.

Quelques survivances préromaines dans la toponymie française

Bebro (castor)	Bièvres-Breuvron	*Gabro* (chèvre)	Gesvre-Grevolle
Dun (forteresse)	Verdun-Autun	*Nanto* (rivière)	Nantua

La Gaule romaine

43 av. J.-C.
Fondation de Lyon, métropole des Trois Gaules.

39-38 av. J.-C.
Révolte en Aquitaine.

36-35 av. J.-C.
Fondation de la colonie de Béziers.

27 av. J.-C.
Auguste en Gaule : en ordonne le recensement. Organisation administrative de la Gaule chevelue (les « Trois Gaules » : Aquitaine, Belgique, Lyonnaise).

26-16 av. J.-C.
Extermination des Salasses.

Apr. 20 av. J.-C.
Agrippa en Gaule : voies romaines ; à Lyon, sanctuaire des Trois Gaules (-12), culte de Rome et d'Auguste.

17-5 av. J.-C.
Occupation de la future province de Germanie.

16 av. J.-C.
La Maison carrée de Nîmes. Fondation de Trèves (16-13 av. J.-C.).

7 av. J.-C.
Trophée de la Turbie.

19 apr. J.-C.
Porte triomphale de Saintes.

48
Admission des Gaulois au sénat romain, grâce à Claude « Tables claudiennes ».

V. 50
Le pont du Gard. Amphithéâtre d'Arles.

Apr. 68
La Gaule entre dans une période de paix et de romanisation intensive.

V. 120
Amphithéâtre de Nîmes.

160
Lyon : diffusion du culte de Cybèle.

162-174
Incursions germaniques dans l'Empire (Chauques, Chattes).

192
Mort de Commode. Fin de la paix romaine. Luttes pour la succession impériale dont la Gaule va être le théâtre.

212
Édit de Caracalla : citoyenneté romaine à tous les hommes libres de l'Empire.

253-254 ; 258 ; 269
Premières « invasions » des Germains de la rive droite du Rhin, unis en deux ligues : les Francs et les Alamans.

257-258
Persécutions contre les chrétiens.

260-274
Constitution d'un Empire des Gaules par Postumus puis Tetricus.

274-275
Nouvelles incursions franques ; la Gaule désorganisée. Trésors enfouis.

277-280
Victoire de Probus sur les Alamans. Enceintes fortifiées des villes (*castra*).

285
Première répression des révoltés bagaudes.

287-288
Installation en Gaule de groupes de prisonniers germaniques comme soldats-cultivateurs dépendants (*Laetes*).

305
Dioclétien partage la Gaule en deux
« diocèses » (Trèves, avec 8 provinces ;
Vienne, avec 7 provinces).

306-337
Règne de l'empereur Constantin et réformes du gouvernement impérial. Édit
de Milan (313) : libre exercice du culte
chrétien. Le sou d'or (324).

352-355
Invasion en Gaule des Francs et des
Alamans. Julien s'établit à Lutèce (Paris), où il est déclaré empereur (360). Il
bat les Alamans (357) et les Francs (358).

371-397
Saint Martin, missionnaire en Gaule.
Fondation de Ligugé et de Marmoutiers.

378
Victoire de Gratien sur les Alamans.

380
Édit de Thessalonique : le christianisme,
religion d'État.

395
Partage de l'Empire : Occident (Rome)
et Orient (Constantinople). La préfecture
des Gaules transférée de Trèves à Arles.

406-407
Grande invasion des Vandales, des
Alains (Sarmates), des Suèves.

411
Les Wisigoths venus d'Italie, installés
dans le Sud-Ouest.

413-443
Les Burgondes, installés sur le Rhin, puis
en Savoie (443), contrôlent ensuite la
vallée du Rhône et de la Saône.

451
Les Huns d'Attila battus aux champs
Catalauniques (dans la région de Troyes)
par le Romain Aetius et Théodoric, roi
des Wisigoths.

455-470
Les Alamans en Alsace.

476
Déposition de Romulus Augustulus.
Fin de l'Empire romain d'Occident.

Biographie

Pythéas, astronome, navigateur et mathématicien marseillais. Il appartient à
une ancienne famille de la cité, d'origine
grecque. Passionné de géographie, il
calcule assez précisément la latitude de
sa ville, conjecture que l'étoile polaire ne
marque pas exactement le nord et que
les marées sont en rapport avec les
phases de la Lune. Entre 333 et 323 av.
J.-C., il décide d'explorer l'Océan en
direction du nord. Après avoir passé les
« Colonnes d'Hercule » (Gibraltar), il
touche au rias de la Galice, fait voile
directement vers la Bretagne et Oues-
sant, reconnaît la Grande-Bretagne, le
Jutland et atteint sans doute la Baltique
et la mystérieuse *Ultima Thule* (la Norvège, plutôt que l'Islande). À son retour,
il écrit le récit de son périple dans un
ouvrage : *De l'océan* (perdu). Son voyage
est connu par les passages, dubitatifs et
critiques, que lui ont consacrés des
géographes ultérieurs et jaloux – Polybe
et Strabon.

Bibliographie

Jean Guilaine : *La France d'avant la
France.*
Henri Hubert : *Les Celtes.*

Les temps mérovingiens

Ancien officier romain, le Mérovingien eut bien du mal à stabiliser son pouvoir et à organiser son royaume. Certes, Clovis et ses successeurs immédiats ont réussi à imposer, sous la domination des Francs, une certaine unité politique dans la Gaule divisée, issue des invasions. Au passé romain, le roi a emprunté la chancellerie et les *pagi* (pays), administrés par des comtes nommés par lui. Également, après la conversion de Clovis, il a su profiter de la force d'union et d'organisation que représente alors l'Église. Mais l'établissement d'un pouvoir unifié se heurte à la persistance de certaines traditions : relations personnelles de fidélité du roi avec ses sujets (*leudesamium*) et son aristocratie ; particularismes locaux et système de la personnalité des lois ; royaume « patrimonial » partagé à la mort du roi en autant de petits *regna* (Neustrie, Austrasie, Bourgogne). À partir de la mort de Dagobert (639), le déclin de la royauté mérovingienne se précipite. Les difficultés internes à l'Orient et, bientôt, la présence arabe en Méditerranée aggravent le repli économique de l'Occident, après une période d'essor relatif au VIe et au début du VIIe siècle. Les conflits dynastiques et les guerres fratricides sont mis à profit par les grands pour renforcer leur indépendance. Au début du VIIIe siècle, les Pippinides – riches propriétaires austrasiens, forts de leurs clientèles et de l'exercice, à titre héréditaire, de la charge de maire du palais –, après avoir éliminé leurs rivaux neustriens, rétablissent l'unité à leur profit. Après 732, le maire austrasien, devenu le sauveur de l'Occident chrétien et ayant la réalité du pouvoir royal, aspire, avec l'appui de l'Église, à porter le titre de roi.

L'établissement du *regnum francorum*

481 ou 482-511
Règne de Clovis (né vers 466), roi des Francs Saliens de Tournai, fils de Childéric et petit-fils de Mérovée.

V. 486
Soissons : victoire de Clovis sur Syagrius, « roi des Romains ».

493
Clovis épouse Clotilde (chrétienne), nièce du roi des Burgondes Gondebaud.

Av. 496
Première attaque de Clovis contre les Wisigoths.

496
Tolbiac : victoire de Clovis contre les Alamans.

Noël 498 ?
Conversion et baptême de Clovis par Remi, évêque de Reims.

V. 500
Campagne et échec de Clovis contre les Burgondes.

507
Vouillé : victoire de Clovis sur Alaric II, roi des Wisigoths d'Aquitaine.

V. 509
Clovis reconnu roi par les Francs rhénans (Ripuaires).

511
Mort de Clovis. Son royaume est partagé entre ses fils, Thierry, Clodomir, Childebert et Clotaire.

511-561
Règne des fils de Clovis.

523 et 532-534
Conquête du royaume burgonde.

536
Les Francs en Provence.

558
Unité du royaume reconstituée au profit de Clotaire Ier.

561
Mort de Clotaire. Nouveau partage du regnum Francorum (royaume des Francs) entre ses fils. Apparition des regna (royaumes) de Neustrie, de Bourgogne et d'Austrasie.

568
Les Avars attaquent les Francs.

569-575
Raids des Lombards en Gaule.

579
Les Bretons envahissent les pays de Rennes et de Nantes.

587
Les Gascons en Aquitaine.

602
Soumission des Gascons.

613-629
Clotaire II : reconstitution de l'unité.

629-639
Règne de Dagobert, maître en 632 de l'Austrasie, de la Neustrie, de la Bourgogne et de l'Aquitaine. Lui succèdent ses fils : Sigebert III, roi d'Austrasie, et Clovis II, roi de Neustrie-Bourgogne.

639-751
Période dite « des rois fainéants ». Ascension des maires du palais de Neustrie et surtout d'Austrasie (Pippinides).

La peste et ses récurrences aux VIe et VIIe s.

541-543	Province d'Arles Lyonnais Trèves jusqu'au diocèse de Reims	580-582	Région de Narbonne, Albi
		588-591	Marseille, Viviers, Avignon
571	Lyon, Bourges Chalon-sur-Saône Dijon, Clermont Brioude	600	Marseille, province d'Arles
		630-655	Marseille, province d'Arles

640
Mort de Pépin Ier, maire d'Austrasie.

658
Ebroïn, maire de Neustrie ; assassiné en 680 à l'instigation des Pippinides.

675
L'Aquitaine passe sous le contrôle de ducs nationaux (Loup, Eudes).

687
Tertry (Somme) : Pépin II, maire d'Austrasie, bat son rival neustrien.

709-712
Expédition de Pépin II contre les Alamans révoltés.

711
Invasion arabe en Espagne.

716-719
Charles Martel (fils de Pépin II), maire d'Austrasie, soumet les Neustriens.

720-725
Les Arabes conquièrent la Septimanie.

721
Toulouse : Eudes, duc d'Aquitaine, résiste victorieusement aux Arabes.

732
□ 25 OCT. Bataille dite « de Poitiers » : victoire de Charles Martel – appelé par le duc Eudes – sur les Arabes, dont l'invasion en Occident est stoppée.

736-739
Campagnes victorieuses de Charles Martel en Septimanie et en Provence.

741
Mort de Charles Martel : révolte contre ses fils et successeurs, Pépin III (le Bref) et Carloman, qui ramènent l'ordre en soumettant Aquitains et Alamans.

743-751
Règne de Childéric III, dernier roi mérovingien, déposé par Pépin III.

747
Retrait de Carloman dans les ordres : Pépin, seul maire du palais.

Vie religieuse

543-556
Fondation de Saint-Germain-des-Prés.

573-594
Grégoire, évêque de Tours.

590-604
Pontificat de Grégoire le Grand.

594
Fondation de Luxeuil (saint Colomban).

614
Concile de Paris et édit de Clotaire II : juridiction criminelle de l'évêque sur les clercs de son diocèse.

629
Introduction de la règle bénédictine en Gaule ; fusion vers 640 avec la règle colombanienne (origine irlandaise).

641-660
Éloi, évêque de Noyon-Tournai.

650, 651, 654, v. 660
Fondation de Saint-Wandrille, Fleury-sur-Loire (Saint-Benoît), Jumièges, Corbie et Chelles.

696-742
Disparition des conciles en Gaule.

779
Évangélisation de la Germanie par le moine Boniface (appui des Pippinides).

Économie – société

559, 599-605
Épidémies de peste.

585
Apparition de la dîme.

VIᵉ siècle
Développement du système de la re-commandation (*commendatio*).

636
Fondation de la foire du Lendit.

V. 670
Actes royaux rédigés sur parchemin.

711
Fin de la frappe de l'or en Occident.

716-742
Charles Martel récupère la vassalité et concède des bénéfices « viagers » à ses vassaux.

742-743
Dernière peste du haut Moyen Âge.

744
Capitulaire de Soissons (Pépin le Bref) : marché hebdomadaire dans chaque cité.

Civilisation et cultures

501 Loi des Burgondes dite « loi gombette ».

506 *Le Bréviaire d'Alaric.*
Loi romaine des Burgondes (Papien).

507-511 Première rédaction de la loi salique (loi des Francs Saliens).

520 ? *Vie de sainte Geneviève.*

592 *Histoire des Francs* (Grégoire de Tours).

660 ? *Chronique* dite « de Frédégaire ».

V. 680 Sarcophages de Jouarre.

Biographie

Éloi (SAINT), orfèvre, évêque de Noyon (v. 588-660). De noblesse sénatoriale, Éloi est originaire du Limousin, où sa famille possède des mines d'or. Pour mieux les exploiter, son père, Eucher, le confie à l'orfèvre Abbon. Appelé auprès du Mérovingien Clotaire II, Éloi reçoit la charge d'orfèvre, de trésorier et de monétaire palatin. Il passe ensuite au service de Dagobert, dont il devient le conseiller écouté et qui, en 632, lui accorde le domaine de Solignac, où il fonde un monastère. Il accomplit quelques ambassades pour le roi, ainsi, en 636, auprès du roi des Bretons, Judicaël. En 641, il est nommé évêque de Noyon, où il fonde un monastère de femmes, invente les reliques de saint Quentin et fait de la basilique un centre de pèlerinage. Il s'emploie sans grand succès à évangéliser la Flandre encore païenne. Il meurt le 30 novembre 660. Parmi les œuvres d'art attribuées à Éloi : le fauteuil de bronze doré dit « de Dagobert », le calice de Chelles, la croix et la coupe de jade de Saint-Denis.

Bibliographie

G. Fournier : *les Mérovingiens* (Que sais-je ?).

K. F. Werner : *Histoire de France*, tome I, *les Origines*.

L'Empire carolingien

En 751, à Soissons, le « coup de force » (l'usurpation) de Pépin le Bref, élu roi par les grands, est en quelque sorte légitimé a posteriori par le sacre qu'il reçoit alors des évêques. En 754, à Saint-Denis, Pépin est sacré une seconde fois, avec ses fils Charles et Carloman, par le pape Étienne II, qui interdit pour l'avenir aux grands de se choisir un roi issu d'une autre lignée. En recevant l'onction d'huile sainte (saint chrême) qui fait de lui l'Élu du Seigneur, le Carolingien cesse d'être un laïque et devient – comme Saül ou David – à la fois un roi et un prêtre, dont la fonction (*ministerium*) sera de conduire, par la justice, le peuple de Dieu vers la paix et la concorde. Ainsi se mettait en place un système idéal de théocratie royale qui durera jusqu'à la fin du XIᵉ siècle. Mais le chef franc, conquérant désormais au service de Dieu, envoie hors de ses frontières, dans des expéditions qui prennent parfois l'allure de guerres saintes, des armées également pourvoyeuses de butins et d'esclaves. À ce prix se constitue, au temps de sa splendeur, un vaste ensemble territorial qui s'étend de l'Elbe, au nord, à l'Èbre, au sud, englobant la Gaule, la Germanie, une partie de l'Espagne et de l'Italie. À la Noël de l'an 800, Charlemagne parachève son œuvre en se faisant couronner, par le pape Léon III, « grand et pacifique empereur des Romains ». Apothéose personnelle que cette restauration de l'Empire, rénové par la foi chrétienne, mais construction éphémère... L'Empire n'est, en réalité, qu'une mosaïque de royaumes et de peuples, de mœurs, de coutumes et de langues différentes. De là, d'incessantes révoltes et des campagnes sans cesse renouvelées de pacification. Surtout, le poids des anciennes traditions et des mentalités est tel que ni Charlemagne, ni Louis le Pieux ne parviendront à préserver l'unité nécessaire. Après 822, la rébellion des fils de Louis le Pieux, dont profitent directement les titulaires d'*honores* (évêques et comtes), conduit à l'éclatement, consacré par le traité de Verdun, de l'Empire, alors même qu'alentour se précisent des menaces d'invasions.

Vie politique et institutionnelle

751
☐ NOV. Soissons : Élection et sacre de Pépin le Bref.

754
Saint-Denis : nouveau sacre de Pépin, avec ses fils Charles (Charlemagne) et Carloman, par le pape Étienne II, qui interdit aux grands de se choisir un roi dans une autre lignée.

757
Compiègne : soumission du duc Tassillon III de Bavière.

768
Été. Saintes : un capitulaire de pacification promet, entre autres, aux nobles aquitains de les maintenir dans leur droit (droit romain).
☐ 24 SEPT. Saint-Denis : mort et inhumation de Pépin. Selon la coutume franque, partage du royaume entre ses deux fils.

771
☐ DÉC. Mort de Carloman ; Charlemagne annexe son royaume.

779
Capitulaire de Herstal : restauration de l'ordre dans le royaume et dans l'Église.

781
Pâques. Rome : à la demande de Charlemagne, ses fils, Pépin et Louis, sont sacrés par le pape respectivement roi d'Italie et roi d'Aquitaine.

785
Premier capitulaire saxon : la mort ou la conversion.

789
Admonitio generalis (Admonition générale) : capitulaire de Charlemagne présentant un exposé d'ensemble de ses principes de gouvernement.
Apparition des *missi dominici* (généralisés après 800).
Restauration du serment de fidélité des hommes libres au roi franc (*leudesamium*), tombé en désuétude à la fin des temps mérovingiens. Nouveau serment en 792.

797
☐ OCT. Autre capitulaire saxon : rédaction de la *Loi* (coutumière) *des Saxons.*

800
☐ 25 DÉC. Rome : couronnement impérial de Charlemagne par le pape Léon III.

802
Grandes réformes administratives de Charlemagne. Serment à l'empereur engageant les hommes libres (plus de 12 ans) à lui être fidèles, « comme un vassal à son seigneur » (référence comparative).

806
Thionville : *Divisio regnorum* : projet de partage de l'Empire de Charlemagne entre ses trois fils, Pépin († 810), Charles († 811), Louis.

813
Bernard (bâtard de Pépin), nommé roi d'Italie.
☐ 11 SEPT. Aix-la-Chapelle : couronnement de Louis (le Pieux) par son père et association au gouvernement de l'Empire.

814
☐ 28 JANV. Aix-la-Chapelle : mort de Charlemagne.

816
☐ OCT. Reims : sacre royal et couronnement impérial (réunis en une même cérémonie) de Louis le Pieux par le pape Étienne IV.

817
☐ JUILL. Aix-la-Chapelle : *Ordinatio imperii* : mesure de Louis le Pieux pour sauvegarder après sa mort l'unité de l'Empire.

818
☐ AVR. Disparition du royaume d'Italie (après la révolte de Bernard).

819

☐ FÉVR. Remariage de Louis le Pieux, veuf, avec Judith de Bavière, dont naîtra, en 823, le futur Charles le Chauve.

822

☐ AOÛT. Attigny : pénitence générale ; l'empereur confesse publiquement ses fautes.

829

☐ AOÛT. Worms : remise en cause de l'*Ordinatio* de 817 par l'empereur (et Judith) au profit de Charles ; disgrâce de Lothaire.

831

☐ FÉVR. Aix-la-Chapelle. Louis le Pieux : nouveau projet de partage.

833

☐ OCT. Soissons : renonciation forcée de l'empereur à ses droits.

834

☐ MARS. Restauration de Louis le Pieux.

838

Mort de Pépin.

839

☐ 30 MAI. Projet de partage de l'Empire en deux entre Lothaire et Charles.

840

☐ 20 JUIN. Mort de Louis le Pieux.

842

☐ 14 FÉVR. Serments de Strasbourg : union de Charles et de Louis contre Lothaire.

843

☐ AOÛT. Traité de Verdun : partage de l'Empire entre les trois frères ; maintien de la dignité impériale au profit de Lothaire.

Guerres et relations extérieures

752-759

Reconquête de la Septimanie.

755-756

Interventions de Pépin en Italie.

760-768

Expéditions franques en Aquitaine et mort du duc Waïfre (fils de Hunald), assassiné à l'instigation de Pépin. Nouvelle rébellion (Hunald II), matée par Charlemagne en 769.

772

Débuts de la conquête de la Saxe, suivie de révoltes (778, 793) et de campagnes de pacification (782, 794-799).

773-774

Charlemagne « roi des Lombards » (5 juin 774).

778

Soumission de la Bavière. Expédition en Espagne, désastre de Roncevaux : épuration du personnel dirigeant (comtes et abbés) en Aquitaine et installation de contingents de vassaux royaux *(vassi regales)*.

782

Expédition en Saxe.

785-801

Conquête de la Marche d'Espagne ; prise de Barcelone.

787

Soumission de la Bavière et suppression du duché.

789

Expédition contre les Slaves ; campagne contre les Bretons.

792
Révolte matée de Pépin le Bossu.

793
Révolte des Saxons et campagnes de pacification (794-799).

795-796
Soumission des Avars.

799 et 811
Raids francs en Bretagne.

808
Expédition en Bohême.

812
Paix entre Charlemagne et Byzance, qui reconnaît l'Empire carolingien.

817
Révolte de Bernard d'Italie, matée en avril 818.

818
Expédition en Bretagne.

820
Raid des Vikings sur l'abbaye de Noirmoutier.

826

Barcelone assiégée ; délivrée par Bernard, marquis de Septimanie.

830
☐ MARS. Expédition de Louis le Pieux en Bretagne.
☐ AVR. Révolte de Lothaire et de Pépin contre leur père.

833
☐ AVR. Révolte générale de Lothaire, Pépin et Louis.
☐ JUIN. Le « champ du Mensonge » : les partisans de l'empereur passent dans le camp de ses fils.

838
Raids sarrasins sur les côtes provençales (Marseille) ; sac d'Arles en 842.

839
Été. Expédition de Louis le Pieux en Aquitaine.

840-843
Début des raids vikings en Neustrie : Jumièges, Saint-Wandrille, Rouen (841) ; Quentovic (842) ; Nantes (843).

841
☐ 25 JUIN. Fontenoy-en-Puisaye : victoire de Charles et Louis contre Lothaire.

Économie – Société

750-850
Développement des clientèles vassaliques. Le Carolingien impose à ses agents (comtes notamment, également évêques et abbés) d'entrer dans sa vassalité. Institution des « vassaux royaux » (*vassi regales*), aux responsabilités militaires et judiciaires. Renforcement du rite vassalique par un serment de fidélité, prêté par le seul vassal envers son seigneur.

V. 755
Réforme monétaire de Pépin : « vingt-deux sous dans une livre poids de métal ».

V. 775
Généralisation de la dîme.

779
Interdiction des « conjurations » (associations nouées par serment).

V. 780
Réforme monétaire de Charlemagne : généralisation de l'étalon argent ; institu-

tion d'un système de monnaie de compte à partir de la livre.

793
Famine.

794
Capitulaire du maximum limitant les prix de certaines denrées.

V. 800
Capitulaire *De Villis*, pour la bonne gestion des domaines (*villae*) impériaux.

803
Capitulaire exigeant la publicité de certaines transactions commerciales.

805
Capitulaire de Thionville définissant les obligations militaires des hommes libres (complété en 807 et 808).

806
Famine. Capitulaire de Nimègue condamnant le prêt à intérêt et la spéculation.

V. 813
Polyptyque de Saint-Germain-des-Prés, rédigé sur l'ordre de l'abbé Irminon.

813-814
Polyptyque de l'église de Marseille, rédigé par l'évêque Wadalde.

V. 822
« Statuts » ou état des domaines de Corbie, rédigé par l'abbé Adalard.

828
Capitulaire en faveur des marchands commerçant avec le palais.

Vie religieuse

748-754
Fondation du monastère de Gorze par l'évêque de Metz, Chrodegand.

756
Constitution de l'État pontifical (il disparaîtra en 1870).
Établissement, par Chrodegand, de la règle des chanoines (modèle bénédictin).

794
Synode de Francfort : Charlemagne y intervient en chef de l'Église.

796-804
Alcuin, abbé de Saint-Martin-de-Tours.

817-821
Réforme monastique de Benoît d'Aniane.

829
Concile de Paris : définition du rôle privilégié des évêques.

Population monastique (début IXe s.)				
	St-Wandrille	St-Bertin	Corbie	St-Denis	St-Germain-des-Prés
moines	70	60	300	150	120
serviteurs		112	150		

Constructions ou reconstructions (règne de Charlemagne)
Monastères : 232 ; cathédrales : 7 ; palais : 65

Civilisation et cultures

V. 780 Utilisation d'une nouvelle écriture : la minuscule « caroline ».

V. 783 Paul Diacre : *Vie des évêques de Metz*.

790-799 Construction du palais d'Aix-la-Chapelle.

V. 790 Développement de l'École du palais (Alcuin) et encouragement à la création d'écoles épiscopales et monastiques.

V. 818 Plan du monastère de Saint-Gall.

819 Éginhard rédige la *Vita Caroli* (« Vie de Charlemagne »).

V. 808 Ermold le Noir : *Poème en l'honneur de Louis le Pieux* et *Épîtres au roi Pépin*.

831 *De institutione regia :* traité sur l'institution royale, rédigé par Jonas, évêque d'Orléans.

841 Dhuoda : *Manuel pour mon fils*.

841-842 Nithard : *Histoire des fils de Louis le Pieux*.

Biographie

Dhuoda et Bernard de Septimanie. D'illustre noblesse germanique, Dhuoda, née avec le siècle, épouse en 824, à Aix, Bernard (fils de Guillaume de Gellone, cousin de Charlemagne). Dès lors elle consacre sa vie à soutenir son époux dans ses entreprises, s'endettant lourdement auprès de prêteurs chrétiens et juifs. Elle le suit lorsqu'il reçoit le commandement de la Marche d'Espagne et la défense de l'Aquitaine méridionale contre les musulmans. En 826 naît leur premier fils, appelé Guillaume, en mémoire de son aïeul, saint Guilhem. Bernard, après son succès, en 827, sur l'émir de Cordoue Abd al-Rahman, est appelé par Louis le Pieux et reçoit la charge de chambrier. Il suscite haines et jalousies en étendant son influence sur le palais, peut-être sur l'impératrice Judith, et il est activement mêlé aux luttes qui opposent le Carolingien à ses fils. Il relègue alors Dhuoda à Uzès, où il la rejoint, un temps, dans les troubles qui suivent la mort de l'empereur, prenant parti pour Pépin II, auquel il envoie son fils en otage, se « commander ». Un second fils, Bernard, naît en 841, que le père, alors en Aquitaine, enlève à sa mère pour le faire élever près de lui. Dhuoda, restée seule, entreprend de rédiger un manuel (achevé en 843), à l'usage de son aîné, Guillaume, et qui est aussi un hymne à la gloire de son mari. Un ouvrage exceptionnel par la qualité de son auteur et qui, plus qu'un classique *miroir,* constitue un témoignage précieux sur cette époque troublée. Bernard de Septimanie, traître à Charles le Chauve, est exécuté à Toulouse en 844.

Bibliographie

L. Halphen : *Charlemagne et l'Empire carolingien*.

P. Riché : *la Vie quotidienne dans l'Empire carolingien; les Carolingiens*.

Royauté élective et principautés territoriales

Désormais, les royaumes issus du partage de Verdun poursuivent des destinées séparées, encore que souvent parallèles, et rivales. Dans la partie occidentale (qui allait devenir le royaume de France), de plus en plus menacée par les invasions (normandes, hongroises, sarrasines), s'instaure progressivement entre l'aristocratie et le roi un système contractuel, fait de marchandages et de concessions renouvelées, que l'Église cherche à contrôler en instituant (877) la promesse du sacre. Surtout, les grands, n'ayant plus guère à gagner au service d'une royauté affaiblie et appauvrie, exploitent « les délices de la puissance locale », se maintiennent héréditairement dans leurs honneurs et leurs bénéfices. En 888, ils portent sur le trône l'un d'entre eux, Eudes, fils de Robert le Fort, entretenant pendant près d'un siècle l'alternance entre Robertiens et Carolingiens : la royauté est devenue élective et le sacre passe au second plan. Commencent alors les temps qu'il est convenu d'appeler féodaux et que caractérisent le morcellement territorial, la dispersion des droits régaliens et la diffusion des rapports vassaliques. À la périphérie du royaume se développent les grandes principautés (Normandie, Flandre, Bourgogne, Aquitaine), où le prince exerce à son profit les prérogatives publiques (commandement, justice) naguère dévolues au roi, dont le territoire de puissance se réduit progressivement au cœur de l'Île-de-France. Le mouvement se poursuit au Xᵉ siècle, avec l'apparition des comtés autonomes (Anjou, Maine, Toulouse, Comminges, Mâcon), aux mains d'anciens administrateurs royaux ou princiers, voire de certains évêques. Autant d'îlots, souvent menaçants, qui se créent face à la royauté, mais dans le royaume, et dont les chefs restent en principe unis au roi par le lien, alors assez lâche, de la vassalité.

Destinée de l'Empire

844
☐ OCT. Yütz : « Régime de la fraternité » entre Charles le Chauve, Louis de Bavière, dit « le Germanique », et Lothaire.

851
Conférence de Mersen, pour préserver l'unité carolingienne.

854
☐ FÉVR. Liège : alliance entre Charles et Lothaire contre Louis.

855

□ 29 SEPT. Mort de l'empereur Lothaire : division de son royaume entre ses fils Louis II (titre impérial et Italie), Lothaire II (Lotharingie, ou Lorraine), et Charles (Bourgogne transjurane et Provence), dont le royaume est partagé entre ses frères, à sa mort (863).

869

□ 8 AOÛT. Mort de Lothaire II : partage de la Lotharingie entre Charles le Chauve et son frère Louis.

875

□ 12 AVR. Mort de l'empereur Louis II.
□ 25 DÉC. Rome : Charles le Chauve couronné empereur des Romains par le pape Jean VIII.

876

Mort de Louis le Germanique et partage de son royaume entre ses fils : Carloman, Louis le Jeune et Charles (le Gros).

881

□ 12 FÉVR. Rome : couronnement impérial de Charles le Gros.

885

□ JUIN. Restauration territoriale de l'Empire au profit de Charles le Gros.

887

Déposition de Charles le Gros ; Arnulf de Carinthie, bâtard carolingien, élu roi de Germanie.

888

□ 13 JANV. Mort de Charles le Gros : dislocation « des royaumes soumis à sa domination ».

962

□ 2 FÉVR. Couronnement impérial du Saxon Otton Ier. Fondation d'un Empire romain germanique.

L'institution royale

843

□ NOV. Coulaines : Charles le Chauve s'engage à maintenir dans leurs droits les grands de son royaume, auxquels il demande « aide et conseil » pour gouverner.

844-848

Lutte de Charles le Chauve contre son neveu Pépin II († 864) pour la maîtrise de l'Aquitaine.

845

Pâques. Pillage de Paris par les Normands.

848

Orléans : sacre de Charles le Chauve.

Diffusion du fer aux IXe-Xe s.

Travail du bois (vaisselle, outillage domestique) : doloire, cognée, tarière, serpette.
Travail des jardins et des champs : soc et coutre de charrue, faux, houe.
Armurerie : couteaux, lance, armure.
Pêche : hameçon.
Cordonnerie : alène.
Tailleur : aiguille.

856
Début de la « grande invasion » des Normands.

858
☐ MARS. Le roi renouvelle aux grands les promesses de Coulaines.
Invasion de la Francie occidentale par Louis le Germanique.

864
Capitulaire de Pîtres.

877
☐ JUIN. Quierzy-sur-Oise : Charles le Chauve, appelé par le pape, confie le royaume à son fils Louis (le Bègue) et aux grands. Hérédité provisoire des *honores* et des bénéfices. Après le départ du roi, révolte des grands.
☐ OCT. Retour de Charles, qui meurt en route. Tractations et marchandages entre Louis le Bègue et les grands, qui acceptent de l'élire.
☐ 8 DÉC. Louis est sacré à Compiègne ; instauration, à l'initiative d'Hincmar, de la promesse du sacre.

879
Compiègne. Mort de Louis le Bègue ; lui succèdent ses fils Louis III et Carloman.

884
Mort de Carloman, seul roi depuis le décès de son frère (882) ; du fait de la jeunesse (cinq ans) du dernier fils de Louis le Bègue, Charles (le Simple), les grands font appel à l'empereur Charles le Gros et se commandent à lui.

885-886
Les Normands assiègent Paris, défendu par Eudes, fils de Robert le Fort.

888
☐ 29 FÉVR. Compiègne : élection par les grands et sacre d'Eudes. Début des temps dits « féodaux ».

893
Reims : sacre de Charles le Simple ; guerre entre le Carolingien et le Robertien : Eudes l'emporte.

898
Mort d'Eudes : Charles le Simple est réélu roi.

911
Charles est élu roi de Lotharingie.

920
Révolte des grands contre le roi.

922
Nouvelle révolte : fuite du roi en Lorraine et élection du frère d'Eudes, Robert, sacré le 30 juin à Reims.

923
☐ 15 JUIN. Mort du roi Robert : les grands élisent son gendre Raoul, duc de Bourgogne, couronné à Soissons, le 13 juillet. Charles le Simple, prisonnier de son cousin, Herbert de Vermandois ; il meurt captif à Péronne en 929.

925-926
Invasion hongroise.

936
☐ JANV. Mort de Raoul. À l'instigation d'Hugues le Grand, frère du défunt, les grands rappellent d'Angleterre Louis (d'Outremer), sacré à Laon le 19 juin.

945-946
Louis IV d'Outremer prisonnier des Normands, puis otage de Thibaud de Blois.

954
☐ 10 SEPT. Mort de Louis IV ; son fils Lothaire lui succède, sous la tutelle d'Hugues le Grand, duc des Francs.

978
En représailles à un raid de Lothaire sur

Aix-la-Chapelle, l'empereur Otton II envahit le royaume de France, mais échoue devant Paris.

979
Lothaire associe au trône son fils Louis.

985
Le comte de Barcelone, Borell, menacé par les Sarrasins, demande au roi des secours.

986
□ 2 MARS. Mort de Lothaire ; son fils Louis V lui succède.

987
□ 21 MAI. Mort de Louis V.

La dissociation territoriale

845
□ NOV. Le prince breton, Nominoë, vainqueur de Charles le Chauve, à Ballon, fait reconnaître son autorité sur les comtés de Rennes et de Nantes. En 851, son fils Erispoë lui succède, avec le titre de roi.

861
Robert le Fort reçoit de Charles le Chauve le titre de duc et mission de défendre la région entre Seine et Loire contre les Bretons.

862-863
Charles le Chauve confie à son gendre, Baudoin de Flandre, le commandement de comtés à défendre contre les Normands. À la mort du comte en 879, son fils, Baudoin II, lui succède en Flandre.

879
□ 15 OCT. Mantaille : Boson, beau-frère de Charles le Chauve, se fait proclamer roi de Provence. Il meurt en 887 ; son fils, Louis, lui succède en 890.

V. 880
Bernard Plantevelue, comte d'Auvergne, s'impose en Aquitaine. En 886, son fils Guillaume lui succède, avec le titre de duc des Aquitains, mais perd le contrôle du Toulousain.

886-920
Garcie Sanche, comte et marquis de Gascogne.

V. 888
Alain le Grand, comte de Vannes, devient duc de Bretagne.

V. 894-895
Richard le Justicier (comte d'Autun), frère de Boson de Provence, fonde le duché de Bourgogne, qu'il lègue, en 921, à son fils Raoul.

898
Foulques Iᵉʳ le Roux, vicomte d'Anjou.

911
Saint-Clair-sur-Epte : Charles le Simple confie au chef normand Rollon, en échange de sa conversion et de sa fidélité, plusieurs comtés dans la région de Rouen. En 932, à la mort de Rollon (devenu Robert par le baptême), lui succède son fils, Guillaume Longue-Épée. Il est assassiné en 942, et la principauté normande échoit à son fils, Richard Iᵉʳ.

927
Mort de Guillaume le Pieux, auquel succède son neveu, Guillaume II.

932-963
Guillaume Tête d'Étoupe, comte de Poitiers, duc d'Aquitaine.

936
Hugues le Noir (frère de Raoul), duc de Bourgogne, refuse de reconnaître

Louis IV et doit fuir le duché devant les troupes du roi et d'Hugues le Grand, qui obtient, en 942, la suprématie sur la Bourgogne, au-dessus d'Hugues le Noir. Son fils Otton lui succède.

V. 940
Thibaud Ier, comte de Blois, de Châteaudun et de Chartres. Son fils, Eudes Ier, lui succède en 978.

942-966
Boson, souche des comtes de Provence, les Guillem. Son fils, Guillaume le Libérateur (970-993), et le comte Ardouin de Turin détruiront le repaire sarrasin du Freinet en 972.

945
□ MAI. Arles : Conrad de Bourgogne se fait reconnaître maître de la Provence, qui, à la mort d'Hugues d'Arles (947), tombe aux mains des rois de Bourgogne Transjurane.

V. 950
Aux origines du comté de Champagne, Herbert III le Vieux, comte de Meaux et de Troyes.

V. 960
Geoffroy Grisegonelle, comte d'Anjou.

Économie – Société

847
Captulaire de Mersen : Charles le Chauve ordonne aux hommes libres de se choisir un seigneur (soit le roi, soit un de ses fidèles) : serment de fidélité de ceux-ci au roi en 854.

853
Capitulaire traitant de la répression du brigandage, renforcé en 883.

857
Interdiction des *trustes* (groupes de guerriers armés liés par serment).

859
Révolte contre les Normands des paysans d'entre Seine et Loire (rassemblés en une *conjuratio*), écrasée par la cavalerie franque.

884
Capitulaire de Carloman interdisant aux villageois de constituer des guildes contre ceux qui leur ont dérobé leurs biens.

895
Premier exemple de vassalité multiple, entorse à la règle carolingienne.

V. 980
Trésor enfoui de Fécamp.

Vie religieuse

845
Hincmar, archevêque de Reims († 882).

V. 851
Rédaction des *Fausses Décrétales*.

858
Fondation des monastères de Pothières et de Vézelay par Girard de Vienne.

866
Le chef de sainte Foy installé au monastère de Conques.

870
Pèlerinage du moine franc Bernard à Jérusalem.

894
Fondation de Saint-Géraud d'Aurillac.

910
Fondation, par Guillaume le Pieux, du monastère de Cluny.

917
Premier prieuré de Cluny à Déols.

926-948
Odon puis Maïeul, abbés de Cluny.

954
Fondation de l'abbaye de Montmajour.

969-989
Adalbéron, archevêque de Reims.

977
Adalbéron (dit Asselin), évêque de Laon.

Civilisation et cultures

841-865 Construction de l'église abbatiale Saint-Germain d'Auxerre.

862-869 Jean Scot : *De divisione naturae.*

V. 863 Bible de Charles le Chauve.

880 Cantilène de sainte Eulalie.

V. 882 *De ordine palatii :* description du palais carolingien par Hincmar de Reims.

915-917 Construction de la première abbatiale de Cluny (la seconde en 975-1000).

V. 930 *Vie de Géraud d'Aurillac,* par Odon, abbé de Cluny.

V. 946 Construction de la cathédrale de Clermont-Ferrand.

972 Début de l'enseignement du moine Gerbert d'Aurillac à Reims.

Biographie

Géraud (SAINT) d'Aurillac (855-909). D'ascendance illustre, Géraud est le digne représentant de la vieille noblesse sénatoriale gallo-romaine rehaussée encore par le service de Dieu : grand propriétaire, dont les domaines se situent dans le Cantal, le Rouergue, l'Albigeois et la région de Tulle, il ne pressure pas ses paysans et même les protège contre ses intendants. S'il prête, il fait souvent remise des intérêts et parfois du capital. Lorsque, en sa qualité de vassal royal, il juge, il ne condamne jamais à mort ou ne fait pas exécuter la sentence. Toute sa vie, il reste en contact avec Rome, s'y rendant régulièrement et plaçant sous la protection du pape et de saint Pierre le monastère qu'il fonde à Aurillac. Il fera son testament conformément au droit romain. Autour de lui, il voit se constituer les principautés et les comtés méridionaux. Sans héritier direct, il se sent entouré d'ennemis. Le comte Adhémar de Poitiers et son fidèle Geoffroy de Turenne ne cessent de l'attaquer. Le duc Guillaume le presse d'entrer dans sa vassalité alors que Géraud est déjà le vassal du roi, dont le palais reste sourd à ses appels. Géraud alors se détache de ce monde nouveau qu'il se refuse à voir. Il devient aveugle et, avec le secours de la religion, il se réfugie à Rome, berceau de ses lointains ancêtres.

Bibliographie

J. Dhondt : *le Haut Moyen Âge (VIII-XIe siècles).*

J.-F. Lemarignier : *La France médiévale, institutions et société.*

La royauté et la crise féodale

Autour de l'an mil se produit la rupture majeure avec le passé carolingien : l'apparition des seigneuries et des châtellenies banales et la tentative qui réussira plus ou moins selon les lieux pour transformer les hommes libres du terroir en de véritables serfs, dépendant corps et biens du seigneur local, le sire. Les châtelains sont généralement d'anciens administrateurs carolingiens passés au service des grands ou de gros propriétaires alleutiers. À partir de leurs châteaux (souvent de simples tours en bois), qui se sont multipliés au début du XIe siècle, alors même que la seconde vague d'invasions n'est plus à redouter, et en associant à leurs profits une partie de la paysannerie dont ils ont fait leurs hommes de main, ils sont en bien des régions suffisamment forts pour résister à la tutelle politique du prince, du comte ou même du roi. Ayant accaparé à leur tour l'exercice des prérogatives publiques (ban, justice, contrainte), ils s'en servent pour imposer sur les campagnes alentour leur coûteuse protection, et extorquer aux hommes de leur détroit redevances et cadeaux, services et corvées. Comme telle, la seigneurie n'est pas seulement le stade ultime de la dissociation territoriale, elle constitue surtout une nouvelle forme de pouvoir, non seulement politique, mais économique, dont la limite sera constituée par la coutume. Le phénomène pour l'heure ne joue guère au profit de la jeune royauté capétienne qui, alors même qu'elle essaie d'affirmer sa dynastie et de conserver des liens avec les plus grands du royaume, est confrontée, depuis ses domaines, jusque dans ses palais, aux turbulentes exigences de ses nouveaux vassaux.

Vie politique et institutionnelle

987

☐ 3 JUILL. Noyon. À l'instigation de l'archevêque Adalbéron, les grands écartent Charles de Lorraine et élisent roi le Robertien Hugues Capet, qui est sacré par le prélat. Quelques résistances isolées.

☐ 21 JUILL. Mort de Geoffroy Grisegonelle d'Anjou ; Foulques Nerra, comte : il maintient l'unité de sa principauté, écrase en 992 Conan, comte de Rennes, occupe Nantes et s'empare en 1016 d'une partie de la Touraine.

☐ 25 DÉC. Orléans : Hugues Capet fait élire et sacrer, par anticipation, son fils Robert, qu'il associe au trône.

V. 987

Premier concile (local) du Puy : institution de la paix de Dieu, destinée à soustraire aux guerres seigneuriales les biens des églises, ceux des paysans ou des pauvres et la personne des clercs non armés. Le mouvement de paix fut ensuite étendu vers l'ouest par le concile de Charroux (989) ; vers le sud et vers l'est, par les conciles de Narbonne (990), du Puy et d'Anse-en-Lyonnais (994).

995
Eudes II, comte de Blois : battu en 1016 à Pontlevoy par Foulques Nerra pour la possession de la Touraine, il s'empare en 1023 du comté de Champagne, tente en 1032 d'occuper le royaume de Bourgogne-Provence ; échec de sa tentative pour obtenir la couronne impériale.

996
Mort de Richard Ier : son fils, Richard II, duc de Normandie.
□ 24 OCT. Mort d'Hugues Capet : avènement de Robert II (le Pieux), qui épouse en secondes noces sa cousine, Berthe d'Anjou, et, en troisièmes noces (1003), Constance de Provence.

1002
À la mort de son oncle Henri, duc de Bourgogne, Robert II entreprend de récupérer le duché, qu'il confiera, vers 1015, à son second fils, Henri.

1017
Hugues, fils de Constance et du roi Robert, est sacré et associé au trône.

V. 1021-1023
Concile de Verdun-sur-le-Doubs : relance du mouvement de paix, repris ouvertement par Cluny.
□ MAI 1023. Assemblée de Compiègne, devant le roi Robert, et tentative d'extension, au nord, de la paix.

1025-1028
Irruption des petits seigneurs et châtelains de l'Île-de-France (désormais vassaux directs du roi) dans l'entourage royal, que quittent alors les comtes.

1026
Mort d'Hugues, héritier désigné du roi, et établissement de la règle de primogéniture (première loi fondamentale du royaume) pour déterminer l'ordre de succession suivant celui des naissances : le deuxième fils, Henri, est sacré par anticipation à Reims (1027).

1029
Robert le Magnifique (ou le Diable) succède en Normandie à son frère Richard III.

1030
Révolte du « roi désigné », Henri, et de son frère, Robert, contre leur père, Robert II.

1031
□ 20 JUILL. Mort de Robert II le Pieux et rivalités entre ses fils : Henri Ier, son successeur, et Robert, qui reçoit le duché de Bourgogne (1032).

Hérédité des seigneuries et des fiefs		
	en ligne directe	en ligne collatérale
Principautés	fin IXe/début Xe s.	Xe siècle
Comtés	Xe siècle	XIe siècle
Châtellenies	fin X[e]/début XIe s.	fin XIe/XIIe siècle
Petits fiefs	XIe siècle	

1032

□ 6 SEPT. Mort du roi de Bourgogne-Provence, Rodolphe III. L'empereur Conrad II couronné roi, le 1ᵉʳ août 1034.

1033

Coalition de féodaux de l'Île-de-France (fomentée par la reine mère) contre Henri Iᵉʳ.

1040

Geoffroy Martel succède à son père, Foulques d'Anjou : déjà maître du Vendômois et de la Saintonge, il s'empare de la Touraine (1041) et du Maine (1051).

1040-1041

Proclamation (en Bourgogne et en Provence) de la trêve de Dieu, qui met « hors violence » les grandes périodes des fêtes religieuses.

1043

Henri Iᵉʳ rompt l'encerclement territorial de la maison de Blois-Champagne.

1047

Bataille du Val-ès-Dunes (près de Caen) et appui décisif d'Henri Iᵉʳ au Normand Guillaume le Bâtard (successeur, en 1035, de son père Robert le Diable), en butte à une formidable coalition.

1053-1055

Guerre et échec d'Henri Iᵉʳ, allié à Geoffroy Martel, contre Guillaume le Bâtard. Nouvelle tentative, manquée, en 1058.

1055

Rattachement du comté de Sens au Domaine.

1059

□ 23 MAI. Reims : le prince Philippe, âgé de 7 ans, est sacré par anticipation.

1060

□ 4 AOÛT. Vitry-aux-Loges : mort d'Henri Iᵉʳ ; Philippe Iᵉʳ, seul roi, sous la tutelle de son oncle, Baudoin V de Flandre.

□ 14 NOV. Mort de Geoffroy Martel ; lui succèdent son neveu, le comte de Gâtinais Geoffroy le Barbu, puis, en 1068, le frère de celui-ci, Foulques le Réchin.

V. 1062

Extension au Nord et transformation de la trêve de Dieu.

1068

Philippe Iᵉʳ s'empare du Gâtinais.

1070

Intervention, dans la succession de Flandre, de Philippe Iᵉʳ, qui est battu à Cassel (21 févr. 1071) par Robert le Frison († 1093), fils cadet de Baudoin V.

1074

Réunion de Corbie au domaine royal.

1076

Mort de Robert le Vieux (frère d'Henri Iᵉʳ) de Bourgogne ; son petit-fils, Hugues Iᵉʳ, lui succède à la tête du duché.

Apr. 1077

Evêques et abbés, appelés par la réforme grégorienne à des tâches plus conformes à leur état, quittent l'entourage royal, constitué désormais par les sires de l'Île-de-France.

1078

Eudes Iᵉʳ, duc de Bourgogne à la mort de son frère Hugues Iᵉʳ.

1086

Avènement de Guillaume VII d'Aquitaine ; échec dans sa tentative d'unifier le Midi.

Echec de Guillaume de Normandie pour s'emparer de la Bretagne.

1090-1094
Mort du dernier comte de Provence de la lignée des Guillem, Bertran, fils de Joufré.

1094
Excommunication (renouvelée à plusieurs reprises et levée en 1104) de Philippe Ier, qui, en 1092, a répudié sa femme légitime pour épouser Bertrade de Montfort, femme du comte d'Anjou.

1097
□ MAI. L'héritier de Philippe Ier, Louis (né en décembre 1081), est armé (« adoubé ») chevalier.

1097-1100
Philippe Ier, secondé par le prince Louis, s'empare du Vexin français.

1100
Réunion de Bourges et de Dun au Domaine.

Relations extérieures et conquêtes

988
Charles, duc de Basse-Lorraine, le prétendant carolingien, évincé par Hugues Capet, s'empare de la cité de Laon, puis de Reims (sept. 989). Laon est repris en 991 et Charles meurt en captivité, à Orléans, en 992.

1016
Début des expéditions normandes en Italie du Sud et en Sicile. Robert Guiscard, fils de Tancrède de Hauteville, est reconnu duc des Pouilles et de la Calabre en 1059 ; son frère, Roger, conquiert la Sicile (à partir de 1061).

1023
Rencontre à Ivois, sur la Meuse, du roi Robert et de l'empereur Henri II.

1043
Entrevue d'Ivois entre Henri Ier et l'empereur Henri III.

1046
Henri Ier soutient le duc de Lorraine, Godefroy, révolté contre l'empereur.

1051
Mariage d'Henri Ier avec Anne, fille du duc Iaroslav de Kiev.

1063
À l'appel du pape Alexandre II, début de la « reconquête » de l'Espagne, où s'illustrent Gui-Geoffroy d'Aquitaine, Eble Roucy de Champagne, puis, à partir de 1075, le Bourguignon Eudes Ier. En 1095, Henri, petit-fils du duc de Bourgogne Robert, épouse une princesse de Castille et devient le premier comte du Portugal. Son fils sera roi de Portugal.

1066
□ 29 SEPT. Guillaume le Bâtard débarque en Angleterre pour s'emparer de l'héritage de son cousin, Édouard le Confesseur († 5 janv.), qui l'a désigné comme successeur. Vainqueur à Hastings (14 oct.) de son rival le Saxon Harold, le Bâtard, devenu « le Conquérant », se fait sacrer roi d'Angleterre à Westminster (25 déc.). À sa mort (9 sept. 1087), son fils aîné, Robert Courteheuse, hérite de la Normandie, et le cadet, Guillaume le Roux, de l'Angleterre.

1095
□ 27 NOV. Concile de Clermont. Le pape Urbain II prêche la première croisade.

1096
□ 21 OCT. Hersek (Asie Mineure) : la croisade des pauvres, conduite par Pierre l'Ermite et Gautier sans Avoir, est taillée en pièces par les Turcs.

1099

☐ 15 JUILL. Prise de Jérusalem par Gode-froy de Bouillon et fondation du royaume latin de Jérusalem par son frère, Baudoin de Boulogne (déc. 1100).

Église et vie religieuse

989

Arnoul, bâtard du roi Lothaire, est élu archevêque de Reims.

991

☐ 11 JUIN. Concile de Saint-Basle-en-Versy : déposition d'Arnoul et élection du moine d'Aurillac, Gerbert (qui deviendra pape sous le nom de Sylvestre II [999-1003]) ; formation du « parti des moines », qui souhaite soustraire (privilège d'exemption) leurs établissements à l'autorité des évêques, pour ne dépendre que de Rome.

994

Réforme de Saint-Denis par Mayeul, abbé de Cluny, auquel succède Odilon.

1049-1059

Pontificat de Léon IX et début de l'offensive pour arracher l'Église « des mains des laïcs » (rois et empereur compris). En dépit du schisme avec l'Église d'Orient (1054), le mouvement s'amplifie sous le pontificat de Grégoire VII (1073-1085), qui laissa son nom à cette réforme condamnant la mauvaise vie des prêtres (nicolaïsme), le trafic des sacrements (simonie) et l'intervention de laïcs dans l'investiture des églises.

1074

Le concile de Paris refuse le célibat ecclésiastique.

1084

Saint Bruno fonde la Chartreuse.

1098

Robert de Molesme fonde l'ordre de Cîteaux.

Économie – Société

991-1052

Première vague du néo-manichéisme, avec un fort foyer en Champagne et des ramifications à Arras et à Orléans ; des traces également en Aquitaine et dans le Toulousain.

997

Révolte des paysans normands.

V. 1000

Apparition de la clause de réserve de fidélité (dans l'hypothèse de vassalités multiples).

V. 1020

Lettre de Fulbert, évêque de Chartres, au duc Guillaume V d'Aquitaine, définissant les obligations du vassal envers son seigneur.

1020-1030

Face à la crise féodale, Adalbéron de Laon († 1030) et Gérard de Cambrai († 1048) reprennent la théorie des trois ordres *(oratores, bellatores, laboratores)*, déjà formulée aux temps des Carolingiens.

1030-1033

Famine en Occident.

V. 1040-1050

Apparition de l'hommage lige, la ligence entraînant une priorité de services.

1070

Première commune (sous forme de « conjuration ») au Mans ; une autre à Cambrai en 1076.

V. 1100
Régression de l'alleu (terre libre) et développement des tenures paysannes. Généralisation dans l'aristocratie du fief (terme qui supplante à la fin du XIᵉ s. l'ancien mot carolingien « bénéfice »).

Civilisation et cultures

991-995 Richer : *Histoires.*

V. 1020 Sculptures romanes du linteau de Saint-Génis-des-Fontaines.

V. 1023 Helgaud : *Vie de Robert le Pieux* □ Construction de l'abbatiale du Mont Saint-Michel.

V. 1040 *Vie de saint Alexis* (composée en Normandie, exalte les vertus du saint chevalier). *Vie de saint Léger.*

1046 Raoul Glaber : *Histoires.*

1049 Construction de Saint-Hilaire de Poitiers.

V. 1050 Construction de l'abbaye de Sainte-Foy de Conques, achevée vers 1130.

V. 1060 *Vie de sainte Foy.* □ Consécration de l'église de Moissac (1063) ; sculptures du cloître vers 1100.

1067-1107 Abbatiale de Saint-Benoît-sur-Loire.

1077-1082 Tapisserie de Bayeux.

1081-1096 Construction de Saint-Eutrope de Saintes.

1088-1130 Troisième abbatiale de Cluny.

V. 1100 *La Chanson de Roland.*

Biographie

Arbrissel (ROBERT D') fils et petit-fils de curés bretons, Robert, après une jeunesse tumultueuse, épouse la cause de l'Église grégorienne. Il reçoit du pape la permission de prêcher. Ses prédications éloquentes, au hasard de ses pérégrinations, attirent vers lui des hommes et des femmes du meilleur monde ainsi que des prostituées, prêtes à tout abandonner pour le suivre. Vers 1100, il fixe sa communauté itinérante à Fontevrault. Son œuvre ne tarde pas à lui échapper et à se scinder en deux groupes distincts : d'un côté les clercs, les laïcs qui travaillent, les malades, les prostituées repenties... (dans les bâtiments séparés) ; de l'autre, les gentes dames, trois cents contemplatives enfermées dans le grand cloître. Robert reprend alors sa route missionnaire, tandis que les cadettes des grandes familles aristocratiques prennent la tête du monastère.

Bibliographie

K. F. Werner : *op. cit.*

J. P. Poly et E. Bournazel : *la Mutation féodale.*

Le redressement capétien

Au seuil du XIIe siècle, le Capétien a su puiser dans son entourage renouvelé des compagnons, des serviteurs, dont le dénuement, à la mesure de sa propre détresse, est le gage le plus sûr de leur dévouement. Ce sont eux qui exercent les charges palatines et aident le roi à assurer, en l'absence des plus grands, le gouvernement du royaume, en fait réduit aux dimensions de son domaine. Avec eux, Louis VI mène inlassablement campagne au cœur de ses possessions pour ramener à la raison les sires et châtelains et imposer la paix en ses terres. Après 1150, au temps de Louis VII, la royauté, déjà plus forte, peut renouer avec la haute aristocratie, lui confier des fonctions (surtout honorifiques) en son palais, l'appeler à son ost ou la convoquer à ses assemblées. Dans son conseil, qui se dessine et commence à nouer des liens avec le milieu, en plein essor, des écoles parisiennes, elle peut se forger les éléments théoriques qui, bientôt, exprimeront sa supériorité retrouvée. Seule ombre à cette ambition, la constitution et le voisinage de l'empire Plantagenêt et la présence toujours inquiétante des principautés. Car, désormais, c'est entre les princes et le roi que la partie se joue, puisque aussi bien le renouveau économique qui caractérise cette période a entraîné le déclin et l'absorption de nombre de petites seigneuries et châtellenies. Quant aux villes, qui se sont alors affirmées au détriment des puissances féodales, elles seront de plus en plus attirées vers un pouvoir royal, unique et renforcé, mais encore méfiant vis-à-vis d'elles.

La royauté, le Domaine, les châtelains

1101
Luttes de Louis, « roi désigné », contre le sire de Montmorency, puis contre Dreu de Mouchy.

1102
Campagne du prince contre Mathieu Ier de Beaumont-sur-Oise, puis Ebble II de Roucy.

1103
Prise de Meung-sur-Loire par Louis ; lutte de Louis contre Thomas de Marle.

1104
Domination des Rochefort au sein de la *familia regis* (la maisonnée royale).

1107
Rupture avec les Rochefort ; conflit jusqu'en 1118. Hégémonie des Garlande.

1108
☐ JUIN. Louis en Berry, contre Humbaud, seigneur de Sainte-Sévère.
☐ 29 JUILL. Melun : mort de Philippe Ier.
☐ 3 AOÛT. Orléans : sacre de Louis VI.

1109
Été. Intervention de Louis VI en Berry.

1111
Luttes du roi contre Hugues du Puiset.

1114-1115
Louis VI contre Thomas de Marle.

1118
□ JANV.-MAI. Dernier siège du Puiset. Départ en Terre sainte d'Hugues.

1127
Disgrâce des Garlande ; guerre avec le roi.

1129
□ 14 AVR. Reims. Couronnement par anticipation de Philippe, fils aîné de Louis VI.

1130
□ OCT.-NOV. Expédition contre Thomas de Marle (sire de Coucy).

1131
□ 13 OCT. Mort de Philippe. Sacre de son cadet Louis à Reims (18 oct.).

1132
□ MAI-JUILL. Expédition contre Enguerrand de Coucy, fils de Thomas de Marle.
□ APR. 3 AOÛT. Étienne de Garlande, chancelier ; Suger domine au palais.

1137
□ 1ᵉʳ AOÛT. Mort de Louis VI. Avènement de Louis VII (le Jeune).

1145
□ 25 DÉC. Bourges. Assemblée solennelle : Louis VII annonce son projet de croisade.

1147
□ 16 FÉVR. Assemblée d'Étampes pour pourvoir à la garde du royaume durant la 2ᵉ croisade (1147-1149).

1148-1150
Apparition du concept de Couronne, lui-même lié à la notion de royaume. Idée que la dignité royale dispense de l'hommage quand le roi est vassal.

1149
Retour du roi accueilli par le régent Suger.

1152
□ 21 MARS. Divorce de Louis VII et d'Aliénor qui, en mai, épouse Henri Plantagenêt, duc de Normandie.

1155
□ 10 JUIN. Première ordonnance capétienne : paix de dix ans dans le royaume.

1179
□ 1ᵉʳ NOV. Reims : sacre anticipé du prince Philippe, dernier Capétien sacré du vivant de son père.

1180
□ 19 SEPT. Paris : mort de Louis VII.

Tarif du tonlieu de l'abbaye de Saint-Vaast d'Arras (1036), en deniers d'argent			
Un esturgeon	4	Un cheval	2
Un saumon	1	Une vache	1
Un quartier de baleine	1	Une truie avec les cochons de lait	1
Une charretée de tous fruits	2	Étal du fourreur du marché	
Une charretée de sel	2	chaque samedi	1 obole (½ d.)

Rois et princes

1106
☐ NOV.-DÉC. Le prince Louis appuie l'Anglais Henri Ier dans sa conquête de la Normandie.

1108
☐ AOÛT. Avènement de Louis VI et mouvement de refus des princes de lui prêter hommage.

1109
Foulques V, comte d'Anjou.
☐ FÉVR.-MARS. Conflit entre Louis VI et Henri Ier. Entrevue des Planches-de-Neaufles. Guerre de deux ans dans le Vexin.

1109-1148
Alphonse Jourdain (fils de Raimon de Saint-Gilles), comte de Toulouse.

1111
Coup de main et échec du comte Robert de Meulan sur Paris. Guerre avec Thibaud, comte de Blois.

1112
Raimon Bérenger, comte de Barcelone, devient par son mariage marquis de Provence. Guerre entre Henri Ier et Louis VI ; paix de l'Ormeteau-Ferré.

1116-1120
Reprise de la guerre. Grave échec de Louis VI à Brémule (20 août 1119). Paix conclue début 1120.

1120
☐ 25 DÉC. Naufrage de la Blanche-Nef.

1122
☐ ÉTÉ. Première expédition du roi en Auvergne ; la seconde en juin-août 1126.

1124
☐ MARS. Henri Ier envahit le Vexin.
☐ JUILL.-AOÛT. Menace d'invasion de l'empereur d'Allemagne.

1125
Thibaud, comte de Blois, Meaux et Chartres, succède à son oncle Hugues de Chartres.

1127
☐ 23 MARS. Arras : Louis VI impose Guillaume Cliton, neveu d'Henri Ier, pour succéder au comte de Flandre, Charles le Bon (assassiné le 2 mars).

1128
Guerre pour la succession de Flandre : mort de Guillaume Cliton ; son rival, Thierry d'Alsace, reconnu par le roi.

1129
Geoffroy le Bel succède en Anjou à son père, Foulques V, appelé à régner en Terre sainte.

1135
☐ 1er DÉC. Mort d'Henri Ier. Étienne de Blois l'emporte en Angleterre ; Geoffroy le Bel conquiert la Normandie (1141-1144), avec l'appui de Louis VII, qui récupère le Vexin normand.

1137
☐ 9 AVR. Guillaume IX d'Aquitaine confie son duché et le bail (garde) de son héritière (Aliénor) à Louis VI.
☐ 25 JUILL. (1er août ?) Poitiers : mariage d'Aliénor et du prince Louis, qui devient seigneur de l'Aquitaine.

1141
Expédition de Louis VII contre le comte de Toulouse, Alphonse Jourdain.

1142-1143
Conflit entre Louis VII et Thibaud II de Champagne ; paix de Vitry.

1147-1149
Deuxième croisade et échec de Louis VII.

1151
Louis VII attaque la Normandie, tenue par Henri Plantagenêt (fils de Geoffroy le Bel). Mort de Geoffroy (7 sept.) : Henri lui succède pour l'Anjou et le Maine.

1154
□ 19 DÉC. Henri II, roi d'Angleterre. Constitution de l'empire Plantagenêt : Angleterre, Normandie, Anjou, Maine, Aquitaine, Gascogne et Bretagne (apr. 1158).
Louis VII, divorcé d'Aliénor, épouse Constance, fille du roi de Castille ; sa sœur Constance épouse Raymond V de Toulouse.

1156
□ FÉVR. Henri II Plantagenêt fait hommage à Louis VII pour les fiefs qu'il tient de lui en France.

1158
□ 31 AOÛT. Henri le Jeune, fils d'Henri II, fiancé à la fille de Louis VII, Marguerite (en dot : le Vexin normand).

1159
□ ÉTÉ. Toulouse : Louis VII défend avec succès son beau-frère, Raymond V.

1160
□ 13 NOV. Louis VII, veuf de Constance (4 oct.), épouse Adèle de Champagne.

1162
□ AOÛT-SEPT. Entrevue manquée de Saint-Jean-de-Losne entre le roi et l'empereur Frédéric Barberousse.

1165
Traité de Vaucouleurs entre Louis VII et Frédéric Barberousse pour l'extermination des Brabançons.

1167
□ JUIN. Reprise de la guerre entre Louis VII et le Plantagenêt.

1169
□ JANV. Paix de Montmirail entre les rois de France et d'Angleterre.

1173
□ MAI. Révolte contre Henri II de ses aînés (Henri le Jeune, Richard, Geoffroy). Échec et soumission des rebelles en sept. 1174.

1177
Paix de Nonancourt entre Henri II et Louis VII.

1178
□ 30 JUIN. Arles : Frédéric Barberousse couronné roi de Bourgogne-Provence.

Économie – Société – Religion

1075-1180
Intensification des défrichements ; accroissement de la production ; essor démographique ; multiplication des « banalités » seigneuriales ; transformation du servage ; croissance des villes : affirmation de la bourgeoisie ; développement d'une économie monétaire.

1100-1101
Fondation de Fontevrault.

1109
Confirmation par le roi de la commune de Noyon.

1112
☐ 25 AVR. Insurrection communale des bourgeois de Laon. Répression royale (1114) et charte de paix (1128).

1114
Réapparition de l'« hérésie manichéenne » (cathare) dans son aire d'origine (Flandre, Champagne, Soissonnais) ; extension au Midi : Toulousain (1119 ?), Provence et Septimanie (1135).

1115
Fondation de Clairvaux par saint Bernard.

1119
Fondation de l'ordre du Temple (organisé au concile de Troyes de 1128).

1120
Fondation de l'ordre des prémontrés.

1122
☐ 12 MARS. Suger, abbé de Saint-Denis.
☐ 22 SEPT. Concordat de Worms entre Urbain II et Henri V : liquidation de la Querelle grégorienne des investitures.

1122-1127
Confirmation des communes de Beauvais et de Saint-Omer.

1129-1130
Début de l'essor des consulats méridionaux : Avignon (1129) ; Arles, Béziers (1131) ; Narbonne (1132) ; Montpellier (1141).

1130
☐ SEPT.-OCT. L'assemblée d'Étampes, réunie par le roi, se prononce en faveur du pape Innocent II (contre Anaclet).

1137-1138
Révoltes « communales » d'Orléans et Poitiers, réprimées par Louis VII.

1145
☐ MAI-JUIN. Voyage de saint Bernard dans le Midi, pour lutter contre les progrès de l'hérésie cathare ; concile de Reims (1148), présidé par le pape Eugène III, qui dénonce les centres de l'hérésie en Champagne et en Flandre et ses protections méridionales.

1152
« Commun conseil de la cité et des faubourgs de Toulouse » (six capitouls).

1152-1181
Impulsion donnée aux foires de Champagne par le comte Henri le Libéral.

1159
Schisme dans l'Église entre Victor IV (reconnu par l'empereur) et Alexandre III (soutenu et accueilli en 1163 par Louis VII). Fin du schisme en 1176.

1160-1170
Les « Établissements de Rouen ».

1167
Assemblée cathare de Saint-Félix-de-Caraman, en Lauragais.

V. 1173
Valdès fonde à Lyon la secte des vaudois.

1170-1171
Louis VII confirme les coutumes et privilèges des marchands de l'eau de Paris.

Civilisation et cultures

1102-1136 Enseignement d'Abélard. Début de l'essor des écoles parisiennes, épiscopale et collégiale (Saint-Victor, Sainte-Geneviève). Après 1150, regroupement des écoles sur la montagne Sainte-Geneviève.

1123-1125 Saint Bernard : *Apologie.*

1125 *Sacramentaire* de Limoges □ Tympan de Sainte-Foy de Conques.

V. 1130 *Germont et Isembart.* Gregori Bechada : *Canso d'Antiocha.*

1130-1155 Vie de Cercamon.

1132 Tympan de Vézelay.

1132-1144 Construction de l'abbatiale de Saint-Denis ; début des cathédrales de Sens (1135), Noyon (1145), Senlis (1153), Notre-Dame de Paris (1163).

1135-1145 La lyrique provençale.

1135-1147 Marcabrun, jongleur et troubadour.

V. 1140 Gratien : le *Décret.* La *Chanson de Guillaume. Roman d'Alexandre.*

1144 Suger : *Vie de Louis VI le Gros ; Histoire du roi Louis VII.*

V. 1150 Chanson de *Raoul de Cambrai* □ La *Belle Verrière* de Chartres.

1150-1195 Bernard de Ventadour, poète.

1152 Pierre Lombard : *Livre des Sentences.*

1160 Béroul : *Tristan et Iseut.*

1165 Benoît de Sainte-Maure : *Roman de Troie.*

V. 1170 Influence sur la littérature de la « matière de Bretagne ».

V. 1175 *Lais* de Marie de France.

1177-1179 Chrétien de Troyes : Le *Chevalier à la charrette.*

Biographie

Garlande (ÉTIENNE), chancelier sénéchal. Originaire d'un milieu modeste, possessionné dans la région de Lagny, le clan des Garlande s'impose, dès 1107, dans l'entourage de Louis VI, en évinçant la famille de Rochefort. Étienne exerce alors les fonctions de chancelier, ses frères Anseau puis Guillaume celles de sénéchal et Gilbert de bouteiller. Ils dominent alors la *familia regis*, accumulant terres, châteaux, richesses. En 1120, à la mort de son frère, tué en combattant pour le roi, Étienne n'hésite pas à cumuler avec sa charge celle de sénéchal, scandalisant saint Bernard. Il se fait, en outre, concéder nombre de dignités ecclésiastiques, dont il perçoit les revenus dans les églises de Paris, d'Étampes et d'Orléans. En 1128 survient la rupture brutale avec Louis VI du familier dont les prétentions devenaient abusives, jusqu'à réclamer l'hérédité du sénéchalat au profit de son neveu par alliance, Amaury de Montfort. S'ensuit alors une guerre de trois ans : le favori déchu y perd les biens et trésors amassés au temps de sa splendeur. Pardonné, il recouvre en 1132 le cancellariat mais non son influence sur le gouvernement capétien.

Bibliographie

K. F. Werner : *op. cit.*

J. P. Poly et E. Bournazel : *op. cit.*

La suzeraineté royale :
Philippe Auguste et Louis VIII

Philippe II, surnommé Auguste, a laissé dans l'histoire l'image d'un « grand rassembleur de terres ». Sous son règne, et celui – éphémère – de son fils Louis VIII, furent opérées des réunions durables et importantes au domaine de la Couronne, que ce soit par mariage et héritage (Amiénois, Vermandois, Artois, Boulenois) ou par conquête (Normandie, Maine et Anjou, Poitou, l'essentiel des fiefs des Plantagenêts en France). Le roi, après quelques déboires et des louvoiements – d'où la fourberie n'était pas exclue –, a réussi à s'imposer aux grands princes et seigneurs. La victoire de Bouvines (27 juillet 1214) constitue, à cet égard, la « défaite majeure de la haute féodalité » : désormais, la royauté peut, à juste titre, développer sa suzeraineté sur le monde féodal. Les villes elles-mêmes, pour lesquelles le roi conduit toujours la politique prudente de ses prédécesseurs, sont intégrées dans un système collectif de vassalité. Le Capétien peut, déjà aussi, élargir son horizon, en multipliant ses ordonnances (prises encore, il est vrai, avec le consentement de ses barons), en cherchant à imposer sa justice et sa monnaie, en s'adressant aussi à ces forces vives que constituent les bourgeois et les corps de métiers naissants. Paris, qui fait de plus en plus figure de capitale du royaume, est aussi celle du savoir avec la naissance de l'université, où enseignent des maîtres renommés à des étudiants venus de toute l'Europe.

Le roi et les institutions

1180
Conflit entre le prince Philippe et le « parti champenois ».
Débuts des efforts de la royauté pour limiter les progrès des justices ecclésiastiques (officialités).

1184
Début des « tournées » des baillis (représentants locaux du roi) ; au XIIIe s., cette institution est complétée dans le Midi par celle des sénéchaux.

1184-1196
Politique royale de contrats de pariage (coseigneurie) avec de petits seigneurs.

1185
Suppression de la charge de chancelier.
Réaffirmation du principe selon lequel le roi, en situation de vassal, est dispensé de l'hommage, tout en tenant le fief.

35

1190
☐ 24 JUIN. Ordonnance, dite « testament », de Philippe Auguste réglant le gouvernement du royaume durant son absence pour la croisade.
La justice aux mains des baillis.

1191
☐ JANV. Mort du sénéchal Thibaud de Blois ; le roi laisse la charge vacante.

Apr. 1191
Début des efforts capétiens pour imposer la monnaie royale (parisis puis tournois).

1192
Le roi préfère refuser un fief (Luzarches) que d'être vassal (même s'il ne prête pas l'hommage).

1193
☐ 14 AOÛT. Amiens : mariage de Philippe avec Ingeborg de Danemark.
☐ 5 NOV. Répudiation de la reine. Mariage (1196) du roi avec Agnès de Méranie.
Interdit sur le royaume (oct. 1199). Réconciliation définitive du roi et de la reine (avr. 1213).

1194
Institution d'un impôt de guerre sous forme de réquisition d'hommes, convertie en argent vers 1202.

1200
☐ 2 JANV. Expression de l'idée de « mouvance » selon laquelle tout fief procède nécessairement d'un autre plus vaste et, de proche en proche, du royaume.

V. 1203
« Le roi de France ne reconnaît absolument pas de supérieur au temporel... ».

Apr. 1204
À l'imitation de la Normandie, abandon de la règle « le vassal de mon vassal n'est pas mon vassal » : emprise du roi sur les arrière-vassaux.

1209
Ordonnance royale sur le statut des fiefs et le système des parages (indivision).

1223
☐ 14 JUILL. Mort de Philippe Auguste.
☐ 6 AOÛT. Sacre de Louis VIII à Reims.

1225
☐ JUIN. Testament de Louis VIII : premiers grands apanages territoriaux au profit des puînés de la Couronne.

1226
☐ 8 NOV. Mort de Louis VIII.

Le roi et les grands féodaux

1180
☐ 28 AVR. Bapaume : mariage de Philippe Auguste avec Isabelle de Hainaut, nièce du comte de Flandre (l'Artois en dot).

Accroissement du Domaine entre 1179 et 1203
(avant la conquête de la Normandie)

Date	Prévôtés	Revenus
1179	41	20 178 livres parisis
1185 (apr. traité de Boves)	52	24 607 livres parisis
1203	62	34 719 livres parisis

☐ 28 JUIN. Traité de Gisors : paix entre France et Angleterre.

1181
☐ 14 MAI. Coalition Flandre-Champagne contre Philippe II Auguste.

1185
☐ JUILL. Traité de Boves avec Philippe d'Alsace : le roi récupère Amiens et le Vermandois.

1186
Alliance de Philippe Auguste avec Geoffroy de Bretagne contre le frère de celui-ci, Richard, héritier Plantagenêt.

1187-1189
Guerre entre Henri II et Philippe, allié aux fils de son rival : Richard et Jean sans Terre.

1189
☐ 6 JUILL. Mort d'Henri II.
☐ 3 SEPT. Richard, duc de Normandie et roi d'Angleterre (20 juill.).

1190
☐ 4 JUILL. Vézelay. Départ des rois Philippe et Richard pour la croisade.

1191
☐ 13 JUILL. Capitulation de Saint-Jean-d'Acre. Retour prématuré du roi ; rencontre avec l'empereur Henri VI.

1193
☐ FÉVR. Richard, de retour de croisade, prisonnier de l'empereur.

1194
☐ MARS. Retour du roi Richard.
☐ MAI. Guerre entre Philippe et Richard, réconcilié avec son frère Jean et appuyé par une coalition de féodaux soutenus par l'empereur Otton de Brunswick : défaites de Philippe à Fréteval (3 juill. 1194) et à Courcelles (28 sept. 1198). Médiation d'Innocent III et trêve de Vernon (avr. 1199).

1198
☐ JUIN. Alliance du roi avec Philippe de Souabe, rival de l'empereur Otton.

1199
Mort de Richard Cœur de Lion. Jean sans Terre lui succède. Révolte d'Arthur de Bretagne et de barons du continent.

1200
☐ 22 MAI. Paix du Goulet entre les rois Jean et Philippe au détriment d'Arthur, assassiné par Jean (1203)..
☐ 23 MAI. Mariage du prince Louis avec Blanche, fille d'Aliénor d'Angleterre et d'Alphonse de Castille.

1202
☐ AVR. Commise des fiefs aquitains de Jean, pour manquement à ses devoirs féodaux.
☐ JUIN. Philippe Auguste envahit la Normandie.

1204
☐ FÉVR. Philippe prend Château-Gaillard. Conquête de Normandie (juin), Touraine, Anjou (1205), Nantes (1206) et Poitou (1208).
Quatrième croisade : prise de Constantinople.

1212-1213
Coalition contre Philippe des comtes de Flandre et de Boulogne, alliés de Jean.

1213
☐ 8 MAI. Boulogne : Philippe s'apprête à débarquer en Angleterre.
☐ 13 OCT. Jean se fait le vassal du pape pour ses royaumes d'Angleterre et d'Irlande.

1214
Coalition générale contre Philippe.
☐ 2 JUILL. La-Roche-aux-Moines : victoire de Philippe sur Jean sans Terre.
☐ 27 JUILL. Bouvines : victoire de Philippe (appuyé par les milices communales) sur l'empereur Otton et les comtes de Boulogne et de Flandre.
☐ 18 SEPT. Traité de Chinon qui consacre les pertes territoriales de Jean sans Terre. Renouvelé en 1220.

1216
☐ JANV.-MAI. Malgré le pape, débarquement du prince Louis en Angleterre.
☐ 19 OCT. Mort de Jean sans Terre ; les partisans anglais de Louis se rallient à l'héritier, Henri III.

1217
☐ 22 AVR. Défaite des Français à Lincoln.
☐ 24 AOÛT. Calais : destruction de la flotte française.

1223
Rupture entre Louis VIII et Henri III.

1224
☐ JUILL.-AOÛT. Campagnes du roi et soumission du Poitou et de la Saintonge.

1225-1226
Guerre franco-anglaise.

Économie – Société – Religion

1180
☐ 15 FÉVR. Édit contre les Juifs, obligés de racheter leur liberté et leurs biens. Premier collège d'étudiants parisiens (les Dix-huit).

1181-1183
Établissement des Halles de Paris.

1182
Statut des bouchers de Paris.
☐ AVR. Expulsion des Juifs du royaume et confiscation de leurs biens.

1182-1215
Philippe Auguste confirme les communes de Beauvais (1182), Dijon (1184), rétablit celles de Sens (1186), Amiens (1190), Senlis (1202), établit celles de Beaumont-en-Argonne (1182), Tournai (1187), Pontoise, Poissy (1188), Meulan (1191), Péronne (1207), Crépy-en-Valois (1215), abolit celle d'Etampes (1199).

1185-1190
Le roi restitue aux paysans des alentours de Laon leur commune rurale.

1186
Le roi fait paver les rues de Paris.

1187
Mesures du roi en faveur des drapiers.

1187, 1192, 1200, 1204, 1214, 1220
Nouveaux privilèges commerciaux aux marchands de l'eau de Paris.

1188-1189
Le clergé refuse la « dîme saladine » que le roi leur impose pour la croisade.

1190
Paris : Début de l'enceinte (rive droite).

1192
☐ 18 MARS. Massacre par le roi des Juifs de Brie-Comte-Robert.

1197-1198
Le roi laisse revenir les Juifs bannis.

1200
Conflit des étudiants avec le prévôt de Paris ; suspension des cours. Privilège du

roi en faveur des maîtres et étudiants parisiens.

1203, 1207, 1208, 1210
Le roi, contre finances, renonce à percevoir la régale dans les églises de Langres, Arras, Mâcon, Nevers, Rouen, Lodève.

1206
Prédication de (saint) Dominique en pays albigeois (cathare).
Ordonnance limitant le taux des prêts à intérêts des Juifs (également en 1219).

1208
□ 12 JANV. Assassinat du légat Pierre de Castelnau. Le pape Innocent III appelle à la croisade contre les albigeois.

1209 (jusqu'en 1218)
□ JUILL. Croisade contre les albigeois. Prise de Béziers et de Carcassonne, dont Simon de Montfort devient le vicomte. Victoire à Muret (12 sept. 1213) de Simon et des croisés sur Raymond VI de Toulouse allié au roi d'Aragon Pierre II. Prise de Narbonne et de Toulouse (1215), avec l'appui du prince Louis (croisé depuis 1213). Mort de Simon lors du siège de Toulouse révoltée (1218).

1210
Privilèges en faveur des bouchers de Paris, de Bourges (1211), d'Orléans (1221).
Première règle de l'ordre des Franciscains fondé par François d'Assise.

1212
Innocent III protège les maîtres et étudiants parisiens, et reconnaît leur association.

1214
Croisade des enfants.

1215
Premiers statuts de l'université de Paris. Fondation de l'ordre des Dominicains.

1219
□ NOV. Bulle pontificale interdisant l'enseignement du droit romain à l'université de Paris.

1220
Intervention du roi contre les bourgeois de Reims (en 1222 contre ceux de Noyon).

1223
□ 8 NOV. Ordonnance de Louis VIII sur les Juifs.

1224
Louis VIII permet aux Lombards de résider à Paris pendant cinq ans.

1226
□ MAI. Nouvelle croisade des albigeois, conduite par Louis VIII. Prise d'Avignon et conquête des sénéchaussées de Beaucaire et de Carcassonne.

Civilisation et cultures

1177-1185 Pont Saint Bénezet (Avignon).

1182 Perceval.

1184-1186 A. le Chapelain : *De amore.*

V. 1188 *Aspremont.*

V. 1190 *Conte du Graal* □ Début de la construction de la cathédrale de Bourges et du Louvre à Paris.

1194-1203 Lambert d'Ardres : *Histoire des comtes de Guînes.*

V. 1197 *Ogier le Danois*.

1198-1200 Jean Bodel : *Le Jeu de saint Nicolas ; Congé* (v. 1204).

V. 1200 Rédaction du *Très Ancien Coutumier normand*.

1200-1220 Développement des fabliaux.

1205 Orfèvres-émailleurs à Paris : la *Croix* et l'*Oratoire* de Philippe Auguste offerts à Saint-Denis.

1207 Innocent III interdit le théâtre en langue vulgaire à l'église.

1207-1213 Villehardouin : *Conquête de Constantinople*.

Apr. 1210 Début des cathédrales de Reims et d'Amiens.

1210-1236 Vitraux de Chartres.

1218 Guillaume le Breton : *Philippide*. Pierre des Vaux-de-Cernay : *Historia Albigensis*.

V. 1221 *Doon de Mayence. Girart de Vienne*.

1220-1230 Début de la composition du *Lancelot* en prose (ou *Lancelot-Graal*).

Biographie

Guillaume le Maréchal, chevalier (v. 1145-1219). Petit-fils et fils de maréchaux au palais d'Angleterre. Comme ses semblables, il fait son apprentissage en Normandie, dans la *familia* d'un sien cousin, Guillaume de Tancarville. Vers 1167, il reçoit l'épée de chevalier et part ensuite « tourner par la terre », accomplir l'errance nécessaire, en quête de gloire et de profits. Il devient un professionnel des tournois, ces joutes collectives au relent de fêtes païennes. Dans ses aventures, Guillaume entraîne Henri le Jeune dont le père, Henri II, lui avait confié, en 1170, l'éducation et la garde de la mesnie, et il est mêlé à la révolte de celui-ci et de son frère Richard contre leur père en 1173-1174. En 1183, la mort prématurée de son jeune maître le contraint à reprendre le chemin des tournois comme un simple « bachelier ». Il part pour la croisade et reste deux ans en Syrie. À son retour, il est recueilli par Henri II vieillissant, dans la lutte avec son fils Richard. Maintenant établi sur le fief de Cartmel, dans le Lancashire, Guillaume peut songer à se marier avec une riche héritière. Vassal toujours fidèle, il servira Jean sans Terre aux heures sombres de la conquête de la Normandie par le roi de France et dans les troubles qui suivirent, en Angleterre, la défaite de Bouvines. En 1216, à la mort du roi, abandonné par nombre de ses barons ralliés à Louis de France, il accepte la garde et la défense de son héritier, Henri III. Régent d'Angleterre, il remporte alors la bataille décisive de Lincoln, contraignant le futur Louis VIII à repasser la Manche. Guillaume meurt le 14 mai 1219, reconnu par tous – dont Philippe Auguste – comme « le meilleur, le plus loyal, et le plus sage des chevaliers ».

Bibliographie

CNRS. : *la France de Philippe Auguste*.

G. Duby : *le Dimanche de Bouvines*.

Le siècle de Saint Louis et de Philippe III le Hardi

Trop peuplé vers la fin du siècle, mais encore économiquement prospère, le royaume reste fort, en 1226, de la puissance matérielle et politique dont l'avaient doté Philippe Auguste et Louis VIII. Cet acquis permet à la Couronne de surmonter la crise de la minorité de Louis IX. Épaulée par quelques fidèles du Capétien, et par le légat du pape, la reine mère, Blanche de Castille, déjoue les révoltes féodales et, profondément religieuse, apprend à son fils l'exercice d'une autorité imprégnée des valeurs chrétiennes. Louis IX poursuit l'œuvre capétienne : accroissement du Domaine (malgré les constitutions d'apanages à ses frères et à ses fils), exaltation de la puissance et de la dignité royales. Il développe les organes du gouvernement central (parlement, conseil), issus de la vieille *Curia regis*. Parallèlement, le roi étend son ressort à la Guyenne en établissant la paix avec les Plantagenêts, devenus ses vassaux ; il ouvre le royaume sur la Méditerranée grâce au règlement de l'affaire toulousaine (1229-1249), à la création d'Aigues-Mortes, à l'acquisition de la couronne de Sicile par son frère Charles d'Anjou (1266). Malheureusement, l'aventure italienne a de funestes prolongements méditerranéens (la « croisade d'Aragon », 1285). Philippe III y trouve la mort, terme d'un règne plutôt effacé. Certes, son père avait aussi connu l'échec, celui des 7e et 8e croisades. Mais, avec le sacrifice du roi, celles-ci avaient conféré à la royauté une dimension morale exceptionnelle en Europe.

Vie politique et institutionnelle

1226
☐ 29 NOV. Reims : sacre de Louis IX (12 ans).
Régence confiée par Louis VIII à la reine mère, Blanche de Castille.
Première coalition des hauts feudataires : le comte de Bretagne (Pierre Mauclerc), Hugues de Lusignan, comte de la Marche, et Thibaud IV, comte de Champagne, appuyés par Henri III d'Angleterre.

1227
☐ 16 MARS. Traité de Vendôme : soumission de Pierre Mauclerc et d'Hugues de Lusignan.
☐ 19 AVR. Mort de frère Guérin : vacance de l'office de chancelier jusqu'en 1315.

1228
☐ AVR. (jusqu'en août 1235) Nouveaux soulèvements des hauts feudataires.

1229
☐ 12 AVR. Traité de Paris entre Louis IX et Raymond VII, comte de Toulouse : rattachement au Domaine des futures sénéchaussées de Beaucaire–Nîmes et de Carcassonne.

V. 1230-1240
Sédentarisation des baillis et des sénéchaux.

1234
☐ 25 AVR. Majorité du roi.
☐ 27 MAI. Mariage de Louis IX avec Marguerite de Provence.

1235 et 1246
Ligue des barons (avec discret soutien du roi) contre les excès de la juridiction ecclésiastique.

1239
☐ FÉVR. Achat du comté de Mâcon par Louis IX.

1241-1242
Révolte d'Hugues de Lusignan, soutenu par Henri III ; puis de Raymond VII.

1243
☐ JANV. Paix de Lorris renouvelant le traité de Paris.

1247
☐ JANV. Institution par Saint Louis d'enquêteurs envoyés dans le Domaine pour réprimer les abus des officiers royaux.

1248
Aide pour la croisade, levée par le roi dans son Domaine.
☐ JUIN-NOV 1252. Seconde régence de Blanche de Castille en l'absence de Saint Louis, croisé en Égypte, puis en Syrie.

1249
☐ 27 SEPT. Mort de Raymond VII : l'héritage toulousain passe à sa fille Jeanne et à son mari Alphonse de Poitiers (frère du roi).

V. 1250-1252
Premières sessions judiciaires spécialisées de la *Curia regis* : naissance du parlement.

1252
☐ NOV. Mort de Blanche de Castille ; la régence passe aux princes Alphonse et Charles (jusqu'au retour du roi, en juill. 1254).

1254, 1256
Premières grandes ordonnances de réforme administrative (baillis et sénéchaux).

1254, 1258, 1261
Ordonnances interdisant le duel judiciaire (« batailles ») comme mode de preuve.

1256, 1260, 1262
Ordonnances sur la tutelle financière et administrative des villes du Domaine.

Population de Paris : de 50 000 (début du XIIIᵉ s.) à 200 000 hab. (début du XIVᵉ s.), sur un espace de 273 ha (enceinte de Philippe Auguste).
Effectif de la faculté des arts : 100 maîtres pour env. 1 000 étudiants (en 1284).
Commerce et artisanat : de 130 métiers (v. 1268) à 300 métiers (fin du XIIIᵉ s.).

Principales villes (Domaine et mouvance) : Bruges, Gand, Rouen, Rennes, Reims, Châlons-sur-Marne, Dijon, Bourges, Bordeaux, Toulouse, Narbonne, Montpellier.

1256

☐ 24 SEPT. « Dit de Péronne » : arbitrage de Louis IX sur la succession de Flandre et du Hainaut.

1258

☐ JANV. Affirmation de la paix du roi.

1261-1271

Étienne Boileau premier des prévôts de Paris.

1267

☐ 5 JUIN. Adoubement du fils de Louis IX, le futur Philippe III.

1269

☐ MARS. Constitution d'apanages (modestes) au profit des trois fils puînés du roi.

1270

☐ 14 MARS. Le roi part pour la croisade.
☐ 25 AOÛT. Tunis : mort de Saint Louis. Avènement de Philippe III le Hardi (25 ans), sacré à Reims le 15 août 1271.

1271

☐ 21 et 24 AOÛT. Mort d'Alphonse de Poitiers et de Jeanne de Toulouse, sans successeur : l'héritage toulousain incorporé au Domaine (oct. 1271) ; réversion du comté de Poitiers et de l'Auvergne.

1274

☐ MAI. Cession par Philippe III du Comtat Venaissin au Saint-Siège.

1278

☐ 30 JUIN. Disgrâce et exécution du chambellan Pierre de La Brosse, favori du roi.

1283

☐ NOV. (et FÉVR. 1284). Assemblées de prélats et de barons consultés sur l'expédition d'Aragon.

1284

☐ 26 FÉVR. Constitution du Valois en apanage (avec clause de réversion) pour le prince Charles, tige des Valois.

1285

☐ 5 OCT. Perpignan : mort de Philippe III, au retour de la « croisade d'Aragon ».

Guerres et relations extérieures

1230

☐ 3 MAI-28 OCT. Expédition d'Henri III d'Angleterre, de Saint-Malo à Bordeaux, pour reconquérir ses possessions continentales et soutenir les barons révoltés. Trêve de cinq ans conclue en août 1235.

1234

☐ SEPT. Thibaud IV, comte de Champagne et de Brie, héritier de la couronne de Navarre.

1242

☐ 21 et 22 JUILL. Taillebourg et Saintes : victoires de Louis IX sur Henri III et ses alliés poitevins. Trêve de cinq ans conclue en mars 1243.

1248

☐ 28 AOÛT (jusqu'au 10 JUILL. 1254). « Septième croisade » : Saint Louis en Égypte et en Terre sainte. Les croisés prennent Damiette (5 juin 1249), mais sont battus par les Mamelouks à Mansourah (8 févr. 1250) ; mort de Robert d'Artois. Capture (6 avril-6 mai) et rançon du roi. Libéré, il consolide les positions franques en Syrie (→ avr. 1254).

1258

☐ 11 MAI. Traité de Corbeil avec l'Aragon : Saint Louis renonce aux droits de la Couronne sur la Catalogne (Roussillon, Cerdagne) ; Jacques Ier abandonne ses titres à intervenir en Languedoc (il garde Montpellier) ; le futur Philippe III épousera Isabelle d'Aragon (mai 1262).

□ 28 MAI. Traité de Paris (ratifié en 1259) : paix avec l'Angleterre. En contrepartie d'une extension de l'Aquitaine anglaise, Louis IX fait entrer le roi-duc de Guyenne dans sa vassalité. Complété par le traité d'Amiens (23 mai 1279).

1264
□ 24 JANV. « Dit d'Amiens » : vain arbitrage de Saint Louis entre Henri III et ses barons.
□ 15 AOÛT. Convention entre le pape Urbain IV et Louis IX attribuant la couronne de Sicile à Charles d'Anjou, frère du roi.

1265-1270
Charles d'Anjou conquiert le royaume de Sicile et domine l'Italie.

1270
□ 1er JUILL.-5 NOV. « Huitième croisade » : Saint Louis à Tunis. Prise du château de Carthage (1er-24 juill.) ; mort du roi (25 août) ; accord franco-tunisien (5 nov.).

1272
□ 16 NOV. Mort d'Henri III Plantagenêt. Avènement d'Édouard Ier, qui rend hommage à Philippe III le Hardi (août 1273).

1273
□ 1er OCT. Échec de la candidature de Philippe III à l'Empire.

1274
□ 21 AOÛT. Remariage du roi avec Marie de Brabant.

1275
□ MAI. Traité d'Orléans : le gouvernement de la Navarre confié à Philippe III jusqu'à la majorité de l'héritière, Jeanne de Champagne, fiancée à Philippe le Bel. Révolte navarraise (1276).

1282
□ 30 MARS. « Vêpres siciliennes » : massacre des Français chassés de Sicile par Pierre III, roi d'Aragon ; Charles d'Anjou conserve la Sicile péninsulaire (royaume de Naples).

1283
□ 21 MARS. Le pape Martin IV offre la couronne d'Aragon à Philippe III. Échec de la « croisade d'Aragon » (25 mai-5 oct. 1285).

Économie – Société – Religion

1229
Fondation de l'université de Toulouse.

1230, 1234, 1258
Ordonnances prohibant les prêts usuraires consentis par les Juifs.

1231
□ 13 AVR. Bulle de Grégoire IX rétablissant la paix à l'université de Paris (en grève depuis févr. 1229), et renforçant ses privilèges.

1233
□ JANV. Beauvais : insurrection urbaine.
□ AVR. L'inquisition pontificale, confiée aux dominicains, est instaurée en Languedoc.

1240-1270
Multiplication des chartes de franchises accordées aux communautés rurales.

1244
□ 20 MARS. Capitulation de la forteresse cathare de Montségur.
Premières coalitions et émeutes ouvrières à Évreux, Rouen, Douai (jusqu'en 1245).

1246-1248
Aigues-Mortes : achèvement du port du roi.

Apr. 1250
Déclin des foires de Champagne. Essoufflement de la conquête du sol ; pression démographique croissante ; réapparition des famines.

1251
□ AVR.-JUIN. Soulèvement des pastoureaux.

1252-1259 et 1269-1272.
Enseignement de Thomas d'Aquin à Paris.

1252-1264
Querelle entre maîtres séculiers et ordres mendiants au sein de l'université de Paris.

1258
Expulsion (momentanée) des Juifs. Débuts du collège fondé à Paris par Robert de Sorbon († 1274).

1263
□ MARS. Ordonnance donnant cours à la monnaie du roi dans tout le royaume.

1266
□ 24 JUILL. Ordonnance créant le « gros » tournois d'argent.

V. 1266
Émission (brève) d'une monnaie d'or, l'écu : début de la frappe de l'or et du bimétallisme dans le royaume.

V. 1268
Livre des métiers de Paris, d'Étienne Boileau.

1269
□ JANV. Expulsion des Lombards (mar-

chands-banquiers) et des Cahorsins (usuriers).

V. 1280
Extension des conflits entre petit peuple et oligarchie municipale au sein des villes autonomes du royaume.

Civilisation et cultures

1234 (jusqu'en 1270) Grégoire IX : *Décrétales,* seconde partie du *Corpus juris canonici* □ Notre-Dame de Paris : chapelles latérales ; rose du transept nord.

1236 Guillaume de Lorris : première partie du *Roman de la Rose.*

1241 Consécration du chœur de la cathédrale de Reims.

1248 Consécration de la Sainte-Chapelle à Paris.

V. 1255 Pierre de Fontaines : *Conseil à un ami* □ *Jostice et Plet* (coutume de l'Orléanais).

Av. 1258 *Grand Coutumier de Normandie.*

V. 1260 Rutebeuf : *Miracle de Théophile.*

1265 Thomas d'Aquin : *Somme théologique.*

V. 1272 *Établissements de Saint Louis* (coutume de Touraine-Anjou).

1274 Première traduction en français de l'*Historia regum,* noyau des *Grandes Chroniques de France.*

Av. 1275 Adam de la Halle : *le Jeu de la feuillée.*

V. 1275-1280 Jean de Meung : seconde partie du *Roman de la Rose*.

1283 Philippe de Beaumanoir : *Coutumes de Beauvaisis*.

Biographies

Blanche de Castille (1188-1252), reine de France. Fille du roi de Castille Alphonse le Noble, petite-fille, par sa mère, d'Henri II Plantagenêt et d'Aliénor d'Aquitaine, l'infante Blanche épouse le futur Louis VIII le 23 mai 1200, en conséquence de la paix conclue entre son oncle Jean sans Terre et Philippe Auguste. Elle soutient l'entreprise de son mari appelé par les barons révoltés à ceindre la couronne d'Angleterre (1216-1217). Sacrée et couronnée comme le roi à Reims (6 août 1223), elle est veuve en 1226, alors que Louis IX n'a que douze ans. Blanche exerce la régence avec la pleine puissance du pouvoir royal, même si les décisions sont prises au nom du roi, censé gouverner en personne depuis son sacre en 1226. Sauvegardant énergiquement l'héritage, elle parvient à dissiper les révoltes sporadiques des barons (1226-1236), avec le soutien des conseillers de Louis VIII et des feudataires qu'elle a su gagner à la cause capétienne (Ferrand de Flandre et, surtout, le comte de Champagne, Thibaud IV le Chansonnier) : Raymond VII de Toulouse s'humilie sur le parvis de Notre-Dame de Paris (avril 1229) ; la Bretagne de Pierre Mauclerc devient fidèle à la Couronne pour plus d'un siècle (nov. 1234-mai 1341). Lorsque Louis IX atteint sa majorité, la reine mère (qui n'aime guère

sa bru, la jeune Marguerite de Provence) garde sur la conduite du roi toute son emprise, et celui-ci lui confie la régence lorsqu'il quitte Paris (juin 1248) pour la septième croisade. Blanche de Castille meurt sans le revoir à la fin de 1252.

Joinville (JEAN, sire de) [1225-1317], chroniqueur. Issu d'un lignage héréditairement titulaire (depuis 1152) de l'important sénéchalat de Champagne, le sire de Joinville tient, comme son père Simon, ce grand office domestique à la cour du comte Thibaud. Bien représentatif des qualités de la chevalerie française de son temps (il est armé chevalier en 1245), mais aussi « prud'homme » en son siècle, Joinville prend part en 1248 à la septième croisade et accompagne Louis IX en Égypte et en Syrie. Devenu, à partir de 1253, l'intime et le confident du roi, il refuse cependant de se croiser une nouvelle fois en 1270. Entendu comme témoin lors du long procès de canonisation du roi (1273-1297), qu'il contribue à faire aboutir, Joinville commence, à 80 ans, à dicter son *Histoire des saintes paroles et des bons faits de notre roi Louis,* répondant au désir de la reine Jeanne, épouse de Philippe le Bel. L'ouvrage, achevé en octobre 1309 et dédié à Louis le Hutin, reste un irremplaçable témoignage sur la réalité vécue, la personnalité royale et les événements du règne.

Bibliographie

J. Richard : Saint Louis.

G. Sivery : *Saint Louis et son siècle.*

Philippe le Bel et les derniers Capétiens directs

Avec Philippe le Bel, le Capétien affirme désormais sa souveraineté, son autorité sur l'ensemble de ses sujets. Ainsi en témoignent les progrès décisifs de la législation (ordonnances), de la justice (lutte contre les officialités) et de la fiscalité (aides) royales. L'appareil politique se renforce avec la stabilisation des organes centraux, issus des démembrements de la Cour du roi (parlement, Chambre des comptes...), et des fonctions locales dévolues aux baillis et sénéchaux. Le « conseil dû au roi », dans la tradition féodale, s'élargit aux dimensions des trois ordres du royaume (« états généraux »), maintenant consultés simultanément. Des légistes de l'entourage royal puisent aux sources du droit romain pour exalter la toute-puissance du roi (« empereur en son royaume »), cependant que surgissent des difficultés : conflit avec Boniface VIII, guerre contre Anglais et Flamands. Le modèle de gouvernement, inspiré des « bons usages du temps de Saint Louis » (réformation du royaume, bonne monnaie), qu'on cherche à imposer ne résiste pas toujours à l'épreuve des réalités (mutations monétaires, liquidation des Templiers). Après la mort de Philippe le Bel, le bilan reste en demi-teinte. La crise économique et sociale a brisé l'élan du « beau Moyen Âge ». La crise dynastique reçoit, pour la dévolution de la Couronne, une solution contestable : la masculinité. Enfin, l'installation en Avignon de la papauté nuit à l'universalité de celle-ci et conforte « la naissance de l'esprit laïque ».

Vie politique et institutionnelle

1285
☐ 5 OCT. Avènement de Philippe IV le Bel (17 ans), sacré le 6 janvier 1286. Son mariage (oct. 1284) avec Jeanne, reine de Navarre, comtesse de Champagne et de Brie, prépare la réunion définitive de la Champagne à la Couronne.

1290
Début de l'offensive de la royauté contre les justices ecclésiastiques (officialités).

1291 et 1296
Baillis et sénéchaux exclusivement chargés désormais des affaires locales.

1292-1293
Subsides pour la guerre : début de la fiscalité royale extraordinaire.

1293-1298
Le roi constitue ou complète les apanages de ses frères.

1295

Le roi enlève aux Templiers la garde de son Trésor, confiée à deux banquiers lombards puis, à partir de 1303, à des trésoriers, futurs Trésoriers de France.

1297

☐ 9 AOÛT. Canonisation de Louis IX.

1300-1303

Généralisation des receveurs commis par les baillis et sénéchaux à la recette des finances, qui deviendront en 1320 des officiers permanents responsables devant la Cour des comptes.

1302

☐ 10 AVR. Première réunion conjointe des trois ordres du royaume (états généraux), à Paris, par le roi, pour soutenir sa lutte contre la papauté.

1303

☐ 18 MARS. Première des grandes ordonnances de réformation du royaume.
Sédentarisation du parlement au palais de la Cité.
Naissance de la Chambre des comptes par démembrement de la Cour du roi.

1307

Le parlement devient un organe permanent siégeant en une session annuelle à partir de la Toussaint.
☐ 13 OCT. Arrestation de tous les Templiers (environ 2 000) du royaume. Confiscation de leurs biens.

1308

☐ MAI. Assemblée des trois ordres à Tours, sur « l'affaire des Templiers », dont 54 sont exécutés en mai 1310.

1314

☐ MAI. Scandale de la « tour de Nesle ». Les brus du roi, Marguerite et Blanche (femmes des princes Louis et Charles), jugées et condamnées pour adultère.
☐ AOÛT. Le roi demande pour la première fois à l'assemblée des trois ordres, réunis à Paris, l'octroi d'un subside pour la guerre en Flandre. Protestation, mais « l'aide » est votée.
☐ NOV. La main de justice, au nombre des insignes royaux.
☐ 29 NOV. Mort de Philippe IV le Bel. Avènement de Louis X le Hutin (25 ans). Sacré le 24 août 1315. Roi de Navarre, il réunit ce royaume à la Couronne.

1314-1315

☐ NOV. Réaction féodale (jusqu'en mai 1315) et constitution de ligues nobiliaires provinciales. La royauté obligée de faire des concessions, renouvelées en 1319.

1315

☐ JANV. Rétablissement du titre officiel de chancelier de France.
☐ AVR. Procès et exécution d'Enguerrand de Marigny.
Mort en prison de la reine Marguerite, femme de Louis X, qui épouse, en août, Clémence de Hongrie.

Superficie du royaume (début du XIVᵉ s.) : environ 400 000 km² (530 000 en 1789), dont Domaine : 300 000 km² ; mouvance (apanages, grands fiefs) : 100 000 km²

	France	Angleterre	
Population	16 à 19 millions	3 à 4 millions	
	Paris 200 000 (1328)	Londres 50 000	Venise 100 000

1316

☐ 5 JUIN. Mort de Louis X. Il laisse une fille, Jeanne, 4 ans, née de la reine Marguerite de Bourgogne. Sa seconde épouse, Clémence, est enceinte.

☐ 16 JUILL.-20 NOV. Régence de Philippe le Long (frère du roi défunt) jusqu'à l'accouchement de la reine, selon l'accord intervenu avec le duc de Bourgogne. Une assemblée de barons (16 juill.) estime que Philippe pourrait être roi si naissait une fille.

☐ 14 NOV. Naissance de Jean Ier, fils posthume de Louis X, qui meurt le 19 ; avènement de Philippe V le Long. Il réunit au domaine le comté de Poitiers, son apanage. Sacré le 6 janvier 1317.

1317

Apparition du droit de remontrance du chancelier.

☐ JUILL. Ordonnance révoquant les dons excessifs ou frauduleusement obtenus, consentis par le roi depuis Saint Louis.

1318-1319

Première affirmation du droit de remontrance exercé par le parlement, où l'élément professionnel (maître ès lois) éclipse le personnel non spécialisé : prélats et barons (ord. 3 déc. 1319).

1320

☐ JANV. Ordonnance de Vivier-en-Brie : statut définitif de la Cour des comptes.

☐ DÉC. Organisation du parlement en trois chambres : grand-chambre, enquêtes et requêtes.

1322

☐ 3 JANV. Mort de Philippe V le Long. Il laisse quatre filles, qui sont écartées du trône : la masculinité devient une coutume (future « loi salique »).

Avènement de Charles IV le Bel, frère de Philippe V. Sacré le 11 février. Il réunit les comtés de la Marche et de Bigorre à la Couronne et garde la Navarre.

1328

☐ 1er FÉVR. Mort de Charles IV le Bel. Il laisse une fille, écartée du trône par la règle de masculinité. Une seconde fille, née posthume (1er avril 1328), marque l'extinction des Capétiens directs.

Relations extérieures

1291

☐ MAI. Chute de Saint-Jean-d'Acre ; repli des Templiers en Europe.

1292-1293

Édouard Ier, roi d'Angleterre et duc de Guyenne, est cité (27 oct. 1293) à comparaître devant la cour du roi de France. Il fera défaut.

1294

☐ 19 MAI. Confiscation du duché d'Aquitaine ; ouverture du conflit franco-anglais et conquête française de la Guyenne (1294-1297).

1296-1297

☐ FÉVR. Première phase (jusqu'en juill. 1297) du conflit entre Boniface VIII et Philippe le Bel qui entend imposer (décime) le clergé de France sans l'autorisation du pape.

1297

☐ AOÛT. Victoire française de Furnes sur les Anglais et les Flamands, et occupation de la Flandre.

1299

☐ 19 JUIN. Accord de Montreuil-sur-Mer entre Philippe le Bel et Édouard Ier.

1301

☐ 12 JUILL. Arrestation de Bernard Saisset, évêque de Pamiers. Reprise du conflit entre le roi et le pape.

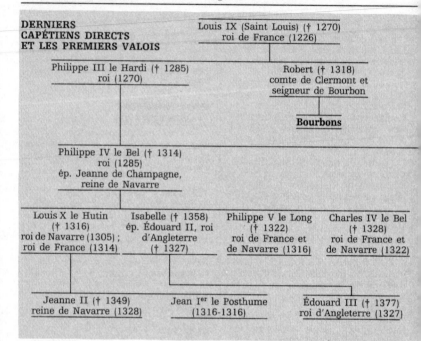

DERNIERS CAPÉTIENS DIRECTS ET LES PREMIERS VALOIS

Louis IX (Saint Louis) († 1270) roi de France (1226)

Philippe III le Hardi († 1285) roi (1270)

Robert († 1318) comte de Clermont et seigneur de Bourbon

Bourbons

Philippe IV le Bel († 1314) roi (1285) ép. Jeanne de Champagne, reine de Navarre

Louis X le Hutin († 1316) roi de Navarre (1305) ; roi de France (1314)

Isabelle († 1358) ép. Édouard II, roi d'Angleterre († 1327)

Philippe V le Long († 1322) roi de France et de Navarre (1316)

Charles IV le Bel († 1328) roi de France et de Navarre (1322)

Jeanne II († 1349) reine de Navarre (1328)

Jean Ier le Posthume (1316-1316)

Édouard III († 1377) roi d'Angleterre (1327)

☐ 5 DÉC. Bulle *Ausculta, Fili* (« Écoute, fils ») : le pape affirme la supériorité du Saint-Siège sur les princes du siècle.

1302
☐ 18 MAI « Matines » de Bruges : massacre des Français.
☐ 11 JUILL. Courtrai : Les Flamands écrasent la chevalerie française.
Bulle *Unam sanctam* réaffirmant les prétentions pontificales, dont le droit de juger le roi.

1303
☐ 20 MAI. Traité de Paris et restitution de la Guyenne au roi d'Angleterre.
☐ 7 SEPT. Attentat d'Anagni : tentative d'enlèvement du pape (pour le traduire

devant un concile) par Guillaume de Nogaret. Mort de Boniface VIII (11 oct.).

1304
☐ 25 MARS. Le nouveau pape Benoît XI annule les sanctions ecclésiastiques prononcées contre le roi de France.

1305
☐ 23 JUIN. Traité d'Athis-sur-Orge : paix imposée par le roi au comte de Flandre.

1309
☐ JANV. Mariage d'Édouard II et d'Isabelle de France, fille du roi.
☐ MARS. Clément V (Bertrand de Got, archevêque de Bordeaux, élu pape le 5 juin 1305) établit la papauté en

Avignon (jusqu'en 1376). En avril 1311, il lève les dernières sanctions contre Philippe le Bel.

1314
□ 20 AVR. Mort de Clément V et élection, après 27 mois de conclave (7 août 1316), de Jean XXII, candidat du roi de France.

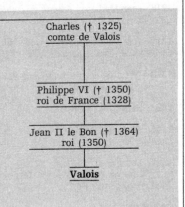

Charles († 1325)
comte de Valois

Philippe VI († 1350)
roi de France (1328)

Jean II le Bon († 1364)
roi (1350)

Valois

1324
□ 1ᵉʳ JUILL. Confiscation du duché de Guyenne qui, après trois ans de conflit, sera partiellement restitué à Édouard III (moyennant finances et hommage).

Économie – Société

1280-1320
Déclin des foires de Champagne.

1289
□ OCT. Octroi de statuts à l'université de Montpellier (XIIᵉ s.).

1291
□ MAI. Arrestation et rançonnement des Lombards, marchands-banquiers italiens, sous prétexte d'usure. Renouvelés en 1308-1311.

1294
□ MARS. Rouen : achèvement du Clos des Galées, premier arsenal maritime.

1295-1305
Effondrement du système monétaire de Saint Louis. Premières altérations de la monnaie par Philippe le Bel.

1297
Confiscation des biens des marchands flamands en France.

1305
□ FÉVR. Institution des droits de « haut passage », taxe à l'exportation sur certaines marchandises.

1306-1313
Tentatives de retour à la bonne monnaie.

1306
□ JUILL. Expulsion des juifs hors du royaume (confiscation de leurs biens ou composition financière) ; autorisés à rentrer en 1315.

1315-1317
Grave crise économique. Famines et épidémies, prodromes de la récession du XIVᵉ s.

1315-1318
□ JUILL. Ordonnance offrant, contre argent, leur affranchissement aux serfs du domaine royal.
□ NOV. Ordonnance fixant la liste des ateliers seigneuriaux autorisés à poursuivre la frappe des deniers.

1318-1330
Affaiblissements de la monnaie.

1320-1325
Le pouvoir royal restreint les libertés municipales (Senlis, Laon...).

1322
Nouvelle expulsion des juifs.
Soulèvement des Pastoureaux.

1324
□ DÉC. Une nouvelle taxe (droit de « rêve ») à l'exportation se juxtapose aux droits de haut passage.

Civilisation et cultures

1284 Écroulement du chœur de la cathédrale de Beauvais.

V. 1285 Rutebeuf : *Complainte de Saincte Église.*

1289 *Renart le nouvel,* de Jacquemart Gielée.

1298 Promulgation du « Sexte » (collection de décrétales pour la période 1233-1298), troisième partie du *Corpus juris canonici.*

1300 Début de la construction du chœur de la cathédrale de Bordeaux.

1302 Jean de Paris : *De potestate regia et papali.*

1303 Création d'une université à Avignon.

1304 Institution du collège de Navarre par la reine Jeanne, afin d'héberger 70 étudiants.

1308 Mort de Pierre de Belleperche, légiste de l'entourage royal.

1308-1332 Chœur de la cathédrale de Nevers.

1309 Joinville : *Vie de Saint Louis.*

1310-1314 *Roman de Fauvel.*

1316 Jean Maillard : *Roman du comte d'Anjou.*

1317 Les « Clémentines », collection de décrétales pour la période 1298-1313.

1318 Début de la construction de l'abbatiale Saint-Ouen, à Rouen.

1322 *Renart le Contrefait.*

1323 Jean de Jandun : *Traité des louanges de Paris.*

1324 Marsile de Padoue, recteur de l'Université de Paris (1313), et Jean de Jandun : *Defensor Pacis.*

Biographie

Nogaret (GUILLAUME DE), légiste (v. 1265-1314). Professeur de droit à Montpellier (1291) puis juge royal à Beaucaire (v. 1294), il entre en 1296 dans l'entourage du roi et assure de 1307 à 1314 la garde du Sceau. Acteur de premier plan dans la querelle bonifacienne en 1303, il organise l'attentat d'Anagni (7 sept.) pour traduire le pape devant un concile général. Nogaret prit également une part essentielle dans la destruction de l'ordre du Temple. Il fut absous par Clément V.

Bibliographie

J. Favier : *Philippe le Bel,* Paris (1978).

La guerre de Cent Ans : l'épreuve

Écarté dans ses prétentions à ceindre la couronne des lis par l'avènement en 1328 de Philippe VI, le roi d'Angleterre (impossible vassal du Valois en Aquitaine) revendique le trône de France en 1337. Toute une série de succès diplomatiques et militaires remportés par le Plantagenêt ouvrent la guerre de Cent ans (une dénomination des historiens modernes). L'armée anglaise (pourtant inférieure aux forces de Philippe VI puis de Jean II) et ses chefs (le roi et son fils le Prince Noir), renonçant aux règles chevaleresques de la « bataille », infligent aux Français à Crécy (1346) et Poitiers (1356) d'écrasantes défaites. Aux ravages du conflit – avivé par la guerre de Succession de Bretagne (1341-1364) et les menées du roi de Navarre (1354) – s'ajoutent les effets de la Grande Peste (1348) et ceux de ses récurrences meurtrières. La crise politique, ouverte dès 1346, éclate en 1356-1358 avec les prétentions des états de langue d' oïl (dominés par Étienne Marcel) à limiter les prérogatives du souverain, alors captif d'Édouard III. Le désastreux traité de Brétigny-Calais (1360) ramène une paix toute relative, sans cesse troublée par les exactions des compagnies de routiers. Gravement amputé de plus du quart de son territoire, lourdement taxé pour la rançon du roi, et en état permanent d'insécurité, le grand royaume des Valois subissait l'épreuve décisive dont Charles V allait le relever.

Vie politique et institutionnelle

1328

☐ 5-9 FÉVR. Une assemblée de barons confère la régence à Philippe de Valois (cousin du roi défunt) et la couronne, si la reine accouchait d'une fille. Elle écarte Édouard III d'Angleterre (neveu, par sa mère Isabelle, de Charles IV) : élargissement du principe de masculinité.

☐ 1ᵉʳ AVR. Naissance d'une fille ; avènement de Philippe VI, sacré le 29 mai : les Valois succèdent aux Capétiens directs. Réunion au Domaine des comtés de Valois, d'Anjou et du Maine. Le roi abandonne le royaume de Navarre à Jeanne (fille de Louis X) et à son époux Philippe d'Évreux.

1329

☐ 6 JUIN. Amiens. Édouard III s'incline et fait hommage au roi (renouvelé en mars 1331) pour la Guyenne et le Ponthieu.

☐ MARS. (jusque déc. 1334) Fréquentes assemblées des trois ordres.

☐ DÉC. (jusque janv. 1330) Assemblée de Vincennes (prélats, barons, docteurs de l'Université, membres du parlement et bourgeois de Paris convoqués par le roi) qui délibère sur les grands problèmes institutionnels (justices ecclésiastiques, inaliénabilité du Domaine...).

1331

☐ MARS-AVR. 1332. Procès, bannissement et confiscation des biens de Robert d'Artois.

1332

☐ 17 FÉVR. Le roi émancipe son héritier, Jean, et le fait duc de Normandie.

1337

☐ 24 MAI. Le roi fait prononcer la saisie du duché de Guyenne.

☐ 7 OCT. Édouard III dénonce l'hommage prêté et revendique la couronne de France.

☐ 1er NOV. Défi d'Édouard III à Philippe VI : début de la guerre de Cent Ans.

1337-1360

Renforcement de la fiscalité royale pour la conduite de la guerre et impositions diverses (ainsi, gabelle du sel).

1341

☐ 30 AVR. Mort de Jean III, duc de Bretagne, et conflit pour la succession entre Jeanne de Penthièvre, sa nièce, épouse de Charles de Blois, et Jean de Montfort-l'Amaury (demi-frère du défunt), qui s'empare du duché (mai-juill.). La Cour des pairs se prononce en faveur de Charles (7 sept.), soutenu par le roi.

1343

☐ AOÛT. Paris. États généraux pour la restauration d'une monnaie saine et le maintien de la fiscalité.

1344

☐ DÉC. Ordonnance reconnaissant au parlement le droit de présenter des remontrances. En mars 1345, le personnel des chambres est stabilisé : naissance du milieu parlementaire.

1346

☐ FÉVR.-MARS. Tenue des états de la langue d'oïl à Paris et, à Toulouse, de la langue d'oc. Ils lient le vote de l'impôt à la réforme du gouvernement et à l'assainissement des finances.

☐ 29 MAI. Ordonnance confiant aux maîtres des Eaux et Forêts la gestion de ce patrimoine.

Création de la Chambre des monnaies.

1347

☐ AVR.-MARS 1348. Concertation fiscale entre royauté et assemblées locales représentatives des trois ordres. Plusieurs états provinciaux prennent en main la gestion locale de l'impôt.

☐ NOV. Paris. Réunion des états généraux : vote des subsides, mais vives critiques.

Moyenne des effectifs combattants engagés en ligne (1328-1364) :
France : 25 000 hommes environ
Angleterre : 15 000 hommes

Maximum des effectifs utilisés ou mobilisables dans le royaume :
France : 80 000 environ (sept. 1340), soit 50 000 combattants, répartis en 28 000 hommes d'armes, 22 000 hommes de pied et les réserves
Angleterre : 32 000 hommes (1346, siège de Calais).

1349

☐ 30 MARS. Cession définitive à la France du Dauphiné, qui deviendra l'apanage du prince héritier, le Dauphin.

☐ AVR. Philippe VI achète au roi de Majorque la ville de Montpellier.

☐ OCT. Charles le Mauvais (fils de Jeanne et de Philippe d'Évreux), roi de Navarre.

1350

☐ 22 AOÛT. Mort de Philippe VI. Avènement de Jean II le Bon (31 ans), sacré le 26 sept. Dans le serment prêté : clause d'inaliénabilité du Domaine.

1351

☐ JANV.-FÉVR. Réunions d'états à Montpellier et à Paris : vote de subsides.

☐ 30 AVR. Ordonnance sur le tarif des soldes et l'organisation de l'armée royale.

☐ OCT. Création de l'ordre de l'Étoile.

1355

☐ NOV. Paris. Réunion des états de langue d'oïl. Ils mettent à l'octroi de subsides leurs conditions (contrôle de la perception et de l'affectation de l'impôt), acceptées par la royauté (ordonnance du 28 déc.).

1356

☐ MARS. Paris. Réunion des états en application des décisions de déc. 1355. Toulouse : institutionnalisation des états de langue d'oc et organisation d'une fiscalité particulière au Midi.

☐ 19 SEPT. Captivité du roi et gouvernement du royaume par le dauphin Charles.

☐ OCT.-AVR. 1357. Plusieurs sessions, à Paris, des états de la langue d'oïl, dominés par Étienne Marcel (prévôt des marchands de Paris) et Robert le Coq (évêque de Laon).

1357

☐ 3 MARS. Grande ordonnance de réformation, reprenant les doléances des états (sera abrogée en mai 1359).

1357

☐ NOV.-FÉVR. 1358. Nouvelles sessions à Paris des états de la langue d'oïl dont l'agitation s'essouffle.

1358

☐ 22 FÉVR. Émeute parisienne organisée par Étienne Marcel.

☐ MARS. Le dauphin Charles prend le titre de régent du royaume et quitte Paris. Il réunit à Compiègne (4 mai) des états qui le soutiennent dans sa lutte avec la capitale.

☐ 31 JUILL. Assassinat d'Étienne Marcel et retour du Dauphin à Paris (2 août).

V. 1358

Justification doctrinale de la règle de masculinité à partir d'une version de la loi des Francs Saliens : « loi salique ».

1360

☐ DÉC. Révocation des aliénations du Domaine faites depuis Philippe IV.

1361

☐ NOV. Incorporation des comtés de Champagne et de Brie au Domaine.

1362

☐ OCT.-JUILL. 1363. Jean II le Bon dans le Midi, en Avignon et en Languedoc.

1363

☐ 6 SEPT. Constitution en apanage de la Bourgogne au plus jeune des fils du roi, Philippe (le Hardi).

☐ DÉC. Ordonnance confirmant le parlement dans sa compétence de cour des pairs.

1364

☐ 8 AVR. Mort de Jean II le Bon.

Guerre et diplomatie

1328
☐ 23 AOÛT. Victoire de Cassel et rétablissement de l'influence française en Flandre sous l'autorité de Louis de Nevers.

1333-1336
Philippe VI soutient l'Écossais David Bruce, en lutte contre Édouard III.

1338
☐ JANV. Révolte contre Louis de Nevers ; sous l'impulsion de Jacques d'Artevelde, des villes de Flandre reconnaissent Édouard III roi de France (déc. 1339).

1339
☐ SEPT.-OCT. Vaine chevauchée d'Édouard III en Cambrésis et en Thiérache.

1340
☐ 24 JUIN. Défaite navale française de l'Écluse (avant-port de Bruges).
☐ 25 SEPT. Trêve d' Esplechin-sur-Escaut.

1342
☐ JUIN. Début de l'intervention anglaise en Bretagne contre Charles de Blois.

1343
☐ 19 JANV. Trêve de Malestroit, conclue par l'entremise du pape, pour trois ans.

1345
☐ AVR. Rupture de la trêve et reprise de la guerre : raid victorieux du comte de Derby en Guyenne et prise de nombreuses places, de Bayonne à Angoulême (juill.-déc.).
☐ 26 SEPT. Mort de Jean de Montfort ; sa femme, Jeanne de Flandre, continue la lutte en Bretagne pour le compte de leur fils mineur : guerre des Deux Jeanne.

1346
☐ AVR.-AOÛT. Échec du duc de Normandie devant Aiguillon en Guyenne. Derby poursuit ses conquêtes en Saintonge et en Poitou.
☐ JUILL. Débarquement d'Édouard III dans le Cotentin et raid victorieux de la Normandie jusqu'aux portes de Paris, puis en Picardie.
☐ 26 AOÛT. Crécy-en-Ponthieu : déroute de l'armée de Philippe VI.

1347
☐ 20 JUIN. La Roche-Derrien : le duc de Bretagne, Charles de Blois, battu et prisonnier des Anglais.
☐ 4 AOÛT. Capitulation de Calais, assiégée par Édouard III depuis septembre 1346.
☐ 28 SEPT. Trêve générale d'un an, reconduite à plusieurs reprises.

1354
☐ 22 FÉVR. Traité de Mantes. Importantes concessions en Normandie de Jean II le Bon au roi de Navarre Charles le Mauvais pour le dissuader d'une alliance avec les Anglais. Accord renforcé au traité de Valognes (10 sept. 1355).

1355
☐ OCT.-DÉC. Reprise de la guerre : chevauchée du Prince Noir (Édouard, prince de Galles) de Bordeaux à Carcassonne.

1356
☐ JUILL.-SEPT. Chevauchée du Prince Noir dans les pays de Loire et de Poitou, et de son frère Lancastre en Normandie.
☐ 19 SEPT. Désastre de Poitiers : défaite de l'armée française ; le roi prisonnier à Bordeaux puis en Angleterre (de mai 1357 à juill. 1360).

1357
☐ 23 MARS. Trêve conclue à Bordeaux ; formation de compagnies d'irréguliers.

1359

☐ 24 MARS. Second traité (ou « préliminaires ») de Londres (après un premier échec en janvier 1358) entre Édouard III et Jean II le Bon, qui, faute d'avoir pu payer sa rançon, accepte d'énormes concessions territoriales.

☐ MAI. Paris. Les états de la langue d'oïl, réunis par le Dauphin, repoussent le traité : reprise de la guerre.

☐ 28 OCT. Vaine chevauchée d'Édouard III, de Calais vers Reims et Paris.

1360

☐ 8 MAI. Traité de Brétigny (renégocié et ratifié à Calais le 24 oct.) : Édouard III, contre la souveraineté en Aquitaine, s'engage à renoncer à la couronne de France. La rançon du roi, libéré en octobre, est ramenée à 3 millions d'écus, garantie par des otages et quelques places fortes.

☐ OCT. Des compagnies de routiers ravagent le Midi et écrasent à Brignais (6 avril 1362) une armée royale.

1362

☐ 19 JUILL. Édouard III constitue la principauté d'Aquitaine au profit de son fils aîné, le Prince Noir.

1364

☐ 3 JANV. Jean II le Bon revient en Angleterre se constituer prisonnier.

Église et vie religieuse

1332-1336

Projet de croisade délibéré entre Philippe VI et le pape.

1334

☐ DÉC. Mort du pape Jean XXII en Avignon. Élection de Benoît XII.

1335

☐ JUILL. Réforme de l'ordre cistercien.

1336

☐ 20 JUIN. Réforme bénédictine.

1340

☐ MARS. Soutien du pape à Philippe VI dans le conflit franco-anglais.

1342

☐ 25 AVR. Mort de Benoît XII en Avignon et élection (7 mai) de Clément VI.

1344

☐ OCT.-DÉC. Conférences d'Avignon pour régler le conflit franco-anglais.

1348

☐ 9 JUIN. Achat par le Saint-Siège de la ville d'Avignon (à la reine de Naples).

☐ 4 JUILL. Excommunication (par le pape) des chrétiens qui maltraiteraient les juifs.

1352

☐ 6 DÉC. Mort de Clément VI en Avignon, pontificat d'Innocent VI, puis d'Urbain V (sept. 1362).

1363

☐ MARS. Nouveau projet de croisade de Jean II le Bon alors en Avignon.

Économie – Société

1329

☐ MARS-AVR. 1330. Mesures monétaires rétablissant la bonne monnaie.

1336-1337

Édouard III prohibe toute exportation de laine anglaise en Flandre : pression sur les villes flamandes.

1337

☐ JANV.-OCT. 1360. Série de manipulations monétaires. Apparition d'une économie de guerre.

1348
(Jusqu'en 1349). La peste noire : apparition à Marseille et propagation en France.

1350 (à partir de)
Crise de l'industrie drapière en Flandre.

1351, 1354, 1356
Ordonnances réglementant les salaires et les prix.

1358
□ MAI-JUIN. Insurrection paysanne antinobiliaire des Jacques, en Beauvaisis, Picardie, Île-de-France et Champagne.

1360
□ 5 DÉC. Consolidation monétaire : nouvelle monnaie d'or de bon aloi, le « franc à cheval ».
□ Établissement de l'aide générale pour la délivrance du roi, financée par l'impôt indirect.

1361-1363
Récurrences meurtrières de la peste.

Pensée, civilisation et cultures

1330 Guillaume Du Breuil : *Style de la cour de parlement ;* Rédaction du *Très Ancien Coutumier de Bretagne.*

1332 Création de l'université de Cahors par Jean XXII.

V. 1332-1347 Écrits de Guillaume d'Occam, condamnés en 1337 par l'université de Paris.

1339-1344 Séjour et mort en Avignon du peintre siennois Simone Martini.

1339 12 MAI. Création de l'université de Grenoble par Benoît XII.

1342-1360 Construction du Palais-Neuf d'Avignon.

1343 Jean Pucelle achève les miniatures du *Bréviaire de Belleville.*

V. 1349-1363 Guillaume de Machaut compose sa *Messe Nostre-Dame.*

Biographie

Clément VI (PIERRE ROGER) pape français (1291-1352). Moine bénédictin à La Chaise-Dieu, Pierre Roger revêt la pourpre cardinalice en 1338. Brillant sujet de l'université de Paris, membre du parlement, il s'impose comme un homme habile au service du roi. Fin canoniste, orateur écouté, ce conseiller de Philippe VI s'acquitte également de missions diplomatiques ; le souverain lui témoignera sa satisfaction lorsqu'il coiffera la tiare (le 7 mai 1342). Prodigue de ses libéralités, ce pape laissera à ses successeurs des finances lourdement obérées. Prince temporel, il recherche la paix dans le conflit franco-anglais. Gardien de la doctrine, il obtient la soumission de Guillaume d'Occam et condamne les « flagellants ». Pasteur, il défend les ordres mendiants et réconcilie l'ordre franciscain avec le Saint-Siège. Clément VI témoigne aussi de sa charité lorsque la peste noire dépeuple Avignon. Les nominations de nombreux parents et de compatriotes limousins aux évêchés et au cardinalat accusent un népotisme largement pratiqué par certains papes d'Avignon.

Bibliographie

R. Cazelles : *la Société politique et la crise de la royauté sous Philippe de Valois.*

J. Favier : *la Guerre de Cent Ans.*

La guerre de Cent Ans : le répit

Précocement mûri au temps de sa régence, pénétré maintenant de ses droits souverains, Charles V rétablit la puissance du royaume. Les Grandes Compagnies (que la paix conduit au brigandage) sont envoyées en Espagne sous les ordres de Du Guesclin. Elles y gagnent au roi l'opportune alliance de la Castille au moment où le conflit franco-anglais se ranime. Instruits par les désastres passés, les chefs militaires évitent le choc des chevauchées anglaises et inaugurent une tactique de harcèlement qui n'exclut pas l'offensive victorieuse (1370, 1374). En 1380, le royaume est à peu près libéré, mais le plat pays terriblement éprouvé. Déjà, le poids des impôts a suscité les premières insurrections urbaines que ne réussit pas à apaiser l'éphémère trêve fiscale à l'avènement de Charles VI. La fiscalité apparaît d'autant plus intolérable que la paix avec les Anglais se dessine au-delà des longues trêves (1388). Avec la folie du roi (1392) et les rivalités des princes qui dominent le gouvernement affaibli s'achève, dans le drame de 1407 (assassinat du duc d'Orléans), le relatif répit dont a bénéficié le royaume.

Vie politique et institutionnelle

1364
☐ 8 AVR. Avènement de Charles V (26 ans), sacré le 19 mai (rite enrichi).
☐ 2 JUIN. Confirmation de la constitution d'apanage à Philippe le Hardi, frère du roi, duc de Bourgogne, qui épouse (19 juin 1369) Marguerite, héritière du comte de Flandre, Louis de Male.

1367
☐ JUIN-JUILL. Premières réunions d'états généraux par Charles V (les dernières en mai, août et déc. 1369).
☐ 19 JUILL. Ordonnance sur la mise en état de défense des villes et châteaux.

1369
☐ DÉC. Fixation définitive du régime des ressources extraordinaires : fiscalité directe (les fouages) et indirecte (aide et gabelle du sel).

1372
☐ 13 NOV. Institution des secrétaires des finances (futurs secrétaires d'État).

1374
☐ AOÛT. Grande ordonnance réaffirmant les principes fondamentaux de la dévolution de la Couronne et fixant la majorité des rois à 13 ans accomplis.
☐ OCT. Ordonnances sur la tutelle du roi mineur et la régence du royaume.

1379
☐ 28 FÉVR. Ordonnance sur l'administration du Domaine et les attributions des Trésoriers de France.

1380
☐ 16 SEPT. et à partir du 15 NOV. Abolition

progressive de la fiscalité, rétablie au 1ᵉʳ sept. 1383.

☐ 16 SEPT. Mort de Charles V. Avènement de Charles VI ; régence du duc d'Anjou, jusqu'au sacre (4 nov.).

☐ NOV. (jusqu'en NOV. 1388). « Gouvernement des oncles » (Anjou, Berry, Bourgogne, Bourbon).

1384
☐ 30 JANV. Mort du comte de Flandre Louis de Male ; son gendre, Philippe le Hardi, duc de Bourgogne, lui succède. Son entrée solennelle à Gand (le 4 janv. 1386), après résistance, marque le début de l'État bourguignon.

1385
☐ 17 JUILL. Mariage de Charles VI et d'Isabeau de Bavière à Amiens.

1388
☐ 3 NOV.-AOÛT 1392. Après le renvoi des oncles, gouvernement personnel de Charles VI et des marmousets (légistes) ; influence prépondérante de Louis, frère du roi et futur duc d'Orléans.

1389
☐ FÉVR.-MAI. Série d'ordonnances de réforme (gouvernement, justice, fiscalité, Domaine, baillis et sénéchaux...) prises sous l'impulsion des marmousets.
☐ 28 FÉVR. (et 11 AVR. 1390). Contentieux des aides : genèse de la cour des aides.
☐ SEPT.-JANV. 1390. Voyage du roi à Avignon et en Languedoc : répression des abus et apaisement des populations.

1392
☐ 5 AOÛT. Première crise de folie du roi. Début du gouvernement des ducs : Bourgogne supplante Orléans ; renvoi des marmousets.

1396
☐ AVR. ET SEPT. puis DÉC. 1401. Conflits aigus entre Bourgogne et Orléans.

1403
☐ 26 AVR. Ordonnance supprimant une éventuelle régence : « le roi ne meurt pas en France ».

1404
☐ 27 AVR. Mort de Philippe le Hardi. Son fils (Jean sans Peur) lui succède.

1407
☐ 23 NOV. Assassinat du duc d'Orléans. Début de la guerre civile.

Guerres et diplomatie

1364
☐ 16 MAI. Cocherel : Du Guesclin bat Charles le Mauvais et ses alliés anglais, mais échoue devant Auray (29 sept.) ; Charles de Blois est tué.

1365
☐ MARS. Traité d'Avignon. Charles le Mauvais, roi de Navarre, abandonne à

– **Progrès de l'artillerie française à poudre :**
1375 (siège de Saint-Sauveur-le-Vicomte) : 32 canons utilisés.
1406 (projet de siège de Calais) : 120 canons mentionnés ; 50 canoniers.

– **Progrès de la marine :**
1377 (Clos des Galées de Rouen) : 35 navires armés prêts à appareiller.
1386 (projet de débarquement en Angleterre) : plusieurs centaines de bateaux assemblés à l'Écluse.)

Charles V ses possessions sur la Basse-Seine et reçoit Montpellier en compensation. Accord renforcé au traité de Vernon (mars 1371).

☐ 12 AVR. Traité de Guérande : sous réserve d'hommage, Jean IV de Montfort duc de Bretagne.

1366

☐ JANV.-AVR. Du Guesclin conduit en Espagne les Grandes Compagnies pour renverser le roi de Castille (Pierre le Cruel) au profit d'Henri de Trastamare.

1367

☐ 3 AVR. À Najera, Du Guesclin, battu par Chandos et le Prince Noir (alliés de Pierre le Cruel), est fait prisonnier (rançon).

1368

☐ 30 JUIN-28 DÉC. Appels de Jean Ier d'Armagnac, puis des seigneurs gascons, contre le prince d'Aquitaine, et réception par le Conseil de Charles V.

1369

☐ 15 JANV. Rupture du traité de Calais et reprise des hostilités. Citation à comparaître en cour des pairs adressée au Prince Noir, qui est déclaré contumace (2 mai). Édouard III s'intitule à nouveau roi de France (3 juin).

☐ 14 MARS. Victoire de Montiel (Du Guesclin) et assassinat de Pierre le Cruel. Alliance de la France et du nouveau roi de Castille, Henri II de Trastamare.

☐ AOÛT-OCT. Chevauchées du duc de Lancastre jusqu'en Normandie et de Chandos jusqu'en Touraine et Anjou.

☐ 30 NOV. Confiscation de l'Aquitaine.

1370

☐ JUILL.-DÉC. Chevauchée dévastatrice de Robert Knolles, de Calais vers la Champagne, l'Île-de-France, l'Ouest et la Bretagne, stoppée à Pontvallain (4 déc.), puis à Bressuire par Du Guesclin.

☐ 19 SEPT. Sac de la Cité de Limoges reprise par le Prince Noir.

☐ 2 OCT. Du Guesclin connétable de France.

1372

☐ 23 JUIN. Victoire navale des alliés castillans sur les Anglais au large de La Rochelle (qui se rend le 8 sept.). Larges reconquêtes en Poitou, Saintonge et Angoumois.

☐ JUILL.-NOV. Alliance du duc de Bretagne et d'Édouard III ; incursion française dans le duché.

☐ 5 OCT. Le Prince Noir renonce à la principauté d'Aquitaine.

1373

☐ MARS-JUIN. Débarquement anglais à Saint-Malo. Conquête par Du Guesclin de presque toute la Bretagne.

☐ 25 JUIN-DÉC. Chevauchée du duc de Lancastre, de Calais à Bordeaux.

1374

☐ JUILL.-AOÛT. Consolidation française en Guyenne ; occupation de La Réole par Du Guesclin (21 août).

1375

☐ 1er JUILL.-24 JUIN 1377. Trêve de Bruges, négociée sous l'égide du pape.

1376

☐ 8 JUIN. Mort du Prince Noir.

1377

☐ 21 JUIN. Mort d'Edouard III ; avènement de son petit-fils Richard II (10 ans).

☐ JUIN-SEPT. Reprise des hostilités. Raid naval en Angleterre. Succès français en Périgord, Bordelais et Bretagne.

1378

☐ MARS-JUIN. Complot de Charles le Mauvais contre le roi ; réaction : reprise de Montpellier et occupation des comtés d'Évreux et de Mortain.

☐ 18 DÉC. Confiscation de la Bretagne prononcée par félonie contre Jean IV, et réunion du duché au Domaine.

1380
☐ 13 JUILL. Mort de Du Guesclin.
☐ 22 JUILL.-MARS 1381. Chevauchée du comte de Buckingham, de Calais vers Paris, la Bretagne et l'Angleterre.

1381
☐ 4 AVR. Second traité de Guérande : restitution à Jean IV de son duché (sous condition d'hommage). Fin de la guerre de Succession de Bretagne.
☐ MAI. Ouverture des conférences franco-anglaises de paix à Leulinghen.

1385
☐ 20 MAI-OCT. Opération de la flotte française en Écosse ; campagne en Poitou et Saintonge. Projet de nouveau débarquement (sept.-oct. 1386).

1388
☐ 18 AOÛT. Trêve de Leulinghen, prolongée à diverses reprises jusqu'en 1395.

1396
☐ 9 MARS. Trêve franco-anglaise de 28 ans et pourparlers de paix. Réconciliation publique (27 oct.) et mariage (Calais, 4 nov.), d'Isabelle, fille de Charles VI, avec Richard II.

1399
☐ 30 SEPT. Déchéance du roi Richard II ; avènement d'Henri IV : les Lancastres succèdent aux Plantagenêts.

1400
☐ 18 MAI. Henri IV confirme la trêve de 1396 : la méfiance succède à l'entente.

1401
☐ DÉC.-27 JUIN 1403. Négociations (à Leulinghen) et confirmation de la trêve.

Tensions locales et préparatifs de guerre.

1404
☐ JANV. La France reprend (malgré la trêve) les hostilités : succès en Guyenne ; débarquement anglais et ravages en Cotentin (juin-août 1405). Échec français en Picardie (déc. 1406).

L'Église, le Grand Schisme et la politique italienne

1370
☐ 19 DÉC. Mort du pape Urbain V en Avignon et élection (30 déc.) de Grégoire XI (le cardinal Pierre Roger de Beaufort).

1376
☐ 13 SEPT. Le pape quitte Avignon et ramène le Saint-Siège à Rome.

1378
☐ 27 MARS. Mort à Rome du pape Grégoire XI et élection (8 avr.) d'Urbain VI dénoncée comme nulle (2 août) par treize cardinaux.
☐ 20 SEPT. Élection à Fondi, par les cardinaux dissidents, de Clément VII (Robert de Genève) qui s'installe en Avignon (1379). La chrétienté se divise entre deux obédiences : Grand Schisme d'Occident (jusqu'au 11 nov. 1417).

1380
☐ 29 JUIN. La reine Jeanne de Naples adopte pour héritier le duc d'Anjou, frère de Charles V.

1382
☐ JANV.-21 SEPT. 1384. Expédition italienne, échec et mort de Louis Ier d'Anjou, roi de Naples et comte de Provence.

1389
□ 17 AOÛT. Mariage de Louis, frère du roi, et de Valentine Visconti.
□ 15 OCT. Mort du pape Urbain VI à Rome. Pontificat de Boniface IX.

1394
□ 16 SEPT. Mort en Avignon de Clément VII et élection (28 sept.) de Benoît XIII, déposé en 1409.

1395
□ 3 FÉVR. et 18 AOÛT 1396. Premières assemblées du clergé réunies par le roi à Paris pour mettre fin au schisme.

1396
□ 25 SEPT. Croisade de Nicopolis : désastre infligé aux chrétiens par les Turcs ; mort de l'amiral Jean de Vienne et captivité de Jean sans Peur.

1404
□ 17 OCT.-NOV. 1406. Pontificat d'Innocent VII ; puis élection de Grégoire XII.

1406
□ NOV.-JANV. 1407. Paris : l'Église de France revendique le rétablissement de ses « anciennes libertés » sous l'égide du roi (gallicanisme).

1407
□ 18 FÉVR. Ordonnances décidant la soustraction d'obédience temporelle à l'égard de Benoît XIII.

Économie – Société

1365
□ AVR.-MARS 1385. Émission du « franc à pied », monnaie d'or courant pour 20 sous tournois.

1367-1383
Construction de la nouvelle enceinte de Paris (pose de la première pierre de la Bastille le 22 avr. 1370).

1373-1375
Grandes disettes et retour de la peste.

V. 1375-1390
Capitaines « anglais » et compagnies ravagent le pays ; effondrement de l'économie rurale ; début de la désertion des campagnes.

V. 1375-1397
Affermissement du statut privilégié de la noblesse (exemption fiscale, droit de chasse, dérogeance).

1379
□ OCT.-JANV. 1380. Révolte antifiscale de Montpellier ; répression.
□ DÉC.-NOV. 1382. Révolte des tisserands et de Philippe d'Artevelde à Gand.

1381
□ SEPT.-JANV. 1382. Révolte de Béziers ; répression. Extension des insurrections en Languedoc : les tuchins (1382-1384).

1382
□ 24 FÉVR.-AOÛT. Insurrections antifiscales de Rouen (la « Harelle »), de Paris (les maillotins) et extension aux villes de langue d'oïl ; répression.

1383
□ 27 JANV. Répression contre Paris : abolition des libertés municipales (rétablies en janv. 1412).

1390-1410
Légère reprise de l'économie rurale.

1394
□ 17 SEPT. Dernière ordonnance d'expulsion générale des juifs.

1400-1404
Pestes et épidémies.

Pensée, civilisation et cultures

1364 Charles V commande à André Beauneveu les gisants des Valois à Saint-Denis.
Début de la construction du palais des ducs de Bourgogne à Dijon.

1366 Nicolas Oresme : *Traité de l'origine, nature, droits et mutations des monnaies.*

1373 Premier des quatre livres des *Chroniques* de J. Froissart (livres II et III entre 1387 et 1392).

1375-1381 Tapisserie de *l'Apocalypse.*

V. 1376 Le *Songe du Vergier*, réflexion politique sur la souveraineté royale.

1385-1411 Jean de Marville, Claus Sluter, Claus de Werve : tombeau de Philippe le Hardi à Champmol.

V. 1386-1389 Honoré Bonet : *l'Arbre des batailles.*

1389 Philippe de Mézières : *Songe du vieil pèlerin.*

V. 1390 Jacques d' Ableiges : *le Grand Coutumier de France.*

V. 1395 Jean Boutillier : la *Somme rural.*

1399 Christine de Pisan : « *Épître au Dieu d'Amour* » et, 1404, *le Livre des faits et bonnes mœurs du sage roi Charles V.*

1405 7 nov. *Vivat rex !* sermon de Jean Gerson.

Biographie

Louis (DUC D'ORLÉANS (1372-1407)), second fils du roi Charles V et de Jeanne de Bourbon, et frère unique de Charles VI. D'abord comte de Beaumont et de Valois, puis duc de Touraine (1386), il reçoit en apanage le duché d'Orléans (4 juin 1392). Son mariage avec Valentine Visconti, fille du seigneur de Milan, lui apporte en dot Asti et des droits sur le Milanais (germes des futures guerres d'Italie). Il montre son goût pour la fête et les plaisirs en faisant édifier à Paris de coûteux hôtels. Intime du roi lors du bref gouvernement personnel de Charles VI et de la politique des marmousets (1388-1392), il devient, la folie du roi confirmant, le rival (soutenu par la reine Isabeau) du duc de Bourgogne, puis de son fils Jean sans Peur. Par sa prodigalité, il s'attire une croissante impopularité, soigneusement exploitée par Jean sans Peur. Louis d'Orléans étant parvenu cependant à conforter sa position et celle de ses partisans au sein du Conseil du roi (1406-1407), le duc de Bourgogne franchit le pas. Il fait assassiner (rue Vieille-du-Temple) son cousin alors que celui-ci venait de rendre visite à la reine. Ce meurtre provoque la guerre civile entre les Armagnacs et les Bourguignons. Le duc d'Orléans est l'auteur de la branche royale des Valois-Orléans (Louis XII) et de celle des Valois-Angoulême (François Ier et ses successeurs jusqu'à Henri III), issues de deux de ses fils.

Bibliographie

J. Favier : *la Guerre de Cent Ans.*

P. Contamine : *Guerre, État et société à la fin du Moyen Âge.*

De l'abîme à la victoire

Le meurtre de Louis d'Orléans allume la guerre civile, qu'avive encore le désastre militaire d'Azincourt (oct. 1415). Maîtres de Paris (1418), les Bourguignons soutenaient les Lancastres ; avec l'assassinat de Jean sans Peur, ils adoptent l'alliance anglaise et imposent au roi l'ahurissant traité de Troyes. Charles VI exhérède son fils et fait d'Henri V l'héritier de la couronne de France. Épaulé par le parti armagnac, le « soi-disant dauphin » incarne désormais la légitimité royale : son père mort, Charles se proclame roi. Le faible roi de Bourges, victime de son entourage, enlisé dans une lutte épuisante, ne met guère à profit l'ardeur patriotique suscitée par Jeanne d'Arc. Mais en aidant à la levée du siège d'Orléans et en ouvrant la voie au sacre de Charles VII à Reims, la Pucelle pèsera sur les événements. La paix d'Arras renverse les alliances, scelle la réconciliation franco-bourguignonne et amène l'espoir : Paris s'ouvre à Charles VII. Dominant la révolte des princes (Praguerie de 1440), la royauté achève son « redressement » avec la remise en ordre militaire et la libération du territoire : le 19 octobre 1453, la capitulation de Bordeaux met fin à la guerre de Cent Ans.

La guerre civile et le gouvernement

1407
☐ 26 NOV.-28 FÉVR. 1408. Fuite et retour de Jean sans Peur à Paris : gouvernement bourguignon (→ 23 août 1413).
☐ 26 DÉC. Ordonnance sur la minorité du roi : il est pleinement responsable des actes passés en son nom par le régent.

1410
☐ 15 AVR. Pacte de Gien : les princes (Charles d'Orléans, le duc de Berry...) au service du roi contre Jean sans Peur. Naissance du parti armagnac.
☐ 2 NOV. Paix de Bicêtre entre les princes qui reprennent la lutte entre eux en sept. 1411.

1412
☐ 22 AOÛT. Traité d'Auxerre entre les princes : solennelle paix jurée.

1413
☐ 31 JANV.-13 FÉVR. États de langue d'oïl à Paris : critiques du gouvernement.
☐ 27 AVR.-22 MAI. Émeutes « cabochiennes » à Paris, favorisées par Jean sans Peur et conduites par le boucher Caboche contre les armagnacs.
☐ 26-27 MAI. Ordonnance « cabochienne » (abrogée le 5 sept.) : réformation générale du gouvernement imposée.
☐ 1er SEPT. Les Armagnacs chassent les Bourguignons de Paris et gouvernent par la terreur (→ 28 mai 1418).

1415
☐ 23 FÉVR. Éphémère paix d'Arras entre Armagnacs et Bourguignons.

□ 30 DÉC. Bernard VII d'Armagnac, connétable de France, vrai maître du gouvernement.

1417

□ 25 AVR. Manifeste réformateur adressé par Jean sans Peur aux villes du royaume ; les Armagnacs soutiennent la cause du dauphin Charles.

1418

□ 28-29 MAI. Paris s'ouvre aux partisans de Jean sans Peur. Retour du gouvernement bourguignon (jusqu'au 13 avril 1436). Fuite du Dauphin à Bourges.
□ 12-13 JUIN. Massacre des Armagnacs à Paris. Meurtre du connétable : le Dauphin, chef du parti armagnac.
□ 21 SEPT. Institution par le Dauphin d'un parlement à Poitiers (→ 1436).
□ DÉC. Le Dauphin se proclame régent.

1419

□ 10 SEPT. Meurtre de Jean sans Peur à l'entrevue du pont de Montereau.

1420

□ 21 MAI. Traité de Troyes signé entre Philippe le Bon, duc de Bourgogne, et le roi d'Angleterre : Henri V épouse Catherine, fille de Charles VI (célébration à Troyes, 2 juin) et héritera de la couronne de France à la mort du roi ; exhérédation du Dauphin. Ratification du traité par les états.

1422

□ 31 AOÛT. Mort d'Henri V de Lancastre ; avènement de son fils Henri VI (10 mois).

□ 21 OCT. Mort de Charles VI ; avènement d'Henri VI au trône de France (en vertu du traité de Troyes) et régence de Jean de Bedford. Avènement de Charles VII (le « roi de Bourges ») en vertu du principe de l'indisponibilité de la Couronne : il se proclame roi le 30 oct.
□ 1422-1439. Fréquentes réunions des états (des pays soumis à l'obédience du roi) : vote de tailles pour la guerre.

1429

□ 6 MARS. Jeanne d'Arc arrive à Chinon ; elle expose sa mission au « Dauphin ».
□ 17 JUILL. Sacre de Charles VII conduit par Jeanne d'Arc à Reims.

1430

□ 23 MAI. Jeanne d'Arc, prise devant Compiègne, est livrée aux Anglais.

1431

□ 9 JANV.-29 MAI. Procès à Rouen et condamnation de Jeanne d'Arc comme hérétique et relapse, brûlée le 30 mai.
□ 13 DÉC. Trêve générale de six ans entre Charles VII et Philippe le Bon.
□ 16 DÉC. Sacre à Paris du « roi de France » Henri VI de Lancastre (10 ans).

1433

□ 12 AVR. Philippe le Bon (duc de Brabant, 1430) devient comte de Hainaut : mise en place de l'État bourguignon.

1435

□ 21 SEPT. Traité d'Arras : réconciliation franco-bourguignonne ; importantes concessions territoriales de Charles VII.

Ressources fiscales annuelles de Charles VII

Total des octrois consentis par les états (langue d'oïl et langue d'oc) :
1423 : 1 300 000 l.t.   1426 : 1 182 000 l.t.
Total des ressources fiscales levées par le roi (1439-1444) : 2 698 000 l.t.
dont langue d'oïl : 918 000 l.t.
langue d'oc : 1 800 000 l.t.
(Vers 1460, revenu fiscal annuel : 1 800 000 l.t.)

1436

□ 28 FÉVR. Les états de langue d'oïl votent le rétablissement des aides pour la guerre : la fiscalité indirecte devient permanente. Imposition des aides en Languedoc (janv. 1437) et création d'une Cour des aides (avril 1437) à Montpellier.
□ 13 AVR. Paris unique capitale.

1437

□ 12 NOV. « Joyeuse entrée » de Charles VII à Paris (quitté en mai 1418).

1439

□ OCT. À Orléans, dernière assemblée d'états réunie sous le règne de Charles VII pour le vote des subsides.
□ 2 NOV. Suite des états d'Orléans : monopole et perception continue par le roi de la taille pour l'entretien d'une armée.

1440

□ FÉVR.-JUILL. La Praguerie : révolte des princes contre l'autorité royale. Nouvelle Praguerie en févr. 1442.

1443

□ 11 OCT.-4 JUIN 1444. Création et installation du parlement de Toulouse.

1445

□ MARS (?). Permanence de l'armée de métier : institution des « Compagnies de la Grande ordonnance » (cavalerie) entretenues par la « taille des lances ».

1447

□ 15 JANV.-30 AOÛT 1456. Exil du dauphin Louis en Dauphiné.

1448

□ 28 AVR. Création d'une milice des « francs archers ».

1449

□ OCT. Ordonnance sur la tutelle financière des corps municipaux.

1453

□ 29 MAI. Condamnation de Jacques Cœur par une commission criminelle extraordinaire.

La guerre et la diplomatie

1411

□ SEPT. Projets bourguignons d'alliance avec l'Angleterre.

1412

□ 8 MAI. Traité d'alliance entre Armagnacs et Henri IV de Lancastre.
□ 10 AOÛT-DÉC. Grande chevauchée du duc Thomas de Clarence (second fils d'Henri IV), de la Normandie à Bordeaux.

1413

□ 20 MARS. Mort du roi Henri IV ; avènement de son fils Henri V (25 ans) qui réclame la couronne de France.

1414

□ 23 MAI. Traité de Leicester : alliance anglo-bourguignonne contre les Armagnacs.
□ AOÛT. Henri V réclame à Charles VI la couronne de France.

1415

□ 25 OCT. Désastre d'Azincourt infligé à la chevalerie française.

1417-1419

Conquête de la Normandie par Henri V Lancastre. Siège et capitulation de Rouen (19 janv. 1419).

1421

□ 22 MARS. Baugé, en Anjou : victoire du Dauphin sur les Anglais.

1423

□ 30 JUILL. Victoire anglo-bourguignonne à Cravant sur Charles VII.

1424

☐ 17 AOÛT. Verneuil : désastre infligé par les Anglais aux mercenaires écossais et à la chevalerie de Charles VII.

1427

☐ 5 SEPT. Victoire de Dunois sur Warwick au siège de Montargis.

1428

☐ 12 OCT.-8 MAI 1429. Orléans assiégée par Talbot, délivrée par Jeanne d'Arc.

1429

☐ 18 JUIN. Patay : victoire de Jeanne.
☐ 8 SEPT. Échec de Jeanne devant Paris.

1436

☐ 13 AVR. Paris se rend sans combat.

1437

☐ 10 OCT. Charles VII enlève Montereau.

1439

☐ JUILL. Échec d'une tentative de paix (Conférences de Gravelines → 1440).

1441

☐ 19 SEPT. Reprise de Pontoise : l'Île-de-France libérée.

1442

☐ 24 JUIN-23 DÉC. Charles VII en Guyenne jusqu'aux portes de Bordeaux.

1443

☐ 26 FÉVR. Le roi René perd le royaume angevin de Naples.

1444

☐ 28 MAI. Conclusion de la trêve de Tours, reconduite jusqu'au 28 mai 1449.

1449

☐ 24 MARS. Rupture de la trêve par l'Angleterre : prise de Fougères.
☐ JUILL.-AOÛT 1450. Victorieuse campagne de Normandie par les français (Formigny, 15 avr. 1450).

1451

☐ 30 JUIN. Dunois occupe Bordeaux (repris par Talbot, 23 oct. 1452).
☐ AOÛT. Succès militaires français en Guyenne et Gascogne.
☐ 20 AOÛT. Capitulation anglaise à Bayonne ; occupation par Dunois.

1453

☐ 17 JUILL. Victoire de Castillon.
☐ 19 OCT. Capitulation définitive de Bordeaux. Fin de la guerre de Cent Ans.

Le Grand Schisme et l'Église de France

1408

☐ 15 MAI. Le Parlement enregistre les ordonnances du 18 févr. 1407 sur les libertés de l'Église de France.
☐ 25 MAI. Rupture avec Benoît XIII.

1409

☐ 25 MARS-7 AOÛT. Concile de Pise réunissant (irrégulièrement) les cardinaux des deux obédiences. Déposition (sans effet) de Benoît XIII et de Grégoire XII (5 juin) ; élection d'Alexandre V (26 juin-3 mai 1410) puis de Jean XXIII. Échec : trois papes, trois obédiences.

1414

☐ 16 NOV.-22 AVR. 1418. Concile œcuménique de Constance. Il affirme la supériorité conciliaire sur le pape (6 avril 1415), dépose Jean XXIII (29 mai), reçoit l'abdication de Grégoire XII (4 juill.) puis condamne Benoît XIII (26 juill. 1417).

1417

☐ 11 NOV. Élection (par un collège du concile) de Martin V (le cardinal Odon Colonna, 49 ans). Fin du Grand Schisme et réunification de l'Église.

☐ NOV.-13 AVR. 1418. Réaffirmation par le Parlement des libertés de l'Église de France. Reconnaissance officielle de Martin V et naissance du gallicanisme parlementaire.

1438
☐ 7 JUILL. Promulgation de la Pragmatique sanction de Bourges : le roi de France, gardien des libertés de l'Église gallicane ; le pape, exclu des désignations aux bénéfices, pourvus par l'élection. Triomphe du gallicanisme politique.

Économie – Société

1417
☐ MAI-JUIN 1422. Période d'effondrement et d'anarchie monétaires.

1420-1422
Paroxysme de la crise monétaire; flambée des prix.

1420
☐ FÉVR. Octroi par le Dauphin de deux foires franches annuelles à Lyon.

1422-1435
Fréquentes manipulations du monnayage de Charles VII.

1430
☐ JANV. Fondation de l'ordre de la Toison d'or par Philippe le Bon, duc de Bourgogne.

V. 1430
Affaissement de l'activité rurale, artisanale et commerciale.

1433, 1438, 1445
Épidémies de variole.

1436
☐ JANV. Début d'une période prolongée de stabilité monétaire ; émission (1436-1445) de l'« écu neuf », d'or fin. Décri des monnaies d'Henri VI (juill. 1436).

V. 1440-1470
Amorce de la reconstruction rurale et retour progressif de la prospérité.

1440
Jacques Cœur, « Argentier du roi ». Procès et supplice de Gilles de Rais, maréchal de France, pour ses innombrables crimes.
☐ JANV.-SEPT. 1441, Épidémie de peste en Languedoc.

1444-1445
Le roi octroie une troisième foire annuelle à Lyon et des privilèges commerciaux pour concurrencer les foires de Genève.

Pensée, civilisation et cultures

1409 Fondation de l'université d'Aix.

V. 1409-1413 Jean de Montreuil : *À toute la chevalerie de France.*

V. 1413-1416 Les frères de Limbourg : *Très Riches Heures de Jean, duc de Berry.*

1413 Jean de Montreuil : *Traité contre les Anglais.*

1419 Jean de Terrevermeille : *Tractatus...* (Traité sur les droits du Dauphin à la succession royale et l'indisponibilité de la Couronne.

1422
Fondation de l'université de Dole ☐ Alain Chartier : le *Quadrilogue Invectif.*

1424 *Danse macabre* du cimetière des Innocents à Paris.

1431 Fondation de l'université de Poitiers.

1432 Fondation de l'université de Caen.

1437 Début de la construction de l'église Saint-Maclou à Rouen.

1441 Fondation de l'université de Bordeaux.

1443 Bourges : construction de l'Hôtel Jacques Cœur.

1444 Jean Juvénal des Ursins : *Traité compendieux de la querelle de France contre l'Angleterre.*

V. 1444 Jean Fouquet : *portrait de Charles VII ;* v. 1451, *Diptyque de Melun.*

1450 Arnoul Gréban : *le Mystère de la Passion.*
□ Mont-Saint-Michel : début de la reconstruction du chœur.

1452 Nouveaux statuts réformant l'université de Paris, donnés par le cardinal-légat Guillaume d'Estouteville.

Biographie

Dunois (JEAN D'ORLÉANS, COMTE DE), [V. 1403-1468]. Fils naturel de Louis, duc d'Orléans, dit le Bâtard d'Orléans, il s'occupera du financement des rançons de ses demi-frères, prisonniers des Anglais. Rallié au Dauphin dès 1420, il bat le comte de Warwick au siège de Montargis (1427) et défend Orléans assiégée (1428-29). En 1429, à Orléans et Patay, puis jusqu'à Reims, Dunois, compagnon de Jeanne d'Arc, contribue au succès de la chevauchée qui mène Charles VII vers son sacre. Participant à la reconquête de l'Île-de-France (1432-36), aux campagnes de Guyenne (1448-53) et de Normandie (1449-50), le Bâtard d'Orléans figure au premier rang des capitaines qui libérèrent définitivement le royaume. En récompense, Charles VII cède (1439) le comté de Dunois (détaché de l'apanage d'Orléans) et accorde (1443) le comté de Longueville (une terre dont Du Guesclin fut jadis gratifié) à ce conseiller écouté, tige de la turbulente Maison de Longueville.

Bibliographie

M. Defourneaux : *la Vie quotidienne au temps de Jeanne d'Arc.*

J. Favier : *la Guerre de Cent Ans.*

La reconstruction du royaume

La permanence de l'impôt et de l'armée a maintenant donné à la royauté les moyens de rétablir l'ordre dans les villes et dans les campagnes. Les dernières entreprises féodales des princes ne pouvaient survivre à la puissance nouvelle de la coûteuse artillerie royale. Leur semi-échec lors de la guerre du Bien public, en 1465, leur déroute à l'issue de la Guerre folle, en 1488, montrent que le temps des ligues seigneuriales est dépassé. En fait, une seule voie restait ouverte aux coalitions princières : celle toujours ouverte de l'alliance anglaise (aucun traité n'ayant mis fin à la guerre de Cent Ans, en 1453). Le « grand duc d'Occident », Charles le Téméraire, tente de l'emprunter, en 1475, en faisant intervenir Édouard IV d'York sur le continent. Victime de sa démesure et objet d'une vigoureuse résistance, le Téméraire échoue puis disparaît sous les murs de Nancy le 5 janvier 1477, emportant avec lui les couronnes dont il rêvait. Louis XI, ce souverain controversé mais précurseur, peut alors récolter les fruits d'une longue habileté. Tandis que le pays renoue avec la croissance économique et démographique, les Valois, à l'abri des accès révolutionnaires de Paris, poursuivront, dans le Val de Loire, leur marche vers l'absolutisme monarchique.

Vie politique, institutionnelle et religieuse

1454
□ AVR. Grande ordonnance de Montils-lès-Tours : réformation de la justice et procédure de rédaction des coutumes.

1456
□ 30 AOÛT. Le dauphin Louis, révolté contre Charles VII, se réfugie à la cour du duc de Bourgogne.

1457
□ AOÛT. Incorporation du Dauphiné au Domaine ; le parlement de Grenoble (1453) devient parlement royal.

1458
□ AOÛT. Procès (pour trahison) du duc Jean II d'Alençon devant la cour des pairs.
□ 26 DÉC. François II, duc de Bretagne.

1460
□ 13 MAI. Condamnation par le parlement du comte Jean V d'Armagnac pour rébellion.

1461
□ 22 JUILL. Mehun-sur-Yèvre : mort de Charles VII. Avènement de son fils, Louis XI (38 ans), sacré le 15 août.
□ 27 NOV. Abolition de la Pragmatique sanction de Bourges.

1462

□ 10 JUIN. Établissement du parlement de Bordeaux.

1463

□ 16 JUIN. Union au Domaine du Roussillon et de la Cerdagne (restitués aux Rois catholiques par le traité de Barcelone, 19 janv. 1493).

□ SEPT. Rachat par Louis XI à Philippe le Bon des villes de la Somme (en Picardie : Abbeville, Amiens, Saint-Quentin).

□ SEPT. Ordonnance sur la tutelle financière des corps municipaux.

1465

□ 12 DÉC. Rouen : Charles, frère du roi, reçoit en apanage le duché de Normandie.

1467

□ 15 JUIN. Mort du duc de Bourgogne Philippe le Bon ; Charles le Téméraire, « grand duc d'Occident ».

1468

□ 6-14 AVR. États généraux de Tours (seule assemblée générale des trois ordres réunie par Louis XI) : inaliénabilité de la Normandie.

1469

□ 29 AVR. Constitution en apanage du duché de Guyenne pour Charles de France à la place de la Normandie.

1470

□ 7 SEPT. Nouvelle condamnation du comte Jean V d'Armagnac pour trahison (il est tué le 6 mars 1473 à Lectoure ; l'Armagnac est démembré).

1472

□ 13 AOÛT et 31 OCT. (Ordonnance d'Amboise). Concordat entre Louis XI et le pape Sixte IV.

1475

□ 19 DÉC. Décapitation à Paris de Louis de Luxembourg, comte de Saint-Pol, connétable de France, pour trahison.

1477

□ FÉVR. Prise de possession par Louis XI des domaines de Charles le Téméraire. Réunion définitive à la Couronne du duché de Bourgogne (apanage) ; la Franche-Comté (conquise, 1477-1479) sera rendue à Maximilien de Habsbourg au traité de Senlis (23 mai 1493).

□ 18 MARS. Érection du parlement de Bourgogne à Beaune puis à Dijon (1479).

Progression des ressources fiscales de la royauté		
		livres tournois
1461	**Revenus globaux**	1 800 000
	dont tailles	1 200 000
1481	tailles	4 600 000
1483	**Revenus globaux**	4 655 000
	dont Domaine	100 000
	aides et gabelles	655 000
	tailles	3 900 000
1490	tailles	3 900 000

□ 4 AOÛT. Décapitation à Paris de Jacques d'Armagnac, duc de Nemours, pour rébellion.

1480
□ 10 JUILL. Mort de René d'Anjou, duc de Bar, duc d'Anjou et comte de Provence, roi (en titre) de Naples ; Charles II, comte du Maine, son neveu, hérite la Provence et les droits sur Naples. Réunion au Domaine du comté d'Anjou (apanage).

1481
□ 10 et 11 DÉC. Testament et mort de Charles du Maine ; le roi hérite les droits sur le royaume de Naples ; réunion au Domaine du comté du Maine.

1482
□ JANV. Louis XI, comte de Provence : prise de possession du comté.

1483
□ 30 AOÛT. Plessis-lès-Tours : mort de Louis XI. Avènement de son fils, Charles VIII (13 ans, majeur). Sacré le 14 mai 1484.
□ 1483-1492. « Régence » (puis gouvernement de fait) d'Anne (sœur aînée du roi) et de Pierre de Beaujeu, son mari.

1484
□ 15 JANV.-14 MARS. États généraux de Tours : concertation d'ampleur nationale sur le gouvernement du royaume.
Cession du duché de Bar au duc René II de Lorraine.

1485
□ 22 SEPT. Création du parlement de Rennes par le duc François II.

1488
□ 9 SEPT. Mort de François II : sa fille Anne, duchesse de Bretagne.

1491
□ 6 DÉC. Mariage, à Langeais, de Charles VIII avec Anne de Bretagne, condition de l'union de son duché à la Couronne.

Relations extérieures

1462
□ 9 MAI. Traité de Bayonne avec le roi Jean II d'Aragon : cession en gage à Louis XI des comtés de Roussillon et de Cerdagne ; alliance franco-aragonaise contre la Castille. Conquête française du Roussillon (1462-1463) et nouvelle campagne en 1473-1475.

1465
□ 5 MARS-29 OCT. Guerre du Bien public entre le roi et les princes ligués autour de Charles le Téméraire, de Charles, frère du roi, et du duc de Bourbon.
□ 17 JUIN. Alliance entre Louis XI et les Liégeois, adversaires du duc de Bourgogne.
□ 16 JUILL. Montlhéry : bataille indécise entre l'armée royale et celle du Bien public.
□ 5 et 29 OCT. Traités de Conflans et de Saint-Maur entre le roi et les chefs du Bien public. Restitution à Charles le Téméraire des villes de la Somme.

1467
□ 1er OCT. Nouvelle ligue des princes (Charles de Normandie, François II de Bretagne, Jean d'Alençon) contre le roi.

1468
□ 3 JUILL. Marguerite d'York, sœur du roi Édouard IV, épouse Charles le Téméraire : alliance anglo-bourguignonne.
□ 10 SEPT. Traité d'Ancenis entre le roi et le duc de Bretagne, qui renonce à ses alliances avec la Bourgogne et l'Angleterre.

☐ 9 OCT. Soulèvement des Liégeois contre le Téméraire à l'instigation de Louis XI.

☐ 9-14 OCT. Humiliante entrevue et traité de Péronne entre le roi et le duc de Bourgogne : Louis XI se soumet aux pressions du Téméraire (application du traité de Conflans, détachement de la Flandre mouvante, châtiment de Liège).

1470

☐ NOV. Assemblée de Tours (prélats, nobles, gens du Conseil, réunis par le roi) ; elle constate la nullité pour violence des accords de Péronne : réoccupation de la Picardie (janv. 1471).

1472

☐ 27 JUIN-22 JUILL. Vain siège de Beauvais par Charles le Téméraire (épisode héroïque de Jeanne Hachette).

1473

☐ 30 SEPT.-25 NOV. Entrevue de Trèves entre l'empereur Frédéric III et Charles le Téméraire, qui veut la succession à l'Empire puis suggère la constitution d'un royaume de Bourgogne.

1474

☐ 4 AVR. Ligue de Constance (élargissement de la « Basse Union d'Alsace » – 14 mars 1473 –, ligue antibourguignonne des villes) : le duc d'Autriche Sigismond, les cantons suisses, les villes rhénanes et le duc René II de Lorraine, alliés contre le Téméraire.

1475

☐ 29 AOÛT. Picquigny : entrevue et trêve entre Édouard IV (appelé par les Bourguignons) et Louis XI, qui achète à prix d'or le retrait anglais (solution renouvelée entre Charles VIII et Henri VII au traité d'Étaples, 3 nov. 1492).

☐ 13 SEPT. Trêve de Soleuvre entre le roi et Charles le Téméraire.

☐ 29 SEPT. Paix de Senlis entre le duc François II de Bretagne et le roi.

☐ OCT.-NOV. Charles le Téméraire conquiert la Lorraine (reprise par le duc René II, oct. 1476).

1476

☐ 2 MARS et 21 JUIN. Les Suisses écrasent Charles le Téméraire à Granson et à Morat.

1477

☐ 5 JANV. Mort de Charles le Téméraire, vaincu devant Nancy par le duc René II.

☐ FÉVR. Conquête de la Picardie par les troupes françaises ; guerre en Artois, Flandre et Hainaut. Guerre en Franche-Comté (1477-1479).

☐ 18 AOÛT. Marie de Bourgogne, unique héritière du Téméraire, épouse Maximilien de Habsbourg, qui, à la bataille de Guinegatte (en Artois), l'emporte sur les Français (7 août 1479).

1482

☐ 27 MARS. Mort de Marie de Bourgogne.

☐ 23 DÉC. Traité d'Arras : Maximilien abandonne à Louis XI la Picardie, le comté de Boulogne, le duché de Bourgogne ; il constitue en dot à sa fille Marguerite (fiancée au dauphin Charles) le comté d'Artois et la Franche-Comté. Ce projet d'union devenu sans objet (1491), Charles VIII les rétrocèdera à Maximilien (traité de Senlis, 23 mai 1493). La maison d'Autriche s'installe aux Pays-Bas et en Flandre.

1485

☐ JANV.-SEPT. « Guerre folle » : ligue conduite par le duc François II de Bretagne (et son trésorier Pierre Landois) et le duc d'Orléans (futur Louis XII) contre le gouvernement des Beaujeu. En 1486-1488, reprise des ligues et des opérations militaires ; Maximilien de Habsbourg appuie les mécontents.

1488

☐ 27 JUILL. Saint-Aubin-du-Cormier : défaite des coalisés par les troupes royales ;

capture de Louis d'Orléans (libéré par Charles VIII en juin 1491).

□ 20 AOÛT. Traité du Verger (ou de Sablé) : le roi impose la paix au duc François II.

1490

□ 19 DÉC. Mariage par procuration de la duchesse Anne de Bretagne et du futur empereur Maximilien (puis annulation sous la pression militaire française en Bretagne).

1491

□ 6 DÉC. Contrat de mariage de la duchesse Anne, héritière du duché, et du roi Charles VIII : union personnelle de la Bretagne à la Couronne.

1491-1492

Charles VIII, sollicité d'Italie, envisage dans un but chevaleresque de faire valoir ses prétentions sur le royaume de Naples.

1492

□ MAI. Alliance de Charles VIII et de Ludovic Sforza (dit le More), maître de Milan, contre le roi de Naples. L'intervention française en Italie est engagée.

Économie – Société

1454

□ 17 FÉVR. Banquet du Vœu du Faisan donné à Lille par Philippe le Bon.

1461-1483

Politique économique de Louis XI dans le sens mercantiliste.

1463

□ 8 MARS. Création par Louis XI d'une quatrième foire à Lyon ; interdiction aux marchands du royaume de fréquenter les foires de Genève. Essor de la place bancaire de Lyon.

1467

Débuts de l'industrie de la soierie à Lyon (mais transfert à Tours, 1470).

V. 1470-1475

Croissance économique généralisée.

1470

□ NOV. Création par Louis XI de foires à Caen (transférées à Rouen, mai 1477) pour concurrencer (sans succès) celles de Bruges et d'Anvers.

1471

□ SEPT. Ordonnance royale sur les mines.

1472-1473

Épidémie de peste.

1475

Monnaie forte : première émission de l'« écu au soleil » (nov. 1475).

1480-1482

Famine et épidémies.

1481

□ DÉC. Projet de création par le roi d'une grande compagnie de commerce maritime (monopole du trafic avec l'Orient).

1492

□ 6 DÉC. Le Génois Christophe Colomb découvre les Antilles.

Civilisation et cultures

1455 La Bible de Gutenberg.

1459 Publication de la coutume de Bourgogne.

1460 Fondation de l'université de Nantes.

V. 1460 Jean Fouquet : portrait du chancelier Guillaume Juvénal des Ursins □ Jean de Bueil : *le Jouvencel.*

1463 Fondation de l'université de Bourges.

V. 1464 *La Farce de maître Pathelin.*

1465 Johannes Ockeghem, « Maistre de la chapelle de chant du Roy ».

1470 Installation à la Sorbonne de la première imprimerie parisienne par Guillaume Fichet, recteur de l'université : édition du premier livre □ Jean Fouquet : *Antiquités judaïques.*

1472 Martial d'Auvergne : *Vigiles du roy Charles VII.*

1473 Premier livre aux presses de Lyon.

1477 Tombeau de Philippe Pot, sénéchal de Bourgogne.

1485 Paris : construction de l'hôtel de Cluny pour l'abbé Jacques d'Amboise.

1489-1491 *Mémoires* de Philippe de Commynes (six premiers livres).

Biographie

Anne de France (DAME DE BEAUJEU, RÉGENTE DU ROYAUME) [1461-1522]. Fille aînée de Louis XI, Anne épouse dès 1474 Pierre de Bourbon (1439-1503), sire de Beaujeu, puis duc de Bourbon en 1488 à la mort de son frère Jean II. Louis XI la désigne pour assurer la régence pendant la minorité de Charles VIII, qui entrait en réalité dans sa majorité (13 ans en juillet 1483). Avec l'efficace soutien de son mari, Anne gouverne jusqu'en 1492 et « Madame la Grande » affermit, par son intelligence et sa force de caractère, l'œuvre paternelle. Aux états généraux de Tours (1484), les Beaujeu savent éluder les pressantes revendications du royaume. Ils brisent les vains sursauts de la féodalité princière lors de la Guerre folle (1485) et, grâce à l'armée de Louis de La Trémoille, ils réussissent à battre les Bretons, à Saint-Aubin-du-Cormier, en juillet 1488, et à faire prisonnier le duc d'Orléans (futur Louis XII), chef épisodique (depuis 1484) des mécontents coalisés. Forte d'une armée de 35 000 hommes, la Dame de Beaujeu peut alors contraindre la duchesse Anne, héritière de la Bretagne, à épouser sans délai Charles VIII (déc. 1491), préparant ainsi le rattachement futur du duché à la Couronne. La paix revenue, l'autorité des Beaujeu décline ; poussé par ses favoris, le souverain (un prince plutôt falot et rêveur) allait régner sans tutelle et donner étourdiment dans l'aventure des guerres d'Italie.

Bibliographie

P. Lewis : *la France à la fin du Moyen Âge : la société politique.*

P. Murray Kendall : *Louis XI.*

Au temps des guerres d'Italie

Pendant les deux règnes brefs de Charles VIII et de Louis XII, la France, sans renoncer aux traditions médiévales, s'ouvre à toutes les séductions du monde moderne. Les deux souverains pratiquent un absolutisme tempéré et savent se faire aimer de leur peuple en allégeant les impôts et en rendant une meilleure justice, tandis que, par l'appel aux historiens, aux lettrés, aux artistes italiens, la société se laisse prendre aux sortilèges de la Renaissance. Toutefois, lorsque prend fin le danger anglais et les guerres de l'Ouest (la Bretagne étant réunie à la couronne), ils tombent dans le « péché italien », se laissant tenter par d'amples expéditions où leur excès d'optimisme, leur trop grande confiance dans les traités signés les mènent à d'inutiles aventures. Lentement, pourtant, l'unité française se renforce, la Provence, la Bretagne, le Dauphiné, le Languedoc rentrant vraiment dans l'obéissance royale.

Vie politique et institutionnelle

1491
Mariage de Charles VIII avec Anne de Bretagne ; sa réconciliation avec Louis d'Orléans.

1492
Le roi entreprend de diriger lui-même les affaires du royaume.

1497
☐ 2 AOÛT. Édit réglementant l'organisation du Grand Conseil (cour souveraine de justice retenue) ; complété par l'édit du 17 juill. 1498.

1498
☐ 7 AVR. Mort de Charles VIII. Le duc d'Orléans, roi de France (Louis XII).

1499
☐ 8 JANV. Après annulation par le pape de son mariage avec Jeanne de France, fille de Louis XI, remariage du roi avec Anne de Bretagne (la Bretagne restant séparée du royaume).

☐ MARS. Grande ordonnance de Blois sur la réforme de l'Église de France.

1501
Établissement d'un parlement en Provence, remplaçant le Conseil éminent des comtes.

1504
☐ JUILL. Procès entre les conseillers du roi, Georges d'Amboise et Gié.

1506
☐ MAI. Convocation par Louis XII à Tours d'une assemblée des notables ; opposition au mariage projeté (traité de Blois 1504) entre Claude de France et le petit-fils de Maximilien d'Autriche.

1510
Mort du Cardinal d'Amboise.

1511
☐ 1er MARS. Appel du clergé au concile général pour réformer l'Église et déposer le pape.

1514
☐ 9 JANV. Mort d'Anne de Bretagne. Remariage du roi avec Marie d'Angleterre, sœur de Henri VIII.
☐ 18 MAI. Mariage de Claude de France et de François d'Angoulême.

1515
☐ 1er JANV. Mort de Louis XII.
Transformation de l'Échiquier de Normandie en parlement, par François Ier.

Politique extérieure

1492
☐ 6 OCT. Les Anglais assiègent Boulogne.
☐ 3 NOV. Traité d'Étaples avec Henri VII : départ des Anglais, contre 750 000 écus à payer en 15 ans.

1493
☐ 14 JANV. Traité de Barcelone avec Ferdinand d'Aragon : cession du Roussillon et de la Cerdagne contre sa neutralité.
☐ 23 MAI. Traité de Senlis avec Maximilien Ier d'Autriche : restitution par Charles VIII de la plus grande partie de l'héritage bourguignon, dot de sa fiancée, Marguerite d'Autriche.

1494
☐ 27 JUILL. Charles VIII quitte Lyon pour la « descente » en Italie, avec 40 000 hommes, dont 8 000 Suisses.
☐ SEPT. Chevauchée conquérante à travers l'Italie.
☐ 31 DÉC. Entrée à Rome.

1495
☐ 25 MARS Ligue de Venise contre Charles VIII.
☐ 12 MAI. Charles VIII à Naples.
☐ MAI-JUIN. Début de la retraite : Charles VIII à Rome le 1er juin, à Sienne le 13.
☐ 5 JUILL. Fornoue : victoire sur les troupes vénitiennes et lombardes.
☐ AOÛT-OCT. Après la restitution de Pise à Florence et de Novare au duc de Milan Ludovic Sforza, Charles VIII rentre en France (15 oct.).

1496
Reddition de la garnison française de Naples ; capitulation de Gaète le 19 nov.

L'espace français

Étendue de la France en 1494 : 459 000 km²

Temps de parcours à cheval :

Paris-Orléans	2 jours	Paris-Nancy	6 jours
Paris-Amiens	2 jours	Paris-Lyon	6 à 8 jours
Paris-Châtellerault	4 jours et demi	Paris-Bordeaux	7 jours et demi
Paris-Calais	4 jours et demi	Paris-Marseille	10 à 14 jours
Paris-Limoges	6 jours	Paris-Toulouse	8 à 10 jours

1497

☐ 25 FÉVR. Capitulation de Tarente. Tout le royaume de Naples est perdu.

1499

☐ 9 FÉVR. Alliance de Louis XII avec Venise pour la conquête du Milanais ; effectuée (juill.) en vingt jours.

1500

☐ 10 AVR. Victoire de Louis XII à Novare sur Ludovic le More. Le Milanais, province française. Coopération de Louis XII avec César Borgia, fils du pape Alexandre VI.
☐ 11 NOV. Traité de Grenade avec Ferdinand d'Aragon.

1501-1504

Campagne franco-espagnole : conquête de Naples, suivie de la rupture entre Français et Espagnols. Les Français définitivement chassés de Naples.

1503

Paulmier de Gonneville au Brésil.
Élection du pape Jules II, ennemi de la France.

1504

Des Bretons sur le fleuve Saint-Laurent.
☐ 22 SEPT. Traités de Blois entre Louis XII et Maximilien Ier d'Autriche décidant le mariage de la princesse Claude de France, avec Charles d'Autriche (futur Charles Quint).

1505

☐ 31 MAI. Testament de Louis XII : Claude de France épousera François d'Angoulême.

1507

Expédition à Terre-Neuve.

1508

☐ 10 DÉC. Ligue de Cambrai réunie par Jules II contre Venise et comprenant Louis XII, Maximilien d'Autriche, Ferdinand d'Aragon, Henri VII.

1509

☐ 14 MAI. Victoire de Louis XII à Agnadel sur les Vénitiens, qui restituent au pape les villes de Romagne, mais entreprennent de désunir la ligue de Cambrai.

1510-1511

Retournement du pape et formation contre la France (4 oct. 1511) de la Sainte Ligue.
☐ 1er NOV. À l'instigation de Louis XII, réunion d'un concile à Pise qui suspend le pape.

1512

☐ 11 AVR. Victoire des Français à Ravenne (mort de Gaston de Foix), mais perte du Milanais en mai.
☐ 3 MAI. Contre-concile de Latran.

1513

Occupation de la Navarre par Ferdinand d'Aragon, au nom de sa seconde femme, Germaine de Foix, qu'il a épousée en 1505 en vertu du second traité de Blois. Nouvelle campagne d'Italie pour reprendre le Milanais.
☐ 6 JUIN. Défaite française à Novare. Les Français chassés d'Italie.
☐ 16 AOÛT. Victoire d'Henri VIII d'Angleterre à Guinegatte (journée des Éperons).
☐ SEPT. La Bourgogne envahie par les Suisses : Dijon assiégée.

1514

☐ JANV.-AVR. Cessation des hostilités en Italie par suite d'accords avec le pape Léon X et avec l'Aragon.
☐ 7 AOÛT. Traité de Londres.

Économie – Société – Religion

1493

Construction à Marseille du premier quai ; achevé en 1512.

1494
Rétablissement des foires à Lyon, qui supplante Genève comme centre bancaire.
□ JUIN. Expulsion de la banque florentine de Lyon.

1495
□ 24 DÉC. Arrivée à Amboise d'un convoi d'Italie : marbres, tentures, meubles. Nicolas Fagot, tapissier du roi, installe à Amboise 22 artisans et artistes italiens.

1495-1497
Mauvaises moissons.

1496
□ 6 MARS. Emprunts forcés sur les villes du royaume (100 000 livres).

1498
Interdiction des assemblées et des banquets à Paris sous le prétexte de confréries. Interdiction de fonder de nouvelles confréries (28 juill. 1500).

1506
□ 10 MARS. Sentence du Châtelet condamnant les compagnonnages.

1514
□ 18 SEPT. Lettres patentes de Louis XII accordant à son gendre, le duc de Valois, le droit de créer des maîtrises dans tout le royaume.

1513-1515.
Mauvaises moissons.

Civilisation et cultures

1492 Guillaume Tardif : *Art de fauconnerie ou des chiens de chasse* □ Début de la construction de Saint-Étienne-du-Mont.

1494 et 1496 Première impression musicale à Paris (Ulrich Gering).

1496 *L'Ensevelissement du Christ,* à Solesmes (sculpt.).

1500 Plus de 160 imprimeurs à Lyon.

1501 Le Maître de Moulins : *Triptyque de Beaujeu.*

1501-1503 Josquin des Prés : motets et messes polyphoniques à l'italienne.

1502-1507 Michel Colombe : tombeau de François II et de sa femme, à Nantes.

1507 Saint-Gelais traduit l'*Énéide.*

1508 Bourdichon : *Livre d'heures* d'Anne de Bretagne (enluminures).

1512 Lefèvre d'Étaples : *Commentaires sur les Épîtres de saint Paul.*

1513 Chenonceaux (jusqu'en 1521).

Biographie

Robertet (FLORIMOND) [v. 1461-1522]. Confident des rois Charles VIII, Louis XII et François Ier, il reçoit les ordres royaux sans passer par le chancelier, signe et expédie tous les actes de finances. À la fin des guerres d'Italie, il aide Charles VIII à conclure les traités de 1495. Il a la direction générale du gouvernement sous Louis XII et François Ier, dont il négocie le mariage avec Claude de France.

Bibliographie

H. Lemonnier : *Charles VIII, Louis XII, François Ier et les guerres d'Italie (1492-1547).*

J. Babelon : *la Civilisation française de la Renaissance.*

Le « beau XVIᵉ siècle »

Les règnes de François Iᵉʳ et d'Henri II sont pour la France la période la plus brillante du siècle. Le pays se couvre de châteaux qui rivalisent d'élégance. Musiciens, artistes et poètes donnent à la Cour un incomparable éclat, tandis que les penseurs de la Renaissance ouvrent aussi, dans le domaine de la philosophie politique, des perspectives nouvelles pour la monarchie. Sans doute celle-ci ne parvient-elle pas à mettre au point un système financier capable de soutenir son effort politique et militaire, mais dans l'administration du royaume son autorité s'affirme. Le Conseil du roi, les secrétaires d'État, les bureaux sont en place, l'Église même est assujettie et ce sont les monarques qui entreprennent la lutte contre la Réforme, laquelle se durcit sous Henri II. Cependant, la bourgeoisie s'enrichit, se lance même dans de lointaines expéditions maritimes que patronne la royauté, les paysans sont plus heureux, mais la noblesse, en difficulté, cède ses terres ; quant au menu peuple des villes, il souffre de l'augmentation des prix, mal suivie par celle des salaires. En politique extérieure l'Italie n'est plus le seul enjeu, car la monarchie se sent menacée par le vaste empire de Charles Quint : un demi-siècle de guerres se solde en 1559 par un gain modeste (Calais, les Trois-Évêchés [Metz, Toul, Verdun]), mais la frontière du Nord et de l'Est est intacte, la Bourgogne reconquise, l'État plus uni et mieux défendu.

Vie politique et institutionnelle

1515
☐ JANV. François Iᵉʳ, roi de France. Duprat, chancelier. Charles de Bourbon, connétable, puis lieutenant général.

1518
Semblançay, responsable des Finances.

1522
Bureau des parties casuelles, institution du Trésor pour la vente des offices.

☐ 14 NOV. Mort d'Anne de Beaujeu. Louise de Savoie revendique, au nom du roi, la plupart des territoires des Bourbons.

1523
☐ JUILL. Trahison du connétable de Bourbon, qui traite avec Charles Quint. Réunion des Dombes au royaume.
☐ 23 DÉC. Création du Trésor de l'épargne, regroupant toutes les recettes.

1527
Lit de justice : François Iᵉʳ affirme son autorité face au parlement.

☐ 11 AOÛT. Semblançay, condamné à mort, est pendu.

1532
Mort de Louise de Savoie.
Union perpétuelle et réelle de la Bretagne à la couronne.

1533
☐ OCT. Mariage du futur Henri II et de Catherine de Médicis.

1534
☐ 17-18 OCT. Affaire des Placards. Arrestation et exécution d'hérétiques.

1539
Édit de Villers-Cotterêts : réorganisation de la justice, avec emploi obligatoire du français. Restriction de la compétence de la justice ecclésiastique. Réformation de la procédure judiciaire. Obligation pour l'Église de tenir des actes d'état civil.

1540
Édit de Fontainebleau donnant connaissance des hérésies à des juges laïcs.

1547
Mort de François Iᵉʳ. Avènement d'Henri II. Institution par Henri II des secrétaires des Commandements et Finances, qui deviendront des Secrétaires d'État.

1552
☐ JANV. Création des sièges présidiaux, cours de justice superposées aux cours de bailliages ou de sénéchaussées. La Cour des monnaies déclarée cour souveraine.

1553
Ordonnance décidant que des maîtres des requêtes effectueront des chevauchées (inspections) dans les provinces.

1559
☐ JUILL. Mort d'Henri II. Avènement de François II. Aggravation de la dette royale et suspension des paiements.

Politique extérieure

1515
☐ 4 MARS. Traité d'alliance avec Venise en vue de récupérer le Milanais.

Dépenses lors de la naissance du Dauphin (état fait à Tours, 11 juillet 1518)

« Estat de la despence de la cousche et gésine de la royne, admesnaigement et baptisement de Mgr le Dauphin »

	(livres, sols, deniers)
Primo la despence de ladite cousche et gésine monte au vrai	4 170 l. 3 s. 11 d.
Dons aux dames, damoiselles, femmes de chambre et nourrices	648 l. 1 s. 8 d.
Pour la personne de Mgr le Dauphin et admesnaigement de sa chambre sans y comprendre la vaisselle d'argent	1 779 l. 1 s. 4 d.
Pour le baptême de Mgr le Dauphin	3 627 l. 4 s. 10 d.
Dons fais en faveur dudit baptême	835 l. 13 s. 6 d.
Despense du tournoi fait à Amboise, prise du bastaillon et combat à pié fait à la barrière	7 626 l. 17 s. 3 d.
Dépense totale	18 647 l. 2 s. 7 d.

(La livre tournois ou parisis vaut 25 sous tournois ; le sou vaut 15 deniers.)

□ 24 MARS. Traité de Paris (alliance avec Charles Quint : projet de mariage de ce dernier avec Renée de France, fille de Louis XII).

□ 9-10 AOÛT. L'armée française passe les Alpes. Prise de Turin et de Novare.

□ 13-14 SEPT. Victoire de Marignan sur les Suisses. Milan occupée. Alliance avec Florence.

1516

□ 13 AOÛT. Traité de Noyon avec Charles Quint : François Iᵉʳ garde le Milanais, mais renonce à ses prétentions sur le royaume de Naples, et Charles s'engage à restituer la Navarre à Henri II d'Albret.

□ 4 OCT. Maximilien Sforza renonce à ses droits sur le Milanais, moyennant finances.

1517

□ 11 MARS. Traité de Cambrai : entente avec Maximilien Iᵉʳ d'Autriche.

1519

François Iᵉʳ, candidat au trône impérial vacant. Mais élection de Charles Quint.

1520

□ 7-24 JUIN. Entrevue du Camp du Drap d'or (à Guînes en Flandre), entre François Iᵉʳ et Henri VIII : échec du projet d'alliance.

1521-1526

Première guerre contre Charles Quint.

1522

L'armée française battue à La Bicoque. Perte du Milanais.

1523-1525

Reconnaissance de l'estuaire de l'Hudson par les frères Verrazzano. François Iᵉʳ n'admet pas le partage du monde fait par le pape en 1493.

1524

□ MARS-AVR. Défaites de Bonnivet à Milan et à la Sesia. Mort de Bayard.

□ JUILL. Invasion de la Provence par le connétable de Bourbon pour le compte de Charles Quint.

□ OCT. Reconquête du Milanais par François Iᵉʳ.

1525

□ 24 FÉVR. Défaite de Pavie (mort de La Palice). François Iᵉʳ prisonnier. Louise de Savoie régente.

1526

□ 14 JANV. Traité de Madrid : François Iᵉʳ, pour se libérer, renonce à toutes prétentions sur l'Italie, la Flandre, et l'Artois ; il s'engage à céder la Bourgogne à Charles Quint, dont il doit épouser la sœur, Éléonore de Habsbourg.

□ 17 AVR. Le roi est relâché en échange de ses fils.

□ 22 MAI. Ligue de Cognac entre la France, les députés du pape Clément VII, Venise et diverses villes italiennes pour défendre l'Italie contre Charles Quint.

1526-1529

Deuxième guerre contre Charles Quint.

1527

Invasion de l'Italie par Charles Quint.

□ 6 MAI. Sac de Rome par les Impériaux.

□ 10 DÉC. Le parlement de Paris, en accord avec les États particuliers de Bourgogne, annule (comme étant « contraire aux lois fondamentales » du royaume) la clause du traité de Madrid cédant la Bourgogne à Charles Quint.

1528

□ AVR. Occupation de Naples par l'armée de Lautrec, battue en août.

1529

□ 3 AOÛT. Paix des Dames à Cambrai : Charles Quint renonce à la Bourgogne et

François Iᵉʳ à l'Italie, à la Flandre et à l'Artois. Le roi recouvre ses fils (qui seront échangés sur la Bidassoa le 1ᵉʳ juillet 1530). Deux millions d'écus d'or sont payés à Charles Quint.

1532
☐ MAI. Alliance de François Iᵉʳ et des princes protestants allemands.
☐ 20 OCT. Alliance entre François Iᵉʳ et Henri VIII (traité de Boulogne).

1534
☐ AVR.-SEPT. Jacques Cartier au Canada.

1536-1538
Troisième guerre contre Charles Quint.

1536
☐ JANV-FÉVR. François Iᵉʳ occupe la Bresse et le Bugey, la Savoie, le Piémont.
☐ AOÛT. Charles Quint envahit la Provence. Anne de Montmorency le contraint à repasser le Var.
Alliance de François Iᵉʳ avec Soliman le Magnifique.

1538
☐ 17 JUIN. Trêve de Nice entre François Iᵉʳ et Charles Quint, pour dix ans.

1542-1544
Quatrième guerre contre Charles Quint.

1542
☐ AVR. Première tentative de colonisation française au Canada (Roberval).

1544
☐ AVR. Charles Quint et Henri VIII, alliés depuis février 1543, envahissent l'un la Champagne, l'autre la Picardie.
☐ 18 SEPT. Traité de Crépy-en-Laonnois avec Charles Quint : fin des combats.

1546
☐ 7 JUIN. Paix d'Ardres avec Henri VIII.

1548
Fiançailles de Marie Stuart, reine d'Écosse, avec le futur François II.

1552
☐ 15 JANV. Traité de Chambord avec les princes protestants allemands qui abandonnent à Henri II les Trois-Évêchés.
☐ AVR. Les troupes françaises en Lorraine : occupation des Trois-Évêchés.
☐ OCT.-DÉC. Riposte de Charles Quint : siège de Metz, défendue avec succès par François de Guise.

1555
Villegaignon installe des colons protestants dans la baie de Rio de Janeiro.

1556
☐ 15 FÉVR. Trêve de Vaucelles entre Henri II et Charles Quint.
☐ JUILL. Reprise de la guerre en Italie. Henri II s'associe à la ligue formée par le pape et le duc de Ferrare pour libérer l'Italie.

1557
☐ 10 AOÛT. Défaite des Français à Saint-Quentin, devant les Espagnols.

1558
☐ 4-6 JANV. Prise de Calais (dernière base anglaise en France) par Guise.

1559
☐ 3 AVR. Traité du Cateau-Cambrésis : fin des guerres d'Italie et de la lutte entre les Valois et les Habsbourg.
☐ JUIN. Philippe II épouse Elisabeth de Valois, fille d'Henri II.

Économie – Société – Religion

1516
☐ 12 DÉC. Concordat de Bologne avec le Pape Léon X : donne au roi le droit de

nommer des évêques et des abbés, l'investiture canonique étant conférée par le pape. Enregistré, non sans réticence, par le Parlement en mars 1518.

1521
Condamnation du luthéranisme par la Sorbonne.

1522
Crise financière. Premier emprunt d'État.

1528
Traité de commerce avec Soliman le Magnifique.

1533
Calvin adhère à la Réforme, qu'il prêche à travers la France ; il organise en 1538 la première Église réformée.

1536
Premier atelier de tissage de velours de soie à Lyon.

1539 et 1541
Édits contre les hérétiques.

1542
Révolte contre la gabelle à Marennes, Ré, Oléron, La Rochelle.

1543
Création d'une Bourse à Lyon (à Toulouse en 1549, à Rouen en 1566).

1545
Ouverture du concile de Trente (clôturé en 1563) : Contre-Réforme.

1547-1549
« Chambre ardente », constituée au Parlement pour réprimer l'hérésie luthérienne.

1551
□ 17 JUIN. Édit de Châteaubriant sur la répression de l'hérésie en France.

1555
Publication, à Lyon, des vers de Michel de Notre-Dame (Nostradamus).

1557
Émeute protestante à Paris.

1559
Premier synode national secret des Églises réformées à Paris.
Procès et exécution d'Anne du Bourg.

Civilisation et cultures

1515 Léonard de Vinci en France. Tombeau du cardinal d'Amboise, à Rouen (début) □ Château de Blois, aile François Ier (jusqu'en 1524) □ Janequin : *Musique sur la bataille de Marignan*.

1518 Clouet : *Portrait de François Ier après Marignan* □ Constitution de la bibliothèque de François Ier par Lascaris.

1518-1529 Château d'Azay-le-Rideau.

1519 Claude de Seyssel : *la Grand'Monarchie de France* □ Chambord.

1520 Traduction de l'*Éloge de la folie* d'Érasme.

1522 Lefèvre d'Étaples : *Commentaire des quatre Évangiles*.

1527 Jean Bouchet : *Panégyrique du chevalier sans reproche*.

1527-1531 Château de Chantilly.

1528-1547 Château de Fontainebleau reconstruit ; décoré par le Rosso, le Primatice (École de Fontainebleau).

1529 Geoffroy Tory, imprimeur du roi : *le Champfleury* ; il réclame l'accent, la cédille, l'apostrophe.

1530 Nomination par François Iᵉʳ de lecteurs royaux (origine du Collège de France).

1532 Rabelais : *Pantagruel ; Gargantua* en 1534.

1535 Première Bible protestante en France (Bible d'Olivétan) □ J. Bullant : château d'Écouen (jusqu'en 1555).

1537 Janequin : *le Chant du rossignol* □ Obligation pour tout éditeur de remettre un exemplaire de chaque ouvrage à la Bibliothèque royale (origine du dépôt légal).

1539 Rabelais : *Lettre de Gargantua à Pantagruel* □ Robert Estienne *Dictionnaire latin-français ; Dictionnaire français-latin*.

1540 Château de Valençay □ Benvenuto Cellini, orfèvre de François Iᵉʳ.

1541 Calvin : *l'Institution chrétienne*.

1544 Maurice Scève : *Délie, objet de plus haute vertu*.

1545 Peletier du Mans : traduction de *l'Art poétique* d'Horace.

1546 P. Lescot travaille au Louvre ; il appelle J. Goujon pour la décoration.

1547 Château d'Anet pour Diane de Poitiers (Philibert Delorme).

1548 P. Lescot : fontaine des Innocents, à Paris, ornée des nymphes de J. Goujon (1549).

1549 Joachim du Bellay : *Défense et illustration de la langue française*. Ronsard : crée la « Brigade », future « Pléiade » (1554).

1550 Ronsard : *les Odes* □ Philibert Delorme et P. Bontemps : tombeau de François Iᵉʳ. J. Goujon : caryatides du Louvre.

1552 Ronsard : *les Amours* □ Jodelle : *Cléopâtre captive*.

1555 Louise Labé : *Débat de folie et d'amour* (sonnets) □ Hôtel d'Assézat, à Toulouse (N. Bachelier).

1558 Du Bellay : *les Regrets, les Antiquités de Rome*.

1559 Marguerite de Navarre : *l'Heptaméron* □ Jacques Androuet Du Cerceau : *le Livre d'architecture*.

Biographie

Labé (LOUISE), femme de lettres française (1520-1566). La « Belle Cordière », fille et épouse de cordiers, reçoit une éducation complète, à l'italienne. Passionnée d'équitation, de latin, d'italien, de musique et jolie femme, elle tient salon. Ses poèmes (publication : 1555), sonnets et élégies sur le thème de l'amour, l'inscrivent dans le mouvement des « pétrarquisants ». Son écriture élégante, riche en latinismes, fut admirée de son temps.

Bibliographie

A. Lefranc : *la Vie quotidienne au temps de la Renaissance*.

J. Jacquart : *François Iᵉʳ*.

Les Valois et le début des guerres de Religion

Cette période, troublée par des luttes civiles dans lesquelles on a pris l'habitude de distinguer huit « guerres de Religion », n'est pas seulement livrée à des affrontements religieux. Il s'agit d'un conflit d'ambitions, de rivalités de familles et de coteries auprès de rois trop jeunes ou peu aptes à gouverner. Catherine de Médicis s'efforce, par une politique de bascule, de placer l'autorité de ses fils (en ce siècle où apparaît le terme de « monarchie ») au-dessus des factions. De 1560 à 1570, ce sont les premiers succès protestants. De 1570 à 1589, deux France religieuses se livrent un implacable combat, la Ligue, puissante par le secours populaire des grandes villes, refusant l'accès au trône du huguenot Henri de Navarre. Après sa promesse de maintenir et de conserver la religion catholique dans son royaume, il faudra encore dix ans à ce dernier pour le conquérir et le pacifier.

Vie politique et institutionnelle

1559
☐ 10 JUILL. François II (15 ans), roi de France. La France gouvernée par les Guise, oncles de la reine Marie Stuart. Politique de répression contre les protestants.

1560
☐ MARS. Conjuration d'Amboise, appuyée par Louis de Condé : les calvinistes tentent de s'emparer du roi pour le soustraire à l'influence des Guise. Échec.
☐ 5 DÉC. Mort de François II. Avènement de Charles IX (10 ans).
Régence de Catherine de Médicis. Michel de l'Hospital, chancelier. Antoine de Navarre, lieutenant général du royaume.

1560-1561
États généraux d'Orléans, suivis de ceux de Pontoise. Refus de tout subside au roi ; volonté chez le tiers et la noblesse de faire participer le clergé aux dépenses royales.

1561
☐ SEPT.-OCT. Colloque de Poissy, pour un rapprochement des catholiques et des calvinistes.

1562
☐ 17 JANV. Édit de Saint-Germain : libre exercice du culte pour les protestants hors de l'enceinte des villes.
☐ 1ᵉʳ MARS. Massacre de Wassy, par les gens du duc de Guise. Début des guerres de Religion.
Coligny, chef militaire des huguenots.

1562-1563
Première guerre de Religion.

1562
Les catholiques prennent Rouen (26 oct.) et sont victorieux à Dreux (19 déc.).

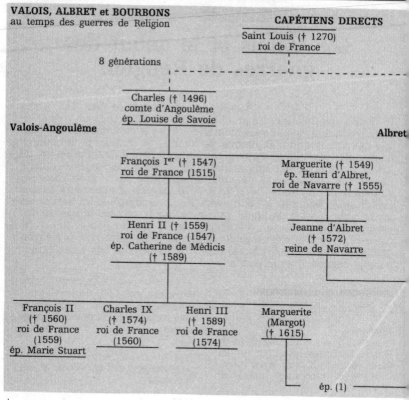

VALOIS, ALBRET et BOURBONS
au temps des guerres de Religion

CAPÉTIENS DIRECTS

Saint Louis († 1270)
roi de France

8 générations

Charles († 1496)
comte d'Angoulême
ép. Louise de Savoie

Valois-Angoulême

Albret

François Ier († 1547)
roi de France (1515)

Marguerite († 1549)
ép. Henri d'Albret,
roi de Navarre († 1555)

Henri II († 1559)
roi de France (1547)
ép. Catherine de Médicis
(† 1589)

Jeanne d'Albret
(† 1572)
reine de Navarre

François II
(† 1560)
roi de France
(1559)
ép. Marie Stuart

Charles IX
(† 1574)
roi de France
(1560)

Henri III
(† 1589)
roi de France
(1574)

Marguerite
(Margot)
(† 1615)

ép. (1)

1563
☐ 18 FÉVR. François de Guise assassiné par le protestant Poltrot de Méré.
☐ 19 MARS. Paix d'Amboise donnant aux protestants la liberté de conscience et la liberté de culte dans les demeures.

1564-1565
Voyage de Charles IX et de Catherine de Médicis à travers la France.

1566
☐ FÉVR. Ordonnance de Moulins (Michel de l'Hospital) sur le domaine royal, érigeant le principe d'inaliénabilité en loi fondamentale.

1567
☐ 26-28 SEPT. Coup de main avorté des protestants à Meaux pour s'emparer de Charles IX. *Deuxième guerre de Religion.*
Fin de la politique de tolérance. Condé et Coligny prennent Orléans.

1568
☐ 23 MARS. Paix (jugée précaire) de

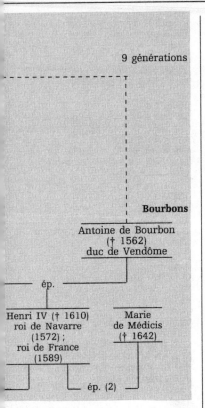

9 générations

Bourbons

Antoine de Bourbon
(† 1562)
duc de Vendôme

ép.

Henri IV († 1610)
roi de Navarre
(1572) ;
roi de France
(1589)

Marie
de Médicis
(† 1642)

ép. (2)

Longjumeau : confirmation de celle d'Amboise.
Condé et Coligny réfugiés à La Rochelle.

1568-1570 : *Troisième guerre de Religion.*

1569
Les protestants sont battus à Jarnac (13 mars) et à Moncontour (3 oct.). Assassinat du prince protestant Louis de Condé, faisant de Henri de Navarre le chef des réformés.

1570
☐ 8 AOÛT. Paix de Saint-Germain autorisant les protestants à pratiquer leur culte dans deux villes par province. Ils obtiennent pour deux ans quatre places de sûreté (La Rochelle, Montauban, Cognac, La Charité).

1572
☐ 24 AOÛT. Massacre de la Saint-Barthélemy ; 3 000 victimes à Paris, dont Coligny ; 10 000 en province.

1572-1573 : *Quatrième guerre de Religion.*
Siège et résistance des places fortes protestantes dans le Midi et l'Ouest. Vain effort des catholiques pour prendre La Rochelle (févr.-juin 1573).

1573
☐ 1er JUILL. Paix de La Rochelle : quelques satisfactions aux protestants.

1574
☐ 30 MAI. Mort de Charles IX. Avènement d'Henri III.

1575
Dans un manifeste des « Politiques » (modérés) apparaît l'expression « lois fondamentales du royaume ».

1575-1576 : *Cinquième guerre de Religion.*

1576
☐ FÉVR. Henri de Navarre s'évade de la Cour (avec d'Aubigné) et abjure le catholicisme qui lui avait été imposé. Il prend la tête de l'armée protestante.
☐ 6 MAI. Paix de Beaulieu, dite aussi « de Loches », confirmée par la paix de Monsieur, favorable aux protestants : entière liberté de culte (à l'exception de Paris et des villes où séjourne la Cour) ; huit places de sûreté ; « chambres

mi-partie » pour les affaires judiciaires.
□ 8 JUIN. Constitution de la ligue des Catholiques, à Péronne, « pour la défense de la religion » (la Sainte Ligue). Les Guise en sont les chefs.

1577 : *Sixième guerre de Religion.*
Le roi à la tête de la Ligue. Victoires des catholiques à La Charité (1er mai) et à Issoire (12 juin).
□ 17 SEPT. Paix de Bergerac, dite paix du roi, confirmée par l'édit de Poitiers : n'autorise le culte réformé que dans une ville par bailliage et supprime la moitié des « chambres mi-partie ».

1578-1580
Révoltes paysannes en Vivarais et Dauphiné (Jean Serve, à Romans).
Mission pacificatrice de Catherine de Médicis en Guyenne, Languedoc, Provence, Dauphiné.

1579
□ MAI. Grande ordonnance de Blois.
□ JUIN-SEPT. Assemblée du clergé à Melun : deux agents généraux du clergé près du Conseil royal.

1580
Réforme de la Coutume de Paris.
Septième guerre de Religion, dite « des amoureux » (frivolité des jeunes gens de la Cour) en Languedoc.
□ 26 NOV. Paix de Fleix, qui confirme celle de Bergerac.

1581
Le Secret des finances de France de Froumenteau dénonce la corruption et les guerres qui ont ruiné les finances royales.

1582
Épernon et Joyeuse favoris de Henri III.

1584
□ 10 JUIN. Mort du quatrième fils d'Henri II, François d'Anjou.
Henri de Navarre devient héritier du trône.

1585-1598 : *Huitième guerre de Religion,* dite « des trois Henri ».

1585
La Ligue soulève toute la France du Nord.
□ 7 JUILL. Le roi obligé de traiter avec les ligueurs à Nemours : il leur accorde des places fortes, finance leurs troupes, révoque les édits favorables aux protestants.

1587
« Code Henri III » : recueil systématique de toutes les ordonnances royales.
□ 20 OCT. Victoire d'Henri de Navarre à Coutras.

1588
□ 12 MAI. Journée des Barricades à Paris : Henri III doit abandonner la ville aux mains des ligueurs.
□ JUILL. Édit d'union : Henri III proclame solennellement le principe de catholicité du roi.
□ 23-24 DÉC. Le roi fait assassiner Henri et Louis de Guise. Charles de Lorraine, duc de Mayenne, fils d'Henri, devient seul chef de la Ligue.

1589
□ 5 JANV. Mort de Catherine de Médicis.
□ MARS. La Ligue nomme le duc de Mayenne lieutenant général du royaume.
Le cardinal de Bourbon couronné roi par la Ligue sous le nom de Charles X.
□ 30 AVR. Entrevue de Plessis-lès-Tours : réconciliation et alliance d'Henri III avec Henri de Navarre. Ils mettent le siège devant Paris (juill.).
□ 2 AOÛT. Mort d'Henri III, poignardé à Saint-Cloud par un moine ligueur, le dominicain J. Clément.

Politique extérieure

1561
Marie Stuart regagne l'Écosse.

1562
□ 20 SEPT. Condé et Coligny font alliance avec Élisabeth d'Angleterre et permettent l'occupation anglaise du Havre.
Établissement en Floride du poste français de Charles-Fort.

1564
Les Français de René de Laudonnière expulsés de Floride.
□ 11 AVRIL. Paix de Troyes avec les Anglais.

1569
La « cornette blanche », symbole de l'autorité royale supérieure dans toutes les armées.

1571
Tractations françaises avec les calvinistes flamands (les « Gueux »).

1573
□ MAI. Henri d'Anjou élu roi de Pologne ; futur Henri III.

1575
□ 10 OCT. Victoire du duc Henri de Guise sur les Impériaux à Dormans.

1578
□ JUILL. Le duc François d'Anjou entre à Mons comme défenseur des libertés des Pays-Bas.

1582
Appui des Français au prétendant portugais pour empêcher Philippe II de s'emparer du Portugal en qualité d'héritier.
□ 26 FÉVR. La flotte française battue par les Espagnols aux Açores.

1583
□ JANV. Échec du duc d'Anjou pour établir un gouvernement à Anvers. Il se retire des Pays-Bas.

1584
□ 31 DÉC. Traité de Joinville : les Guise s'allient à l'Espagne. Philippe II subventionne la Ligue.

1587
□ 8 FÉVR. Exécution de Marie Stuart.
□ JUILL.-DÉC. Entrée en Lorraine d'une armée de mercenaires allemands ; ils sont battus par le duc de Guise.

Économie – Société – Religion

1560
Jeanne d'Albret professe publiquement le calvinisme.
Jean Nicot, ambassadeur à Lisbonne, envoie de la poudre de tabac à Catherine de Médicis pour guérir ses migraines.

1561
Édit créant une juridiction commerciale (juges et consuls) à Paris.
□ 19 AVR. Édit accordant à tous les sujets du roi liberté de prier en leur logis.

1562
□ 30 AVR. Sac de Lyon par le baron des Adrets.
Sébastien Castellion, protestant réfugié à Bâle, lance son *Conseil à la France désolée*.

1563
Ordonnance fixant le commencement de l'année au 1er janvier.

1564
Mort de Calvin, remplacé par Théodore de Bèze.

1565

Les couteliers s'arrogent le droit de fabriquer des ciseaux (atteinte au privilège des forcetiers).

1567

Nouvelle défense d'importer en France les draps d'or, d'argent, de soie, et d'exporter les laines et chanvre (répétée en 1572 et 1577).
Ordonnance fixant le tarif de toutes les denrées (répétée en 1577).
Ordonnance sur la police des métiers.

1568

Jean Bodin cherche les causes de l'inflation, et prend la défense de la liberté commerciale.
□ 4 SEPT. Procession dans Paris avec les châsses de sainte Geneviève et de saint Marcel en remerciement de l'extermination des hérétiques.
Imprimerie : à la demande des compagnons, 2 apprentis imprimeurs par presse ; pas plus de trois ans d'apprentissage.
La Poste royale accepte les messages des particuliers.

1573

Charles IX fait renaître la confrérie des drapiers.

1574

Création de jurés-maçons et de jurés-charpentiers dans chaque ville du royaume.

1577

□ SEPT. Fixation de l'or comme seul étalon monétaire.
La livre tournois (monnaie de compte) remplacée par l'écu (monnaie réelle).
Création des bureaux des Finances.

1579

Soulèvements populaires en Dauphiné et Vivarais : refus d'impôts.
D'après F. de La Noue, 8 familles nobles sur 10 ont dû vendre leurs terres et sont endettées.

1581

Prohibition de produits étrangers concurrençant les produits nationaux.
Ordonnance pour régler uniformément les métiers du royaume. Tous les artisans organisés en corps de métier.

1583

Henri III impose les artisans (à l'exception des imprimeurs).

1585

Les marchands de vin admis comme septième corps de métier.

1586

Institution d'un Bureau de visite des marchands dans toutes les villes jurées, pour le contrôle.

1587

Révolte des « gautiers », paysans de Normandie.

Arrivée de l'or d'Amérique et inflation au XVIᵉ s.

Pouvoir d'achat de la livre tournois (ramenée au franc-or de 1914)

Sous Charles VIII	de 55 à 57 F		Sous Henri II	de 32 à 24 F
Sous Louis XII	de 57 à 55 F		Sous Charles IX	de 24 à 20 F
Sous François Iᵉʳ	de 55 à 32 F		Sous Henri III	de 20 à 16 F

Civilisation et cultures

1560 Théodore de Bèze : *Traité de l'autorité du magistrat* □ Jean Cousin : *Livre de perspective* □ Étienne Pasquier : *Recherches sur la France*.

1561 Germain Pilon : *Les Trois Grâces* □ Ambroise Paré : *Méthode curative des plaies et fractures de la tête humaine, avec les portraits des instruments*.

1562 Maurice Scève : *Microcosme* □ Goudimel : *Quatre-vingt-trois psaumes de David* à quatre parties □ Bernard Palissy : brevet d'inventeur des « rustiques figulines du Roy et de la Royne sa mère » □ Fondation par les jésuites du collège de Clermont (aujourd'hui lycée Louis-le-Grand).

1564 Début de la construction des Tuileries pour Catherine de Médicis (Jean Bullant, Philibert Delorme).

1565 G. Pilon : gisants d'Henri II et de Catherine de Médicis (jusqu'en 1570). Ligier Richier : *Sépulcre* de Saint-Mihiel.

1566 Roland de Lassus : *Messes, Laudate Dominum*.

1568 Jean Bodin : *Réponse aux paradoxes de M. Malestroit*.

1570 La Bibliothèque royale de Fontainebleau est transférée au Louvre ; Jacques Amyot, administrateur □ J.-A. de Baïf et Thibault de Courville : fondation de l'Académie de poésie et de musique, transformée par Henri III en Académie du palais.

1571 Premier séjour de la troupe des Comédiens-italiens à Paris □ Adrian Le Roy : *Livre d'airs de cour mis sur le luth* □ A. Paré : *Cinq Livres de chirurgie*.

1572 Henri Estienne : *Thesaurus graecae linguae* (grand dictionnaire en 5 volumes de la langue grecque). Ronsard : *la Franciade*.

1573 François de La Noue : *Discours politiques et militaires* (jusqu'en 1587).

1574 Jodelle : *Œuvres et meslanges poétiques*. La Boétie : *le Discours de la servitude volontaire* (publication incomplète).

1576 Rémi Belleau : *les Amours et nouveaux échanges des pierres précieuses* □ Bodin : *Six Livres de la république* □ Bernard de Girard : *Douze Premiers Livres de l'histoire de France*.

1577 Agrippa d'Aubigné écrit *les Tragiques* (publiés en 1615).

1578 Robert Garnier : *Marc-Antoine*. Jacques Grévin : *Jules César*, tragédie en alexandrins. Ronsard : *Sonnets pour Hélène* □ À Paris, début de la construction du Pont-Neuf (jusqu'en 1604).

1579 Estienne : *De la précellence du langage françois*. Pierre de Larivey : *les Esprits*.

1580 Bodin : *De la démonomanie des sorciers*. Première édition des *Essais* de Montaigne (jusqu'en 1588) □ Palissy : *Discours admirable de l'art de terre, de son utilité, des esmaux et du feu*.

1581 Représentation de *Circé*, ballet comique de la reine, avec ensemble instrumental (pour les noces du duc de Joyeuse et de la sœur de la reine Louise).

1583 Garnier : *les Juives*, tragédie.

1585 Noël du Fail : *Contes et discours d'Eutrapel* □ C. Le Jeune : *Livre de meslanges.*

Biographies

Cujas (JACQUES), jurisconsulte français (1522-1590). Fils d'un foulon, il fait de très solides études à Toulouse, où il enseigne. Une vie errante le conduit ensuite à Cahors, Bourges (où l'université est très brillante), Paris, Valence et Turin, où la duchesse de Savoie lui a offert une chaire. De Paris, où il enseigne le droit romain en 1576-1577, il revient finir ses jours à Bourges. Il est bien de son temps par ses procédés de polémique : insultes, injures à ses adversaires, alors qu'il s'efforçait de demeurer en dehors des luttes partisanes, politiques ou religieuses. Son influence sur ses élèves, qui le suivaient dans ses déplacements, a été considérable. Ses travaux *(Commentaires sur Papinien)* le placent au premier plan des romanistes ; sa recherche de la pensée de l'auteur, par recoupement avec d'autres textes parfaitement restitués, ouvre la voie à la méthode historique moderne.

L'Hospital (MICHEL DE), chancelier de France (1506-1573). Fils d'un médecin du connétable de Bourbon, il étudie le droit à Toulouse, puis suit le connétable en Italie lors de sa trahison. Il complète ses études à Padoue, où il enseigne un temps, et s'initie à l'humanisme italien. Entré au service du roi, après son retour en France, il est conseiller au parlement de Paris, ses talents le faisant désigner comme représentant du roi aux grands jours de justice, ou comme ambassadeur. Chancelier en 1560, il prend courageusement le parti de la modération dans les querelles que connaît alors la France, enclin à admettre le point de vue des réformés, partisan de ce qu'il appelle « pitié » et que l'on nomme aujourd'hui tolérance.

En butte à l'hostilité des Guise et des catholiques, il abandonne la Cour, tout en restant chancelier, et se retire dans sa terre de Vignay, près d'Étampes.

Paré (AMBROISE), chirurgien français (1509-1590). Il commence son apprentissage chez des barbiers en province, puis à Paris où il se fait admettre comme aide à l'Hôtel-Dieu. Reçu maître chirurgien-barbier en 1536, il sert dans l'armée jusqu'à ce qu'Henri II l'admette au nombre de ses chirurgiens. Fait prisonnier au siège de Metz (1553), il est libéré par le gouverneur de Gravelines qu'il a guéri. Il reste au service des rois de France jusqu'à sa mort. La faculté de médecine de Paris lui fit une guerre acharnée et entrava la publication de ses œuvres, dans lesquelles il se montrait novateur sur une foule de questions anatomiques et thérapeutiques, et qu'il écrivit en français, innovation remarquable. Inventeur d'instruments scientifiques, il n'amputait des membres qu'en cas d'absolue nécessité, à la différence de ses collègues.

Bibliographie

Mariéjol : *Catherine de Médicis.*

P. Miquel : *les Guerres de Religion.*

G. Livet : *les Guerres de Religion 1559-1598* (Que sais-je ?).

Chapitre 17

Henri IV et la pacification du royaume

L'avènement d'Henri IV n'était pour beaucoup qu'une solution d'attente : la France accepterait-elle de vivre sous un roi protestant ? Le souverain dut consacrer les premières années de son règne à faire la conquête de son royaume. Pourtant, les excès des ligueurs, les inquiétudes provoquées par l'intervention de l'Espagne, la lassitude générale et surtout son abjuration (1593) finirent par entraîner un mouvement général de ralliement. Le royaume est pacifié en 1598 par le traité de Vervins avec l'Espagne et par l'édit de Nantes qui garantit une large liberté de culte aux protestants. La France peut alors se reconstituer. Le roi, autoritaire et centralisateur sous des apparences débonnaires, a le sens de l'État et s'entoure de bons conseillers : le rétablissement de l'ordre, la surveillance des nobles et la punition des rebelles s'accompagnent d'un relèvement économique et financier, d'un agrandissement territorial à l'Est et de la fondation de la première colonie américaine. Henri IV croit pouvoir reprendre la lutte contre la maison d'Autriche, mais le mécontentement provoqué par les bruits de guerre prochaine détermine son assassinat (14 mai 1610).

Vie politique et institutionnelle

1589
□ 4 AOÛT. Déclaration de Saint-Cloud : Henri IV promet de conserver la religion catholique dans le royaume.
□ 21 SEPT. Victoire d'Arques sur le duc de Mayenne, chef de la Ligue.

1590
□ 14 MARS. Victoire d'Ivry : « Ralliez-vous à mon panache blanc. »
□ MAI-SEPT. Henri IV met le siège devant Paris. L'armée espagnole d'Alexandre Farnèse, venue au secours des catholiques, l'oblige à se retirer.

1591
□ DÉC. Siège de Rouen par Henri IV, levé en 1592.

1592
Philippe II d'Espagne propose à la Ligue sa fille Isabelle-Claire (petite-fille d'Henri II par sa mère) comme reine de France.

1593
Mayenne, lieutenant général du royaume (titre concédé par Henri III) réunit les états généraux à Paris pour élire un nouveau roi.
□ 23 JUIN. Arrêt (dit « de la loi salique ») du parlement « faisant remontrance à

M. le duc de Mayenne pour empêcher que sous prétexte de la religion la couronne ne soit transférée en mains étrangères contre les lois du royaume ».
□ 25 JUILL. Henri IV abjure le protestantisme à la basilique de Saint-Denis.

1594
□ 27 FÉVR. Sacre d'Henri IV à Chartres.
□ 22 MARS. Entrée d'Henri IV à Paris. Soumission à Henri IV de Meaux, Lyon, Orléans, Bourges, Amiens, Rouen, Troyes, Reims, Poitiers. Onze provinces ralliées au roi.
□ 27 DÉC. Attentat contre Henri IV de Jean Chatel, élève des jésuites, lesquels sont bannis de certaines provinces.

1595
Les derniers ligueurs, le duc de Mayenne, gouverneur de Bourgogne, le maréchal de Joyeuse, gouverneur de Languedoc, et le duc d'Épernon, gouverneur de Provence, obtiennent leur grâce et se soumettent, moyennant finances ou avantages personnels.

1597
Conflit du roi avec le parlement de Rouen.

1598
□ 13 AVR. Édit de pacification de Nantes. Fin des guerres de Religion. Le catholicisme reste religion d'État, mais la R.P.R. obtient des privilèges : liberté de conscience, liberté de culte réglementée ; égalité des droits civils et politiques ; possibilité de tenir des assemblées politiques ; places de sûreté.

1599
Annulation en cour de Rome du mariage du roi avec Marguerite de Valois. Sully grand voyer de France, superintendant des Fortifications et Bâtiments, grand maître de l'artillerie, chargé de l'agriculture.

1600
□ 5 OCT. Mariage par procuration, à Florence, d'Henri IV avec Marie de Médicis.

1601
Complot du maréchal de Biron, gouverneur de Bourgogne, et du duc de Bouillon, avec l'Espagne et la Savoie, en vue de renverser Henri IV. Biron exécuté (1602). Bouillon s'enfuit.

La France calviniste au XVIᵉ siècle

De **1555** à **1565** : 120 pasteurs envoyés par Genève en France
1561 : 2 150 églises, ou communautés réformées en France, selon le mémoire de Coligny à Catherine de Médicis.

Recensement des réformés (effectué en 1598 sur ordre du roi) :

274 000 familles (dont 2 468 nobles)
1 250 000 âmes (100 000 selon les historiens modernes)
800 ministres
400 proposants (étudiants en théologie protestante)
694 églises publiques
257 églises de fief

□ 27 SEPT. Naissance à Fontainebleau du Dauphin (futur Louis XIII).

1604
Complot, déjoué, des d'Entragues contre Henri IV. Henriette d'Entragues, marquise de Verneuil et maîtresse du roi, impliquée.

1606
Maximilien de Béthune est fait duc de Sully et pair de France.
□ AVR. Amnistie pour le duc de Bouillon. Une garnison royale lui est néanmoins imposée à Sedan, dont il est prince.

1607
Réunion de la Navarre (patrimoine d'Henri IV) à la couronne de France. Budget royal en équilibre avec 30 millions de livres de recettes.

1610
□ 14 MAI. Assassinat (après huit attentats manqués en dix ans) d'Henri IV par Ravaillac. Avènement de Louis XIII (9 ans).

Politique extérieure

1595
□ 17 JANV. Henri IV déclare la guerre aux Espagnols.
Victoires en Bourgogne (Fontaine-Française : 5 juin) ; invasion de la Franche-Comté.
Défaites en Picardie : les Espagnols victorieux à Doullens (24 juill.) prennent Cambrai (7 oct.), puis Calais (avril 1596) et Ardres (mai 1596).

1596
□ MAI. Conclusion d'une alliance défensive et offensive avec l'Angleterre et les Pays-Bas du Nord (Provinces-Unies) contre l'Espagne.

1597
□ 11 MARS. Les Espagnols prennent Amiens. Paris menacé. Amiens est reprise après six mois de siège.

1598
□ 2 MAI. Traité de Vervins entre Henri IV et Philippe II d'Espagne : maintien du statu quo fixé au Cateau-Cambrésis en 1559. Restitution des places perdues. Perte du Charolais.
Le marquis de La Roche « lieutenant général du roi en pays de Canada et autres ».

1601
□ 7 JANV. Traité de Lyon entre Henri IV et le duc de Savoie qui cède à la France la Bresse, le Bugey, le Valromey et le pays de Gex en échange de Saluces.

1602
Alliance avec les cantons suisses, afin de couper la Valteline, voie directe de Madrid à Vienne.

1603
□ 15 MARS-20 SEPT. Voyage au Canada de Samuel Champlain.
□ JUILL. Traité de Saint-Julien qui garantit Genève contre les entreprises du duc de Savoie.
Comptoir français en Tunisie.

1604
Renouvellement des capitulations de François Ier dans le Levant.
Une mission de jésuites installée à Constantinople.

1605
Le sieur de Monts fonde Port-Royal, en Acadie.

1606
Henri IV médiateur entre le pape Paul V et Venise.

1608

☐ 3 JUILL. Fondation de Québec par Champlain.

Traité signé par Jeannin (ambassadeur depuis 1606) assurant aux Provinces-Unies l'alliance française.

1609

☐ 9 AVR. Trêve de Douze Ans : l'Espagne reconnaît l'indépendance des Provinces-Unies.

Appui d'Henri IV à l'Union évangélique constituée en 1608 par les villes et princes protestants d'Allemagne. Début de l'affaire de la succession de Clèves et de Juliers. Henri IV décidé à la guerre.

1610

☐ 11 FÉVR. Traité de Hall avec l'Union évangélique.

☐ AVR. Alliance offensive de Brusol avec le duc de Savoie.

Économie – Société – Religion

1594

Révolte des « croquants », paysans du Limousin, du Périgord, de Guyenne.

Réorganisation de la poste aux chevaux : nomination d'un surintendant des Coches et Carrosses publics.

☐ AVR. Édit obligeant les marchands et les artisans à former des communautés, corporations ou jurandes, dans tout le royaume : mesure fiscale, peu suivie.

1599

Programme de routes, ponts et canaux établi par Sully.

Olivier de Serres : *la Cueillette de la soie.*

Lettres patentes encourageant les fusions de métiers.

Création d'un « maître de digues », le Hollandais Bradley, pour l'assèchement des « palus » de Bordeaux.

1600

Olivier de Serres : *Théâtre d'agriculture et mesnage des champs* (utiles recettes de culture et jardinage).

Grande controverse à Fontainebleau entre du Plessis-Mornay (protestant) et du Perron (catholique). Henri IV tranche en faveur des catholiques.

1601

Laffemas, contrôleur du Commerce.

1602

Une commission propage la culture du mûrier dans toute la France.

☐ SEPT. Dévaluation : l'écu porté de 60 à 65 sols ; retour à la monnaie de compte en livres tournois (dernière altération de la monnaie sous l'Ancien Régime).

☐ 29 SEPT. Mère Angélique Arnauld (11 ans), abbesse du couvent de femmes de Port-Royal.

1603

Tapissiers flamands subventionnés installés sur les bords de la Bièvre, dans la maison des Gobelins : techniques de tissage bruxelloises.

Création d'un contrôleur des Mines.

Les jésuites (français exclusivement) rétablis dans leurs anciennes demeures et autorisés à fonder des collèges (Dijon, Lyon, La Flèche).

La peste à Paris (jusqu'en 1606).

Introduction de la règle du Carmel en France (Madame Acarie).

1604

Première compagnie maritime dotée d'une charte : la Compagnie des Indes.

Accord commercial avec l'Espagne.

Jean de Moysset, financier, prend à bail la ferme des gabelles, très accrue. Les cinq « grosses fermes » constituées.

Création de la « paulette » (du nom du financier percepteur Paulet) : hérédité possible des charges par le paiement

annuel d'une taxe de transmission égale au soixantième de la valeur de la charge.
Début du creusement (jusqu'en 1642) du canal de Briare, entre la Loire et la Seine (plans de Hugues de Tours).
Traité de commerce avec le sultan du Maroc.

1604-1606
Avec Miron, prévôt des marchands de Paris, travaux de voirie et d'embellissement : pompe à eau de la Samaritaine, façade de l'Hôtel de Ville.

1606
Accord commercial avec l'Angleterre.
Édit pour améliorer le sort du clergé catholique et le réformer.
Une fabrique de tapis de soie « à la façon de Perse et de Turquie » est établie au Louvre ; l'entreprise est à l'origine de la Savonnerie.

1607-1608
Vains projets de réunion des deux Églises par un concile.

1609
Angélique Arnauld réforme Port-Royal des Champs : en septembre, « journée du Guichet », ou rétablissement de la stricte règle de clôture cistercienne.
250 manufactures royales créées depuis 1599, sous le contrôle de l'ingénieur Scipion de Rozan.

1610
François de Sales fonde avec Jeanne de Chantal l'ordre des Visitandines.

Civilisation et cultures

1591 François Viète introduit l'usage des lettres en algèbre.

1592 Parution posthume des *Commentaires* de Blaise de Montluc.

1593 À Montpellier, premiers jardins botaniques français.

1594 *La Satire Ménippée,* ouvrage satirique collectif favorable à Henri IV □ Claudin le Jeune, compositeur ordinaire de la Chambre du roi.

1595 Montaigne : *les Essais,* dernière édition corrigée par l'auteur.

1596 Grangier : traduction de *la Divine Comédie* de Dante.

1597 Construction du pavillon de Flore au Louvre (Dupérac) jusqu'en 1601.

1598 Guillaume de Baillon étudie la variole, la coqueluche, la rougeole.

1599 Constitution de la troupe théâtrale de l'Hôtel de Bourgogne.

1600 Malherbe : *Ode au roi Henri le Grand sur la prise de Marseille* □ Des collèges de médecins diplômés dans chaque ville. Viète : *Premier Traité de résolution numérique des équations.*

1601 Antoine de Montchrestien : *l'Écossaise,* tragédie □ Claudin le Jeune : 150 psaumes à quatre voix.

1602 Jean Passerat : *Œuvres poétiques* □ Pose par Henri IV de la première pierre de la reconstruction de la cathédrale d'Orléans. Au Louvre, achèvement de la décoration de la galerie d'Apollon par Toussaint Dubreuil.

1603 Pierre Charron : *De la sagesse* □ Guillaume du Vair : *la Philosophie morale des stoïques* □ J.-B. Besard : *The-*

saurus harmonicus □ Pierre Guédron : airs de cour à 4 et 5 voix.

1604 Salomon Certon : traduction en vers de *l'Odyssée* □ Le Collège royal (plus tard Collège de France) indépendant de l'Université.

1605 Malherbe, poète officiel □ Achèvement du Pont-Neuf (premier pont construit avec trottoirs et sans maisons). Henri IV ordonne la création de la place Royale (jusqu'en 1612 ; aujourd'hui, place des Vosges).

1606 Construction pour Marguerite de Valois d'un hôtel, rue de Seine, à Paris, par Salomon de Brosse.

1607
□ 20 JUIN. Fondation de l'hôpital Saint-Louis.

1608 Mathurin Régnier : *19 Satires* (jusqu'en 1613) □ La Grande Galerie du Louvre (par Jacques II Androuet du Cerceau). Henrichemont, ville fondée par Sully, sur un plan régulier, inachevée.

1609 François de Sales : *Introduction à la vie dévote* □ Eustache du Caurroy : *Noëls* polyphoniques.

1610 Bersalde de Verville : *le Moyen de parvenir*, satire.

Biographies

Bourbon (CATHERINE DE), princesse de Navarre, sœur du roi Henri IV (1558-1604). Petite-fille de Marguerite de Navarre, sœur de François Ier, qui avait fait prêcher la Réforme au Louvre dès 1533. Elle abjure en 1576, comme Henri, huit jours après la Saint-Barthélemy, mais réintègre l'Église réformée, après une pénitence publique à La Rochelle. Jolie, petite, quelque peu boiteuse, la princesse « Bierne », c'est-à-dire la Béarnaise, était fort intelligente, cultivée et énergique. Devenue chef des réformés, après l'abjuration de son frère, elle suit les règlements des synodes et fait célébrer le culte public dans ses appartements, devenus symboles de toutes les espérances des réformés et leur centre de ralliement. Refusant maintes fois le mariage pour des motifs religieux, elle est contrainte par Henri IV d'épouser le duc de Bar, futur Henri II de Lorraine, et meurt sans postérité.

Serres (OLIVIER DE), noble et écrivain (1539-1619). Zélé calviniste, il participe probablement aux troubles civils du Vivarais, mais revient tôt à son « mesnage des champs », au Pradel, où il prêche le retour à la terre à une noblesse qui incline déjà à l'absentéisme. Il dédie son *Théâtre d'agriculture* à Henri IV. Celui-ci, qui s'en faisait lire quelques pages après dîner, le prie de publier à part le chapitre *la Cueillette de la soie*, ouvrage qui a grandement aidé à la propagation de la sériciculture dans son pays (le roi le mande même pour planter des mûriers aux Tuileries) et au-delà, car il est traduit en allemand et en anglais, de son vivant même.

Bibliographie

Levis-Mirepoix : *Henri IV, roi de France et de Navarre.*

Y. Cazaux : *Henri IV ou la Grande Victoire.*

Louis XIII et Richelieu

Pendant la minorité de Louis XIII et jusqu'à l'arrivée au pouvoir de Richelieu en 1624, la France, sous des ministres indignes ou incapables (Concini, Luynes) est en proie à l'agitation intérieure tandis que, à l'extérieur, recule la politique nationale engagée par Henri IV. De 1624 à 1642, l'autoritaire cardinal de Richelieu étend à tous les domaines la puissance de l'État souverain. Ses trois desseins bien connus: abaisser les grands, réduire les protestants, ruiner la maison d'Autriche, ne sont sans doute pas le fait d'un plan préétabli. La lutte contre les ennemis de l'unité monarchique (répression des complots, action contre les huguenots) devait être préalable à l'effort de guerre. Par sa diplomatie puis, à partir de 1635, par les armes, il contrarie puis combat les ambitions autrichiennes et espagnoles. À sa mort, tous ceux qui entravaient ses projets se sont tus, l'Artois, l'Alsace et le Roussillon sont acquis, l'influence française domine en Italie, l'Espagne est affaiblie, la vie intellectuelle est brillante. Pourtant, l'augmentation des impôts, conjuguée à la disette, entraîne désordres et révoltes qui sont l'aspect négatif de son ministériat.

Vie politique et institutionnelle

1610
□ 14 MAI. Arrêt du parlement déclarant Marie de Médicis régente.
□ 15 MAI. Lit de justice attribuant à la royauté la décision du parlement.

1611
□ JANV. Démission de Sully. Concini et son épouse Leonora Galigaï, favoris tout-puissants de la régente. Grande assemblée des protestants à Saumur, puis à La Rochelle.

1614
Soulèvement des grands (Condé, Conti, Longueville, Bouillon) contre Concini.
□ 15 MAI. Traité de Sainte-Menehould

entre la reine et les grands : promesse de réunir les états généraux.
□ 27 OCT. Réunion des états généraux (les derniers avant 1789) : Richelieu quitte son évêché de Luçon.
□ 20 NOV. Proclamation de la majorité de Louis XIII.

1615
□ FÉV. Séparation des états généraux sur un échec : la division des ordres a sauvé l'absolutisme.
□ 22 MAI. Sévères remontrances du parlement de Paris à Marie de Médicis sur son gouvernement.

1616
Nouveau soulèvement des nobles. Traité de Loudun (3 mai) entre la régente et Condé.

☐ 1er SEPT. Condé arrêté.
☐ 25 NOV. Première entrée de Richelieu au Conseil par la faveur de la régente en tant que secrétaire d'État pour la Guerre et les Affaires étrangères.
Disgrâce des « barbons » (derniers ministres d'Henri IV).

1617
Coup d'autorité de Louis XIII contre sa mère, qu'il exile. Concini assassiné (24 avr.) ; Leonora Galigaï suppliciée comme sorcière (8 juill.) ; Richelieu relégué à Luçon. Luynes devient favori ; rappel des « barbons » (Brûlart de Sillery et son fils) jusque 1624.

1619
« Guerres de la mère et du fils » (Marie de Médicis et Louis XIII). La reine est apaisée par le traité d'Angoulême, conclu par l'entremise de Richelieu (30 avril).

1620
Nouvelle révolte des partisans de la reine mère, dispersés à la « drôlerie » des Ponts-de-Cé (7 août).
☐ 10 AOÛT. Traité d'Angers.
Affirmation d'autorité royale : restauration du catholicisme en Béarn et Navarre.

☐ DÉC. Prise d'armes protestante à l'assemblée de La Rochelle. Entrée de Luynes en campagne.

1621
☐ SEPT.-NOV. Échec de Luynes au siège de Montauban.

1622
☐ 5 SEPT. Richelieu cardinal.
☐ 18 OCT. Paix de Montpellier confirmant aux protestants leurs libertés et privilèges.

1624
☐ 29 AVR. Les Brûlart écartés, entrée de Richelieu au Conseil du roi. En août, il devient « principal ministre ».

1625
Révolte des deux « antéchrist », les chefs protestants Rohan dans les Cévennes, Soubise à Ré et Oléron.

1626
☐ FÉVR. Édit d'interdiction des duels.
☐ 31 JUILL. Déclaration de Nantes ordonnant la démolition de châteaux forts sans nécessité stratégique. Conspiration de Gaston d'Orléans, des Vendôme, et du comte de Chalais (celui-ci décapité en août).

Pension annuelle du Prince de Condé :	150 000 livres
du comte de Soisson :	120 000 livres
Budget personnel annuel de Richelieu :	3 000 000 livres

Traitement annuel de quelques professeurs d'université sous Louis XIII

Orléans	Valence	Paris
Régent de l'université 200 à 700 l.	Professeur de théologie 150 à 250 l.	Professeur au Collège de France 900 l.
Professeur de droit 600 à 1 500 l.	Professeur de médecine 400 à 1 000 l.	

1627

☐ 22 JUIN. Exécution de Montmorency-Boutteville et de Deschapelles, coupables de s'être battus en duel.

☐ 10 AOÛT. Siège de La Rochelle. Les Anglais au secours des assiégés.

1628

☐ 29 OCT. Capitulation de La Rochelle, où le roi fait son entrée.

1629

☐ JANV. Grande ordonnance de Michel de Marillac, dite Code Michau, non appliquée du fait de l'hostilité du parlement, concernant la justice, le clergé, les universités, la noblesse, la vénalité des offices, les impôts, etc.

☐ 28 JUIN. Édit de grâce d'Alès, après une dernière campagne dans les Cévennes : les protestants perdent leurs places de sûreté, mais conservent leur statut religieux.

1630

☐ 10-11 NOV. « Journée des Dupes » : Michel de Marillac disgracié. Liquidation du parti dévot. Richelieu triomphe de la reine mère.

1631

☐ JUILL. Fuite de Marie de Médicis aux Pays-Bas (meurt à Cologne en 1642).

1632

Soulèvement de Gaston d'Orléans, avec l'aide du duc de Montmorency, gouverneur du Languedoc. Montmorency exécuté (20 oct.). Gaston d'Orléans prend la fuite.

1633

Intrigues contre Richelieu de la duchesse de Chevreuse et du garde des Sceaux Châteauneuf (emprisonné).

1634

Retour de Gaston d'Orléans, dont le mariage clandestin avec Marguerite de Lorraine est annulé.

Le Père Joseph (François Leclerc du Tremblay), ministre d'État.

1635-1672

Séguier chancelier de France.

1637

Intrigues d'Anne d'Autriche avec l'Espagne.

☐ 11 DÉC. (et 10 févr. 1638). Lettres patentes enregistrées au parlement : le roi offre son royaume à Notre-Dame dans l'espoir d'obtenir la paix.

1638

☐ 5 SEPT. Naissance du Dauphin.

1639

Henri d'Effiat, marquis de Cinq-Mars, favori du roi.

1641

☐ 21 FÉVR. Édit interdisant au parlement « de prendre à l'avenir aucune connaissance des affaires qui peuvent concerner l'État, l'administration et gouvernement d'icelui » et limitant le droit de remontrance.

1642

☐ AOÛT. Règlement étendant les pouvoirs de police, justice, finance des intendants. Conjuration et exécution (12 sept.) de Cinq-Mars.

☐ 4 DÉC. Mort de Richelieu. Mazarin, principal ministre d'État (5 déc.).

1643

Déclaration royale organisant un Conseil de régence : décisions à la majorité des voix.

☐ 14 MAI. Mort de Louis XIII. Avènement de Louis XIV.

Politique extérieure

1612
☐ 22 AOÛT. Traité de Fontainebleau : rapprochement entre la France et l'Espagne : fiançailles (18 oct.) de Louis XIII et d'Anne d'Autriche, et de la sœur de Louis XIII avec l'héritier d'Espagne.

1615
Reprise par Richelieu de la politique extérieure d'Henri IV.
Champlain reconnaît la région des Grands Lacs au Canada.

1617
Intervention française en Italie en faveur du duc de Savoie ; sans effet.

1619
Mariage de Chrétienne de France, sœur du roi, avec Victor-Amédée de Savoie.

1620
Occupation espagnole de la Valteline, qui permet la libre circulation entre l'Autriche et l'Espagne par l'Italie.

1623
Traité de Paris : abandon de la Valteline.

1624
☐ NOV. Énergique réaction de Richelieu contre l'Espagne : expédition française en Valteline ; alliances protestantes avec les Provinces-Unies, le Danemark.
Mariage d'Henriette de France, sœur du roi, avec Charles Iᵉʳ d'Angleterre.

1626
☐ 5 MARS. Traité bâclé de Monçon : l'Espagne abandonne la Valteline aux Grisons, mais garde le passage libre.
Les Français à Saint-Christophe (Antilles) : fondation d'une compagnie.

1629
☐ 13 JANV. Richelieu : l'« Avis donné au roi après la paix de La Rochelle ».
☐ MARS. Intervention française en Italie en faveur du duc de Nevers, en vue de la succession du duché de Mantoue. Louis XIII accueilli en libérateur par les petits États italiens.

1630
Début de la guerre « couverte » contre les Habsbourg.
☐ 29 MARS. Prise de Pignerol, clef de l'Italie.
☐ OCT. Le Père Joseph et Brûlart de Sillery à la diète de Ratisbonne. Paix avec l'empereur.
Le duc de Nevers investi duc de Mantoue, mais les Français évacuent les pays italiens.

1631
Alliance franco-suédoise. Foudroyante intervention de Gustave II Adolphe dans la guerre de Trente Ans, contre l'empereur.

1632
☐ 6 AVR.-19 JUIN. Traités de Cherasco réglant la question italienne. Effort de Richelieu pour étendre à l'est la zone de protection : traité de Liverdun (juin) imposé au duc de Lorraine. Occupation de villes-ponts (sur la Meuse et le Rhin), et de Trèves (16 nov.).
Mort de Gustave-Adolphe à la bataille de Lützen.

1633
Fondation d'une Compagnie d'Afrique pour l'exploitation du Sénégal (traite des Noirs).
☐ SEPT. Entrée de Louis XIII à Nancy, après la cession, provisoire, de la Lorraine.

1634-1635
Accord de Colmar contre les dévastations dues au passage des armées.

1635
Guerre « ouverte » contre les Habsbourg après la défaite suédoise de Nördlingen (sept. 1634).
□ 8 FÉVR. Déclaration de guerre à l'Espagne.
Nouveaux traités d'alliance signés par Richelieu avec la Suède, les Provinces-Unies, les princes protestants d'Allemagne, les cantons suisses, les princes italiens et Bernard de Saxe-Weimar.
Fondation de la Compagnie française des îles d'Amérique : début de la colonisation de la Guadeloupe et de la Martinique.

1638
Redressement français. Conquête de l'Alsace par Bernard de Saxe-Weimar.

1639
Mort de Bernard de Saxe-Weimar, dont la France rachète les troupes et les conquêtes (l'Alsace).

1640
Conquête de l'Artois. Prise d'Arras.
Richelieu fait occuper la Savoie et le Piémont.
Soutien à la révolte de la Catalogne, qui, avec le Roussillon, « se donne » à la France.

1641
□ 1er FÉVR. Alliance avec le Portugal.
□ 25 DÉC. Préliminaires de Hambourg.

1642
□ 8 MAI. Fondation de Ville-Marie (Montréal) au Canada.
□ 9 SEPT. Invasion du Roussillon. Prise de Perpignan.

1643
Établissement de Fort-Dauphin à Madagascar (île Dauphine).
Le Département de la guerre confié à Michel Le Tellier.
□ 19 MAI. Condé vainqueur des Espagnols à Rocroi.

Économie – Société

1610
Charles Loyseau : *Traité des Offices.*

1611
Edmond Richer : *De ecclesiastica et politica potestate :* doctrines gallicanes extrémistes.
Bérulle crée la congrégation des prêtres de l'Oratoire.

1612
Théophraste Renaudot, médecin, établit à Paris des consultations charitables et un bureau de placement pour les pauvres.

1615
Les canons du concile de Trente reçus par le clergé français.

1616
François de Sales : *Traité de l'amour de Dieu.*

1617
Disette céréalière (de même en 1621-1622 ; 1625-1626 ; 1629-1630 ; 1636-1639 ; 1643-1644).

1619
Vincent de Paul, aumônier général des galères.

1621
Le don gratuit du clergé au roi devient périodique.

1623
Antoine de Pluvinel crée une Académie d'équitation (et publie en 1629 : *Instruction du roi en l'exercice de monter à cheval*).

1624
Peste à l'état endémique (jusqu'en 1640). Révolte des croquants du Quercy.

1625
Création des Lazaristes ou Prêtres de la Mission, par Vincent de Paul, pour la prédication dans les campagnes.
Installation par mère Angélique Arnauld du monastère de Port-Royal, à Paris.

1626
Le premier coche à eau entre Paris et Tours (10 km à l'heure). Émeutes contre la cherté de la vie (à Troyes, Lyon, Montélimar, puis, en 1628, à Auxerre, Rouen, Amiens, Laval...).
Des marchands de Rouen créent une Compagnie pour le commerce au Sénégal.
La Compagnie des Cent-Associés, qui transporte des colons vers la Nouvelle-France, périclite (200 Français seulement au Canada en 1642).

1628
Pillages des greniers à sel. Cherté des vivres.

1629-1631
Établissement de la Compagnie du Saint-Sacrement, organisation mise en place par les dévots (duc de Ventadour, père Condren).

1630
Émeutes urbaines et jacqueries : les lanturlus (vignerons) en Bourgogne.
Monopole royal des Postes.
Ordonnance autorisant les gentilshommes à pratiquer, sans déroger, le commerce de mer.

1633
Vincent de Paul et Louise de Marillac créent l'ordre des Dames et des Filles de la Charité.

1634
Urbain Grandier, curé de Loudun, brûlé pour sorcellerie.

1634-1637
Soulèvements paysans des croquants entre Loire et Garonne. Agitation antifiscale en Guyenne. Famine en Bourgogne. Révolte des cascavéous (grelots), paysans de Provence. Émeutes urbaines.

1637
Inspirés par l'abbé de Saint-Cyran, les premiers « solitaires » s'installent à Port-Royal des Champs.
Premières chaises à porteurs.

1638
Fondation par Vincent de Paul de l'œuvre des Enfants trouvés.

1639
Insurrection rurale et urbaine des va-nu-pieds en Normandie (jusqu'en 1641).
□ 16 AVR. Déclaration de Saint-Germain : la propriété ecclésiastique n'est qu'un don gracieux du roi, qui peut être repris.
Pierre Dupuy : *Des libertés de l'Église gallicane* (modéré).

1640
L'Augustinus, de Jansénius.
Refonte générale des monnaies : création du louis d'or (valeur : 10 livres).

1641
Fondation par Jean-Jacques Olier de la compagnie des prêtres de Saint-Sulpice.
Mazarin cardinal.

1643
Soulèvements violents dans le Centre, le Midi, l'Ouest.

Antoine Arnauld : *De la fréquente communion.*
Fondation des Petites Écoles de Port-Royal.
Création de l'ordre des Eudistes : formation des séminaristes et missions paroissiales.

Civilisation et cultures

1610 F. de Malherbe : *Ode à Marie de Médicis...* □ Constitution de la Grande Bande : « les Vingt-Quatre Violons du Roy » (jusqu'en 1620).

1614 La « Cabale » libertine (jusqu'en 1623) : société secrète qui défend le naturalisme.

1615 Salomon de Brosse : palais du Luxembourg (jusqu'en 1621).

1616 D'Aubigné : Les *Tragiques.*

1620 Premier orchestre permanent à la Cour □ Farces du charlatan Tabarin sur le Pont-Neuf.

1621 Gassendi : première description scientifique d'une aurore boréale.

1622 Guez de Balzac : *Lettres* (jusqu'en 1654). Rubens *Histoire de Marie de Médicis* au palais du Luxembourg (jusqu'en 1625).

1623 Poursuite contre les libertins : Théophile de Viau en prison □ Versailles, petit château de chasse, par Philibert le Roy (jusqu'en 1634).

1624 Salon de Madame de Rambouillet.

1625 H. de Racan : *les Bergeries.*

1626 Construction de la chapelle de la Sorbonne par Lemercier (jusqu'en 1635).

1627 Honoré d'Urfé : *l'Astrée.*

1628 Malherbe : *Ode à Louis XIII allant châtier la rébellion des Rochelais* □ Simon Vouet et Philippe de Champaigne peintres officiels de la Cour □ Eaux-fortes d'Abraham Bosse.

1629 Lemercier construit le Palais-Cardinal pour Richelieu (jusqu'en 1636).

1630 Se fixent à Paris les troupes de l'Hôtel de Bourgogne et du Théâtre du Marais □ Jacques Callot entreprend *les Misères de la guerre* (jusqu'en 1635).

1631 1er MAI : premier numéro de *la Gazette* journal de Renaudot.

1632 Roberval titulaire de la chaire de mathématiques au Collège de France.

1634 13 MARS : première séance de l'Académie française.

1635 Père Marin Mersenne : réunions de savants.

1636 Georges de Scudéry fait jouer cinq tragi-comédies.

1637 Corneille : triomphe du *Cid* □ Descartes : *Discours de la méthode* □ Philippe de Champaigne : *le Vœu de Louis XIII.*

1639 Pascal : *Traité des sections coniques* □ *Le Ballet de la félicité,* joué à l'occasion de la naissance du Dauphin (musique de Boesset, paroles de Desmarets de Saint-Sorlin).

1640 Les Jésuites interdisent l'enseignement du cartésianisme dans leurs collèges □ G. de La Tour : *le Nouveau-Né*. Nicolas Poussin, premier peintre du roi.

1641 Descartes : *Méditations*.

1642 Corneille : *le Menteur* □ Le Vau achève l'hôtel Lambert □ Les frères Le Nain : *Repas de paysans* □ Pascal invente une machine arithmétique.

1643 Corneille : *Polyeucte*. Molière fonde *l'Illustre-Théâtre*.

Biographies

Acarie (BARBE AVRILLOT, Mme, EN RELIGION, MARIE DE L'INCARNATION), religieuse (1566-1618). Fille d'un conseiller du roi, elle épouse, en 1582, Pierre Acarie, maître des comptes, pour obéir à ses parents. Épouse modèle, mère de six enfants, la « belle Acarie » exerce un grand rayonnement. On venait la consulter pour des cas difficiles (Bérulle, le père Coton). Sa vie intérieure la mène à l'extase, sans qu'elle cesse d'être une « femme forte » au milieu des circonstances difficiles : son mari, ligueur, est exilé et dépouillé de ses biens par Henri IV (1594). Devenue infirme, elle continue son œuvre à la fois mystique et sociale. Après une vision, et avec l'approbation de François de Sales et de Bérulle, elle introduit le Carmel en France, d'abord à Paris, puis à Pontoise, Dijon, Amiens, Tours et Rouen. Son mari mort, ses trois filles entrées au Carmel, elle entre elle-même au Carmel, restant pour François de Sales l'inspiratrice et le modèle achevé de la vie mystique.

Joseph (FRANÇOIS LECLERC DU TREMBLAY, dit LE PÈRE) religieux (1597-1638). Ses études, sa vocation militaire ne semblaient pas le conduire à quitter le monde. En 1599, il se fait capucin et commence des missions en France, dans l'intention de convertir les calvinistes. Richelieu, évêque de Luçon, remarque sa souplesse d'esprit et ses capacités. Dès 1616, il l'emploie à des missions en apparence ecclésiastiques, mais qui concernent des intérêts politiques ou diplomatiques. « L'Éminence grise » gagne alors la confiance du cardinal, en particulier dans les négociations entre Louis XIII et sa mère, et prend désormais part aux grandes affaires de l'État : le siège de La Rochelle, où il donne, dit-on, des conseils militaires, les missions chrétiennes du Canada, du Levant, du Maroc, les tractations avec les Électeurs catholiques d'Allemagne pendant la guerre de Trente Ans.

Bibliographie

Méthivier : *le Siècle de Louis XIII* (Que sais-je ?).

P. Chevalier : *Louis XIII, roi cornélien*.

Les Frondes

Si, de 1643 à 1648, les révolutions populaires tendent à se réduire, elles s'orchestrent de 1648 à 1653 en une véritable guerre civile qui est la dernière grande manifestation d'indépendance des parlementaires et des nobles avant 1715. Les revendications des frondeurs ne semblent pas toujours cohérentes, mais c'est surtout contre l'absolutisme royal qu'ils se dressent. Après l'échec de la Fronde parlementaire (1648-1649), puis de la Fronde des princes (1650-1653), Mazarin, qui assure depuis la mort de Richelieu le rôle de Premier ministre, est obéi, mieux que ne l'avait été son prédécesseur. Il lutte contre le jansénisme et, associant le jeune roi au travail depuis 1652, prépare l'ordre absolutiste. Il peut sans encombre isoler l'Espagne et lutter contre elle, tout en intervenant dans la paix en Baltique. Le traité des Pyrénées (1659) consacre les conquêtes faites au temps de Richelieu et prépare l'avenir par le mariage du roi avec la fille de Philippe IV d'Espagne. C'est d'un État restauré qu'hérite Louis XIV à la mort de Mazarin, qui lui lègue en outre des collaborateurs dévoués.

Vie politique et institutionnelle

1643

☐ 18 MAI. À la demande de la reine, annulation par le parlement du testament de Louis XIII. Régence d'Anne d'Autriche. L'avocat général Omer Talon développe la thèse du parlement « puissance seconde » venant tempérer la puissance première du roi. Mazarin confirmé comme principal ministre. Cabale des Importants (complot de cour contre Mazarin. Le duc de Beaufort enfermé à Vincennes, en sept.).

1644-1647

Accroissement de la fiscalité : édits du toisé sur les propriétaires, taxe des aisés, taxe du rachat, taxe du tarif (sur les droits d'octroi).

1644

Intrigues des grands.

1645

Mazarin en conflit avec le parlement.

1648

☐ 15 JANV. Lit de justice : enregistrement forcé de nouveaux offices (annulé le lendemain). Résistance : début de la Fronde parlementaire. Les « mazarinades », pamphlets contre Mazarin.

☐ 13 MAI (jusqu'en juillet). Arrêt d'union de toutes les cours souveraines (parlement, Grand Conseil, Chambre des comptes, Cour des aides) reprenant les prétentions politiques du parlement et établissant un programme radical de réforme de l'État (2 juill.) : déclaration des 27 articles limitant les pouvoirs du roi , avec notamment la suppression des intendants.

□ 13 JUILL. Déclaration révoquant toutes les commissions d'intendants à l'exception de 6 provinces. Mazarin « cède au torrent » (Retz).

□ 26 AOÛT. Coup d'autorité du cardinal : arrestation du populaire président Broussel ; 1200 barricades à Paris autour du Palais-Royal. Libération de Broussel, rétablissement de l'ordre.

□ SEPT. La Cour se réfugie à Rueil, protégée par Condé.

□ 24 OCT. Déclaration royale confirmant celle de juillet.

□ NOV. Retour de la Cour à Paris. Le Parlement prétend contrôler le gouvernement.

1649

□ 5-6 JANV. La reine et ses fidèles s'enfuient à Saint-Germain.

□ JANV.-MARS. Siège de Paris par l'armée de Condé. Paix de Rueil le 11 mars : concessions réciproques.

□ 18 AOÛT. Retour triomphal du roi à Paris. Le « parti des princes » (Condé) cherche à évincer Mazarin.

1650

□ 18 JANV. Coup de théâtre de la reine. Arrestation de Condé, Conti et Longueville, enfermés à Vincennes.

□ JANV.-DÉC. Fronde princière : les partisans des princes essaient de soulever les provinces (Normandie, Guyenne, Bourgogne, Limousin, Provence). Succès royaux à Bordeaux et à Rethel (13 déc.).

□ DÉC. 1650-FÉVR. 1651. Union des deux Frondes contre Mazarin.

1651

□ 6-7 FÉVR. Mazarin s'exile, semble s'humilier, mais conseille de loin la reine.

□ JUILL.-AOÛT. Dissensions entre les frondeurs.

□ 7 SEPT. Proclamation de la majorité du roi. Condé traite avec l'Espagne.

1652

Lutte entre les forces royales et l'armée des princes ; batailles de Bléneau (avril) et du faubourg Saint-Antoine (juillet).

□ 4 JUILL. Massacre de l'Hôtel de Ville : Condé fait régner la terreur sur les magistrats et les bourgeois parisiens. Lassitude générale et ralliement de Paris à la monarchie. Condé s'enfuit vers Bruxelles.

□ 21 OCT. Le roi rentre à Paris.

1653

□ 3 FÉVR. Retour de Mazarin à Paris. Apaisement progressif de la province.

Inventaire après décès dans la population parisienne des gens « sans qualité » (classe moyenne)

Ni rentes, ni maison ; quelques-uns ont des terres
59 % vivent dans une seule pièce, 28 % dans deux pièces
Moyenne par pièce : 2 à 3 personnes

	estimation moyenne		estimation (en livres)
Mobilier	165 livres	28 % ont de l'argenterie	59 l.
Vêtements	89 "	34 % ont des bijoux	55 l.
31 % ont des créances	466 "	20 % ont outillage et marchandises,	221 l.
25 % ont des deniers	436 "	25 % ont des armes	

(D'après Roland Mousnier)

Toute-puissance de Mazarin. Rétablissement des intendants. Fouquet, surintendant, multiplie les expédients.

1654
□ 7 JUIN. Sacre de Louis XIV à Reims. Condé, passé au service de l'Espagne, condamné à mort par le parlement.

1655
□ 20 MARS ET 13 AVR. Lits de justice pour l'enregistrement d'édits financiers. Le roi réduit au silence le parlement (origine de l'apocryphe : « l'État c'est moi »).

1657
Édit interdisant à la noblesse de s'assembler.

1659
Assemblées secrètes des nobles (Poitou, Anjou, Normandie). Voyage, aux allures punitives, du roi dans le Midi.

1660
□ 6 JUIN. Mariage de Louis XIV et de Marie-Thérèse.
□ 26 AOÛT. Entrée triomphale à Paris.

Politique extérieure

1643
□ 19 MAI. Victoire de Condé à Rocroi : destruction de l'armée espagnole des Pays-Bas.

1644
Ouverture de conférences diplomatiques internationales en Westphalie, à Munster et Osnabrück (Abel Servien et le comte d'Avaux représentent la France).
□ 2 AOÛT. Victoire de Fribourg.

1645
Turenne victorieux dans le pays de Bade,

battu ensuite à Marienthal (mai). Il bat les Bavarois à Nördlingen (3 août).

1646-1648
Français et Suédois ravagent la Bavière. Armistice entre France et Bavière.

1646
Condé prend Dunkerque aux Espagnols.

1647
Condé échoue en Catalogne, au siège de Lérida.

1648
□ 17 MAI. Victoire de Turenne à Zusmarshausen : ouvre la route de Vienne.
□ 20 AOÛT. Victoire de Condé à Lens sur les Espagnols.
□ 24 OCT. Signature des traités de Westphalie, qui mettent fin à la guerre de Trente Ans : la France conserve Pignerol et les Trois-Évêchés, et obtient les domaines et droits de l'empereur en Alsace, à l'exception de Strasbourg et Mulhouse. Elle installe des garnisons à Philippsbourg et Brisach. La Lorraine est occupée, mais la question de son appartenance reste en suspens. L'Espagne continue la guerre.

1650
□ 15 DÉC. Prise de Rethel, tombée aux mains de Turenne, révolté, et de l'archiduc Léopold.

1654
Réconciliation de Mazarin et de Cromwell (traité de Westminster). Affrontement entre Condé, allié aux Espagnols, et Turenne, réconcilié avec le pouvoir, en Flandre et en Artois. Turenne victorieux à Arras.

1657
Alliance avec l'Angleterre contre l'Espagne.

1658

Les Anglais prennent Dunkerque aux Espagnols.

Création de la Compagnie du Cap-Vert et du Sénégal.

☐ 14 JUIN. Bataille des Dunes : victoire de Turenne sur les Espagnols et Condé.

1659

☐ AOÛT-NOV. Mazarin et Luis de Haro, dans l'île des Faisans, sur la Bidassoa, négocient le mariage de Louis XIV et de l'infante.

☐ 7 NOV. Paix des Pyrénées mettant fin à la guerre avec l'Espagne : la France garde le Roussillon, la Cerdagne, l'Artois, des places en Flandre, Hainaut et Luxembourg. Elle conserve la suzeraineté sur le duché de Bar et une route stratégique en Lorraine. Condé, gracié, reprend ses biens et dignités. L'infante renonce à ses droits à la succession de l'Espagne moyennant une dot de 500 000 écus d'or.

Mazarin, médiateur dans la paix du Nord, arbitre en faveur de son allié suédois.

Économie - Société

1643

Soulèvement paysan dans toute la France du Sud (jusqu'en 1645).

1644

Émeutes urbaines dans le Sud-Ouest. Introduction de la canne à sucre aux Antilles.

« Les lois de la galanterie française » (Code des belles manières).

Installation par Mazarin à Paris des Théatins italiens, ordre religieux sévère.

1646

Très mauvaises récoltes, ainsi qu'en 1647 et 1651.

1648

Banqueroute de la Compagnie des îles d'Amérique.

1649

Grande misère à Paris durant le siège. Réactions populaires. Peur sociale de la bourgeoisie.

La « Poudre de la comtesse » (quinquina) présentée à Mazarin (guérit le jeune Louis XIV).

1652

Famine et troubles. Effrayante mortalité (25 à 30 % autour de Paris et en Bourgogne).

Municipalité révolutionnaire à Bordeaux : la célèbre « Ormée », fronde urbaine.

1653

Vincent de Paul fonde l'hospice de la Salpêtrière.

Condamnation du jansénisme par le pape Innocent X (les 5 premières propositions extraites de l'Augustinus).

1655

Traité de commerce franco-anglais.

1656

Mazarin fait disperser les « solitaires » de Port-Royal. Le Grand Arnauld censuré par la Sorbonne. Miracle de la Sainte Épine à Port-Royal (24 mars).

Création d'un hôpital général à la Salpêtrière, institution pour femmes destinée à lutter contre la mendicité.

Révoltes antifiscales à Angers et à Bordeaux.

1657

Édit de prise en charge des pauvres par les hôpitaux.

Mise à l'index des *Provinciales* de Pascal.

1658
Révolte des « sabotiers », paysans de Sologne, du bas Poitou et d'Aunis.

1659
Dernier synode de l'Église réformée de France à Loudun : la « discipline » de l'Église calviniste en France.
Le Père Verbiest en Chine.

1660
Marie-Thérèse introduit en France l'usage espagnol du chocolat.

Civilisation et cultures

1644 Gassendi : *Objections aux « Méditations »* de Descartes. Scarron : *Typhon* □ Cl. Gellée, dit le Lorrain : *Port au soleil couchant* □ Location par Mazarin, rue Neuve-des-Petits-Champs, de l'hôtel où il installe sa bibliothèque personnelle, ouverte au public.

1645 Corneille : *Rodogune* □ François Mansart commence l'église du Val-de-Grâce à Paris □ Le Sueur : *Vie de saint Bruno* pour la chartreuse de Paris (jusqu'en 1648) □ L'opéra italien introduit en France par Mazarin avec *la Finta Pazza* de Sacrati □ Gassendi enseigne les mathématiques au Collège royal.

1646 Chansons pour danser et pour boire de Guillaume Michel, attaché au cardinal Mazarin.

1647 Vaugelas : *Remarques sur la langue française* □ Expériences, renouvelées en 1648, de Pascal sur la nature du vide □ Jean Pecquet, médecin et anatomiste, découvre les vaisseaux chylifères.

1648 Bossuet : *Sermon* sur l'épître de saint Paul (soumission des chrétiens à l'empereur). Rotrou : *le Véritable Saint Genest.* Scarron : *Virgile travesti.* Voiture : *Épître au prince de Condé* □ Philippe de Champaigne : *Mère Angélique* (Arnauld). □ Fondation de l'Académie royale de peinture et sculpture à Paris par Ch. Le Brun et E. Lesueur.

1649 Descartes : *Traité des passions de l'âme.* Mlle de Scudéry : *Artamène ou le Grand Cyrus* (jusqu'en 1653).

1650 Georges La Tour : *le Reniement de saint Pierre* □ Louis Couperin organiste de l'église Saint-Gervais.
Les instruments de musique admis dans les églises.

1651 Scarron : *le Roman comique* □ Début des salons de : Mlle de Scudéry, Mme Scarron, Mme de Sablé.

1653 Saint-Amant : *Moyse sauvé,* épopée □ Représentation de *l'Étourdi* de Molière. Corneille abandonne la scène après *Pertharite* □ Poussin : *les Bergers d'Arcadie,* l'idéal classique en peinture.

1654 Mlle de Scudéry : *Clélie* (jusqu'en 1660). Quinault : *Renaud et Armide* □ Correspondance entre Fermat, Pascal et Huyghens, à l'origine du calcul des probabilités.

1655 Charles Le Brun : *Portrait du chancelier Séguier* □ L. Couperin : musique de viole dans la Chambre du roi.

1656 Chapelain : *la Pucelle* □ Pascal : *les Provinciales* (jusqu'en 1657) □ Molière : *le Dépit amoureux* □ La Carte du Tendre (illustration de *Clélie,* de Mlle de Scudéry) □ Le Nôtre, contrôleur général des Bâtiments du roi.

1657 Nicolas Lémery, apothicaire, enseigne la pharmacie et la chimie dans plusieurs villes de France □ Construction par Le Vau (jusqu'en 1661) du château de Vaux-le-Vicomte pour le surintendant Fouquet (Le Brun pour le décor, Le Nôtre pour les jardins).

1658 Furetière : *Histoire des derniers troubles arrivés au royaume d'Éloquence.*
Molière de retour à Paris □ La Fontaine : *le Songe de Vaux* □ Création de l'Académie des sciences à Paris.

1659 Bossuet : *Sermon sur l'éminente dignité des pauvres* □ Molière : *les Précieuses ridicules.* Corneille revient au théâtre : *Œdipe.*

1660 *Dictionnaire des précieuses ou la clé de la langue des ruelles,* de Baudeau de Somaize.

Biographies

Cyrano (SAVINIEN DE), dit Cyrano de Bergerac (1619-1655). Fils de bourgeois parisiens ayant acquis le fief de Bergerac, Cyrano en prit le titre, sans descendre le moins du monde de gentilshommes gascons comme le voudrait la légende. Son humeur indépendante et tumultueuse le fait s'engager dans l'armée (1638), où duels et actes de bravoure le rendent célèbre, mais, après une grave blessure, il doit abandonner la carrière. Il s'initie à la doctrine de Gassendi et se complaît dans la bohème littéraire. Sa première comédie en prose, *le Pédant joué* (1654), est une énorme caricature, sa tragédie, *la Mort d'Agrippine* (1653), vaut par l'analyse psychologique, tandis que ses *Lettres* (à des correspondants fictifs) sacrifient à la mode artificielle de l'époque. Sa véritable originalité se trouve dans ses deux romans : *l'Autre*

Monde et *Histoire comique des États et Empires de la Lune* (posthume, 1657), où, véritable créateur d'une littérature d'anticipation, il donne la mesure de son imagination et de ses curiosités, auxquelles s'ajoutent des considérations philosophiques, religieuses ou scientifiques d'une étonnante audace, authentiquement « baroque ».

Gonzague de Clèves (ANNE DE), dite Princesse Palatine (1610-1684). Fille du duc de Nevers et de Mantoue, qui la destinait au cloître, elle sait se soustraire à sa volonté. Arrivée à la Cour en 1636, aussi belle qu'intelligente, elle se jette dans les intrigues amoureuses, inspirant une vive passion à Henri II de Guise, alors archevêque de Reims, qui l'abandonne pourtant. En 1645, elle se marie secrètement avec le fils de l'Électeur palatin. La Fronde se déclenche à point pour satisfaire son goût extravagant d'aventure. Fidèle à la reine mère, elle sait obtenir la mise en liberté des princes, la réconciliation du cardinal de Retz avec la Cour et le retour d'exil de Mazarin. Elle contribue ensuite à l'alliance avec la France du duc de Mantoue, son neveu, puis se consacre à la succession de la Pologne, dont sa sœur occupe le trône. Son incrédulité affectée cède à l'approche de la mort, laquelle est assez édifiante pour que Bossuet en fasse l'éloge dans son oraison funèbre.

Bibliographie

R. Mousnier : *Paris capitale au temps de Richelieu et de Mazarin.*

P.-G. Lorris : *la Fronde.*

P. Guth : *Mazarin.*

Louis XIV : la « monarchie absolue » au temps des succès

$\mathbf{L}$a première partie du règne de Louis XIV semble une période d'apogée pour la monarchie et de prépondérance française. En accomplissant régulièrement son « métier de roi », dont il avait une haute idée, en concentrant autour de lui les anciennes institutions gouvernementales et en renforçant en province les pouvoirs de l'intendant, son délégué, Louis XIV personnifie une autorité dont la surveillance s'étend à tout. L'absolutisme financier et économique est réalisé par son plus grand ministre, Colbert, dont la tâche fut immense. Les lettres et les arts sont mobilisés pour célébrer le règne dont Versailles, œuvre collective des plus grands artistes, semble l'éclatant symbole. Les victoires de l'armée rehaussent la gloire royale, tandis que la domestication de la noblesse à la Cour laisse le pouvoir à la bourgeoisie, à laquelle le roi réserve les plus hautes fonctions. Toutefois, ces brillants aspects cachent bien des misères. Le peuple est écrasé par des charges trop lourdes, et les retouches des historiens contemporains au visage de la France de cette première partie de règne permettent de poser la question : s'agit-il d'un grand règne ?

Vie politique et institutionnelle

1661

□ 9 MARS. Mort de Mazarin. Fin du ministériat : réorganisation du Conseil d'en haut (conseil restreint de haute politique) et érection en conseil de gouvernement du Conseil des dépêches (affaires intérieures du royaume). La triade : Fouquet, Le Tellier, Lionne demeurent ministres du roi, et Séguier chancelier.

□ 5 SEPT. Arrestation de Fouquet. condamné fin 1664 à la prison à vie.

□ 15 SEPT. Suppression de la charge de surintendant des Finances et institution d'un Conseil royal des finances.

□ 1er NOV. Naissance de Louis de France (le Grand Dauphin, mort en 1711).

1663

□ SEPT. Instruction de Colbert définissant les pouvoirs des intendants.

1664

Grande enquête de Colbert auprès des intendants.

1665

Les Grands Jours d'Auvergne, session extraordinaire du parlement en province pour réprimer les exactions et désordres de certains hobereaux.

□ 12 DÉC. Colbert est nommé contrôleur général des Finances.

1666
Mort d'Anne d'Autriche.
Louvois succède à son père, Michel Le Tellier : secrétaire d'État à la Guerre.

1667
Création de la charge de lieutenant général de police à Paris (La Reynie jusqu'en 1697, puis d'Argenson).
□ AVR. Le Code Louis : « ordonnance civile pour la réformation de la justice » (Code de procédure civile). Le même texte restreint les pouvoirs des parlements en décidant l'enregistrement immédiat, et préalable à toute remontrance, des ordonnances royales. Les parlements qualifiés de « cours supérieures » (et non souveraines).
Le Grand livre des recettes et dépenses : comptes clairs de Colbert.

1668
Colbert, secrétaire d'État à la Maison du roi.
Louvois, surintendant des Postes.

1669
Colbert, secrétaire d'État à la Marine.

1670
□ AOÛT. Ordonnance ou Code de procédure criminelle.
Colbert, grand maître et surintendant des Mines et Minières de France.

1672
Entrée de Louvois au Conseil d'en haut.

1673
□ MARS. Ordonnance du commerce (Code Savary) unifiant les lois, règlements ou usages touchant le commerce terrestre et réglementant les juridictions consulaires (tribunaux propres aux marchands institués depuis le XVIe s.).

1674
□ 4 AOÛT. Naissance de Philippe II d'Orléans, le futur Régent.

1676
Procès de la marquise de Brinvilliers (exécutée le 17 juillet), à l'origine de l'affaire des poisons.

1679
Création d'une commission d'exception, la Chambre ardente, pour juger de l'affaire des poisons (jusqu'en 1682).

1680
Création de la Ferme générale (bail Fauconnet) : unification des fermes, des gabelles, traites, aides, domaines et entrées.

1681
□ AOÛT. Ordonnance sur le commerce maritime et les devoirs et droits des gens de mer.

1682
□ 19 MARS. Déclaration des Quatre Articles (Bossuet), charte du gallicanisme politique (le roi seul maître de l'Église de France) et religieux (supériorité du concile œcuménique sur le pape).

1683
□ AVR. Édit de Colbert donnant aux intendants le contrôle des finances municipales.
□ 6 SEPT. Mort de Colbert.
□ 19 DÉC. Naissance de Philippe, duc d'Anjou, second fils du Grand Dauphin et futur roi d'Espagne en (1700).

Politique extérieure et coloniale

1661
Renouvellement d'alliance avec la Suède.

1662

☐ 27 AVR. Alliance avec les Provinces-Unies.

☐ 27 OCT. Traité de Londres : rachat de Dunkerque. Brouille avec Rome : affaire de la garde corse.

1663

Alliance avec le Danemark et la Suisse. Renouvellement d'alliance avec la Ligue du Rhin (jusqu'en 1667).

1665

Les Français à Saint-Domingue.
Jean Talon, intendant au Canada (qui compte 3 215 habitants au recensement de 1666).

1667-1668

Guerre de Dévolution ou « des Droits de la reine » contre l'Espagne. Turenne prend 12 places en Flandre (mai 1667). Condé envahit la Franche-Comté (siège de Dôle) et l'occupe (févr. 1668).

1668

Louvois, secrétaire d'État à la Guerre.
☐ 2 MAI. Traité d'Aix-la-Chapelle : sur la pression de la Triple-Alliance, fin de la guerre de Dévolution. La France conserve les places conquises aux Pays-Bas en 1667.

1669

Ambassade de Turquie en France. Renouvellement des Capitulations (1673).

1670

☐ 22 MAI. Traité secret de Douvres : alliance avec l'Angleterre.

1671

☐ JANV. Bataille des tarifs avec la Hollande.

1672

Guerre de Hollande (jusqu'en 1678).

1673

☐ JUIN. Siège et prise de Maëstricht par les Français.

☐ AOÛT. Renversement des alliances. Première coalition (Hollande, Espagne, Lorraine, Empire) contre Louis XIV.

☐ DÉC. L'Alsace envahie par les Impériaux.

Conquête de la Franche-Comté.

1674

Vauban, commissaire général des fortifications. Campagne de Turenne en Alsace victorieux à Salzbach, en 1675.
Les Français installés à Pondichéry.

1677

Victoire de Cassel sur le prince d'Orange.

1678-1679

Traités de Nimègue mettant fin à la guerre de Hollande : l'Espagne cède à la France la Franche-Comté, Cambrai et Valenciennes. L'Alsace passe de l'influence à la souveraineté française.

1679-1680

Début de la politique « des réunions » (annexions en pleine paix) par les chambres de réunion, chargées de faire valoir les anciens droits de la Couronne.

1681

☐ 8 OCT. Entrée de Louis XIV à Strasbourg.

1682

Cavelier de La Salle descend le Mississippi : fondation de la Louisiane.

1683

Simple neutralité de Louis XIV lors du siège de Vienne par les Turcs.

Économie – Société – Religion

1661
Mauvaise récolte – Famine.
Création du port de Rochefort.
Compagnie des carrosses publics première société de transport en commun.
Le Formulaire antijanséniste imposé.

1662
Ordonnance fondant un hôpital général dans toutes les villes et gros bourgs (enfermement des pauvres).
La « Grande Misère ». Révolte du Boulonnais.
La Compagnie de la Nouvelle-France cède au roi ses droits et privilèges sur le Canada.

1663
Révoltes en Béarn contre la gabelle, en Berry contre les aides.
Restriction des libertés synodales pour les protestants.

1664
La Compagnie du Cap-Vert et du Sénégal cède ses droits au roi.
Fondation par Colbert de la Compagnie des Indes orientales et de la Compagnie des Indes occidentales, qui reçoivent le monopole du commerce et de la navigation avec l'Orient et l'Amérique.
Édit de modification des péages et barrières douanières dans le royaume (dans un sens protectionniste).

1665
Invention de la chaise de poste (fauteuil sur roues, plus rapide).
Colbert persuade le drapier hollandais protestant Van Robais d'installer sa fabrique à Abbeville.

1666
Édit des mariages : exemption de taille jusqu'à 25 ans aux jeunes gens qui se marient avant 20 ans.
Pension de 2 000 livres aux pères de 12 enfants vivants. Exemption de charges fiscales pour les pères de 10 enfants.
« Grande recherche » sur l'authenticité des titres de noblesse (pour l'assujettissement à la taille). Faibles résultats.
Creusement du canal du Midi (par Riquet), et création du port de Sète.

1667
□ AVR. Renforcement du tarif douanier protecteur (remanié en 1671).
Édit sur l'éclairage des rues de Paris (par lanternes et chandelles).

1668
La peste dans le nord de la France.
Révolte en Roussillon contre la gabelle.

1669
Règlements pour l'industrie textile.
Émeutes antifiscales à Lyon.

1670
Décision de Louis XIV d'aménager la ville de Versailles : tracé des avenues par Le Vau (1715 : 30 000 habitants).

Dépenses de Louis XIV pour les bâtiments royaux

Fontainebleau	1 million de livres	Versailles	30 à 50 millions de livres
Vincennes	900 000 livres	Marly	7 millions de livres
Saint-Germain	5 500 000 livres	Les Trianon	3 millions de livres
Chambord	1 million de livres		

4 % du budget total de l'État ont été consacrés aux bâtiments.

☐ MARS. Louis XIV confie à Libéral Bruant la construction des Invalides. Création de la Compagnie du Levant, remplacée en 1685 par celle de la Méditerranée.

1671
Bossuet : *Exposition de la foi catholique.*

1673
☐ 10 FÉVR. Déclaration de Louis XIV affirmant son droit de régale universelle dans tous les évêchés du royaume.

1675
Révolte du papier timbré en Bretagne.

1676
Caisse des conversions (de Pellisson) pour engager les protestants à abjurer. Interdiction à ceux-ci d'exercer certaines fonctions publiques.

1677
Début du conflit avec le Saint-Siège au sujet de la régale.

1679
Aide de Colbert aux manufactures de draps du Languedoc.
Fondation des Frères des Écoles chrétiennes par Jean-Baptiste de La Salle.
Canal d'Orléans à Montargis décidé, pour une liaison Seine-Loire.

1680
Révoltes fiscales.
Interdiction des synodes protestants.
Dragonnades dans le Languedoc, les Cévennes, le Poitou.
Recul de la peste grâce aux cordons sanitaires mis en place depuis 1665.

1682
☐ MARS. Bossuet (évêque de Meaux depuis 1681) : sermon sur l'unité de l'Église.

☐ 6 MAI. La Cour s'installe à Versailles.

1683
Instructions de Colbert pour l'unification des mesures de volume dans le royaume.

Cultures et civilisation

1661 L'Académie royale de danse créée.

1662 Molière : *l'École des femmes* ☐ Versailles : début des travaux de Le Vau (jusqu'en 1665).

1663 Molière : *l'Impromptu de Versailles* ☐ Le Brun, directeur de la Manufacture royale des meubles de la Couronne aux Gobelins ☐ Fondation de l'Académie des inscriptions et médailles.

1664 Molière : *Tartuffe*, joué à Versailles ☐ Colbert : *l'Art au service du roi* ☐ Lully : *la Naissance de Vénus.*

1665 Molière : *Dom Juan.* La Rochefoucauld : *Maximes* ☐ Le Bernin à Paris. Réforme de l'Académie royale de peinture et de sculpture, qui fournit seule les peintres et les sculpteurs du roi.

1666 Molière : *le Misanthrope.* Boileau : *Satires.* ☐ Cl. Perrault : colonnade du Louvre ☐ Académie de France à Rome ☐ Académie des sciences.

1667 Racine : *Andromaque. Tartuffe* interdit ☐ L'Observatoire sur les plans de Perrault. Le Nôtre remodèle les jardins de Versailles.

1668 La Fontaine : premier recueil de *Fables* (le second en 1678-1679) Molière : *l'Avare.*

1669 Racine : *Britannicus*. Début des lettres de Mme de Sévigné à sa fille □ À Paris Académie royale de musique.

1670 Pascal : *Pensées* (posth.). Molière : *le Bourgeois gentilhomme*. Bossuet : *Oraison funèbre d'Henriette d'Angleterre*. Précepteur du Grand Dauphin.

1671 Académie royale d'architecture.

1672 Molière : *les Femmes savantes*. □ Mission Richer à Cayenne : observations sur les variations du pendule.

1673 Molière : *le Malade imaginaire* ; mort de l'auteur □ Pierre Mignard : portrait de Mlle de Blois.

1674 Malebranche : *Recherche de la vérité* □ Boileau : *l'Art poétique*.

1676 Mariotte : *Discours sur la nature de l'air*.

1678 Mme de La Fayette : *la Princesse de Clèves* □ J. Hardouin-Mansart : travaux à Versailles ; Le Brun : galerie des Glaces.

1679 Hardouin-Mansart : chapelle des Invalides □ Denis Papin : la « marmite », avec soupape de sûreté.

1680 Richelet : *Dictionnaire français des mots et des choses* □ La Comédie-Française est fondée □ Lully : *Proserpine*.

1682 P. Bayle : *Lettres et pensées diverses sur la comète* □ Puget : *Milon de Crotone*.

Duchesse de Montpensier (ANNE-MARIE D'ORLÉANS), dite la Grande Mademoiselle (1627–1693), princesse française. Extravagante (son rôle dans la Fronde en porte témoignage), elle s'éprend du duc de Lauzun, mais le roi s'oppose au mariage et fait enfermer Lauzun à Pignerol (1671). Ayant obtenu sa libération moyennant cession de la principauté de Dombes et du comté d'Eu, elle l'épousa secrètement en 1682. Son ambition, la fortune considérable qu'elle hérita de sa mère, son rang de princesse (elle était la nièce de Louis XIII) expliquent son étrange existence mouvementée et ses malheurs, car après son mariage, Lauzun devint aussi brutal qu'il avait été empressé et galant. Ses Mémoires évoquent la vie de cour.

Talon (JEAN), administrateur français (1625-1694). Appartenant à la noblesse de robe, il est intendant du Hainaut. Envoyé au Canada comme intendant, il y reste de 1665 à 1668 et de 1670 à 1672, tout à fait fidèle, à l'esprit de Colbert. Le roi ayant envoyé, en 1665, le régiment de Carignan (1 000 hommes, 100 officiers) pour neutraliser la menace des Iroquois, Talon s'emploie à l'administration, encourageant l'agriculture, la recherche minière, le commerce, la construction navale. Il revient en France en 1668 et persuade Colbert de renoncer au monopole du commerce au Canada : la Compagnie des Indes occidentales ne se réserve qu'un quart des peaux d'ours et qu'un dixième des peaux d'élans, avec le droit exclusif de transport des fourrures en France. Dès lors, le commerce devient prospère. Revenu au Canada en 1670, Talon entreprend d'explorer des terres inconnues de l'ouest. Il envisageait même d'étendre la frontière jusqu'à la baie d'Hudson.

Bibliographie

Hubert Méthivier : *le Siècle de Louis XIV* (Que sais-je ?).

J. P. Labatut : *Louis XIV, roi de Gloire*.

Louis XIV : la « monarchie absolue » au temps des épreuves

La fin du règne de Louis XIV voit se multiplier les difficultés. Pour résister aux prétentions du roi, l'Europe forme de vastes coalitions (guerre de la ligue d'Augsbourg, 1688-1697 ; guerre de la Succession d'Espagne, 1701-1713), qui ébranlent la prépondérance française, donnent à l'Angleterre l'empire de la mer et appauvrissent le royaume. Deuils, défaites, misères, tristesse de la Cour forment un sombre tableau qui explique le tardif repentir d'un roi qui sut affronter la mort avec une maîtrise de soi dont il ne s'était jamais départi, tandis que des réformateurs pleins d'espoir commençaient à dénoncer les tares du régime. Pourtant, le gouvernement faisait face à la crise : des mesures de redressement financier et économique préparaient l'avenir. Après un long conflit avec Rome au sujet de la régale, Louis XIV obtenait l'appui du pape dans son rôle de défenseur de la foi contre quiétisme, jansénisme, protestantisme, mais la brutalité de sa politique religieuse (révocation de l'édit de Nantes) amorçait de nouvelles difficultés. L'omnipotence du roi, malgré le prestige donné à la France et que soulignera Voltaire dans son *Siècle de Louis XIV,* préparait de loin la Révolution.

Vie politique et institutionnelle

1685
☐ 18 OCT. Édit de Fontainebleau, ou révocation de l'édit de Nantes ; abolition du culte protestant en France (sauf en Alsace). Au moins 250 000 huguenots s'exilent.

1689
Pontchartrain, contrôleur général des Finances.

1690
Fénelon, précepteur du duc de Bourgogne, fils du Grand Dauphin († 1711).

1691
Mort de Louvois. Son fils Barbezieux lui succède.

1695
☐ 18 JANV. Instauration de la capitation (impôt de quotité, 22 classes de contribuables), créée pour la durée de la guerre de la ligue d'Augsbourg, supprimée le 17 déc. 1697. Rétablie à titre définitif comme impôt de répartition le 12 mars 1701.

1697
Mémoire envoyé à tous les intendants par le duc de Beauvillier pour servir à l'instruction de Monseigneur le duc de Bourgogne.

1699
Institution de lieutenants de police en province (charge vénale).

1700
□ 29 JUIN. Création du Conseil royal du commerce.

1701
Mort de Monsieur, frère du roi.

1702
□ JUILL. Révolte des camisards (parmi leurs chefs, Jean Cavalier) ; apaisement en mai 1704 grâce au maréchal de Villars.

1703
□ DÉC. Le « Centième Denier » : taxe de 1 % sur les mutations de propriété immobilière.

1704-1706
Création des offices de subdélégués d'intendants et d'offices municipaux pour des raisons fiscales.

1709
Emprunt forcé sur les étrangers naturalisés. Le louis (15 l. en 1704) est porté à 20 livres.

1710
□ 15 FÉVR. Naissance à Versailles du futur Louis XV (fils du duc de Bourgogne, † 1712, et arrière-petit-fils de Louis XIV). □ 14 OCT. Création, à titre provisoire, de l'impôt du dixième sur certains revenus déclarés des particuliers (supprimé en 1717). Système d'abonnement dès 1711 pour le clergé et les pays d'état ; taxation de faveur pour les nobles par les intendants.

1711
Les *Tables de Chaulnes* (Fénelon et le duc de Chevreuse) : projet de réformes limitant l'absolutisme ; esquisse de réaction aristocratique.

1713
□ JUILL. Édit de Louis XIV habilitant à succéder, à défaut de prince du sang, les bâtards légitimés (le duc du Maine et le comte de Toulouse) qu'il avait eus de Mme de Montespan.

1715
□ 8 MARS. Première déclaration exprimant la fiction qu'il n'y a plus de protestants en France.
□ 1er SEPT. Mort de Louis XIV.

Politique extérieure et coloniale

1684
□ 19 MAI. Bombardement par la flotte de Duquesne de Gênes, liée à l'Espagne. Le doge vient s'humilier à Versailles.
□ 15 AOÛT. Trêve de Ratisbonne, ratifiant les « réunions ».

1685
Le « Code noir » des colonies fixe la condition des esclaves des colonies

Évolution de l'impôt (en millions de livres)			
	Gabelles	**Aides**	**Tailles**
1661	14,73	5,2	1662 : 35,5
1680	18,15	22	1672 : 38,7
			1699 : 30
			1715 : 41

(L'État prélève quatre fois plus d'impôts par tête en France qu'en Angleterre.)

d'Amérique (humanisation mais codification de l'esclavage).

1686
Formation de la ligue d'Augsbourg (l'Autriche, l'Espagne, la Suède, quelques princes allemands contre la France), complétée en 1689 par l'Angleterre et les Provinces-Unies.

1688
Guerre de la ligue d'Augsbourg (jusqu'en 1697).
Intervention française dans l'électorat de Cologne et le Palatinat.

1689
Les Français dévastent le Palatinat.

1690
Victoires françaises de Fleurus sur les Impériaux et de Staffarde sur le duc de Savoie.

1692
Défaite navale de Tourville à La Hougue contre les Anglais. Steinkerque : victoire sur Guillaume d'Orange.

1693
Victoire de Neerwinden.
Développement de la guerre de course (Jean Bart, Duguay-Trouin, Forbin).
Victoire de La Marsaille sur le duc de Savoie.

1696
Colbert de Torcy, secrétaire aux Affaires étrangères (jusqu'en 1715).

1697
☐ 20 SEPT. ET 30 OCT. Paix de Ryswick, peu avantageuse : cession de toutes les villes annexées depuis 1679, sauf Strasbourg. La France reconnaît Guillaume d'Orange comme roi d'Angleterre. Elle acquiert l'ouest de Saint-Domingue.

1700
Philippe d'Anjou, petit-fils de Louis XIV, devient roi d'Espagne (sous le nom de Philippe V) sans renoncer à ses droits au trône de France.

1701
Guerre de la Succession d'Espagne (jusqu'en 1713).
☐ 7 SEPT. Grande Alliance de La Haye (Angleterre, Autriche, Hollande) contre la France et l'Espagne.

1704
Défaite française à Höchstädt.

1706
☐ 23 MAI. Victoire de Marlborough sur Villeroi à Ramillies. Défaite française à Turin (7 sept.).

1707
Victoire de Villars sur les Impériaux à Stalhofen.

1708
La France envahie (jusqu'en 1712) au nord : défaite d'Oudenarde (juill.), perte de Lille (oct.-déc.).

1709
☐ 11 SEPT. Défaite de Villars à Malplaquet.

1711
☐ OCT. Préliminaires de paix à Londres.

1712
☐ 24 JUILL. Victoire de Villars à Denain sur le Prince Eugène.
Mémoire de Torcy, secrétaire d'État aux Affaires étrangères, déclarant contraire aux lois fondamentales du royaume toute renonciation de Philippe V à ses droits de succession à la couronne de France.

1713

□ 11 AVR. Paix d'Utrecht : Philippe V conserve le trône d'Espagne, mais renonce pour lui et ses descendants à la couronne de France. La France cède à l'Angleterre Terre-Neuve, l'Acadie, la baie d'Hudson.

1714

□ 6 MARS. Traité de Rastadt : l'empereur Charles VI obtient les Pays-Bas espagnols, le Milanais, Naples, la Sardaigne. Le duc de Savoie reçoit la Sicile. La France acquiert la vallée de Barcelonnette et la principauté d'Orange. Essai d'alliance Versailles-Vienne-Madrid contre Londres et La Haye.

1715

□ 15 NOV. Traité de la Barrière : toute prétention française sur les Pays-Bas est stoppée.

Économie – Société

1684

Mauvaise récolte et disette.
Paris a 480 000 âmes (415 000 en 1637).

1685

Fondation de la manufacture royale des glaces, au château de Saint-Gobain.
Le pont Royal construit à Paris.

1686

□ JANV. Édit enlevant leurs enfants aux parents protestants pour les confier à des catholiques.
Ouverture du café Procope à Paris.
Pasteur Jurieu : *Lettres pastorales aux fidèles de France qui gémissent sous la captivité de Babylone* (les huguenots).

1687

Grave famine.

1688

□ NOV. Règlement organisant les milices royales paroissiales : fourniture en temps de guerre de soldats (non mariés, entre 20 et 40 ans), d'abord élus, puis tirés au sort (règl. du 23 déc. 1691).

1692

Accord du pape et de Louis XIV sur la régale et la déclaration des Quatre Articles.

1693

Grande misère dans tout le royaume. Mauvaise récolte. Famine, mortalité.

1694

Toulouse : Académie des Jeux floraux. La *Lettre à Louis XIV* de Fénelon, dénonçant le faste, les impôts, les guerres, circule manuscrite à Paris.

1695

Six boîtes aux lettres à Paris (8 en 1716). Querelle du quiétisme, doctrine mystique condamnée par le pape et remise en vogue par Mme Guyon. Défendue par Fénelon contre Bossuet (Conversations d'Issy), la doctrine est à nouveau condamnée par Rome (1699). Fénelon se soumet ; Mme Guyon est embastillée.

1696

□ NOV. Début de l'Armorial général de la France, où doivent figurer tous les possesseurs, nobles ou roturiers, d'armoiries.

1697

Monopole de la Comédie-Française, avec l'expulsion de la Comédie-Italienne, qui reviendra en 1723.

1698

□ 12 DÉC. Ordonnance réglementant hôpitaux et maladreries.

1699
Premier corps de sapeurs-pompiers à Paris.

1700
Recensement général des imprimeurs, libraires et relieurs.

1701
Institution de la Caisse des emprunts, qui émet des billets ; supprimée 1714. Avec le *Cas de conscience,* Quesnel réveille la querelle janséniste.

1703
Mort, à la Bastille, du Masque de fer. L'usage de la baïonnette, fabriquée à Bayonne, généralisé par Vauban.

1704
Condamnation par Clément XI des rites chinois, grâce auxquels le christianisme avait pénétré en Chine.

1707
Révolte du Quercy.

1709
□ OCT. Expulsion de Port-Royal des Champs des religieuses, dispersées dans des couvents. L'abbaye est rasée.
Le « grand hiver » entraîne la famine, une crise économique et des révoltes.

1710
Un cortège de femmes de Paris en marche sur Versailles arrêté par la troupe au pont de Sèvres.

1713
Bulle *Unigenitus* du pape Clément XI : condamnant définitivement le janséniste Quesnel ; insoumission du cardinal de Noailles, archevêque de Paris, et d'une partie de l'épiscopat.
Abbé de Saint-Pierre : *Traité de paix perpétuelle.*

1714
Fondation du haras du Pin (Normandie).

1715
Antoine Court réunit un synode au « Désert » (près de Nîmes).

Civilisation et cultures

1684 Furetière : *Essai d'un dictionnaire universel.*

1686 Fontenelle : *Entretiens sur la pluralité des mondes* □ Coysevox : buste de Louis XIV □ Lully : *Armide* □ Fondation à Saint-Cyr par Madame de Maintenon d'une maison d'éducation pour les jeunes filles nobles sans ressource.

1687 Poursuite de la querelle des Anciens et des Modernes avec : *le Siècle de Louis le Grand*, de Charles Perrault □ Construction du Grand Trianon.

1688 Bossuet : *Histoire des variations des églises protestantes.* La Bruyère : *Les Caractères* □ Premier mémoire sur l'utilisation de la vapeur, par Denis Papin.

1689 Racine : *Esther.* J. Domat : *les Lois civiles dans leur ordre naturel* (somme de jurisprudence française) □ Delalande, surintendant de la musique royale : *De Profundis.*

1690 F. Couperin : *Œuvres pour orgues* □ La Quintinie : *Instructions pour les jardins fruitiers et potagers.*

1691 Racine : *Athalie* (jouée devant le roi par les pensionnaires de Saint-Cyr).

1693 M. A. Charpentier : *Médée.*

1694 Première édition du *Dictionnaire de l'Académie française* □ Saint-Simon : *Mémoires* (jusqu'en 1723).

1697 Pierre Bayle : *Dictionnaire historique et critique*. Perrault : *Contes de ma mère l'Oye*.

1698 Girardon : tombeau du cardinal Mazarin □ Delalande : *Symphonies pour les soupers du Roy*.

1699 Fénelon : *Télémaque* □ La chapelle de Versailles, sur les plans de Mansart.

1700 la Bibliothèque royale compte 70 000 volumes (40 000 en 1683).

1701 Rigaud : Portrait de *Louis XIV en costume de sacre* □ Imprimeries de Trévoux : le *Journal de Trévoux* (*Dictionnaire de Trévoux* en 1704) □ Coysevox crée *la Renommée Mercure*.

1703 J.-B. Bullet : château de Champs.

1704 Antoine Galland, orientaliste traduit *les Mille et Une Nuits*.

1707 Alain René Lesage : *le Diable boiteux* □ Réorganisation des facultés de médecine □ Denis Papin construit un bateau mû par des roues à aubes □ Vauban : *Projet d'une dîme royale*.

1709 A. R. Lesage : *Turcaret*.

1710 Salon de la marquise de Lambert à Paris (fréquenté par Montesquieu, Marivaux, Fontenelle).

1712 Watteau, agréé par l'Académie.

1713 Couperin : *Concerts*, joués le dimanche à Versailles.

1715 Oraison funèbre de Louis XIV par J.-B. Massillon : « Dieu seul est grand ».

Biographies

Bernard (SAMUEL), financier (1651-1739). Fils d'un peintre, il se fait recevoir à vingt-cinq ans dans la corporation des drapiers-joailliers et vend des tissus et de la dentelle d'or rue Bourg-l'Abbé. Ayant abjuré le calvinisme en 1685, il ouvre une banque, commanditée, dit-on par des calvinistes exilés. En 1695, il est devenu le plus grand banquier d'Europe, le plus considérable des « traitants » français de la fin du règne de Louis XIV. Spéculant sur tout, jouissant d'un crédit illimité, il fournit au roi les sommes considérables dont il a besoin et, pendant la guerre de la Succession d'Espagne, il prend en mains les finances royales, conseillant les contrôleurs généraux sur les monnaies, l'économie, la diplomatie même, mais ayant la prudence de rester dans la coulisse. En 1708, s'étant refusé à toute nouvelle avance, il se voit « mandé » par le roi lui-même qui le reçoit à Marly, flattant assez sa vanité pour qu'il se laisse fléchir. Ayant admirablement rebondi après sa banqueroute de 1709, il continue sous la Régence son rôle occulte et efficace.

Bibliographie

H. Méthivier : *la France de Louis XIV, un grand règne ?*

A. Corvisier : *La France de Louis XIV, ordre intérieur et place en Europe.*

P. Goubert : *Louis XIV et vingt millions de Français.*

La Régence, Louis XV, le gouvernement des ministres

Tandis que se développe la réaction politique, intellectuelle et morale de la Régence contre le gouvernement de Louis XIV, Law essaie hardiment de remédier à la situation financière par un « système » qui, après quelques succès, échoue. À la mort du Régent (1723), Louis XV donne successivement le pouvoir au maladroit duc de Bourbon, puis au prudent cardinal Fleury, qui, par la paix, relativement peu troublée jusqu'en 1740, et par une administration à la fois souple et ferme, relève la France. C'est le meilleur moment du règne. Pourtant, l'éclat de la vie mondaine, la brillante civilisation artistique et littéraire et la prospérité de la bourgeoisie se concilient fort bien avec un esprit critique qui sape le régime établi, les valeurs religieuses et le système social traditionnel. Tout annonce déjà les grands bouleversements de la fin du siècle.

Vie politique et institutionnelle

1715
□ 2 SEPT. Annulation du testament de Louis XIV par le parlement : Philippe d'Orléans reconnu régent avec la plénitude des pouvoirs. Décision validée en lit de justice le 12 sept.
□ 5 SEPT. Le parlement recouvre le droit de remontrance. Expérience de la « polysynodie » : réforme des conseils de gouvernement par la mise en place de conseils aristocratiques. Diminution du rôle des secrétaires d'État.

1717
□ JUILL. Édit annulant l'acte de légitimation des bâtards de Louis XIV (contraire aux lois fondamentales du royaume).

1718
□ 21 AVR. Arrêt du Conseil condamnant

les tentatives du parlement « pour partager l'autorité souveraine » et limitant (après l'enregistrement) la permission de faire des remontrances.
□ 26 AOÛT. Lit de justice réduisant momentanément le parlement au silence.
□ 24 SEPT. Les secrétaires d'État sont rétablis dans leur rôle antérieur : suppression progressive des différents conseils de la polysynodie.

1720
□ 5 JANV. Law contrôleur général (l'année de l'échec de son « système », v. Économie et société).

1722
□ 22 AOÛT. Dubois, Premier ministre.
□ 25 OCT. Sacre de Louis XV.

1723
□ 16 FÉV. Majorité de Louis XV. Rétablissement du Conseil d'en haut

(16 févr.). Tout au long du règne, pratique fréquente des Comités de ministres (sans le roi).

□ 10 AOÛT. Mort de Dubois.

□ 2 DÉC. Mort du Régent.

1725

□ 5 JUIN. Impôt du cinquantième sur tous les revenus (en remplacement du dixième, aboli en 1717), supprimé en 1727.

□ 22 SEPT. Mariage de Louis XV avec Marie Leszczyńska.

1726

□ 12 JUIN. Le cardinal de Fleury, ministre (jusqu'en 1743).

1727

D'Aguesseau, chancelier (jusqu'en 1750).

1729

Naissance du dauphin Louis.

1730

Orry, contrôleur général des Finances (jusqu'en 1745) : bonne administration.

1731

Fermeture par Fleury du Club de l'Entresol (d'Alary, d'Argenson, Montesquieu,

Belleroy), considéré comme foyer d'opposition. Arrêt du parlement en forme de Déclaration des Quatre Articles, extension d'un gallicanisme parlementaire.

1732

□ AOÛT. Résistance du parlement, au nom des libertés gallicanes, à l'enregistrement de la bulle *Unigenitus ;* 139 conseillers exilés à Pontoise en septembre, rappelés en décembre.

1733

□ 17 MAI. Rétablissement de l'impôt du dixième (supprimé en 1737, rétabli à nouveau en 1741).

1743

□ 29 JANV. Mort du cardinal de Fleury.

Politique extérieure et coloniale

1715

Aide de la France à Jacques Édouard Stuart pour reconquérir le trône d'Angleterre (battu en févr. 1716).

1717

□ 11 JANV. La Haye : Triple Alliance France-Angleterre-Provinces-Unies ; de-

---

Démographie française sous Louis XV :

Selon Mirabeau (*Traité de la population, 1756*) :	19 millions d'individus
Selon Messange (*Recherches sur la population, 1766*) :	21 669 000 individus
Selon l'abbé Expilly (*Dictionnaire géographique, 1767*) :	22 millions d'individus
Selon Moheau (*Recherches et considérations sur la population, 1778*) pour les années 1770-1774 :	23,5 à 24 millions d'individus

Moyenne annuelle des mariages : 192 180
Moyenne annuelle des naissances : 928 918 – taux de natalité : 38,7 ‰
Moyenne annuelle des décès : 793 983 – taux de mortalité : 33 ‰

La moyenne de vie est passée de 21 ans en 1680 à 32 ans en 1774.

vient la Quadruple Alliance avec l'adhésion de l'empereur (traité de Cockpit, sept. 1778).

□ MAI. Pierre le Grand à Paris : accord avec la France.

L'abbé Dubois, secrétaire d'État aux Affaires étrangères.

□ DÉC. Conspiration de l'ambassadeur espagnol Cellamare contre le Régent.

1719

Guerre contre l'Espagne : prise de Fontarabie, Saint-Sébastien, Urgel (juin-oct.).

1720

□ 22 JUIN. Traité de Madrid avec l'Espagne : Philippe V adhère à la Quadruple Alliance.

1721

□ 27 MARS. Réconciliation franco-espagnole. Fiançailles de Louis XV avec l'infante Marie-Anne.

Dubois, médiateur de la paix du Nord autour de la Suède, vaincue.

1722

Fondation du comptoir de Mahé.

1724

Renvoi en Espagne de l'infante : menace de guerre avec l'Espagne, alliée de l'Autriche).

1725

Accord franco-anglais d'Herrenhausen contre la menace espagnole. Prusse, puis Provinces-Unies (1726) y adhèrent.

1726

La guerre franco-espagnole avorte. Congrès de Soissons (jusqu'en 1729).

1727

Politique de paix de Fleury. Entente avec le ministre anglais, Walpole.

1731

Traité de Vienne réglant définitivement la succession d'Espagne : acceptation des traités de 1713.

Dupleix, gouverneur de Chandernagor (jusqu'en 1742).

1733

Stanislas Leszczyński, élu roi de Pologne, chassé par les armées austro-russes au profit de l'Électeur de Saxe.

□ OCT. Guerre de la Succession de Pologne.

Campagne de Villars en Italie. Premier pacte de famille avec l'Espagne (conquête du Milanais, 1734).

1734

Secours dérisoire de Fleury à Stanislas. Échec à Dantzig.

1738

□ 18 NOV. Paix de Vienne : fin de la guerre de la Succession de Pologne, à laquelle renonce Stanislas. Il reçoit la Lorraine et le comté de Bar, qui reviendront à la France à sa mort (1766).

1739

□ 18 SEPT. Traité de Belgrade conclu avec la médiation de la France entre la Turquie, d'une part, l'Autriche et la Russie, d'autre part.

1740

Renouvellement des « capitulations » avec les Turcs, à perpétuité.

Ouverture de la succession d'Autriche : attaque de Frédéric II contre Marie-Thérèse.

1741

□ 28 MAI. Ligue de Nymphenburg : France, Bavière, Saxe, Pologne, Espagne, Sardaigne contre Marie-Thérèse.

Menaces des Mahrattes sur Pondichéry et Madras.

Économie – Société – Religion

1715

Le Conseil de conscience de la « poly-synodie » ouvert aux jansénistes (cardinal de Noailles) : rejet de la bulle *Unigenitus ;* le pape refuse d'investir les évêques nommés par le Régent.
Banqueroutes partielles : refonte des monnaies, réduction des rentes. Suppression d'offices.

1716

☐ MARS. Établissement d'une Chambre de justice pour juger les financiers coupables de malversations (fonctionne jusqu'en 1717).
☐ 2 MAI. Law fonde une banque privée, la Banque générale (société par actions au capital de 6 millions de livres) autorisée en 1717 à émettre des billets ayant cours public.

1717

☐ AOÛT. Law fonde la Compagnie d'Occident, société anonyme par actions.
☐ 4 SEPT. Law rachète la ferme du tabac.
☐ 16 SEPT. Les frères Pâris, banquiers, créent l'Antisystème, compagnie rivale de celle de Law.

1718

Hausse des prix agricoles.
☐ 4 DÉC. La banque de Law devient Banque royale.

1719

Apogée du système de Law : sa Compagnie, qui prend le nom de Compagnie des Indes, obtient le monopole du commerce maritime (mars-juill.). Groupement avec la Banque de la rue Quincampoix, de : la Compagnie, la ferme du tabac, la frappe des monnaies et le recouvrement de certains impôts.

1720

Compagnie de Law : baisse des dividendes ; défiance et tendance à revendre. Grosse émission de billets que la Banque ne peut rembourser en espèces et à vue.
☐ 24 MARS. Fermeture de la rue Quincampoix. Panique ; émeute (3 juill.).
☐ 10 OCT. Arrêt retirant tout usage monétaire au billet de la Banque de Law. Fuite de celui-ci (12 déc.).

1724

☐ 24 SEPT. Arrêt du Conseil établissant la Bourse de Paris (rue Vivienne) et constituant le monopole des agents de change.
☐ 14 MAI. Édit contre les protestants.

1725

Disette et émeutes.
Première loge maçonnique à Paris.

1726

☐ 25 FÉVR. Ordonnance organisant les milices même en temps de paix pour servir d'« armées de réserve ».
☐ 15 JUIN. Fin des mutations monétaires : stabilisation du louis d'or (24 livres) et de l'écu d'argent (6 livres).
☐ 19 AOÛT. Constitution définitive de la Ferme générale.

1727

Mort du diacre Pâris et miracles sur sa tombe : début de l'affaire des convulsionnaires de Saint-Médard, à laquelle met fin une ordonnance de 1733.

1728

Les Nouvelles ecclésiastiques, périodique janséniste clandestin (jusqu'en 1803).

1730

☐ FÉVR.-MARS. Ordre au clergé d'accepter la bulle *Unigenitus*.

1734
Pierre Mathieu reconnaît l'étendue du bassin minier d'Anzin. Creusement des premiers filons et installation (1737) par Désandrouin d'une « machine atmosphérique » pour le pompage de l'eau.

1736
Interdiction d'importer des toiles peintes dites « indiennes » (jusqu'en 1759).

1738
Fondation de la manufacture de porcelaine de Vincennes (transférée ensuite à Sèvres).
Achèvement du canal de Picardie. Réglementation par le contrôleur Orry de la corvée royale (apparue sous Louis XIV et généralisée vers 1730).

1740
Vaucanson : premier métier à tisser entièrement automatique.

1741
Forte hausse des prix agricoles.

1742
Création des Établissements métallurgiques du Creusot.

1743
Le comte de Clermont, grand maître des maçons de France (jusqu'en 1771).

Civilisation et cultures

1716 Watteau : *Gilles* □ Couperin : *l'Art de toucher le clavecin.*

1717 Watteau : *Pèlerinage à Cythère.*

1718 Edmond Barbier : *Journal historique et anecdotique de la régence et du règne de Louis XV* (→ 1762).

1719 Abbé Dubos : *Réflexions critiques sur la poésie et la peinture.*

1720 Marivaux : *Arlequin poli par l'amour* □ Watteau : l'*Enseigne de Gersaint.*

1721 Montesquieu : *Lettres persanes.*

1722 Rameau : *Traité de l'harmonie réduite à ses principes naturels* □ Réaumur : *l'Art de convertir le fer forgé en acier* □ Delamare : *Traité de la police.*

1725 Le Concert spirituel des Tuileries, fondé par A. Philidor.

1726 Mme de Tencin : salon littéraire.

1727 Boulainvilliers : *État de la France.*

1728 Abbé Prévost : *Mémoires et aventures d'un homme de qualité* (→ 1731), dont l'*Histoire du chevalier Des Grieux et de Manon Lescaut* est le tome VII □ Chardin : *la Raie* □ Pierre Fauchard : *le Chirurgien-dentiste.*

1730 Marivaux : *le Jeu de l'amour et du hasard* □ Mme du Deffand : salon littéraire □ Lancret : *la Camargo.*

1731 Voltaire : *Histoire de Charles XII* □ Coustou : *Marie Leszczyńska* □ Fondation de l'Académie royale de chirurgie.

1732 Voltaire : *Zaïre.*

1733 Oudry : *Chasses royales* (cartons de tapisserie ; → 1746) □ Servandoni : façade de Saint-Sulpice, à Paris (→ 1749) □ Rameau : *Hippolyte et Aricie.*

1734 Voltaire : *Lettres philosophiques* □ Montesquieu : *Considérations sur les causes de la grandeur des Romains et* *de leur décadence* □ François Lemoyne : plafond du salon d'Hercule à Versailles.

1735 Nivelle de La Chaussée : *le Préjugé à la mode* □ Décoration de l'hôtel de Soubise (Boffrand, Natoire, Lemoyne) □ Robert Le Lorrain : *les Chevaux du Soleil* (pour l'hôtel de Rohan) □ Rameau : *les Indes galantes* □ Expédition au Pérou (jusqu'en 1744) de Bouguer et La Condamine pour mesurer la longueur d'un arc de méridien de 1° à l'équateur.

1736 Marquis d'Argens : *Lettres juives* □ Pater : *Baigneuses* □ Voyage en Laponie (jusqu'en 1737) de Maupertuis, Clairaut, Celsius, Le Monnier pour mesurer la longueur d'un arc de méridien de 1° au pôle, vérifiant l'aplatissement de la Terre.

1737 Marivaux : *les Fausses Confidences* □ De Troy : *Déjeuner de chasse.*

1738 Chardin : *l'Enfant au toton* □ Vaucanson : le *Joueur de tambourin,* le *Canard,* automates.

1739 Saint-Simon : *Mémoires* (jusqu'en 1752) □ Bouchardon : Fontaine de Grenelle à Paris □ Bernoulli, Clairaut, Euler : perfectionnement du calcul infinitésimal.

1740 Chardin : *le Bénédicité* □ Tocqué : *Marie Leszczyńska* □ Coustou : *les Chevaux de Marly* (jusqu'en 1745).

1742 Boucher : *le Triomphe de Vénus.* □ Nattier : *Madame Henriette en Flore.*

1743 D'Alembert : *Traité de dynamique.*

Biographies

Lecouvreur (ADRIENNE), actrice (1692-1730). Elle a 14 ans lorsqu'elle joue la « Pauline » de *Polyeucte* dans la cour de l'hôtel d'un magistrat. Bientôt les comédiens officiels la forment. Jouant avec naturel, refusant le ton déclamatoire, elle donne à ses personnages l'accent de la vérité. Ses tournées la conduisent à Lille, Lunéville, Strasbourg, mais la vraie gloire l'attend à Paris, où elle est adulée par un public raffiné. Fontenelle, Voltaire, le comte de Caylus sont ses amis, Maurice de Saxe restant le grand amour de la tragédienne. Elle meurt sur scène.

La Pouplinière (ALEXANDRE LE RICHE DE), fermier général, mélomane dilettante (1693-1762). De famille anoblie et fortunée (son père est receveur des Finances), il entre en 1721 dans la Compagnie de Law. Ses contacts avec la haute société parisienne développent son goût pour la musique et les arts. Son salon s'ouvre à Rameau, Voltaire, aux financiers, aux passionnés de musique. Il acquiert plusieurs domaines, épouse une actrice cultivée, mène une brillante vie mondaine, accueille Rousseau, le maréchal de Saxe, Casanova, Van Loo, Vaucanson... Sa bibliothèque et ses collections l'intéressent moins que la musique, pour laquelle, amateur de talent, il fut un protecteur généreux.

Bibliographie

H. Méthivier : *le Siècle de Louis XV* (Que sais-je ?).

Ph. Erlanger : *le Régent.*

Le gouvernement personnel de Louis XV

Dans cette dernière partie du règne de Louis XV s'accentue le divorce entre la royauté et la nation. Louis XV, nonchalant, hésitant, égoïste, trompe l'espoir de son peuple, donne tout crédit aux favorites, la Cour faisant de plus en plus écran entre le roi et ses sujets. Cependant, des ministres essaient de remédier à cette crise d'autorité et s'attaquent aux abus : d'Argenson, Choiseul reconstituent l'armée, Machault cherche à établir plus de justice en matière d'impôt et Maupeou réussit à supprimer les parlements, foyers d'opposition. Les apparences restent brillantes : situation économique prospère, villes embellies, supériorité culturelle éclatante de la France. Toutefois, au dehors, préparée par le renversement des alliances, la guerre de Sept Ans consacre la gloire de Frédéric II et de sa brutale politique d'annexions, en même temps que la suprématie coloniale et maritime glisse vers l'Angleterre. Au dedans se forme une opinion publique de plus en plus lucide, animée par la fièvre de savoir, la passion de s'affranchir de tous préjugés, la volonté de faire le bonheur du genre humain, fût-ce aux dépens d'institutions monarchiques en perte de crédit et de prestige.

Politique intérieure

1743
☐ JANV. Après la mort de Fleury, le roi préside en personne le Conseil d'en haut.

1745
Le « règne » de Mme de Pompadour († 15 avr. 1764) commence. Orry disgracié. Machault d'Arnouville, contrôleur des Finances (jusqu'en 1754).

1749
Disgrâce de Maurepas.
☐ MAI. Le dixième converti en impôt du vingtième sur tous les revenus, théoriquement (impôt du temps de paix).

1750
Lutte difficile et incertaine de Machault d'Arnouville contre les privilégiés : dissolution des états du Languedoc (pour deux ans) ; exil de nobles bretons ; heurts avec l'assemblée du clergé (jusqu'en 1755).

1753
☐ AVR. Les « grandes remontrances » du parlement (exilé à Pontoise en mai ; rappelé en octobre).

1754
Machault d'Arnouville quitte le contrôle général pour la Marine.

1756
Création d'un deuxième vingtième. Agi-

133

tation parlementaire (élaboration de la « théorie des classes » : tous les parlements forment un corps unique).

1757
☐ 5 JANV. Attentat de Damiens contre le roi.
☐ FÉVR. Disgrâce de Machault d'Arnouville et du comte d'Argenson.
Le Dauphin siège au Conseil d'en haut.

1758
☐ 9 OCT. Choiseul, secrétaire d'État aux Affaires étrangères, va désormais exercer le pouvoir.

1759
☐ MARS. Silhouette, contrôleur général : projet d'impôt physiocratique sacrifié aux privilégiés.
☐ NOV. Bertin, contrôleur général.

1760
Augmentation de la capitation.
Création d'un troisième vingtième, jusqu'à la paix.

1761
Turgot, intendant du Limousin.

1762
Échange du duché de Gisors (acquis en 1759) contre la principauté de Dombes.

1763
Les « Affaires de Bretagne » (jusqu'en 1770) : conflit entre d'Aiguillon, commandant en chef, et La Chalotais,

procureur général du parlement de Rennes, et formation d'une « confédération de résistance » des parlements.

1765
Mort du Dauphin.

1766
☐ 3 MARS. « Séance de la Flagellation » : lit de justice de Louis XV au parlement.

1768
Mort de la reine.
☐ 16 SEPT. Maupeou, chancelier.

1769
☐ 22 DÉC. Terray, contrôleur général.

1770
☐ 3 DÉC. Édit condamnant les prétentions politiques des parlements, enregistré en lit de justice (le 7 déc.). Disgrâce de Choiseul (24 déc.).

1771
Triumvirat Terray, d'Aiguillon, Maupeou.
☐ 19 JANV. Coup de force de Maupeou : exil des parlementaires, confiscation de leurs charges.
☐ FÉVR.-AVR. Série d'édits réorganisant le parlement et créant six « conseils supérieurs » (cours souveraines) ; suppression de la vénalité et remboursement des offices ; suppression des épices et statut des nouveaux magistrats.

Plantations de canne à sucre et esclavage dans quelques colonies françaises

	La Guadeloupe			La Martinique	
	Nombre de Blancs	Nombre d'esclaves		Nombre de blancs	Nombre d'esclaves
1671	3 083	4 267	1686	5 019	11 101
1730	7 698	26 801	1736	13 917	55 692
1767	11 863	72 761	1776	11 619	71 268

1774
☐ 10 MAI. Mort de Louis XV.

Politique extérieure et coloniale

1744
La France en guerre contre l'Angleterre sur mer et aux colonies, et contre l'Autriche.

1745
☐ 11 MAI. Victoire de Maurice de Saxe à Fontenoy (célébrée par Voltaire).
Victoires franco-espagnoles en Italie.

1746
☐ JANV. Entrée des Français à Bruxelles.
☐ 11 OCT. Charles de Lorraine écrasé à Rocourt par Maurice de Saxe.
Prise de Madras par Dupleix.

1747
Déclaration de guerre aux Provinces-Unies.
☐ 2 JUILL. Victoire de Maurice de Saxe sur Cumberland à Lawfeld.
☐ SEPT. Prise de Bergen op Zoom.

1748
Traité d'Aix-la-Chapelle : la France restitue toutes ses conquêtes.

1749-1750
Dupleix soumet à l'influence française le sud de l'Inde.

1754
Lutte franco-anglaise pour la vallée de l'Ohio (incident de Jumonville, au Canada).
Dupleix rappelé en France : la Compagnie des Indes renonce aux conquêtes.

1755
Arraisonnement en pleine paix de vaisseaux français par la flotte anglaise dans l'Atlantique : attentat au droit des gens.

1756
☐ 1er MAI. Après le traité de Westminster (janv. 1756), traité de Versailles : renversement des alliances (France, Autriche contre Angleterre et Prusse).
☐ AOÛT. Frédéric II attaque la Saxe en pleine paix. Début de la guerre de Sept Ans. Succès de Montcalm au Canada.

1757
☐ 1er MAI. Deuxième traité de Versailles : la Saxe, la Suède, la Russie alliées à la France et à l'Autriche.
Conquête du Hanovre par le maréchal de Richelieu : victoire de Kloster Zeven (sept.)
☐ 5 NOV. Défaite de l'armée de Soubise par Frédéric II à Rossbach.

1758
Pertes au Canada : Louisbourg, les forts Frontenac et Duquesne.
Défaite du comte de Clermont à Krefeld.

1759
☐ SEPT. Capitulation de Québec. Mort de Montcalm. Perte de la Guadeloupe. Belle-Isle occupée par les Anglais.

1760
☐ SEPT. Capitulation de Montréal. Embuscade de Clostercamp : mort du chevalier d'Assas.

1761
Capitulation de Lally-Tollendal à Pondichéry. Perte de Karikal et de Mahé.
☐ 15 AOÛT. Pacte de Famille (France, Espagne) pour résister à l'Angleterre.

1763
☐ 10 FÉVR. Traité de Paris : abandon à l'Angleterre du Canada, de l'Inde (sauf cinq comptoirs démantelés), de la rive gauche du Mississippi.
Abandon à l'Espagne de la Louisiane en compensation de la Floride, qu'elle a dû céder à l'Angleterre.

1766
☐ 23 FÉVR. Mort de Stanislas Leszczyński ; rattachement de la Lorraine à la France.

1768
La Corse achetée par la France aux Génois (15 août 1769, naissance de Napoléon Bonaparte).

1770
Mariage du dauphin Louis et de Marie-Antoinette d'Autriche.

Économie – Société – Religion

1744
☐ 14 JANV. Arrêt du Conseil : contrôle royal sur l'exploitation des mines de houille. Grève des soyeux à Lyon.

1746
Reprise des dragonnades contre les protestants.

1747
Création de l'École des ponts et chaussées (Trudaine et Perronet).

1749
Colère contre l'impôt. Émeutes à Paris. Tentative de marche sur Versailles.

1750
Le caoutchouc rapporté d'Amérique du Sud par Bouguer et La Condamine. Mandrin se fait contrebandier et bandit (exécuté 1755).

1751
Vaucanson : le tour métallique à chariot (première machine-outil). Condamnation de la franc-maçonnerie par Benoît XIV. Fondation de l'École militaire de Paris.

1752
Jacqueries en Languedoc et en Provence. Affaire des billets de confession, exigés des jansénistes (malgré l'opposition du parlement) pour recevoir les sacrements. Renouvellement de l'interdiction des assemblées du désert pour les protestants.

1753
Première extraction chirurgicale de la pierre à l'hospice des frères de Saint-Côme par Jean Baseilhac.

1754 et 1757
Ordonnance de d'Aiguillon réglementant la corvée royale pour en éviter l'arbitraire.

1755
Nouvelle fabrique de Bonvallet à Amiens : impressions de colorants sur les lainages par plaques de cuivre.

1757
Création de la Compagnie des mines d'Anzin, société par actions. Création de la première Société d'agriculture en Bretagne, imitée ailleurs.

1758
Quesnay : *Maximes générales du gouvernement économique d'un royaume agricole.*

1759
Fondation à Jouy-en-Josas d'une manufacture de toile, par C.-P. Oberkampf.

1760
Procès du jésuite La Valette pour banqueroute dans le commerce des Antilles ; nombreux arrêts du parlement (1761, 1762) contre la Compagnie de Jésus, sa doctrine, ses collèges.

1761
Dupont de Nemours emploie le mot « physiocratie ».

1762
Calas exécuté (réhabilité 1765).

1764
Gribeauval, inspecteur de l'artillerie : nouveau modèle de canons mobiles.
□ AOÛT (ET MAI 1765). Édits supprimant la vénalité des charges municipales et restaurant les élections.
□ NOV. Édit supprimant la Compagnie de Jésus dans toute l'étendue du royaume et ordonnant l'expulsion des jésuites.

1766
Construction du pont de Neuilly (Perronet).
Le chevalier de La Barre exécuté.
□ 22 MAI ET 31 JUILL. Arrêts du Conseil : Commission des réguliers pour combattre les abus dans les ordres religieux.

1768
Découverte du kaolin à Saint-Yrieix, à l'origine des porcelaines de Limoges.
Sade emprisonné pour mœurs.

1769
□ 13 AOÛT. Abolition du monopole de la Compagnie des Indes orientales : liberté du commerce.

1770
Interdiction d'exporter les grains à la suite de récoltes insuffisantes.
Chômage : création d'ateliers de charité.

1771
L'École de cavalerie créée à Saumur.

1772
Création près de Montbéliard d'une fabrique d'horlogerie par Frédéric Japy.

1773
Émeutes de la faim à Bordeaux.
La première machine à filer le coton rapportée clandestinement d'Angleterre.
□ OCT. Le Grand Orient de France créé.

1774
Émeutes de la faim en Touraine.

Civilisation et cultures

1745 Nattier : *Madame Adélaïde en Diane.*

1746 Vauvenargues : *Introduction à la connaissance de l'esprit humain.*

1747 Voltaire : *Zadig* □ Bouchardon : *l'Amour se taillant un arc dans la massue d'Hercule* □ Cassini : carte topographique de la France au 1/86 400.

1748 Montesquieu : *De l'esprit des lois* □ Découverte des ruines de Pompéi.

1749 Buffon : *Histoire naturelle.*

1751 Voltaire : *le Siècle de Louis XIV.* Premiers volumes de l'*Encyclopédie ou Dictionnaire raisonné des sciences, des arts et des métiers* (jusqu'en 1772).

1752 Boucher : *Madame de Pompadour* □ Héré : la place Stanislas à Nancy.

1753 C. J. Vernet : *Ports de France* (jusqu'en 1765) □ Oudry : *le Canard blanc* □ Pigalle : mausolée du maréchal de Saxe à Strasbourg (jusqu'en 1776).

1754 Condillac : *Traité des sensations.*

1755 Morelly : *le Code de la Nature* □ Rousseau : *Discours sur l'origine de l'inégalité* □ Quentin de La Tour : *Madame de Pompadour.*

1757 D'Alembert : article « Genève » (*Encyclopédie*, tome VII).

1758 Helvétius : *De l'esprit* □ Mably : *Des droits et des devoirs du citoyen* □ Passage de la comète de Halley.

1759 Voltaire : *Candide.* Diderot : *Salons* (jusqu'en 1781).

1760. Caffieri : buste de Rameau □ Clairaut et Lalande : étude des comètes.

1761 Rousseau : *Julie ou la Nouvelle Héloïse* □ Greuze : *l'Accordée de village.*

1762 Rousseau : *Émile ; le Contrat social.* Diderot : *le Neveu de Rameau* □ A.-J. Gabriel : le Petit Trianon.

1763 Adanson : *Familles naturelles des plantes.*

1764 Voltaire : *Dictionnaire philosophique.*

1765 Rousseau : *les Confessions* (jusqu'en 1770) ; publication : 1782 - 1789 □ Greuze : *la Malédiction paternelle* □ Hôtel des Monnaies, à Paris, sur des plans de J.-D. Antoine □ Soufflot : plans de Sainte-Geneviève (Panthéon).

1766 Falconet : *Pierre le Grand,* statue équestre (jusqu'en 1778).

1767 Fragonard : *l'Escarpolette* □ Bougainville : expédition aux Terres australes.

1768 Gabriel : la place Louis XV à Paris (→ 1775) □ Riesener ébéniste de la Couronne.

1769 Gossec : le Concert des amateurs □ Gondoin : École de médecine □ Cugnot : le fardier à vapeur.

1770 D'Holbach : *le Système de la nature.*

1771 N. Ledoux : pavillon de Mme du Barry à Louveciennes □ Kerguelen dans les mers du Sud (jusqu'en 1773).

1773 Pajou : buste de Mme du Barry.

1774 Gluck : *Iphigénie en Aulide,* représenté à Paris □ Laplace : observations sur les marées.

Biographies

Camargo (MARIE-ANNE DE CUPIS DE), danseuse (1710-1770). Fille d'un maître de musique et de danse, guère jolie mais d'une virtuosité remarquable, elle connaît d'emblée le succès à Paris et paraît dans 78 opéras ou ballets. On apprécie sa légèreté, sa grâce et ses chevilles qu'elle est la première danseuse à montrer. Elle inspira Lancret et Quentin de la Tour.

Poivre (PIERRE), administrateur colonial (1719-1786). Il se croit d'abord promis à une vocation missionnaire. En 1740, il part pour le Tonkin et observe à Macao et à Canton les conditions du commerce de la Compagnie des Indes. Assez vite exclu de la mission, il rentre en France, bien documenté sur le commerce européen avec la Chine. Il est choisi pour une mission en Cochinchine par la Compagnie des Indes, qui cherche à ravir aux Hollandais le monopole du commerce des épices dans les mers d'Orient. Mais il n'obtient que des promesses. Poivre est ensuite désigné comme intendant des îles de France et du Bourbon. Il y encourage l'agriculture, l'élevage, et l'acclimatation des épices venues de Chine. C'est du «verger d'épiceries» de l'un de ses protégés, Céré, que viendront en 1777 les premiers clous de girofle français présentés à Louis XVI, et la première muscade, cueillie en 1778.

Bibliographie

P. Gaxotte : *le Siècle de Louis XV.*

P. Galliano, R. Philippe, Ph. Sussel : *La France des Lumières.*

Louis XVI et la fin de l'Ancien Régime

Suscitant un espoir général, le règne du jeune Louis XVI semble d'abord s'engager dans une voie rénovatrice : « J'ai besoin d'honnêtes gens qui aient le courage de m'avertir de mon devoir. » Malheureusement, le pouvoir des ministres réformateurs n'est maintenu qu'épisodiquement et, par manque d'énergie, Louis XVI ne résiste pas à ceux qui, bénéficiant des abus, s'acharnent à les maintenir dans le contexte d'une crise économique qui les rend plus pesants. Après 1781, la Cour et les privilégiés ont retrouvé toute leur influence, tandis que les contrastes et les antagonismes s'accusent entre catégories sociales. Malgré son incomparable éclat culturel et les succès remportés en Amérique, le règne de la monarchie de droit divin se dégrade, en butte à des difficultés budgétaires, à l'agitation provinciale et à l'opposition des parlements et des partisans des idées nouvelles. La monarchie se révèle impuissante à sauver l'équilibre social, à surmonter les troubles populaires et les problèmes de disette autant qu'à réformer une situation financière née des abus de l'inégalité fiscale et du durcissement de la caste privilégiée. Elle se résigne donc à la convocation des États généraux, préface à la Révolution.

Vie politique et institutionnelle

1774
☐ 10 MAI. Mort de Louis XV. Avènement de Louis XVI.
☐ MAI. Renvoi du triumvirat. Maurepas, conseiller et ministre.
☐ 24 AOÛT. Turgot, contrôleur général des finances, engage avec succès la réforme économique dans un sens libéral.
☐ 12 NOV. Rétablissement du parlement de Paris, suivi du rappel des parlements de province.

1775
Cherté des blés entraînant la guerre des farines (avril-mai). Opposition générale à Turgot.

1776
☐ JANV.-MAI. Turgot : dernières tentatives de réformes.
Renvoi (12 mai).
Démission de Malesherbes (13 mai).

1777
☐ JUIN. Necker, directeur général des Finances.

1778
☐ JUILL. Création par Necker d'une Assemblée provinciale en Berry, suivie en 1779 de celle de haute Guyenne.

1781
☐ FÉVR. Necker : « Compte rendu au roi sur les finances de la nation, qui fait connaître le détail des pensions versées aux courtisans ».
☐ 19 MAI. Démission de Necker.

1783
☐ 10 NOV. Calonne, contrôleur général des Finances.

1785
☐ 15 AOÛT. Arrestation du cardinal de Rohan (affaire du Collier de la reine), acquitté en 1786.
Necker : *Traité de l'administration des finances.*

1786
☐ 20 AOÛT. « Plan d'amélioration des finances », par Calonne, concernant la subvention territoriale.

1787
☐ FÉVR.-AVR. L'Assemblée des notables s'oppose à Calonne (renvoyé le 8 avril). Loménie de Brienne, ministre principal.
☐ 12 MAI. Renvoi des notables. Brienne cherche à traiter avec les parlements.
☐ 12 JUIN. Réforme administrative : généralisation des assemblées provinciales et municipales où sont représentés les trois ordres.

1787-1788
Formation du « Parti national » regroupant tous ceux qui, dès la réunion des États généraux, s'engageront dans la voie des réformes.

Démographie	1762	1770	1789
Population totale (en millions d'individus)	22	24,6	26 dont 52 % de 0 à 19 ans

Économie	1771-1789	1785-1789
Accroissement de l'indice du coût de la vie	45 %	62 %
Hausse des salaires	16 %	
Part du pain dans les budgets populaires	58 %	88 %

Culture	Nord et Est	Midi et Ouest
Nombre d'hommes capables de signer leur acte de mariage en 1788	de 70 à 80 %	de 20 à 60 %
Nombre des abonnés au *Mercure de France* de Panckoucke	1764 en 1778	15 010 en 1787

1788

☐ 8-10 MAI. Lit de justice royal : enregistrement forcé par tous les parlements de France de la réforme de Lamoignon substituant une cour plénière aux parlements quant à l'enregistrement des ordonnances et la présentation des remontrances.

☐ MAI-JUILL. Révolte des parlements. Émeutes à Rennes, Dijon, Pau. Journée des Tuiles à Grenoble (7 juin) ; réunion des états du Dauphiné à Vizille (21 juillet).

☐ 5 JUILL. Arrêt du Conseil invitant la nation à une enquête publique sur les réunions des États généraux.

☐ 25 AOÛT. Brienne remplacé par Necker.

☐ 14 SEPT. Abandon de la réforme judiciaire. Retraite de Lamoignon. Rappel du parlement de Paris (23 septembre).

☐ 25 SEPT. Le parlement de Paris refuse le doublement du tiers aux États généraux et exige le vote par ordre.

☐ 6 NOV. Deuxième Assemblée des notables : rejet des revendications du tiers état.

☐ 27 DÉC. Décision du Conseil royal : doublement des députés du tiers état aux futurs États généraux.

1789

☐ MARS-MAI. Rédaction des cahiers de doléances. Élections des députés aux États généraux.

☐ 5 MAI. Ouverture des États généraux.

Politique extérieure

1774

Vergennes au ministère des Affaires étrangères. Le 8 décembre, il remet un mémoire au roi concernant le respect du droit dans les relations internationales.

1774-1783

Guerre de l'indépendance américaine.

1775-1778

Négociations secrètes de Vergennes avec les Insurgents d'Amérique.

1776

☐ 7 DÉC. Benjamin Franklin à Nantes.

1777

☐ 31 JUILL. La Fayette est nommé « major général » par les Insurgents d'Amérique.

1778

☐ 6 FÉVR. Pacte de commerce et d'alliance défensive avec les États-Unis. Rupture avec l'Angleterre.

1778-1782

Hostilités franco-anglaises aux Antilles (d'Estaing, La Motte Picquet), aux Indes (Suffren), en Amérique (La Fayette, Rochambeau, de Grasse). Victoire décisive de Yorktown (19 octobre 1781).

1779

☐ 12 AVR. Traité franco-espagnol d'Aranjuez scellant l'alliance contre l'Angleterre.

1783

☐ 3 SEPT. Traité de Versailles entre la France et l'Angleterre : les États-Unis reconnus souverains.

1784-1787

Politique de paix et de médiation poursuivie par Vergennes jusqu'à sa mort (1787) dans les conflits d'Europe centrale et orientale.

1787

☐ 9 OCT. Création du Conseil de guerre. Traité entre la France et l'Annam (aide à Nguyên-Anh).

1787-1788

Mort de Vergennes. Montmorin aux Affaires étrangères. Recul de l'influence française aux Provinces-Unies et dans la guerre turco-russe.

1774

☐ 13 SEPT. Arrêt du Conseil inspiré par Turgot : libre circulation des grains à l'intérieur du royaume.

☐ 25 SEPT. Les attributions de la Ferme générale confiées à 20 régisseurs nommés par le roi.

1775

Les « turgotines », diligences et messageries, deviennent un monopole d'État. Mémoire de Parmentier à la Société d'agriculture de Paris sur l'utilité de la pomme de terre.

1776

☐ JANV. Mesure en faveur de la liberté du travail : abolition des jurandes, maîtrises, corporations.

☐ MAI. Liberté du commerce des vins.

☐ AOÛT. Commission pour l'étude des épidémies et épizooties.

1777

Fondation de la manufacture de Javel, près de Paris (fabrication de l'« huile de vitriol » – acide sulfurique).

Création du Mont-de-Piété, institution de crédit populaire.

☐ DÉC. Ordonnance créant une médaille d'or annuelle pour récompenser les inventeurs industriels.

1778

Necker met en régie les domaines royaux, les aides et les droits réunis.

1779

Suppression du servage dans les domaines royaux.

1780

☐ 15 SEPT. Ignace de Wendel : hauts fourneaux à la fonderie d'Indret.

1781

Premier atelier de construction mécanique utilisant la « pompe à feu » (machine à vapeur), créée par Jacques Périer, à Chaillot.

1785

Épizootie (peste ovine) : 50 p. 100 du bétail disparaît.

Création d'un comité d'agriculture, dirigé par Lavoisier, La Rochefoucauld-Liancourt, Dupont de Nemours.

☐ 14 AVRIL. Calonne recrée la Compagnie Française des Indes, dite Compagnie Calonne.

1786

Introduction des moutons dits « mérinos » à Rambouillet.

☐ AOÛT. Premier soulèvement de Canuts à Lyon.

☐ 26 SEPT. Traité Eden avec l'Angleterre : abaissement des tarifs douaniers.

La betterave introduite comme plante à sucre par Vilmorin.

1787

☐ JUIN. Fusion du Conseil royal des finances et du Conseil royal du commerce.

Montée des prix, qui s'accélérera encore en 1788. Disette.

☐ NOV. Édit sur le mariage des non-catholiques (institue un état civil laïcisé pour les protestants).

Oberkampf, fondateur de la manufacture des toiles imprimées de Jouy-en-Josas, reçoit des lettres de noblesse.

Première filature de coton équipée de la machine à vapeur, à Orléans, pour le duc d'Orléans.

1788

12 000 lieues de routes bien entretenues (Paris-Lyon en 5 jours ; Paris-Marseille ou Paris-Toulouse en 12 jours).

1789

☐ 27 AVR. Paris, faubourg Saint-Antoine : pillage et incendie par les ouvriers de la manufacture royale de papiers peints Réveillon.

Civilisation et Cultures

1774 Triomphe de l'opéra de Gluck, *Orphée.*

1775 Restif de la Bretonne : *le Paysan perverti ou les Dangers de la ville.* Beaumarchais : première du *Barbier de Séville* □ À Paris, achèvement des pavillons de la place Louis-XV (la Concorde), œuvre de Gabriel.

1776 Mably : *Traité de la législation.*

1777 Publication du premier quotidien français, *le Journal de Paris* □ Réformation de l'École de guerre, créée en 1751.

1778 Buffon : *Époques de la nature* □ Jouffroy d'Abbans: essai de navigation fluviale à vapeur. Le « baquet » de Messmer : guérisons par magnétisme □ Voltaire triomphe à Paris lors de la représentation d'*Irène*, le 30 mars. Il meurt le 30 mai. Sculpture de Houdon le représentant assis, vêtu à l'antique (visible au foyer de la Comédie-Française). Le 30 juillet, mort de Jean-Jacques Rousseau.

1780 Inauguration du Grand-Théâtre de Bordeaux, œuvre de l'architecte Victor Louis.

1781 *Les Confessions,* de Jean-Jacques Rousseau.

1782 *Les Liaisons dangereuses,* de Choderlos de Laclos □ Construction de l'hôtel de Salm à Paris, actuelle chancellerie de la Légion d'honneur (achevée en 1784).

1783 Pilâtre de Rozier et d'Arlandes à bord d'une « montgolfière » □ Création de l'École royale des mines.

1784 Rivarol : *Discours sur l'universalité de la langue française.* Beaumar-

chais : *le Mariage de Figaro* joué par les comédiens français □ David : *le Serment des Horaces* □ La Pérouse : début du voyage d'exploration dans le Pacifique □ L'illusionniste Cagliostro (Joseph Balsamo, dit) attire à lui des foules à Paris.

1785 Fragonard : *le Chiffre d'amour* □ Les frères Érard : brevet royal de facteurs de pianos □ Blanchard : première traversée de la Manche en ballon.

1786 Achèvement du hameau de Marie-Antoinette au Petit Trianon (Versailles) □ Première ascension du mont Blanc, par Saussure.

1787 *Paul et Virginie,* de Bernardin de Saint-Pierre □ Hubert Robert : *le Pont du Gard* □ Lavoisier : *Essai de nomenclature chimique.*

1788 Madame Vigée-Lebrun peint *Marie-Antoinette et ses enfants* □ Jussieu : classification des plantes.

Biographies

Dupont De Nemours (PIERRE SAMUEL), économiste et homme politique français (1739-1817). Après des études de médecine, devenu disciple de Quesnay, il écrit des ouvrages d'économie politique dans l'esprit des physiocrates et collabore avec Turgot. Élu député du bailliage de Nemours en 1789, royaliste et réformateur modéré, il échappera à la guillotine, mais le Directoire le proscrit. Réfugié aux États-Unis, il y fera souche.

Épinay (LOUISE TARDIEU D'ESCLAVELLES, MARQUISE D'), femme du monde, protectrice d'hommes de lettres (1726-1783). Petite, point jolie mais attirante, elle épouse son cousin le marquis d'Épinay, dépensier et débauché, et s'en sépare vite. La société assez suspecte de financiers et de jolies femmes où elle règne, ses liaisons fracassantes avec Dupin de Francueil et avec Grimm, ne l'empêchent pas de grouper autour d'elle, en son château de La Chevrette, les célébrités du temps, philosophes ou écrivains dont la pensée marquera la génération de la révolution. Diderot, D'Holbach et surtout Rousseau, qu'elle logea dans la petite maison de l'Ermitage, à l'entrée de la forêt de Montmorency, ont compté parmi ses meilleurs amis. Après sa brouille avec Jean-Jacques, elle reforme autour d'elle un cercle d'intimes. Épistolière pleine de naturel et d'élégance, elle laisse un témoignage de la société libre, sensible, spirituelle de son époque.

Lavoisier (ANTOINE LAURENT DE), chimiste (1743-1794). Après des études de droit, il s'intéresse surtout aux sciences et, dès l'âge de 25 ans, il est reçu académicien. Il poursuit une triple carrière de fermier général, d'inventeur et expérimentateur et d'administrateur de manufactures. Par ses recherches sur les phénomènes de l'oxydation, il fait de la chimie une science exacte (synthèse de l'air [1775] et de l'eau [1783]). Il est pourtant guillotiné, comme ses collègues de la Ferme générale.

Turgot (ANNE-ROBERT-JACQUES), homme d'État français (1727-1781). Fils d'un prévôt des marchands de Paris, destiné à l'Église, mais sans vocation, il s'oriente vers la magistrature. Conseiller au parlement de Paris, puis intendant du Limousin. Partisan des idées nouvelles, économiques et libérales (*Essai sur la tolérance*, 1754 ; *Réflexions sur la formation et la distribution des richesses*, 1766), il essaie d'appliquer son programme comme secrétaire d'État à la Marine (1774), puis comme contrôleur général des Finances, mais il est renvoyé en raison de l'hostilité que lui portent la reine et les privilégiés (1776).

Parmentier (ANTOINE), pharmacien militaire français (1737-1813). Orphelin pauvre, il ne peut achever ses études et devient d'abord simple aide apothicaire aux armées royales. Blessé, fait prisonnier, il étudie au Hanovre l'utilisation des tubercules de pommes de terre dans l'alimentation. Rentré en France, pourvu d'une place et d'un laboratoire à l'hôtel des Invalides, il se consacre, avec l'appui du roi, à des expériences publicitaires de culture de la pomme de terre dans la plaine des Sablons, dissipant les préventions. Puis il élargit ses recherches (sucre de raisin, conservation des vins, meunerie et même réfrigération des viandes). Inspecteur du service de santé sous Napoléon, il fait adopter la vaccination antivariolique à l'armée.

Vigée-Lebrun (LOUISE-ÉLISABETH), peintre (1755-1842). Fille du pastelliste Vigée et épouse du marchand de tableaux Lebrun, elle est déjà connue, à vingt ans, pour ses portraits, mais jouit surtout d'une grande célébrité en devenant le peintre attitré de la reine Marie-Antoinette et de ses enfants, représentés selon l'inspiration gracieuse et sensible de l'époque. Émigrée dès 1789, accueillie avec honneur comme peintre des familles régnantes et de l'aristocratie de toutes les cours d'Europe, elle rentre en France en 1802.

Bibliographie

Jean Egret : *la Pré-Révolution française* (1787-1788).

Hubert Méthivier : *la Fin de l'Ancien Régime* (Que sais-je ?).

François Bluche : *la Vie quotidienne au temps de Louis XVI.*

La Révolution constituante

De mai à novembre 1789, le mouvement révolutionnaire, déclenché d'abord par les députés du tiers état, est orchestré par la révolte des bourgeois et du peuple de Paris, suivie, en province, des insurrections des paysans. Les États généraux, devenus Assemblée constituante puis Assemblée législative, entreprennent une transformation radicale de la France. Jetant bas tout l'Ancien Régime, les députés édifient une France nouvelle, conforme aux principes de liberté, d'égalité et d'unité de la Déclaration des droits de l'homme. Malgré des périls grandissants, hostilité de l'aristocratie, duplicité du roi, agitation populaire, la Constituante réalise une œuvre plus durable que la Législative. Celle-ci, en effet, travaillée par de violentes passions et dont les membres n'ont pas la capacité technique et juridique des députés de la Constituante, doit faire face à des difficultés de plus en plus graves. À partir du 20 avril 1792, la guerre, imprudemment engagée, pèse considérablement sur les problèmes intérieurs, entraînant la chute de la monarchie (10 août 1792).

Vie politique et institutionnelle

1789

☐ 5 MAI. 1 200 députés réunis à Versailles.

☐ 17 JUIN. Adoption du titre d'Assemblée nationale par le tiers état.

☐ 20 JUIN. Serment du Jeu de paume : promesse de constitution.

☐ 23 JUIN. Refus d'obéissance au roi, qui cède : formation de l'Assemblée nationale constituante (9 juill.).

☐ 11 JUILL. Renvoi de Necker.

☐ 13 JUILL. Formation à Paris d'une municipalité (Bailly, maire) et d'une garde bourgeoise (La Fayette, commandant).

☐ 14 JUILL. Révolution à Paris, prise de la Bastille, rappel de Necker.

☐ JUILL.-AOÛT. La Grande Peur.

☐ 4 AOÛT. Abolition des privilèges. Fin du servage.

☐ 26 AOÛT. Vote de la Déclaration des droits de l'homme et du citoyen.

☐ 11 SEPT. Vote du veto royal suspensif. (l'Assemblée passe outre au refus du roi après deux législatures).

☐ OCT. Installation, au couvent dominicain, rue Saint-Honoré à Paris, du club des Jacobins, qui prend le titre de Société des amis de la Constitution.

☐ 5-6 OCT. Le roi ramené de force à Paris.

☐ 19 OCT. L'Assemblée s'installe à Paris.

☐ 2 NOV. Les biens de l'Église à la disposition de l'État comme garantie de l'assignat.

☐ 14-22 DÉC. Nouvelle division administrative du royaume en 83 départements, subdivisés en districts, cantons, communes.

1790
□ JANV. Élection des municipalités.
□ JUIN. Élection des assemblées départementales.
□ JUILL. Fondation du club des Cordeliers ou Société des amis des droits de l'homme.
□ 3 JUILL. Entretien secret de Mirabeau avec les souverains (proposant de secouer la tutelle de l'Assemblée bourgeoise en s'appuyant sur le peuple).
□ 12 JUILL.-14 AOÛT. Constitution civile du clergé.
□ 14 JUILL. Fête de la Fédération nationale (serment d'union de tous les Français, serment du roi à la nation et à la loi).
□ 16-24 AOÛT. Loi d'organisation judiciaire.
□ AOÛT 1790-FÉVR. 1791. Agitation contre-révolutionnaire : camp de Jalès (Vivarais), 20 000 gardes nationaux royalistes projettent un soulèvement en faveur de la monarchie absolue.

1791
□ 2 AVR. Mort de Mirabeau.
□ 20-21 JUIN. Tentative de fuite du roi à Varennes (suspendu le 21 juin ; disculpé le 15 juill.).

□ 16 JUILL. Fondation du club des Feuillants partisan d'une monarchie limitée, avec La Fayette et le triumvirat Barnave, Duport, Lameth.
□ 17 JUILL. Pétition républicaine au Champ-de-Mars, pour la déchéance du roi. Massacre des manifestants. Loi martiale.
□ 13 SEPT. Acceptation de la Constitution par Louis XVI, qui jure fidélité à la nation (14 sept.).
□ 30 SEPT. Séparation de la Constituante.
□ 1er OCT. Réunion de l'Assemblée législative.
□ OCT-NOV. Sommation de rentrer en France aux émigrés (31 oct.) et aux princes (9 nov.). Obligation de serment civique pour les prêtres réfractaires (29 nov.).

1792
□ 9 FÉVR. Mise sous séquestre des biens des émigrés.
□ MAI. Apparition des premiers « Enragés » (Jacques Roux, Varlet) à Paris.
□ 26 et 29 MAI. Décret sur la déportation des prêtres réfractaires. Décret de licenciement de la Garde du roi.
□ JUIN. Veto du roi aux décrets sur les prêtres réfractaires et sur l'appel des fédérés ; renvoi des ministres brissotins, remplacés par des Feuillants (13 juin).

Dépréciation de l'assignat

	Valeur d'émission (en millions de livres)	Valeur effective de circulation (en millions de livres)	% de la valeur en numéraire
1790-1791	1 860	1 400	77 %
Janv.-mars **1792**	2 200	1 660	58 %
Juin-déc. **1792**	2 750	2 250	72 %
Janv.-août **1793**	4 950	4 050	22 %
Sept. **1793**-juill. **1794**	8 450	7 200	34 %

☐ 8 JUIN. Décret de convocation à Paris de 20 000 « fédérés » (gardes nationaux) des départements.

☐ 20 JUIN. Invasion des Tuileries, réprouvée par les modérés.

☐ 9-10 AOÛT. Commune insurrectionnelle à Paris ; attaque des Tuileries : le roi est suspendu de ses fonctions et remplacé par un Conseil exécutif provisoire.

☐ 12 AOÛT. Louis XVI et la famille royale prisonniers au Temple.

☐ 19 AOÛT. Désertion de La Fayette après un vain essai de « pronunciamiento » (14 août) pour faire sortir le roi de Paris.

☐ 2-6 SEPT. Massacres dans les prisons parisiennes (plus de 1100 morts).

☐ 20 SEPT. Dispersion, par les Girondins, de la Commune de Paris.

☐ 21 SEPT. Fin de la Législative.

Politique extérieure

1790

☐ AVR. Mutinerie de trois régiments à Nancy.

☐ 28 MAI. Décret de l'Assemblée déclarant la paix au monde.

☐ 21 JUIN. Demande de réunion à la France de la ville d'Avignon (ratifiée le 12 sept. 1791).

☐ 28 OCT. Refus par la Constituante d'admettre les griefs des princes possessionnés d'Alsace. Droit des peuples à disposer d'eux-mêmes (discours de Merlin de Douai).

1791

☐ 6 JUILL. L'empereur d'Autriche invite les souverains à se concerter contre la Révolution française.

☐ 19 JUILL. Les gardes nationaux invités à servir près des anciens soldats de métier.

☐ 27 AOÛT. Déclaration de Pillnitz en faveur du roi de France.

☐ 29 NOV. Ultimatum à l'Électeur de Trèves : disperser les émigrés.

☐ 16 DÉC. Discours de Robespierre contre la guerre.

1792

☐ AVR. Échecs militaires à Lille et Valenciennes : la frontière ouverte aux Autrichiens.

☐ 20 AVR. Déclaration de guerre « au roi de Bohême et de Hongrie ».

☐ 11 JUILL. Menace d'invasion, la patrie est déclarée en danger : les Prussiens avec Brunswick, les émigrés avec Condé menacent à l'est.

☐ 25 JUILL. Manifeste de Brunswick à Coblence : l'exaspération populaire est à son comble à Paris (demande de déchéance du roi).

☐ 19 AOÛT. 2 SEPT. Prise de Longwy (23 août), puis de Verdun (2 sept.) par le duc de Brunswick.

☐ 20 SEPT. Valmy : la France sauvée de l'invasion.

Économie et Société

1789

☐ AOÛT. Liberté du commerce des grains.

☐ OCT. Le prêt à intérêt légalisé.

1790

☐ 15 MARS. Abolition du droit d'aînesse.

☐ AVR. Cours légal de l'assignat, qui devient papier-monnaie.

☐ 30 AVR.-2 MAI. Naturalisation en bloc des étrangers domiciliés en France depuis cinq ans.

☐ 19-23 JUIN. Abolition de la noblesse héréditaire et des titres de noblesse.

☐ SEPT. Cours forcé de l'assignat.

☐ 6 OCT. Fondation de *la Feuille du cultivateur,* journal de Dubois de Jancigny.

1790-1791
Droits politiques et accès aux emplois accordés aux protestants. Droits civils et politiques accordés aux juifs.

1791
Suppression des douanes intérieures et des traites.
Troubles à Saint-Domingue : crise du sucre.
Création des trois impôts directs : la foncière, la mobilière, la patente.
□ 2 MARS. Mesures de protection douanière modérées ; les colonies ne peuvent commercer qu'avec la métropole.
□ 17 MARS. Loi d'Allarde : abolition des corporations, jurandes, maîtrises, des manufactures privilégiées et des règlements de fabrication.

□ 14 JUIN. Loi Le Chapelier interdisant la reconstitution des associations professionnelles, patronales et ouvrières ; instituant le délit de coalition (paralysant ainsi les grèves).
□ 22 JUIN. Commerce colonial ouvert à tous les ports du royaume.
□ 28 SEPT.-6 OCT. Liberté de la culture des terres (obligation des soles et jachères supprimée ; clôtures autorisées).
□ 29 SEPT.-6 OCT. Code pénal.

1792
□ 23 JANV. Pillages et manifestations contre la hausse des prix. Premières taxations.
□ 28 JANV. Réglementation dans l'exportation des grains par mer.

Fêtes et chants de la Révolution (1789-1794)

1790	14 juillet : fête de la Fédération ou de l'Union nationale de tous les Français au Champ-de-Mars, origine véritable de notre fête nationale actuelle	*Ça ira !* *Hymne pour la fête de la Fédération* (M.-J. Chénier-Gossec)
1791	4 avril : funérailles de Mirabeau 11 juill. : les cendres de Voltaire au Panthéon	*Marche lugubre* (Gossec)
1792	27 août : commémoration des morts du 10 août	*la Marseillaise* (Rouget de Lisle) *la Carmagnole* (ou *Carillon national*)
1793	10 août : fête de l'Unité nationale (acceptation de la Constitution de l'an I) 10 nov. : fête de la Raison (célébrée à Notre-Dame de Paris) 26 déc. : fête de la Raison (célébrée à l'Opéra) 8 juin : fête de l'Être suprême (au Champ-de-Mars) 14 juillet	*Hymne à la Nation* (Gossec) *Hymne à la Raison* (Gossec) *la Rosière républicaine* (Grétry-Sylvain Maréchal) *Hymne à l'Être suprême* (M.-J. Chénier-Gossec) *Chant du départ* (M.-J. Chénier-Mehul)

□ 24 MARS. Égalité des droits civils pour tous les Noirs libres aux colonies.

□ 14 AOÛT. Les propriétés des émigrés déclarées biens nationaux et mises en vente.

□ 25 AOÛT. Abolition des redevances féodales sans indemnités, sauf pour les nobles ayant gardé les archives en légitimant la perception.

□ 4 SEPT. Réquisition et taxation des grains et fourrages pour l'armée, puis pour la population (9-16 sept.).

□ 20 SEPT. Sécularisation de l'état civil, tenu jusque-là par le curé. Institution du divorce.

Civilisation et cultures

1789 David : *le Serment du Jeu de paume* (inachevé) □ Apparition du *Patriote français,* journal de Brissot, et de *l'Ami du peuple,* de Marat. Rivarol écrit dans *les Actes des Apôtres,* journal de la Contre-Révolution, jusqu'en 1791.

1790 Fondation du *Père Duchesne,* journal d'Hébert □ Organisation du Jardin des Plantes, à Paris (Jussieu).

1791 Les principes du système métrique exposés devant la Constituante (adoptés légalement en 1793) □ Abolition de la censure, en janvier, et liberté des spectacles (60 salles ouvertes à Paris) □ Le palais du Louvre et des Tuileries consacrés aux « monuments des sciences et des arts ». Le salon Carré du Louvre ouvert à tous les artistes. Entrée gratuite.

1792 1er janv. *Almanach du père Gérard* (Collot d'Herbois), publication extrémiste destinée aux classes populaires □ Représentation de *Caius Gracchus* (Marie-Joseph Chénier) □ Pinel, médecin à Bicêtre : début de ses travaux concernant l'aliénation mentale : les « fous » sont désormais considérés comme malades mentaux et soignés comme tels.

Biographies

Bailly (JEAN SYLVAIN), savant astronome (1736-1793). Élu aux États généraux, qu'il présida, puis désigné comme maire de Paris, il dispersa par la force les manifestants au Champ-de-Mars (juill. 1791), ce qui le rendit suspect et entraîna son exécution.

Clairon (CLAIRE LÉRYS, DITE MADEMOISELLE), actrice française (1723-1803). Fille d'une couturière et d'un soldat de passage, son enfance est rude. Sa vocation théâtrale est précoce. Elle n'a pas treize ans lorsque, venue à Paris avec sa mère, elle se fait engager comme élève par la troupe de la Comédie-Italienne. Sa vie est remplie d'aventures peu édifiantes survenues dans ses tournées en province. Son triomphe commence en 1743 à la Comédie-Française dans le rôle de *Phèdre.* Elle devient l'interprète préférée de Voltaire et supplante Mademoiselle Dangeville, qui avait été pour elle un modèle depuis son enfance. Tuberculeuse, elle quitte en 1766 la Comédie-Française. Accueillie glorieusement à Ferney par Voltaire, puis installée en Allemagne chez le neveu de Frédéric II, margrave d'Anspach, elle connaît encore des triomphes, mais Versailles lui reste fermé car Madame du Barry lui est hostile. Elle a laissé des *Mémoires* où perce la rancune.

Condorcet (MARIE JEAN ANTOINE, MARQUIS DE), mathématicien et penseur politique (1743-1794). Théoricien du progrès, il est l'un des guides de la pensée révolutionnaire. Académicien déjà célèbre en 1789, il est élu député à la Législative. Ami des Girondins, il est compromis, échappe aux poursuites (compose alors l'*Esquisse d'un tableau historique des progrès de l'esprit humain*). Arrêté, il s'empoisonne dans sa prison.

Mme Helvétius (ANNE CATHERINE DE LIGNIVILLE). Épouse du philosophe Helvétius, auteur de *De l'esprit*. Dans leur salon parisien, les brillantes réunions du mardi passent pour « les états généraux de l'intelligence » ; les plus grands philosophes s'y rendent. Devenue veuve en 1771, Mme Helvétius vit au village d'Auteuil. Après la Terreur, son salon redevient le refuge de la pensée.

Dumouriez (CHARLES FRANÇOIS DU Périer, DIT), général français (1739-1823). Militaire de carrière d'origine noble, d'une ambition inquiète, il se jette dans le mouvement révolutionnaire. Parvenu aux plus hauts postes, il remporte de brillants succès (Valmy, Jemmapes), mais passe à l'étranger après la défaite de Neerwinden et finit sa vie en exil.

La Fayette (MARIE JOSEPH GILBERT MOTIER, MARQUIS DE), général français (1757-1834). Jeune officier passionné pour les Insurgents américains, il combat à leurs côtés. Élu aux États généraux, commandant de la Garde nationale, très populaire, il est dominé par les événements plutôt qu'il ne les conduit. Son insuffisance militaire et politique entraîne sa mise hors la loi ; en août 1792 il passe la frontière.

La Pérouse (JEAN-FRANÇOIS DE GALAUP, comte de), navigateur français (1741-1788). De petite noblesse enracinée dans le Languedoc, il sert dans la marine royale dès l'âge de quinze ans et bourlingue dans les guerres contre l'Angleterre. Lieutenant de vaisseau en 1777, il prend part à la guerre d'Amérique. En 1782, lors d'un raid contre les factoreries anglaises de la baie d'Hudson, il se lie d'amitié avec Fleuriot de Langle, qui sera son compagnon dans le long périple entrepris en 1785 dans le Pacifique. Louis XVI en personne a rédigé les instructions concernant les deux frégates (*la Boussole* et *l'Astrolabe*) qui, parties de Brest, doivent reconnaître les rivages nord de l'Amérique et de l'Asie au cours d'une campagne de quatre ans dans des mers peu sûres où l'on espère établir des courants commerciaux (fourrures) et trouver des plantes précieuses pour les Jardins du roi. Les frégates parcourent le Pacifique du nord au sud pendant deux ans, se livrant à des trocs fructueux, rectifiant des cartes géographiques, accumulant des informations curieuses, puis disparaissent brusquement près des îles Salomon dans un naufrage dont le mystère, partiellement éclairé en 1826, fut enfin expliqué en 1962 : le navire amiral s'était jeté sur les récifs.

Madame Roland (JEANNE-MARIE OU MANON PHLIPON, épouse de JEAN-MARIE ROLAND DE LA PLATIÈRE), l'âme du parti girondin (1754-1793). Cultivée, animée de sentiments républicains, liée aux Girondins, elle joue un rôle important lorsque son mari devient ministre de l'Intérieur (mars-juin 1792). Très hostile aux Montagnards, elle est arrêtée et guillotinée.

Bibliographie

A. Soboul : *la Révolution française,* t. I : *De la Bastille à la Gironde.*

F. Furet, D. Richet : *la Révolution,* t. I : *Des États généraux au 9-Thermidor.*

M. Vovelle : *la Chute de la monarchie, 1787-1792.*

La Révolution au temps de la Terreur

La Convention, unanime à proclamer dans sa première séance publique l'abolition de la royauté, se trouve vite déchirée par les dissentiments qui séparent les Girondins des Montagnards. Elle engage, dès la fin de 1792, une politique de conquêtes qui entraîne la formation d'une coalition européenne dont la menace atteint son paroxysme au printemps 1793. La Gironde, jusqu'alors prédominante à la Convention, perd le pouvoir le 2 juin 1793, et la Montagne, par sa politique de salut public et de dictature, parvient à l'emporter sur les dangers intérieurs et extérieurs. Au début de 1794, elle se divise après ses victoires. Robespierre bénéficie d'un gouvernement de trois mois sans opposition (la « Grande Terreur ») puis succombe à la coalition du 9 thermidor. La Convention montagnarde, prophétique dans son œuvre politique et sociale, porte tous les germes du XIXe et même du XXe siècle, si utopiques qu'aient paru alors les espérances qu'elle annonçait : « Que l'Europe apprenne que vous ne voulez plus un malheureux ou un oppresseur sur le territoire national » (Saint-Just, discours du 3 mars 1794).

Vie politique et institutionnelle

1792
☐ 21 SEPT. Abolition de la royauté.
☐ 22 SEPT. Proclamation de la république une et indivisible.

1792 (août)-1793 (mai)
Les premiers représentants du peuple (députés de la Convention) en mission dans les départements et près des armées.
☐ 11 DÉC. Début du procès du roi.

1793
☐ 17 JANV. Les députés de la Convention Nationale votent la mort du roi.
☐ 21 JANV. Exécution du roi.
☐ MARS. Création à Paris d'un « tribunal criminel extraordinaire », qui devient en octobre le Tribunal révolutionnaire.
☐ 9-10 MARS. Insurrection de la misère et de la faim à Paris ; réprimée.
☐ 10 MARS. Soulèvement de la Vendée.
☐ 21 MARS. Institution des comités de surveillance chargés d'arrêter les suspects.
☐ 29 MARS. Décret de condamnation des écrits tendant à rétablir la royauté.
☐ 6 AVR. Création du Comité de salut public, pour accélérer l'action du gouvernement tant à l'intérieur qu'à l'extérieur.
☐ 13-24 AVR. Arrestation, procès et acquittement de Marat.
☐ 31 MAI et 2 JUIN. Arrestation des Girondins.
☐ 11-24 JUIN. Discussion et vote de la

Constitution de 1793, rédigée par Hérault de Séchelles (jamais appliquée).

☐ JUILL. Révolte fédéraliste girondine en Normandie, à Bordeaux, à Lyon, en Provence (Toulon ouvert aux Anglais).

☐ 13 JUILL. Assassinat de Marat.

☐ 27 JUILL. Robespierre au Comité de salut public.

☐ 22 AOÛT. Arrestation de l'Enragé Jacques Roux.

☐ 4-5 SEPT. Journées populaires à Paris pour le maximum des subsistances et des salaires.

☐ 11 SEPT. Création de l'armée révolutionnaire de Paris (instrument de la Terreur).

☐ 17 SEPT. Loi définissant les suspects et les mesures répressives exercées contre eux et leurs biens.

☐ 9 OCT. Reprise de Lyon, révoltée.

☐ 16 OCT. Procès et exécution de Marie-Antoinette.

☐ 24 OCT. Procès et exécution (31 oct.) des Girondins.

☐ OCT.-DÉC. Les Vendéens écrasés et refoulés au sud de la Loire. Opérations répressives des « colonnes infernales » de Turreau jusqu'en mai 1794.

☐ 4 DÉC. Décret du 14 frimaire an II définissant le gouvernement révolutionnaire.

☐ 5-30 DÉC. Parution du *Vieux Cordelier* (Camille Desmoulins), pour défendre la modération prônée par les Indulgents, ou Dantonistes.

☐ 8 DÉC. Décret sur la liberté des cultes.

1794

☐ 4 MARS. Les Cordeliers en état d'insur-

L'émigration sous la Révolution						
Nombre approximatif des émigrés			150 000		Répartition par période	
					av. 1793	ap. 1793
					73,25 %	26,75 %
	environ		*Hommes*	*Femmes*		
Clergé	37 500	25 %	99 %	1 %	40,50 %	12,75 %
Noblesse	25 500	17 %	85 %	15 %	26,25 %	7,25 %
Tiers état	76 500	51 %	80 %	20 %	20,75 %	75,75 %
• Haute bourgeoisie		*11 %*				
• Petite bourgeoisie		*6 %*				
• Artisans, commerçants		*14 %*				
• Paysans		*20 %*				
Sans statut	10 500	7 %	82 %	18 %	12,50 %	4,25 %

Départements d'émigration maximale (nombre de personnes)		Départements d'émigration minimale (nombre de personnes)	
Bas-Rhin	20 510	Corse	43
Bouches-du-Rhône	5 125	Hautes-Alpes	105
Mayenne	3 253	Cher	239

rection ; leur arrestation (10 mars) et leur exécution, avec Danton (5 avr.).

☐ 24 MARS. Exécution des Hébertistes.

☐ 8 JUIN. Fête de l'Être suprême et de la Nature, présidée par Robespierre.

☐ 10 JUIN. Décret du 22 prairial (réorganisation de la justice révolutionnaire) : la Grande Terreur (Fouquier-Tinville).

☐ 14 JUILL. Composition du *Chant du départ*, par Méhul sur un poème de M.J. Chénier pour le cinquième anniversaire de la prise de la Bastille.

☐ 27 JUILL. (9 Thermidor). Chute de Robespierre.

Politique extérieure

1792

Prise de Spire, puis de Mayence, par Custine.

☐ 6 NOV. Victoire de Jemmapes. Dumouriez conquiert la Belgique (annexée en mars 1793).

☐ 19 NOV. Décret organisant la guerre de propagande.

☐ 15 DÉC. Devoir imposé aux généraux français d'abolir la féodalité dans les pays conquis.

1793

☐ 1ᵉʳ FÉVR. Déclaration de guerre à l'Angleterre et à la Hollande, puis à l'Espagne (7 mars).

☐ 21 FÉVR. Principe de l'« amalgame » (Dubois-Crancé) : les volontaires sont réunis à l'armée de métier. Élection des officiers.

☐ 24 FÉVR. Levée de 300 000 hommes (échec).

☐ MARS-SEPT. Première coalition, contre la France révolutionnaire. Angleterre, Hollande, Autriche, Russie, Sardaigne, Espagne, Naples, Prusse, Portugal, Bade, les deux Hesses, Toscane et Hanovre.

☐ 1ᵉʳ MARS. Guerre économique engagée contre l'Angleterre.

☐ 17 MARS. Annexion de la Rhénanie. Le 23, annexion de l'évêché de Bâle.

☐ 18 MARS. Défaite de Neerwinden. Invasion de la Belgique par les coalisés. Trahison de Dumouriez (5 avr.).

☐ 10-23 JUILL. Chute de Condé, puis de Valenciennes et Mayence.

☐ 23 AOÛT. Décret de réquisition : levée en masse des hommes et réquisition des biens.

☐ 29 AOÛT. Prise de Toulon par les Anglais.

☐ 6-8 SEPT. Victoire de Hondschoote (Houchard) sur les Anglais.

Mobilisation matérielle : récolte du salpêtre ; les savants au service de la défense.

☐ 16 OCT. Victoire de Wattignies (Jourdan et Carnot) sur les Autrichiens.

☐ 27 NOV. Annexion de la Savoie.

☐ 15 DÉC. Décret imposant le régime français aux pays conquis.

☐ 19 DÉC. Reprise de Toulon aux Anglais.

☐ 26 DÉC. Victoire du Geisberg (Hoche).

1794

☐ MAI. Invasion de la Catalogne par les Français.

☐ 26 JUIN. Victoire de Fleurus (Jourdan).

☐ 24-25 JUILL. Prise de Fontarabie et de Saint-Sébastien.

☐ 27 JUILL. Prise d'Anvers (Pichegru).

Économie – Société

1792

☐ SEPT. Législation autoritaire des prix.

1793

☐ 18 MARS. Peine de mort décrétée contre les partisans de la loi agraire.

☐ 19 MARS. Organisation de secours publics pour les pauvres. La mendicité est réprimée.

☐ 11 AVR. Cours forcé de l'assignat.

☐ 4 MAI. Obligation pour les détenteurs de grains d'en déclarer les quantités et de les vendre au prix fixé.

□ 3 JUIN-13 SEPT. Facilités données aux paysans pauvres pour acheter les biens des émigrés (vente par petits lots, paiements échelonnés sur 10 ans). Loi étendue ensuite à tous les biens nationaux.

□ 10 JUIN. Partage facultatif des biens communaux par tête d'habitant.

□ 17 JUILL. Abolition totale, définitive et sans restriction des droits féodaux.

□ 26 JUILL. Le crime d'accaparement des grains est puni de mort.

□ 1er AOÛT. Embargo général sur les capitaux et les exportations.

□ 17 AOÛT. Création des « greniers d'abondance », surveillés par des directoires.
Création de manufactures d'État pour l'industrie d'armement.

□ 24 AOÛT. Création du Grand Livre de la dette publique (Cambon).

□ 3 SEPT. Emprunt forcé d'un milliard sur « les riches égoïstes ».

□ 29 SEPT. Économie dirigée : loi sur le maximum général des prix (blocage des prix au niveau de 1790, augmenté d'un tiers pour les produits de première nécessité) et des salaires.

□ SEPT.-OCT. Déchristianisation systématique.

□ 9 OCT. Prohibition des marchandises anglaises.

□ 22 OCT. Création de la Commission des subsistances.

□ 26 OCT. Loi de partage égal entre héritiers.

□ 18 NOV. Les importations, monopole d'État.

□ 10 DÉC. Autorisation nécessaire pour les exportations.

1794

□ 4 FÉVR. Abolition de l'esclavage dans toutes les colonies.

□ 26 FÉVR.-3 MARS. Décrets de ventôse (biens des suspects mis sous séquestre et transférés aux « sans-culottes » pauvres).

□ 11 MAI. Création du « Livre départe-

Vicissitudes de l'Église de France

	Nombre de paroisses	Nombre de diocèses	Nombre de provinces ecclésiastiques	Chiffre total du clergé	Nombre d'ordinations
1789	40 000 environ	135	18	130 000 (60 000 réguliers) 50 000 séculiers	6 000 par an
1790 (Constitution civile du clergé)	30 000	85	10	Plus de clergé régulier	

Représentants du clergé : à la Constituante : 300 ; à la Législative : 20
Membres du clergé émigrés après le décret de déportation de 1792 : env. 30 000
Prêtres victimes des massacres de septembre 1792 : 260
de la deuxième Terreur : 2 à 3 000

mental de la bienfaisance nationale » pour porter secours aux déshérités des campagnes.

Civilisation et cultures

1792 Girodet peint *le Sommeil d'Endymion.* Création d'un Muséum au Louvre (ouvert au public en 1793).

1793 *Le Triomphe de Marat,* poème de Boilly □ David : *Marat assassiné dans sa baignoire* □ Par décision de la Convention, les tragédies de *Brutus, Guillaume Tell* et *Caius Gracchus* seront représentées trois fois par semaine à Paris □ Décret d'obligation et de gratuité de l'enseignement élémentaire (19 déc.). Suppression des académies □ Constitution d'un Club révolutionnaire des arts □ Décret protégeant les droits de l'auteur et de ses héritiers □ Ouverture au public du musée des Monuments français (dépôt d'objets d'art confisqués) dirigé par Alexandre Lenoir □ Création du Muséum d'histoire naturelle et du Conservatoire national des arts et métiers □ Fermeture des églises (24 nov.) □ Établissement du calendrier républicain (Fabre d'Églantine et Romme), le 25 oct.

1794 André Chénier écrit, dans la prison Saint-Lazare : *la Jeune Captive, Ïambes.* Lebrun-Pindare : *Ode au vaisseau « le Vengeur »* □ David : *Mort du jeune Bara* □ Le français langue obligatoire dans tous les actes publics (27 janv.) □ Le Théâtre-Français prend le nom de Théâtre du peuple (10 mars) □ Création des Archives nationales (25 juin) □ Décret de fondation de l'École centrale des travaux publics, future École polytechnique □ *La Décade,* revue philosophique □ Décret du 18 floréal sur le culte révolutionnaire de l'Être suprême (7 mai).

Biographies

Carnot (LAZARE NICOLAS) officier du génie, membre du Comité de salut public (1753-1823). Élu à la Législative puis à la Convention, il dirige la défense nationale avec une efficacité qui lui vaut le surnom d'« Organisateur de la victoire ». Après la Convention, il poursuit sa carrière politique. Il meurt en Allemagne, proscrit par les Bourbons.

Charette de la Contrie (FRANÇOIS DE), un des chefs de la Vendée (1763-1796). Officier de marine, démissionnaire à la Révolution, un temps émigré, il revient dans son château de Machecoul, où les paysans insurgés viennent le chercher pour le mettre à la tête de la guérilla de l'Ouest. Il apporte à la lutte un courage endiablé. Traqué en Vendée, il est fait prisonnier et fusillé.

Corday (MARIE-ANNE, CHARLOTTE DE), [1768-1793]. Elle lit les philosophes de son temps, s'occupe surtout de littérature, mais fréquente le milieu girondin, et conçoit pour Marat une haine passionnée. Se sentant en péril comme parente d'émigrés, le 9 juillet 1793 elle part pour Paris et rédige une *Adresse aux Français amis des lois et de la paix* dans laquelle elle accuse Marat. Le 13, elle se présente chez lui et le poignarde ; il venait de dire qu'il ferait guillotiner tous les Girondins. Elle sera exécutée le 17 juillet.

Hauÿ (RENÉ JUST ET VALENTIN), deux frères dévoués à la science et à la philanthropie (1743-1822 ; 1745-1822). Fils d'un tisserand sans grandes ressources. L'aîné entre dans les ordres, enseigne à Paris dans un collège, puis au Museum d'histoire naturelle et à l'université. Élu à l'Académie des sciences, il énonce les lois d'une science nouvelle dont on le tient pour le fondateur, la cristallographie. Valentin, son cadet, établit une école de calligraphie, puis crée, en 1783, l'Institut des aveugles ; ces derniers vont peu à peu constituer eux-mêmes leur bibliothèque. À l'aide d'une presse faite sur mesure par un serrurier et munie de caractères de platine, on provoquait une empreinte dans le papier par un foulage très prononcé : par le toucher, les aveugles pouvaient lire. Les caractères étaient, naturellement, fondus à l'inverse des caractères d'imprimerie courants. Valentin Hauÿ rédige, en 1786, un *Essai sur l'éducation des aveugles* dédié à Louis XVI, qui le nomme interprète et secrétaire royal. Pendant la Révolution, il est du nombre des chefs de la théophilanthropie, mouvement déiste qui ne survécut guère au culte décadaire. Sous l'Empire, ses voyages le mènent à Saint-Pétersbourg, puis à Berlin, où il fonda des écoles d'aveugles.

Hébert (JACQUES RENÉ), révolutionnaire français (1757-1794). Extrémiste dès 1790, journaliste virulent *(le Père Duchesne)*, il affirme ses convictions républicaines et siège parmi les Montagnards à la Convention. Il triomphe des Girondins qui voulaient sa perte, mais son extrémisme entraîne son exécution, décidée par le Comité de salut public.

Hoche (LOUIS-LAZARE), général français (1768-1797). Palefrenier comme son père dans les écuries royales, Hoche s'enrôle à 16 ans dans les gardes-françaises. Caporal en 1789, il s'instruit seul. La Révolution le met rapidement en vedette: général à 25 ans, fougueux, parfois téméraire – ce fut le cas dans les campagnes sur le Rhin –, il mène une

politique très avisée dans la pacification de la Vendée. Victorieux des émigrés à Quiberon.

Philippe Égalité (LOUIS PHILIPPE JOSEPH, DUC D'ORLÉANS, DIT), prince révolutionnaire (1747-1793). Descendant du frère de Louis XIV, il adhère aux idées nouvelles, transformant ses jardins du Palais-Royal en galeries marchandes où afflue la foule parisienne éprise de nouveautés. Il siège aux États généraux puis à la Convention, vote la mort de Louis XVI mais, compromis avec les Girondins, il est guillotiné. Son fils Louis-Philippe devient roi des Français en 1830.

Roux (JACQUES), révolutionnaire français (1752-1794). Prêtre à Paris, il prononce des sermons révolutionnaires, renonce à la prêtrise et devient membre de la Commune insurrectionnelle (août 1792). Il accompagne Louis XVI lors de son exécution. Chef du groupe violent des Enragés, il est dénoncé pour son extrémisme et arrêté en 1793 ; il se poignarde dans sa prison en apprenant sa condamnation à mort.

Bibliographie

M. Bouloiseau : *la République jacobine 10 août 1792-9 thermidor an II.*

A. Soboul : *la Révolution française* (Que sais-je ?).

J. Robiquet : *la Vie quotidienne au temps de la Révolution.*

La Révolution conquérante

De 1794 à 1799 se succèdent des régimes dont la politique de bascule s'efforce de neutraliser les forces de droite comme celles de gauche, chaque fois qu'elles menacent.

La Convention thermidorienne (28 juillet 1794-26 octobre 1795), après avoir éliminé les Montagnards, persiste à pratiquer dans un climat troublé une politique de réaction. Elle affaiblit les lois terroristes, fait des concessions aux Vendéens et aux Chouans, s'efforce de réinstaurer certaines libertés, mais n'évite pas la crise économique, les émeutes de la faim et les sursauts royalistes. Au-dehors, abandonnant la guerre à outrance, elle vient partiellement à bout de la coalition antifrançaise (traités de Bâle et de La Haye) mais les hostilités continuent avec l'Angleterre et l'Autriche. Le premier Directoire, installé par la Constitution de l'an III, s'adapte mal à la situation confuse dont il a hérité. Il remporte pourtant de brillants succès militaires ; cependant, coupé des masses populaires qui souffrent de la misère et de la guerre, il ne parvient pas à la stabilité intérieure. Entre royalistes et Jacobins, qui refusent tout compromis, la solution est au coup de force.

Le 18 fructidor an VI (4 septembre 1797) ouvre une nouvelle période : « Ni terreur ni réaction ». En fait, les embarras politiques continuent, tandis qu'une dangereuse politique de conquêtes, avec alternance de victoires et de revers, ajoute à la perturbation économique et à la lassitude du pays. Bonaparte, par le coup d'État des 18-19 brumaire (9 et 10 novembre 1799), abat le Directoire sans que le pays manifeste étonnement ni regret.

Vie politique et institutionnelle

1794
☐ 1er AOÛT. Abolition de la loi sur les suspects.
☐ 24 AOÛT. Réorganisation du gouvernement révolutionnaire dans le sens légaliste.
☐ 18 SEPT. Suppression du budget des cultes.
☐ 19 NOV. Fermeture du club des Jacobins.

☐ DÉC. Retour à la Convention des députés girondins survivants.

1795
☐ FÉVR. Accord de La Jaunaye entre Hoche et Charette suspendant provisoirement la guerre de Vendée.
☐ 21 FÉVR. Décret de séparation de l'Église et de l'État et de liberté pour tous les cultes (15 août : célébration solennelle du culte à Notre-Dame de Paris par l'abbé Grégoire).

□ 1ᵉʳ AVR. (12 germinal). Invasion de la Convention aux cris de ; « Du pain et la Constitution de 93 ». Échec. Déportation de conventionnels.

□ 20 MAI. (1ᵉʳ prairial). Dernier soulèvement parisien. Échec.

□ 31 MAI. Suppression du Tribunal révolutionnaire.

□ 8 JUIN. Mort de Louis XVII au Temple (le comte de Provence devient Louis XVIII).

□ JUILL.-AOÛT. Terreur blanche dans le Midi.

□ 22 AOÛT. Constitution de l'an III.

□ 30 AOÛT. Décret des deux tiers (les deux tiers des futurs députés seront pris obligatoirement dans la Convention elle-même).

□ 5 OCT. (13 vendémiaire). Les royalistes écrasés par Bonaparte.

□ 26 OCT. Séparation de la Convention.

□ 27 OCT.-4 NOV. Mise en place du gouvernement du Directoire.

□ NOV. Réouverture du club des Jacobins sous le nom de club du Panthéon (Babeuf) [fermé en févr. 1796].

Fluctuations de la production industrielle	1794	1795	1797	1799
Extraction de houille à Anzin (en millions de quintaux)	650		1 200	2 400
Ateliers d'horlogerie de Besançon (nombre de montres)	6 000	14 700	15 800	9 000

Redistribution de la propriété foncière	1789	1825
Augmentation globale du nombre des propriétaires fonciers (par la vente des biens nationaux et le partage des communaux)	4 000 000	6 500 000

Quelques exemples :	1789	1801
Doubs	39 493	41 513
Meurthe	56 101	69 743
Moselle	35 858	49 331
Eure	99 637	100 331
Indre	20 329	20 786

Proportion de biens nationaux acquis par les paysans
(quelques exemples)

Département du Nord :	52 %
Canton de Vire :	34 %
Canton d'Épinal :	35 à 40 %
Canton de Strasbourg :	49 %
Canton de Sens :	40 %
Canton de Châtillon (Côte d'Or) :	72,8 %

1796

☐ 25 FÉVR. et 29 MARS. Stofflet et Charette fusillés.

☐ MAI-JUIN. Les Chouans déposent les armes.

☐ 10 MAI. Conspiration des Égaux menée par Babeuf (condamné à mort le 26 mai 1797).

1797

☐ JANV.-AVR. Conspiration de royalistes et de modérés appuyés par l'Angleterre.

☐ MARS-AVR. Succès des royalistes aux élections.

☐ 27 JUIN et 16 JUILL. Abrogation des mesures contre les émigrés et les prêtres réfractaires.

☐ 4 SEPT. Coup d'État du 18-Fructidor contre les royalistes.

☐ 10 DÉC. Réception de Bonaparte par le Directoire.

1798

☐ AVR. Institution d'un jour de repos : le décadi, dixième jour de la décade républicaine. En août, cérémonies du culte décadaire.

☐ 11 MAI. Coup d'État du 22-Floréal (invalidation des députés jacobins élus en avril).

☐ 23 NOV.-23 DÉC. Lois de refonte des contributions directes par Ramel (impôt foncier, mobilier, patente, impôt sur les portes et fenêtres), qui s'appelleront les « quatre vieilles ».

1799

☐ 6 MAI. Élection de Sieyès au Directoire.

☐ 18 JUIN. Coup d'État du 30-Prairial (usurpation de pouvoir par les Conseils contre les Directeurs). Fouché ministre de la Police.

☐ 12 JUILL. Loi des otages visant les parents d'émigrés et de rebelles.

☐ SEPT.-OCT. Reprise de la lutte des royalistes dans l'Ouest, la vallée du Rhône, le Midi.

☐ 9 OCT. Retour d'Égypte de Bonaparte : débarquement près de Fréjus.

☐ 9-10 NOV. Coup d'État du 18-Brumaire.

Politique extérieure

1794

☐ 15 AOÛT. Le Quesnoy repris aux Autrichiens (et premier usage du télégraphe aérien des frères Chappe).

☐ OCT. Victoire de la Roër (armée de Sambre-et-Meuse), prise de Cologne et de Coblence (Jourdan). Siège de Mayence.

☐ 27 DÉC. Entrée de l'armée du Nord en Hollande (Pichegru). Le 30 janvier 1795, prise de la flotte hollandaise gelée dans le Zuyderzee.

1795

☐ 6 AVR. Traité de Bâle : la Prusse quitte la coalition.

☐ MAI. Traité de La Haye avec la République batave (Hollande).

☐ 15-22 JUILL. Débarquement à Quiberon des émigrés et des Anglais, rejetés à la mer par Hoche.

☐ 22 JUILL. Traité de Bâle : l'Espagne quitte la coalition.

1796

☐ 2 MARS. Bonaparte, commandant en chef de l'armée d'Italie. Victoires de Montenotte, Mondovi, Lodi en avril-mai.

☐ AVR. Toussaint-Louverture, lieutenant-gouverneur de Saint-Domingue.

☐ 15 MAI. Traité de Paris : la Savoie et Nice cédées par le roi de Sardaigne.

☐ JUIN. Invasion de l'Allemagne par Moreau et Jourdan.

☐ SEPT. Les Français repoussés en deçà du Rhin.

☐ 15-17 NOV. Victoire de Bonaparte au pont d'Arcole.

☐ 16-29 DÉC. Échec du débarquement de Hoche en Irlande.

1797
☐ 2 FÉVR. Capitulation de Mantoue.
☐ 19 FÉVR. Traité de Tolentino entre Bonaparte et le pape Pie VI (Avignon et le Comtat Venaissin cédés à la France).
☐ 18 AVR. Préliminaires de Leoben avec l'Autriche (la Belgique est cédée à la France).
☐ 6 JUIN. Fondation de la République ligurienne.
☐ 9 JUILL. Fondation de la République cisalpine.
☐ 17 OCT. Traité de Campoformio.

1798
Rupture avec les États-Unis.
☐ JANV. Prise de Rome par les Français ; création de la République romaine (5 févr.).
☐ 22 JANV. et 8 FÉVR. Constitutions imposées à la Hollande et aux cantons suisses par la France.
☐ AVR. La République helvétique alliée et assujettie à la France.
☐ 19 MAI. Départ de l'expédition d'Égypte (prise de Malte, 11 juin).
☐ 21 JUILL. Bataille des Pyramides. Prise du Caire.
☐ JUILL.-DÉC. Seconde coalition contre la France : Angleterre, Russie, Autriche, Naples, Turquie.
☐ 1ᵉʳ AOÛT. Aboukir : Nelson détruit la flotte française.
☐ 22 AOÛT-9 SEPT. Échec de l'expédition française en Irlande (Humbert).
☐ 5 SEPT. Loi Jourdan sur la conscription : obligation de service entre 20 et 25 ans ; mise en œuvre tempérée par l'institution d'un contingent et du remplacement (1799).
☐ 9 DÉC. Abandon par le roi de Sardaigne du Piémont, occupé par les Français.

1799
☐ 23 JANV. Prise de Naples. Fondation de la République parthénopéenne par Championnet.

☐ FÉVR.-JUILL. Invasion puis évacuation de la Syrie par Bonaparte.
☐ AVR.-AOÛT. Défaites de Moreau (à Cassano), de Macdonald (à la Trébie), de Joubert (à Novi), tous vaincus par Souvorov. Perte de Milan et des « républiques sœurs » de Naples et de Rome.
☐ 25 JUILL. Aboukir : les Turcs rejetés à la mer par Bonaparte.
☐ SEPT.-OCT. Dissensions des coalisés : victoires de Masséna en Suisse et de Brune en Hollande.
Perte de l'empire colonial : les Antilles françaises, Saint Pierre et Miquelon, les villes de l'Inde, la Guyane, les Mascareignes sont conquis par les Anglais ou coupés de la France.

Économie – Société

1794
☐ 1ᵉʳ AOÛT. Abolition de la loi du maximum sur les prix et les salaires.
☐ SEPT. Parution du *Tribun du peuple,* journal de Babeuf.

1795
☐ 31 JANV. Commerce libre avec l'étranger.
☐ DÉC. Emprunt forcé sur les riches.

1796
☐ 19 FÉVR. Destruction de la planche aux assignats ; les mandats territoriaux, nouveau papier-monnaie (18 mars).
☐ 31 OCT. Prohibition des marchandises anglaises.
Le chimiste Conté réalise le crayon à la mine de plomb artificielle.
Procédé Appert pour les conserves alimentaires.

1797
☐ JANV. Première cérémonie de théophilanthropie, mouvement déiste.
☐ 7 FÉVR. Suppression des mandats terri-

toriaux ; le numéraire seule monnaie légale.

□ 30 SEPT. Banqueroute des deux tiers sur les emprunts nationaux : seul un tiers, dit « tiers consolidé », sera payé.

1798
□ 22 SEPT.-2 OCT. Exposition industrielle du Champ-de-Mars à Paris (110 fabricants français).
Apparition de la valse.
Dégrèvements d'impôt foncier aux reboiseurs.

1799
□ 13 MARS. Instructions au commandant du Sénégal tendant à remplacer l'ancienne traite privée des esclaves par une traite officielle.

Civilisation et cultures

1794 Création de l'École normale supérieure. Loi Lakanal sur l'enseignement : suppression de l'obligation scolaire.

1795
□ 25 FÉVR. Décret de création des écoles centrales (une pour 300 000 habitants), établissements d'enseignement secondaire et supérieur. Cours de langues orientales vivantes (future École des langues orientales). Création de l'Institut national des sciences et des arts, à la place des anciennes académies. Loi Daunou sur l'enseignement : suppression de l'obligation et de la gratuité. Création de l'École des beaux-arts, puis de l'Institut national de musique. Création du Bureau des longitudes, pour la mesure des distances terrestres □ Lyon : première représentation de Guignol.

1796 Mme de Staël : *De l'influence des passions* □ Bonald : *Théorie du pouvoir politique et religieux* □ Gros : *Bonaparte*

au pont d'Arcole □ Laplace : *Exposition du système du monde.*

1797 Chateaubriand : *Essai sur les révolutions* □ Marquis de Sade : *la Nouvelle Justine ou les Malheurs de la vertu, suivie de l'Histoire de Juliette sa sœur.*

1798 Mme de Genlis : littérature pour les enfants ; *les Petits Émigrés* □ Fondation de l'Institut du Caire, par Bonaparte.

1798-1803 Lacépède : *Histoire naturelle des poissons.*

1799 David : *les Sabines,* exposé au Louvre □ Monge : *Traité de géométrie descriptive* □ Bichat : *Recherches physiologiques sur la vie et la mort* □ Découverte en Égypte de l'inscription trilingue de la pierre de Rosette qui sera déchiffrée par Champollion.

Biographies

Babeuf (FRANÇOIS NOËL, DIT GRACCHUS), révolutionnaire français (1760-1797). Né dans une famille pauvre, il s'initie comme « commissaire à terrier » aux luttes engagées à la veille de la Révolution entre les propriétaires nobles et les paysans. Il se fait le défenseur des pauvres, esquisse une doctrine de philosophie sociale où apparaissent les premières idées communistes (loi agraire sur le partage des terres). Le *Manifeste des Égaux* (rédigé par Sylvain Maréchal) est condamné. Il fomente alors une conjuration contre le Directoire. Arrêté, il est guillotiné.

Chénier (MARIE JOSEPH DE), écrivain français (1764-1811), fils de diplomate. Après des études à Paris, il compose très jeune des comédies et tragédies qui ont du succès. Député à la Convention, il écrit des hymnes pour les fêtes révolutionnaires mais, compromis sous la terreur, il échappe de peu à la guillotine, sans avoir pu intervenir pour sauver son frère André, le poète. Inspecteur des Écoles centrales, pensionné plus tard par Napoléon, il meurt académicien.

François de Neufchâteau (NICOLAS), homme d'État français (1750-1828). De modeste origine, il vient à Paris après de brillantes études puis voyage (Saint-Domingue). La Révolution le jette dans la politique. Élu à la Convention (siège qu'il refuse), il tient à rester à l'écart de l'agitation politique. Le Directoire l'appelle au ministère de l'Intérieur, l'élit directeur. Esprit fécond, il est un administrateur très actif dans l'économie et l'enseignement : premier recensement de la population, réorganisation de l'Assistance publique, développement de la navigation intérieure, premières expositions industrielles. Comte d'Empire, il est écarté par la Restauration.

Grégoire (HENRI, DIT L'ABBÉ), évêque constitutionnel (1750-1831). Curieuse figure d'abbé plébéien, curé d'Embermesnil, en Lorraine, constituant, Conventionnel, évêque jureur du Loir-et-Cher. Il se fait le champion d'une Église gallicane régénérée. Promoteur d'une enquête linguistique, il veut « anéantir les patois et universaliser la langue française ». Homme aux convictions ardentes (défenseur du droit des Juifs, des Noirs), il a pour devise la pensée de saint Augustin : « Immoler l'erreur, aimer les hommes ». Intrépide, inébranlable lors de la déchristianisation, il ose tenir tête à Napoléon, refuse le Concordat, sera pourtant sénateur (opposant), puis député sous la Restauration.

Richard (FRANÇOIS, DIT RICHARD-LENOIR),

industriel français (1765-1839). Fils de fermier, apprenti négociant, garçon de café, il s'engage dans le commerce des tissus ; il fait faillite et la Révolution interrompt son activité. Il s'associe en 1797 avec Lenoir ; dans leur magasin de la rue Montorgueil, à Paris, Richard et Lenoir innovent en pratiquant la vente à prix fixes. Richard imagine de fabriquer des cotonnades : avec l'aide d'ouvriers anglais, il fabrique des tissus aussi beaux que ceux d'Angleterre et monte une filature mécanique dans un ancien couvent, rue de Charonne, employant des enfants de l'Assistance publique. En 1810, il sera propriétaire du plus gros établissement industriel de France, mais le Blocus le ruine. Brisé par sa faillite, il meurt presque sans ressources.

Madame Tallien (THÉRÈSE DE CABARRUS), une « merveilleuse », femme en vedette sous le Directoire (1773-1835). Fille d'un banquier espagnol, elle épouse un magistrat français qui émigre pendant la Révolution. Elle divorce alors, devient suspecte sous la Terreur, mais sa beauté frappe le Montagnard Tallien, représentant à Bordeaux, qui la fait libérer et l'épouse après Thermidor. Figure marquante de la société du Directoire, elle mène une vie fort libre. Elle finit princesse de Chimay, après un second divorce.

Bibliographie

Denis Woronoff : *la Nouvelle Histoire de la France contemporaine : la République bourgeoise de Thermidor à Brumaire (1794-1799), t. III.*

Albert Soboul : *le Directoire et le Consulat* (Que sais-je ?).

Georges Lefebvre : *la France sous le Directoire.*

Le Consulat

Le coup d'État du 18-Brumaire semble d'abord s'inscrire, aux yeux des contemporains, dans la suite des avatars politiques habituels du gouvernement du Directoire. Cependant, la majorité des Français aspire à la paix intérieure et extérieure que Bonaparte leur apporte, aussi celui-ci va-t-il peu à peu affirmer son pouvoir. Pendant les quatre années du Consulat, il stabilise et consolide l'œuvre de la Révolution, comblant les vœux de la bourgeoisie. Les dissensions religieuses apaisées, l'économie réorganisée, l'administration régularisée, la propriété garantie, la guerre apparemment terminée jusqu'en 1803 sont autant de bienfaits ressentis par les notables, qui se résignent à l'abandon des formes républicaines. La reprise de la guerre, la nécessité d'un gouvernement fort contre des complots toujours renaissants permettent à Bonaparte d'imposer son pouvoir personnel. Proclamé empereur, il obtient l'adhésion unanime des Français par un plébiscite qui lui donne 3 500 000 voix contre 2 579 (juin 1804).

Vie politique et institutionnelle

1799
☐ 10 NOV. Trois consuls provisoires à pouvoirs égaux (Sieyès, Ducos, Bonaparte).
☐ 24 NOV. Création d'une direction du recouvrement des impôts directs.
☐ 13 DÉC. Adoption de la Constitution de l'an VIII : Bonaparte, Premier consul.

1800
☐ 17 FÉVR. Loi du 28 pluviôse an VIII : création des préfets ; réorganisation de l'administration mise en place en cours d'année : 98 départements, 36 000 communes.
☐ JANV.-FÉVR. Répression de la chouannerie. Pacification de la Vendée.
☐ 28 FÉVR. Plébiscite approuvant la Constitution de l'an VIII (Chiffres « officiels » : oui : 3 millions ; non : 1 600) à registre ouvert.
☐ 3 MARS. Clôture de la liste des émigrés proscrits (52 000).
☐ 18 MARS. Loi de ventôse an VIII : réorganisation des tribunaux. Mise en place des fonctionnaires des Contributions directes.
☐ 24 DÉC. Attentat de la rue Saint-Nicaise, contre Bonaparte : 4 tués, 60 blessés. (D'origine royaliste ; attribué aux Jacobins.)

1801
☐ JANV. Sénatus-consulte autorisant à déporter les Jacobins sans jugement.
☐ 15 JUILL. Signature du Concordat avec Pie VII ; intégration de l'Église de France dans l'État nouveau.
☐ OCT.-NOV. Rédaction des Articles organiques, ou modalités d'application du

Concordat, décrétés par Bonaparte et votés le 8 avr. 1802 ; à cette même date, Articles organiques concernant les cultes protestants.

1802

☐ JANV.-AVR. Épuration et réorganisation du Tribunat, seule assemblée habilitée à discuter les projets de loi et qui est devenue chambre d'opposition.

☐ 18 AVR. Jour de Pâques : promulgation du Concordat et *Te Deum* à Notre-Dame.

☐ 26 AVR. Amnistie pour les émigrés.

☐ 19 MAI. Création de la Légion d'honneur.

☐ MAI-AOÛT. Plébiscite sur le consulat à vie.

☐ 2 AOÛT. Sénatus-consulte du 14 thermidor an X : Bonaparte consul à vie.

☐ 4 AOÛT. Sénatus-consulte du 16 thermidor : Constitution de l'an X (complétée par les sénatus-consultes du 30 août 1802 et du 20 décembre 1803).

☐ 2 NOV. Établissement de « cadastres types » pour l'impôt foncier.

1804

☐ 25 FÉVR. Création de l'administration des droits réunis (réapparition de l'impôt indirect, après des tentatives infructueuses sous le Directoire).

☐ FÉVR.-MARS. Arrestation de Moreau, Pichegru, Cadoudal, auteurs d'un complot d'inspiration anglo-royaliste contre le Premier consul.

☐ 15 MARS. Enlèvement du duc d'Enghien (exécuté à Vincennes le 21 mars).

☐ 21 MARS. Promulgation du Code civil ou Code Napoléon.

☐ 18 MAI. Sénatus-consulte proclamant Bonaparte empereur des Français (Constitution de l'an XII).

☐ 22 JUIN. Les congrégations religieuses soumises à une autorisation du Premier consul.

☐ 10 JUILL. Fouché (disgracié le 13 sept. 1802) redevient ministre de la Police.

☐ 14 JUILL. Distribution des croix de la Légion d'honneur.

☐ 2 DÉC. Sacre de Napoléon par le pape Pie VII.

☐ 5 DÉC. Distribution des aigles à l'armée impériale au Champ-de-Mars. L'armée prend le nom de Grande Armée.

Politique extérieure

1799

☐ 25 DÉC. Lettre de Bonaparte aux souverains en faveur de la paix.

1800

☐ 20 MARS. Victoire de Kléber à Héliopolis, en Égypte.

☐ 28 AVR. Invasion de la Bavière par Moreau.

☐ 24 MAI. Bonaparte franchit le col du Grand-Saint-Bernard.

Démographie : Évolution de 1789 à 1804 (en milliers d'individus)

	1789	1791	1793	1795	1797	1799	1801	1803
Population totale	28 051	28 269	28 295	28 130	28 463	29 007	29 361	29 553
Naissances	1 052,5	1 014	1 023,2	1 031,4	1 072,4	1 053,2	965,4	952,1
Décès	936	981,6	1 032,6	961,4	807,5	811,1	792,6	972,6

☐ 2 JUIN. Prise de Milan.
☐ 9 JUIN. Victoire de Montebello.
☐ 14 JUIN. Victoire de Bonaparte à Marengo.
☐ 15 JUIN. Armistice franco-autrichien (rompu le 22 nov.).
☐ 30 SEPT. Traité franco-américain de Mortefontaine.
☐ 1er OCT. Restitution de la Louisiane à la France. (Sera vendue aux États-Unis le 3 mai 1803).
☐ 3 DÉC. Victoire de Hohenlinden.

1801
☐ 9 FÉVR. Paix de Lunéville entre la France et l'Autriche (le Rhin frontière de la République française, l'Adige frontière de la République cisalpine).
☐ 6 MARS. Débarquement anglais en Égypte. Prise du Caire (28 juin) puis d'Alexandrie (30 août).

1802
☐ 25 JANV. Bonaparte président de la République cisalpine qui devient république d'Italie.
☐ 25 MARS. Paix d'Amiens entre la France et l'Angleterre.
☐ AOÛT.-OCT. Annexions à la France : île d'Elbe, Piémont, duché de Parme.

1803
☐ 19 FÉVR. Acte de médiation : Bonaparte réorganise la République helvétique sous tutelle française (traité d'alliance avec la France imposé).
☐ 24 MARS. Recez de Rastibonne (entre France, Prusse, princes allemands) : acte réorganisant l'Allemagne.
☐ AVR. Occupation par la France de Flessingue et du Brabant hollandais.
☐ MAI. Occupation du Hanovre par Mortier.
☐ MAI. Rupture avec l'Angleterre, qui a refusé d'évacuer Malte.
☐ JUILL. Formation du camp de Boulogne en vue d'une invasion de l'Angleterre.

Économie – Société

1799
☐ 15 NOV. La rente française, tombée à 7 F, remonte à 20 F.
☐ 24 NOV. Création de la Caisse d'amortissement.

1800
☐ 13 FÉVR. Fondation de la Banque de France (réorganisée en 1803).
Construction de la route du Simplon (terminée en 1806).

1801
Médaille d'or aux frères Jacob, ébénistes.

1801 et 1802
Expositions de l'Industrie nationale à Paris (220 et 540 exposants).
1802 : premier métier automatique pour la bonneterie (Aubert, à Lyon).

1803
Construction de la route du Mont-Cenis (terminée en 1811).
☐ 25 FÉVR. Organisation de l'École de Compiègne pour l'enseignement technique (503 élèves).
☐ 28 MARS. Loi fixant la valeur du franc (le franc de germinal).
☐ 12 AVR. Réaffirmation de la loi Le Chapelier : interdiction des coalitions ouvrières et patronales.
☐ 1er DÉC. Institution du livret ouvrier (interdiction d'embaucher un ouvrier sans l'acquit de ses engagements).
☐ 24 DÉC. Institution de chambres de commerce dans 22 villes.

1804
Le premier métier à tisser la soie est construit par Jacquard.

Civilisation et cultures

1800 David : *Portrait équestre du Premier consul gravissant le Saint-Bernard.* Gérard : portrait de *Madame Récamier.*

1801 Chateaubriand : *Atala ou les Amours de deux sauvages dans le désert* □ Kreutzer, premier violon à l'Opéra (Beethoven lui dédicacera en 1803 la *Sonate* en la *majeur*) □ Pinel, médecin-chef de Bicêtre : *Traité médico-philosophique de l'aliénation mentale.*

1802 Chateaubriand : *Génie du christianisme, René ou les Effets des passions.* Madame de Staël : *Delphine* □ 1er mai. Réorganisation de l'enseignement par Fourcroy.

1803 Chamfort : *Pensées* (publication posthume) □ Maine de Biran : *Traité de l'habitude* □ Cabanis : *Rapports du physique et du moral* □ J.-B. Say : *Traité d'économie politique.*

1804 David nommé peintre de l'Empereur. Gros : *les Pestiférés de Jaffa* □ Cuvier : *Leçons d'anatomie comparée* □ Charles Fourier : *Harmonie universelle.*

Biographies

Enghien (LOUIS ANTOINE HENRI DE BOURBON), duc d'Enghien, prince français, le dernier des Condé (1772-1804). Il avait reçu de son grand-père, prince de Condé, une éducation militaire. Émigré, il combat dans l'armée des princes sous les ordres de l'Autrichien Wurmser, puis sous ceux du tsar qui a pris à sa solde l'armée de Condé (1797). Son mariage secret avec la princesse de Rohan l'oppose à son grand-père et il reste à l'écart de toute intrigue politique. Inspiré par Talleyrand, Bonaparte le fait saisir arbitrairement à Ettenheim, hors de France, juger et exécuter comme conspirateur après un simulacre de procès.

Staël-Holstein (GERMAINE NECKER, BARONNE DE), femme de lettres française (1766-1817). Fille du Genevois Necker (ministre de Louis XVI), elle connut dans le salon de sa mère toutes les célébrités du temps. Très douée, cultivée, elle brille à la Cour après son mariage avec l'ambassadeur de Suède à Paris, Staël-Holstein. Elle rêve de jouer un rôle politique pendant la Révolution, mais quitte Paris pour Coppet (Suisse) après la chute de la royauté. Elle voyage, rencontre Benjamin Constant, avec qui elle entretient, jusqu'en 1808, une liaison orageuse. Après le 9 thermidor, elle rouvre son salon ; ses idées libérales la rendent suspecte, tandis que son prestige littéraire est de plus en plus consacré. Son désir de conseiller Bonaparte ne rencontre que méfiance et, en 1803, sommée de s'éloigner de Paris, elle entre dans l'opposition, reprenant ces voyages à travers l'Europe qui inspirent son œuvre. Par son existence agitée et enthousiaste, elle représente bien les débuts du romantisme français.

Bibliographie

Jean Lucas-Dubreton : *la France de Napoléon.*

A. Soboul : *le Directoire et le Consulat* (« Que sais-je ? »).

J. Tulard : *Napoléon ou le Mythe du sauveur.*

Le premier Empire

Le régime impérial, en dépit du maintien de certaines apparences républicaines, fait revivre l'autoritarisme souvent arbitraire et le brillant décor de la monarchie absolue. Napoléon laisse fort peu d'initiative aux assemblées et aux ministres et s'appuie solidement sur ses préfets, ses magistrats, ses policiers, réduits à une stricte obéissance. De 1804 à 1810 s'édifie, par la conquête et les annexions, le Grand Empire. En 1810, la France napoléonienne atteint son apogée : les 3e, 4e et 5e coalitions sont brisées, de remarquables progrès économiques, l'épanouissement des arts, des œuvres littéraires et scientifiques brillantes ajoutent à la gloire de l'Empereur. Pourtant, de 1810 à 1814, le déclin et la chute se précipitent, témoignant de la fragilité de tout l'édifice. La lassitude de peuples accablés par la conscription et l'impôt, le conflit religieux avec la papauté, la conjoncture économique défavorable, la difficile expédition de Russie provoquent un rapide écroulement. L'Empire napoléonien disparaît, laissant certes un souvenir d'épopée, mais aussi une France réduite et épuisée, en face d'une Europe que Napoléon lui-même a contribué à rénover.

Vie politique et institutionnelle

1805
☐ MARS. Création d'un bureau de presse contrôlé par Fouché.

1806
☐ 27 JANV. Mesures contre les munitionnaires, fournisseurs de vivres et de fourrages pour l'armée.
☐ 13 FÉVR. Rupture de Napoléon avec Pie VII.
☐ 4 AVR. Publication du catéchisme impérial : devoirs chrétiens d'obéissance à l'Empereur. Publication du Code de procédure civile.
☐ 10 MAI. Création de l'Université impériale (complétée par décret en 1808 et 1811), Fontanes grand maître. Rétablissement de la Cour des comptes.

1807
☐ 4 JUILL. Exil de Chateaubriand.
☐ 19 AOÛT. Suppression du Tribunat.

1808
Pie VII refuse l'investiture aux prélats nommés par Napoléon.
☐ 24 MARS. Épuration de la magistrature.
☐ DÉC. Conspiration de Talleyrand et Fouché contre l'Empereur.
Transfert à Saint-Cyr de l'École spéciale militaire de Fontainebleau.

1809
☐ 28 JANV. Disgrâce de Talleyrand.
☐ 9 AVR. Soulèvement du Tyrol (Andréas Höfer), soumis en novembre.
☐ 12 JUIN. Excommunication de Napoléon par Pie VII.
☐ 29 JUIN. Première conspiration du général Malet.

☐ 6 JUILL. Enlèvement du pape. Soulèvement de la Romagne.
☐ 16 DÉC. Divorce de Napoléon.
☐ 25 DÉC. Organisation des Provinces illyriennes : Serbie et Croatie.

1810
☐ 5 FÉVR. Création d'une Direction de la librairie. Renforcement de la censure.
☐ 3 MARS. Rétablissement des prisons d'État. Internement administratif en matière politique et de droit commun.
☐ 2 AVR. Mariage de Napoléon et de Marie-Louise.

☐ 28 AVR. Réorganisation de l'administration judiciaire.
☐ 3 JUIN. Disgrâce de Fouché.

1811
☐ 1er JANV. Mise en application du Code d'instruction criminelle, achevé en 1808 (maintien du jury de jugement et suppression du jury d'instruction, institués par la Constituante), et du Code pénal, achevé en 1810.
☐ 20 MARS. Naissance de François Charles Joseph Napoléon Bonaparte, roi de Rome (le futur Aiglon).

Recrutement militaire

Armée français en **1789** : (recrutement par racolage ou obligation de la milice tombée en désuétude à la fin de l'Ancien Régime)	200 000 hommes pour 26 M d'individus
L'armée de l'**an II** (levée en masse) :	570 000 hommes
L'armée en **1798** (selon la conscription) :	985 000 recrues
Augmentation des effectifs sous l'Empire	**1806** 620 000 hommes **1807** 700 000 hommes **1809** 900 000 hommes **1812** plus d'1 M d'hommes
Proportion des réfractaires et déserteurs :	28 %

Situation en 1806
Mobilisés : 1/138 de la population de l'Empire (35 613 000 habitants)
Différences régionales : 1/97 du département de l'Yonne
1/212 du département du Rhône
D'après Hargenvilliers, chef du Bureau de conscription

Campagne de Russie : 350 000 Français sur 700 000 combattants de la Grande Armée

L'« impôt du sang » sous l'Empire
(sur lequel les historiens sont en désaccord) : entre 650 000 et 1 million d'hommes

☐ 17 JUIN. Ouverture du « Concile national » à Paris.

1812
☐ 23 FÉVR. Le Concordat annulé par Napoléon.

☐ JUIN. Transfert du pape à Fontainebleau.

☐ 23 OCT. Coup d'État manqué du général Malet.

1813
☐ 25 JANV. Nouveau concordat, d'esprit gallican, que le pape désavoue le 24 mars.

1814
☐ 2 AVR. Déchéance de Napoléon proclamée par le Sénat.

☐ 4-6 AVR. Abdication en deux temps de Napoléon, renforcée par la défection des maréchaux.

☐ 11 AVR. Traité de Fontainebleau : Napoléon souverain de l'île d'Elbe (il y arrive le 4 mai).

☐ 20 AVR. Adieux de Napoléon à la Vieille Garde.

Politique extérieure

1805
☐ 7 MARS. Napoléon, roi d'Italie (le prince Eugène, vice-roi).

☐ 6 JUIN. Annexion de Gênes.

☐ 9 AOÛT. Alliance de l'Autriche, de l'Angleterre, de la Russie, de la Suède et du royaume de Naples (3e coalition).

☐ 26 AOÛT. Organisation définitive du recrutement de l'armée.

☐ SEPT. La Grande Armée quitte le camp de Boulogne et se dirige vers le Rhin (franchi le 25 septembre) à la rencontre des Autrichiens qui ont envahi la Bavière.

☐ 14 OCT. Victoire d'Elchingen.

☐ 20 OCT. Capitulation d'Ulm. Marche sur Vienne.

☐ 21 OCT. Trafalgar : destruction de la flotte française.

☐ 28 OCT. Création du trésor de l'armée.

☐ 14 NOV. Occupation de Vienne.

☐ 2 DÉC. Austerlitz : victoire sur l'Autriche et la Russie.

☐ 26 DÉC. Traité de Presbourg : l'Autriche cède la Vénétie et la Dalmatie au royaume d'Italie (Napoléon reconnu comme roi).

☐ 27 DÉC. Les Bourbons de Naples détrônés par Napoléon.

1806
☐ 15 MARS. Murat, grand-duc de Berg (Allemagne) ; Berthier, prince de Neuchâtel.

☐ 30 MARS. Joseph Bonaparte, roi de Naples. Insurrection contre lui. Débarquement des Anglais. Fra Diavolo, l'un des chefs de la révolte, est pendu.

☐ 5 JUIN. Louis Bonaparte, roi de Hollande.

☐ 1er AOÛT. Napoléon notifie la dissolution du Saint Empire romain germanique. La Confédération du Rhin (seize princes allemands) est alliée à la France ; Napoléon en est président.

☐ 1er OCT. Ultimatum du roi de Prusse. Quatrième coalition : Angleterre, Prusse, Russie, Suède.

☐ 14 OCT. Victoires françaises à Iéna et Auerstaedt.

☐ 27 OCT. Prise de Berlin.

☐ 21 NOV. Blocus continental (décret de Berlin) : prohibition des marchandises anglaises, même pour les neutres.

☐ 27 NOV. Campagne de Pologne : prise de Varsovie (Murat).

1807
☐ 8 FÉVR. Bataille d'Eylau.

☐ 3 MAI. Constantinople : Sebastiani repousse la flotte anglaise.

☐ 7 MAI. Traité de Finkenstein : la Prusse contrainte de s'allier à la France. Offensive russe en Prusse orientale.

□ 14 JUIN. Victoire de Friedland.
□ 25 JUIN. Premier traité de Tilsit : alliance franco-russe confirmée les 7 et 9 juillet. Démembrement de la Prusse.
□ 22 JUILL. Création du grand-duché de Varsovie.
□ 18 AOÛT. Jérôme Bonaparte roi de Westphalie.
□ 1er SEPT. Bombardement de Copenhague par les Anglais.
□ 12 OCT. Début de la guerre franco-portugaise. Les Bragance détrônés le 13 novembre ; prise de Lisbonne par Junot le 30 novembre.
□ 30 OCT. Alliance franco-danoise.
□ 17 NOV. Décret de Milan : aggravation du blocus contre l'Angleterre.
□ NOV. 1807 - MARS 1808. Occupation de l'Espagne par les troupes françaises.

1808
□ 2 FÉVR. Occupation de Rome.
□ MARS-MAI. Émeutes d'Aranjuez. Soulèvement de Madrid (Dos de Mayo). Répression.
□ 6 JUIN. Joseph, roi d'Espagne ; Murat, roi de Naples.
□ 15 JUIN-7 JUILL. Junte de Bayonne ; révolte générale en Espagne.
□ 22 JUILL. Capitulation de Bailén, défaite française. Reprise de Madrid par les Espagnols.
□ 1er AOÛT. Débarquement de Wellesley au Portugal.
□ 30 AOÛT. Capitulation de Junot à Cintra.
□ 12 OCT. Convention d'Erfurt entre Napoléon et le tsar : renouvellement équivoque de l'alliance.
□ 5 NOV. Napoléon en Espagne.
□ 4 DÉC. Madrid réoccupée par les Français.

1809
□ 23 JANV. Retour précipité de Napoléon à Paris (danger de conspiration contre lui et menace extérieure).

□ 20 FÉVR. Prise de Saragosse par les Français.
□ MARS. Licences pour le commerce avec l'Angleterre.
□ 29 MARS. Prise de Porto par Soult, perdue le 12 mai.
□ 12 AVR. Invasion de la Bavière par l'Autriche battue à Eckmühl.
□ 22 AVR. Cinquième coalition.
□ 12 MAI. Prise de Vienne par Napoléon.
□ 21-22 MAI. Bataille d'Essling.
□ 6 JUILL. Victoire de Wagram.
□ 14 OCT. Schönbrunn : traité de Vienne avec l'Autriche, qui cède à la France ses provinces du Sud-Est : formation du gouvernement de l'Illyrie.

1810
□ 1er FÉVR. Prise de Séville, puis de Malaga (5 février) par les Français.
□ 7 FÉVR. Engagement de mariage : Napoléon Marie-Louise d'Autriche.
□ FÉVR. Démantèlement des États du pape et transformation en départements de Trasimène et du Tibre.
□ 9 JUILL. Annexion de la Hollande, après l'abdication de Louis.
□ 5 AOÛT. Décrets de Trianon, puis décret de Fontainebleau (19 oct.) : aggravation des taxes sur les denrées coloniales.
□ 18 OCT. Renforcement du régime douanier : tribunaux spéciaux pour les contrebandiers.
□ DÉC. Annexion à la France du Valais (département du Simplon), et des côtes allemandes de la mer du Nord. Sénatus-consulte des 130 départements.

1811
Rupture de l'entente franco-russe (ultimatum du tsar, 27 avril 1812).

1812
□ 24 FÉVR. Alliance franco-prussienne contre la Russie.
□ FÉVR.-MAI. Traités du tsar avec la Suède, l'Angleterre, la Turquie.

☐ 4 MARS. Alliance franco-autrichienne contre la Russie (mais accord secret austro-russe le 2 juin).

☐ 17 MAI. Napoléon à Dresde (Saxe).

☐ 24-25 JUIN. Napoléon franchit le Niémen.

☐ 28 JUIN. Prise de Vilna (Lituanie).

☐ 28 JUILL. Prise de Vitebsk (Russie).

☐ 18 AOÛT. Bataille de Smolensk.

☐ 5-7 SEPT. Bataille de la Moskova.

☐ 15-18 SEPT. Prise et incendie de Moscou.

☐ 19 OCT. Début de la retraite de Russie.

☐ 27-29 NOV. Passage de la Berezina.

☐ 30 DÉC. Convention de neutralité entre Prussiens et Russes.

1813

☐ 9 FÉVR. Occupation de Varsovie par les Russes.

☐ 17 FÉVR. Appel aux armes du roi de Prusse à ses sujets.

☐ 17 MARS. Déclaration de guerre de la Prusse à la France.

☐ 18 MARS. Prise de Hambourg puis de Dresde par les Russes.

☐ AVR. L'Autriche propose sa médiation à Napoléon.

☐ 15 AVR. Napoléon quitte Paris pour l'Allemagne.

☐ 2 MAI. Saxe : victoires françaises de Lützen, puis de Bautzen (21 mai).

☐ 4 JUIN. Ouverture du congrès de Prague.

☐ 21 JUIN. Victoire de Wellington à Vitoria, en Espagne.

☐ 15 AOÛT. Déclaration de guerre de l'Autriche à la France. Sixième coalition (Angleterre, Russie, Prusse, princes allemands, Autriche, Suède).

☐ 26-27 AOÛT. Bataille de Dresde : victoire française, mais retraite de Napoléon derrière l'Elbe.

☐ 8 OCT. Défection de la Bavière. Wellington dans le midi de la France.

☐ 16-19 OCT. Leipzig, « la bataille des nations » ; défaite française.

☐ 23 OCT. Trahison du Wurtemberg.

☐ 2-4 NOV. Napoléon : retraite derrière le Rhin. Fin de la Confédération du Rhin.

☐ 16 NOV. Évacuation d'Amsterdam.

☐ 1er DÉC. Déclaration des Alliés à Francfort : « Paix à la France, guerre à Napoléon. »

☐ 11 DÉC. Traité de Valençay : le roi d'Espagne rétabli dans ses droits.

☐ 26 DÉC. Invasion de la Suisse par les Autrichiens.

1814

☐ JANV. Restitution au pape de son pouvoir temporel.

☐ 11 JANV. Trahison de Murat, qui s'allie à l'Autriche.

☐ JANV.-FÉVR. « Campagne de France ». 4 janvier : les Autrichiens à Montbéliard ; 11 janvier : les Russes à Haguenau ; 19 et 21 janvier : chute de Dijon et de Chalon-sur-Saône ; 10-18 février : victoires de Napoléon à Champaubert, Montmirail, Montereau sur les Prussiens et les Autrichiens.

☐ 11 FÉVR.-19 MARS. Congrès des Alliés à Châtillon-sur-Seine. Ultimatum : la France ramenée aux limites de 1790. Pacte de Chaumont (9 mars) : vigoureux engagement des Alliés de maintenir leur union pendant vingt ans.

☐ 21 FÉVR. Arrivée du comte d'Artois à Vesoul.

☐ 27 FÉVR. Orthez : Soult battu par Wellington.

☐ 20-21 MARS. Bataille indécise d'Arcis-sur-Aube.

☐ 24 MARS. Lyon occupée par les Autrichiens.

☐ 25-26 MARS. Succès et échecs des Alliés en Champagne.

☐ 30-31 MARS. Capitulation de Paris ; entrée des Alliés.

☐ 10 AVR. Toulouse aux mains des Anglais.

☐ 23 AVR. Signature d'un armistice.

Économie – Société

1805
□ SEPT. Crise financière en France.
□ 31 DÉC. Fin du calendrier républicain, retour au calendrier grégorien.
Joseph Bonaparte, grand maître du Grand-Orient.

1806
□ 1ᵉʳ JANV. Faillite de la Compagnie Ouvrard (spéculateur hasardeux).
□ 18 MARS. Création des conseils de prud'hommes.
Exposition industrielle à Paris : 1 400 exposants des Invalides à la Seine.
□ 10 DÉC. Réunion à Paris du Grand Sanhédrin (en 1807-1808, reconnaissance et organisation du culte israélite).

1807
□ 28 AOÛT. Publication du Code de commerce.
□ 15 SEPT. Loi sur le cadastre (cadastre parcellaire).

1808
□ 1ᵉʳ MARS. Création de la noblesse impériale.
Institution d'une école de filature de coton au Conservatoire des arts et métiers (J.-J. Peugeot : l'un des premiers élèves).
Construction à Paris de la halle aux blés, à charpente métallique.

1810
Concours pour l'invention d'une machine à filer le lin, remporté par Philippe de Girard.
□ 25 JUILL. Décret de Saint-Cloud (obligation d'une licence pour la navigation commerciale).
Achèvement du canal de Saint-Quentin.
Construction de l'entrepôt Saint-Bernard (halle aux vins) à Paris.

1811
Benjamin Delessert, fabricant du premier pain de sucre de betterave, décoré par Napoléon.

1812
□ MARS. Disette en France : émeutes à Caen.
□ 24 MARS. Décret ordonnant la distribution journalière et gratuite de deux millions de soupes « à la Rumford ».
□ 8 MAI. Rétablissement du prix maximum pour les grains.
Premiers succès du métier Jacquard, utilisant des cartes perforées.

1813
□ 20-23 MAI. Panique boursière à Paris.

Civilisation et cultures

1804-1813 62 millions de francs utilisés aux travaux des palais impériaux et bâtiments de la Couronne. Au total, les travaux de Paris absorbent 102 millions ; ceux des départements, 149 millions. À cette époque, réorganisation du service des Ponts et Chaussées (création du XVIIIᵉ siècle).

1805 Quatremère de Quincy : *Essai sur l'idéal* □ Percier et Fontaine, architectes du Louvre. L'hôtel de Salm aménagé pour les services de la Légion d'honneur □ Gay-Lussac : *Théorie cinétique des gaz.*

1806 Dominique Ingres : *La Belle Zélie* □ Première pierre de l'Arc de Triomphe, à l'Étoile, par Raymond et Chalgrin. Percier et Fontaine : arc de triomphe du Carrousel ; terminé en 1808 □ Lamarck : *Recherches sur l'organisation des corps vivants.*

1807 Madame de Staël : *Corinne ou l'Italie* □ David : *le Sacre.* Concours pour la représentation de la bataille d'Eylau : remporté par Gros □ Méhul : *Joseph en Égypte,* opéra-comique □ Corvisart : *Traité sur les lésions organiques du cœur* □ Concours ouvert pour le temple de la Gloire (future église de la Madeleine) ; lauréat : Vignon.

1808 Canova : *Pauline Borghèse* (sculp.) □ Fourier : *Théorie des quatre mouvements,* lois de l'harmonie sociale.

1809 Chateaubriand : *les Martyrs ou le Triomphe de la religion chrétienne* □ Prud'hon : *la Justice et la Vengeance divine poursuivant le crime* □ Lamarck : *Philosophie zoologique,* hypothèse transformiste □ Concours pour la réunion du Louvre aux Tuileries.

1810 Madame de Staël : *De l'Allemagne* □ David : *la Distribution des aigles* □ Joseph de Maistre : *Essai sur les principes des constitutions* □ Quatre journaux autorisés à Paris, dont le *Journal de l'Empire,* ex- *Journal des débats* □ Inauguration de la colonne Vendôme.

1811 Chateaubriand à l'Académie. Maine de Biran : *Considération sur les rapports du physique et du moral* □ Ouverture de la rue de Rivoli.

1812 Géricault : *Officier de chasseurs à cheval.* Au Salon : 559 exposants, contre 241 en 1800 □ Laplace : *Théorie analytique des probabilités* □ Cuvier : *Recherches sur les ossements fossiles* □ Ouverture du cours d'histoire moderne de Guizot □ Décret de Napoléon à Moscou réorganisant le théâtre français.

1813 Comte de Saint-Simon : *Mémoire sur la science de l'homme* □ Cherubini :

les Abencérages, à l'Opéra. Rossini : *Tancrède,* opéra représenté à Venise.

1814 Benjamin Constant : *De l'esprit de conquête* □ Ingres : *la Grande Odalisque.* David : *Léonidas aux Thermopyles.* Géricault : *le Cuirassier blessé* □ Baillot fonde à Paris son Quatuor □ Création des chaires de chinois et de sanskrit au Collège de France □ Ampère : travaux sur les gaz.

Biographies

Cuvier (GEORGES), savant français (1769-1832), de famille protestante. Il montre très jeune du goût pour l'histoire naturelle. Après des études brillantes et un préceptorat chez des nobles, en Normandie (pendant lequel il utilise ses loisirs à étudier la nature, observant, disséquant, dessinant), il a la chance d'être recommandé à Geoffroy Saint-Hilaire, qui le fait venir à Paris. Sous l'Empire, il est professeur au Muséum et au Collège de France, ses *Leçons d'anatomie comparée* ayant fondé sa réputation. Ses *Recherches sur les ossements fossiles* marquent les débuts d'une science nouvelle, la paléontologie. D'esprit traditionaliste, il s'oppose aux doctrines transformistes qui apparaissent à son époque.

Jacquard (JOSEPH-MARIE), inventeur français (1752-1834). Fils d'artisan et lui-même exerçant des métiers manuels, il invente d'abord un dispositif permettant au tisserand de suffire seul au maniement des rouages, ce qui lui vaut l'hostilité des compagnons, inquiets de perdre leur travail. Quant au métier à tisser qui portera son nom, et permettra désormais l'exécution automatique du dessin sur les tissus de soie, il résulte de son ingéniosité à perfectionner, au Conservatoire national des arts et métiers, l'ancien métier inventé en 1745 par Vaucanson.

Murat (JOACHIM), maréchal de France, prince et roi de Naples (1767-1815). Fils d'aubergiste, il donne à son existence un panache extraordinaire. Destiné à la prêtrise, puis soldat, il trouve, pendant les guerres de la Révolution puis de l'Empire, l'occasion de témoigner de sa magnifique bravoure. Devenu le beau-frère de Bonaparte par son mariage avec la plus jeune sœur de celui-ci, Caroline, il est, dans toutes les campagnes, le « roi de la cavalerie », galopant en tête de ses escadrons, désigné à tous les coups par son goût intempérant de la chamarrure et du clinquant. Napoléon le fait grand-duc de Berg, puis roi de Naples. Il le trahit pourtant en 1813, dans l'espoir de sauver sa couronne, puis se réconcilie avec lui lors des Cent-Jours. Fait prisonnier, il est fusillé par ordre du roi de Naples.

Ternaux (GUILLAUME LOUIS), industriel français (1763-1833). Fils d'un grand fabricant à demi ruiné, il entre dans les affaires dès l'âge de 14 ans, d'exceptionnelles facilités commerciales lui permet-tant de rétablir la situation de l'entre-prise paternelle. Ouvert aux idées nouvelles, mais redoutant les excès révolutionnaires, il quitte prudemment la France, installe un commerce de draps à Livourne, visite des manufactures anglaises et allemandes et rentre en l'an II, riche d'expérience. Il relève sa fabrique de Sedan, s'associe à des négociants de Reims et crée, dès 1802, sa lucrative industrie de châles appelés *cachemires de Ternaux,* pour lesquels il prend un brevet. Il offrit un châle à l'impératrice, et, dès lors, sa « nouveauté » connut un énorme succès. En 1806, il emploie 24 000 ouvriers, mécanise sa fabrication et ses ventes, place des Victoires, à Paris, le rendent partout célèbre. On lui doit le premier grand magasin de confections, *le Bonhomme Richard* (1830).

Bibliographie

G. **Lefebvre** : *Napoléon.*

J. **Tulard** : *le Grand Empire 1804-1815 ; la Vie quotidienne des Français sous Napoléon.*

La Restauration

Le retour des Bourbons, réinstallés en 1814, éliminés brièvement pendant l'aventure napoléonienne des Cent-Jours (mars-juin 1815), est accepté sans difficulté par les Français. Toutefois, au règne sage du prudent Louis XVIII succède celui, beaucoup plus intransigeant, de Charles X, qui cherche un retour radical au passé. La révolution de juillet 1830 interrompt brutalement cette tentative. Pendant la Restauration, la France a fait l'apprentissage du régime parlementaire, retrouvé le rythme régulier de son économie traditionnelle et bénéficié d'une longue paix. Encore très proche du XVIIIe siècle par la prédominance des activités agricoles, l'absence de voies de communication, le retard de la mécanisation industrielle, elle s'ouvre pourtant sur l'avenir avec la montée d'une ambitieuse bourgeoisie et le triomphal ascendant des idées libérales qui entament largement structures et mentalités du passé.

Vie politique et institutionnelle

1814

☐ 6 AVR. Le Sénat fait appel à « Louis Stanislas Xavier de France » en vue du rétablissement de la monarchie.

☐ 12 AVR. Le comte d'Artois, lieutenant général du royaume (décret du Sénat).

☐ 24 AVR. Louis XVIII débarque à Calais, il sera à Paris le 3 mai.

☐ 2 MAI. Déclaration de Saint-Ouen : promesse de monarchie constitutionnelle.

☐ 4 JUIN. Octroi de la Charte, limitant le pouvoir royal.

☐ 23 SEPT. Reconnaissance des dettes de l'Empire par le gouvernement royal.

☐ 21 OCT. Loi restrictive sur la presse.

☐ 18 NOV. Loi prescrivant l'observation du repos dominical.

1815

☐ MARS. 12 000 officiers en demi-solde.

☐ 1er MARS. Débarquement de Napoléon à Golfe-Juan : « le vol de l'Aigle ».

☐ 10 MARS. Napoléon à Lyon. Le 18, ralliement de Ney.

☐ 19-20 MARS. Départ de Louis XVIII pour Gand.

☐ 20 MARS-22 JUIN. « Les Cent-Jours ». Gouvernement de Napoléon.

☐ 10 AVR. Rétablissement de la conscription.

☐ 22 AVR. Acte additionnel aux constitutions de l'Empire : régime analogue à celui de la Charte.

☐ MAI. Élection d'une Chambre des représentants.

☐ MAI. Réveil de la chouannerie.

☐ 1er JUIN. Assemblée du « champ de Mai » : proclamation du plébiscite d'approbation du nouveau régime (oui : 1,3 M ; abstentions : 4 M ; plus de 75 %).

☐ 3 JUIN. Réunion de la nouvelle chambre.

☐ 22 JUIN. Dernière abdication de Napoléon, vaincu à Waterloo, en faveur de son fils.

☐ JUILL.-SEPT. Terreur blanche exercée par des bandes royalistes.

☐ 1ᵉʳ AOÛT. Licenciement de l'armée impériale.

☐ AOÛT. Brune assassiné en Avignon et Ramel à Toulouse.

☐ AOÛT. La Bédoyère et Ney traduits devant un conseil de guerre, condamnés et exécutés.

☐ 14-21 AOÛT. Élections de la Chambre des députés : 350 ultras élus sur 400 députés, une « Chambre introuvable » (dissoute le 5 octobre 1816).

☐ 26 SEPT. Le duc de Richelieu Premier ministre.

1816

☐ 4 DÉC. Nouvelles élections : Chambre plus modérée.

1817
Loi électorale censitaire.

1818

☐ 25 FÉVR. Retraite de Richelieu : ministère Dessolle-Decazes. Le baron Louis aux Finances.

☐ 12 MARS. Loi Gouvion-Saint-Cyr sur la conscription : engagement volontaire complété par tirage au sort.

1819

☐ JUIN. Mesures libérales sur la presse (lois De Serre).

☐ SEPT. Victoires de la gauche aux élections (Grégoire, élu à Grenoble, sera exclu de la Chambre en novembre).

1820

☐ 13 FÉVR. Assassinat du duc de Berry par Louvel.

☐ 20 FÉVR. Second ministère Richelieu.

☐ 29 JUIN. Nouvelle loi électorale : double vote pour les plus imposés.

Physionomie de la France rurale sous la Restauration

La société rurale en 1815 :

	21 436 familles possèdent 880 ha
	901 445 '' '' de 60 à 5 ha
	1 952 701 '' '' 1 ha

En 1826 : 72 % des Français vivent de l'économie agricole

L'agriculture fournit au pays 75 % de ses revenus annuels

L'économie agricole est une économie fermée : les céréales représentent 40 % de la production agricole

Quelques progrès

- Recul de la jachère : 1/3 de terres arables à la fin du XVIIIᵉ siècle 1/4 en 1840
- Progrès du rendement des grandes céréales panifiables : Rapport de la production à la semence

1815-1820	1828
5 à 1	7,5 à 1

- De 1817 à 1846, la surface cultivée en pommes de terre double
- Poids moyen des bœufs aux marchés de Sceaux et de Poissy

| 1812-1820 : 298 kg |
| 1841-1850 : 353 kg |

1821

☐ 5 MAI. Mort de Napoléon.
☐ JUIN. Troubles à Paris. Organisation de la Charbonnerie, société secrète républicaine.
☐ 14 DÉC. Ministère Villèle, chef modéré du parti ultra. Influence des « Chevaliers de la foi », société secrète royaliste.
L'université sous la surveillance des évêques.

1822

☐ SEPT. Rétablissement de l'autorisation préalable et procès de tendance pour la presse.
☐ 21 NOV. Exécution à Paris des « Quatre sergents de La Rochelle ».

1824

☐ 25 FÉVR.-6 MARS. Élections : la « Chambre retrouvée » (15 opposants).
☐ JUIN. Le mandat des députés est porté à 7 ans.
☐ 16 SEPT. Mort de Louis XVIII. Charles X, roi.
Succès de la « Congrégation ».

1825

Obsèques du général Foy : manifestation d'opposition libérale.
☐ 28 AVR. Loi sur le « Milliard des émigrés ».
☐ 29 MAI. Sacre de Charles X.

1827

☐ AVR. La Garde nationale licenciée.
☐ NOV. Élections anticipées après dissolution de la Chambre. Succès des libéraux. Retrait de Villèle.

1828

☐ 4 JANV. Ministère Martignac, essai de gouvernement modéré.
☐ JUIN. Restrictions touchant à l'enseignement religieux. Ordonnance contre les Jésuites.
☐ JUILL. Loi libérale sur la presse (abolition de la censure).

1829

☐ 6 AOÛT. Renvoi de Martignac. Ministère du prince de Polignac, un ultra.

1830

☐ 2 MARS. Discours menaçant de Charles X à la rentrée des Chambres.
☐ 18 MARS. Adresse des 221 rappelant au roi les principes de la Charte.
☐ 16 MAI. Dissolution de la Chambre.
☐ JUIN-JUILL. Élections : 274 élus dans l'opposition.
☐ 25 JUILL. Ordonnances de Charles X.
☐ 26 JUILL. Protestation des journalistes.
☐ 27-28-29 JUILL. Révolution de Juillet, ou les « Trois Glorieuses ».
☐ 30 JUILL. Le duc d'Orléans, lieutenant général du royaume.
☐ 31 JUILL. Abdication de Charles X.

Politique extérieure

1814

☐ 30 MAI. Premier traité de Paris (la France ramenée à ses frontières de 1792). Pertes coloniales.
☐ 1er OCT. Talleyrand au congrès de Vienne, qui s'achève en juin 1815.

1815

☐ 25 MARS. Napoléon déclaré hors la loi par les Alliés.
☐ 16 JUIN. Victoires de Napoléon sur Blücher (Fleurus, Ligny).
☐ 18-20 JUIN. Waterloo.
☐ 6 JUILL. Paris occupé par les Alliés.
☐ 26 SEPT. Pacte de Sainte-Alliance contre la Révolution.
☐ 20 NOV. Deuxième traité de Paris. La France occupée. Quadruple-Alliance.

1818

☐ 29 SEPT.-21 NOV. Congrès d'Aix-la-Chapelle.
☐ 1er NOV. La France réadmise dans le concert européen.

BOURBONS et ORLÉANS sous la Restauration et la monarchie de Juillet

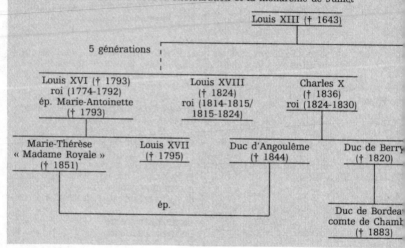

Louis XIII († 1643)

5 générations

Louis XVI († 1793)	Louis XVIII	Charles X
roi (1774-1792)	(† 1824)	(† 1836)
ép. Marie-Antoinette	roi (1814-1815/	roi (1824-1830)
(† 1793)	1815-1824)	

Marie-Thérèse « Madame Royale » († 1851) — Louis XVII († 1795) — Duc d'Angoulême († 1844) — Duc de Berry († 1820)

ép.

Duc de Bordeaux comte de Chambord († 1883)

☐ 30 NOV. Retrait anticipé des troupes d'occupation de la France.

1822
☐ OCT.-DÉC. Congrès de Vérone : la France chargée d'intervenir en Espagne contre les libéraux.

1823
☐ 7 AVR. Expédition d'Espagne dirigée par le duc d'Angoulême.
☐ 23 MAI. Prise de Madrid.
☐ 31 AOÛT. Prise de Trocadero. Capitulation de Cadix (30 septembre).

1825
Reconnaissance par la France des nouveaux États d'Amérique du Sud.

1827
☐ 20 OCT. Bataille navale de Navarin. Victoire des Alliés, dont la France, sur les Turcs oppresseurs des Grecs.

En Algérie, le consul de France outragé par le dey d'Alger.

1828
Anglais, Français et Russes décident d'intervenir en Grèce. Expédition française en Morée.

1829
☐ NOV.-DÉC. Le « Grand Projet » de Polignac : remaniement de l'Europe.

1830
☐ 14 JUIN. Débarquement français en Algérie. Prises d'Alger et d'Oran (5 juill.).

Économie – Société

1815
Démographie : 30 millions de Français (32 millions en 1830).
Ordonnance sur l'hérédité des pairs.

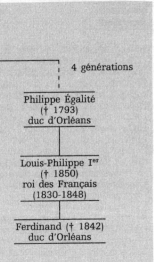

4 générations

Philippe Égalité
(† 1793)
duc d'Orléans

Louis-Philippe Iᵉʳ
(† 1850)
roi des Français
(1830-1848)

Ferdinand († 1842)
duc d'Orléans

1816
Disette : importation de 412 000 quintaux de blé étranger.
Abrogation du divorce.

1818
Institution de la Caisse d'épargne, par Benjamin Delessert et le duc de La Rochefoucauld-Liancourt.

1819
Saint-Simon publie *l'Organisateur*, brochure contenant la « Parabole ».
□ 16 JUILL. Loi instituant l'échelle mobile pour l'importation des grains.
Premières compagnies d'assurance générale sur la vie.

1821
Remaniement administratif dans l'Église : 80 diocèses au lieu de 50.

1822
Premiers services réguliers de bateaux à vapeur sur la Saône (en 1828 sur la Seine).
Société pour la propagation de la foi.

1825-1832
Récession économique.

1826
Premiers transports en commun à Paris : la Compagnie des omnibus (30 000 personnes transportées par jour). Compagnie des Messageries générales de France (Laffitte).
Pullulement des petites banques (226 à Paris).

1828
Cours publics de réorganisation sociale des saint-simoniens Bazard et Enfantin.
Ouverture d'un « chemin de fer » Saint-Étienne - Andrezieux pour les voyageurs (traction à cheval jusqu'en 1832).

1830
Machines à vapeur : 572 en France.
Hauts fourneaux : 29 fonctionnant au coke de houille, 379 au charbon de bois.
Production : de houille 2 500 000 t.
Bourse de Paris : 38 valeurs cotées.

Civilisation et cultures

1815-1822 Lamarck : *Histoire naturelle des animaux sans vertèbres.*

1816 Benjamin Constant : *Adolphe* □ Niepce : réalisation en chambre noire de la première photo sur papier enduit de chlorure d'argent.

1817 La Mennais : *Essai sur l'indifférence en matière de religion.*

1818 Geoffroy Saint-Hilaire : *Philosophie anatomique.*

1819 Laennec : *Traité de l'auscultation médiate,* invention du stéthoscope.

1820 Lamartine : *Méditations poétiques.*

1821 Pradier : *les Trois Grâces,* groupe sculpté □ Fondation de l'École des chartes et de la Société de géographie de Paris.

1822 Victor Hugo : *Odes.* □ Champollion décrypte l'inscription de la pierre de Rosette.

1824 Delacroix : *les Massacres de Scio.* □ Sadi Carnot : *Réflexions sur la puissance motrice du feu* □ Marc Seguin : le premier pont suspendu (Tournon, Ardèche).

1825 Auguste Comte : cours de philosophie positive □ Carte géologique de la France, entreprise par Élie de Beaumont et Dufrenoy.

1826 Chateaubriand : *Les Natchez. Le Dernier des Abencérages.* Vigny : *Cinq-Mars* □ Fondation de l'école de Grignon (agriculture) □ Voyages de Dumont-d'Urville autour du monde □ Découverte du brome, par Balard.

1827 Hugo : *Cromwell* (la *Préface* constitue un manifeste du romantisme).

1828 Fondation de la Société des concerts du Conservatoire □ J.-B. Say : *Cours d'économie politique* □ René Caillié à Tombouctou.

1829 Balzac : *les Chouans.* Mérimée : *Chronique du règne de Charles IX.* Hugo : *les Orientales.* Fourier : *le Nouveau Monde industriel* □ Braille : écriture à l'usage des aveugles □ Création de l'École nationale des eaux et forêts.

1830 Bataille d'*Hernani* (Hugo) □ Corot : *la Cathédrale de Chartres* □ Polémique entre Cuvier et Geoffroy Saint-Hilaire au sujet de l'évolutionnisme.

Biographies

Delacroix (EUGÈNE), peintre français (1798-1863). Il apparaît, dès ses premiers envois au Salon, comme le chef de l'école romantique par son inspiration tragique, son goût violent de la couleur et de l'exotisme. Ses thèmes, très nouveaux – l'Afrique (où il voyage), l'Espagne, la littérature, l'actualité –, scandalisent les « classiques », rattachés à David. Sa célébrité grandit pourtant et il reçoit des commandes officielles, tout en restant le portraitiste des romantiques. Son *Journal* porte la marque de son esprit critique.

Récamier (JULIE BERNARD DITE JULIETTE), [1777-1849]. Fille d'un banquier de Lyon, elle épouse en 1793 le financier Récamier, beaucoup plus âgé qu'elle. Fort jolie, elle attire dans son salon une cour d'admirateurs. Des femmes, Mme de Genlis, Mme de Staël, recherchent aussi son amitié. Les revers de fortune de son mari, ou l'hostilité de Napoléon, qui lui reproche ses sympathies pour l'opposition, l'obligent à s'exiler plusieurs fois de Paris. Elle garde pourtant autour d'elle des soupirants qu'elle sait décourager sans les rebuter : Lucien Bonaparte, le prince Auguste de Prusse, les Montmorency, Benjamin Constant, et, le plus célèbre, Chateaubriand. C'est dans son salon de l'Abbaye-aux-Bois que sont lues pour la première fois les *Mémoires d'outre-tombe.*

Bibliographie

Bertier de Sauvigny : *la Restauration.*

A. J. Tudesq : *la France des notables.*

Vidalenc : *la Restauration* (Que sais-je ?).

La monarchie de Juillet

La monarchie orléaniste de Juillet maintient le régime de la Restauration, en s'appuyant toutefois sur un corps électoral élargi et un personnel politique nouveau que lui fournit la bourgeoisie. De 1830 à 1835, la consolidation du pouvoir est difficile à cause de l'hostilité des légitimistes, restés fidèles aux Bourbons aînés, et des républicains, que la révolution de Juillet a animés d'ardents espoirs. Le calme revenu dans la rue, le roi cherche à assurer son pouvoir personnel, mais se heurte à une agitation parlementaire orchestrée par de grands orateurs, qui se partagent en partisans de la stabilité (parti de la « résistance ») et en adeptes des réformes démocratiques (parti du « mouvement »). A la fin de 1840, avec l'appel de Guizot au pouvoir, c'est le groupe conservateur qui l'emporte et la monarchie orléaniste prend de brillantes apparences : Entente cordiale avec l'Angleterre, épanouissement romantique dans l'art et la littérature (en dépit de l'étroitesse des goûts bourgeois), progrès de la grande industrie et des chemins de fer (aggravant cependant la misère ouvrière), colonisation étendue en Algérie. Toutefois, à partir de 1846, le régime, affaibli par la crise économique et des échecs diplomatiques, se révèle plus fragile qu'il n'apparaissait, puisqu'une émeute parisienne entraîne la proclamation de la république au cours des journées de février 1848. Depuis 18 ans, l'écart entre le pays « réel » et le pays « légal » n'avait cessé de s'aggraver.

Vie politique et institutionnelle

1830
□ 9 AOÛT. La Charte révisée. Louis-Philippe roi des Français.
□ 3 NOV. Formation du ministère du « mouvement » Laffitte.
□ OCT.-DÉC. Émeutes à Paris.
□ 15-21 DÉC. Procès des ministres de Charles X.

1831
□ FÉVR. Émeute de Saint-Germain-l'Auxerrois : sac de l'église et de l'archevêché.
□ 13 MARS. Ministère de la « résistance » Casimir Perier.
□ 21 MARS. Loi sur les conseils municipaux (conseillers élus, maires nommés par le roi).
□ 22 MARS. Restauration de la Garde nationale, milice bourgeoise.

☐ NOV. Révolte des canuts à Lyon.
☐ 5 DÉC. Entrée de Soult et du duc d'Orléans : 10 000 ouvriers expulsés de la Croix-Rousse.

1832
☐ 3 MARS. Échec du complot de la rue des Prouvaires (tentative légitimiste en faveur du duc de Bordeaux).
☐ 5-6 JUIN. Insurrection républicaine à l'occasion des obsèques du général Lamarque : écrasée rue du Cloître-Saint-Merry.
☐ MAI-JUIN. Équipée de la duchesse de Berry. Échec de son action en Vendée. Arrestation à Nantes (6 nov.).
☐ 22 JUILL. Mort du duc de Reichstadt.

☐ 11 OCT. Ministère Thiers, Guizot, de Broglie (jusqu'en 1835).

1833
Lamartine élu député de Bergues (de Mâcon, en 1839).

1834
☐ 9 AVRIL. Violente insurrection à Lyon puis à Paris (13-14 avril) : massacre de la rue Transnonain.
Lois sévères sur les associations, la presse, les crieurs publics.

1835
☐ MAI. Procès des insurgés d'avril devant la cour des pairs.

Économie	1830	1847
Production de houille	1 774 000	5 153 000
de fonte et de fer	221 000	591 000 (45 % de la fonte est au coke)
	1830	**1847**
Chemins de fer exploités	38 km	1 832 km

Caisses d'épargne publiques	**1834** : 76	**1848** : 1 364
Nombre de livrets	**1835** : 121 257	**1848** : 736 951

Épargnants, par catégories :	Paris	Départements	Moyenne (de dépôt pour chaque livret)
ouvriers	17 969	134 836	540 F
domestiques	6 512	104 236	514 F
employés	2 254	24 006	639 F
militaires, marins	1 189	23 088	809 F
professions diverses	3 092	129 956	766 F
enfants mineurs	2 888	88 154	356 F
sociétés de secours mutuels	20	1 575	1 205 F

Fréquentation des écoles primaires	1832 : 1 937 000 écoliers
	1847 : 3 500 000 —
% d'analphabètes chez les conscrits	1829 : plus de 50 %
	1847 : 36 %

□ 28 JUILL. Attentat manqué contre Louis-Philippe, par Fieschi (18 morts).
□ SEPT. Lois répressives.

1836
□ FÉVR. Ministère Thiers.
□ SEPT. Ministère du comte Molé.
Louis Napoléon Bonaparte : tentative de soulèvement à Strasbourg.

1837
Mariage du populaire duc d'Orléans, fils aîné de Louis-Philippe.
« Coalition » contre Molé.

1838
Fondation de la Société des saisons (Barbès, Blanqui).

1839
Ministère Soult jusqu'en 1840.
□ 12-13 MAI. Journées révolutionnaires à Paris : Barbès et Blanqui condamnés à mort puis graciés.

1840
□ 1ᵉʳ MARS. Ministère Thiers puis (29 oct.) Soult et Guizot (jusqu'en 1847).
□ 6 AOÛT. Nouvelle tentative de coup d'État de Louis Napoléon Bonaparte à Boulogne, arrêté et interné à Ham.
□ 15 DÉC. Transfert aux Invalides des cendres de Napoléon.

1842
Mort accidentelle du duc d'Orléans.

1846
□ 25 MAI. Louis Napoléon s'évade de Ham.

1847
□ MAI-JUILL. Procès de Teste et de Cubières, anciens ministres véreux.
Crise du ravitaillement. Crise économique et financière.
Campagne réformiste pour l'abaissement du cens. Interdiction des réunions politiques, d'où organisation de banquets.
□ 26 NOV. Guizot président du Conseil des ministres.

1848
□ 14 FÉVR. Interdiction par Guizot d'un banquet dans le XIIᵉ arrondissement, prévu pour le 22 février.
□ 22 FÉVR. Manifestations à la Madeleine, au quartier Latin, sur les Boulevards.
□ 23 FÉVR. Quadrillage de Paris par la troupe. Pactisation de la Garde nationale avec l'insurrection. Renvoi de Guizot. Rappel de Thiers.
□ 24 FÉVR. Ralliement de l'armée à la révolution. Abdication de Louis-Philippe en faveur du comte de Paris.
Proclamation de la république par Lamartine et Ledru-Rollin. Formation d'un gouvernement provisoire.

Politique extérieure et coloniale

1830
□ 15 OCT. Protocole secret anglo-français pour un règlement de la question belge. Conférence de Londres.

1831
□ 3 FÉVR. Louis-Philippe refuse la couronne de Belgique pour son fils, le duc de Nemours.
□ AOÛT. Intervention française en Belgique, envahie par les Pays-Bas.
Manifestation en faveur de la Pologne, soulevée contre la Russie.
□ 15 OCT. Traité des Vingt-Quatre-Articles fixant les frontières de la Belgique.

1832
□ FÉVR. Les Français à Ancône (jusqu'en 1838).
□ 21 MARS. Loi sur le recrutement militaire.

□ 23 DÉC. Anvers reprise aux Néerlandais par les Français.
Occupation de Bône et de Bougie par les Français.
Abd el-Kader reconnu émir de Mascara.

1833
Occupation d'Oran et de Mostaganem.

1834
Création d'un gouvernement général des possessions françaises dans le nord de l'Afrique.
□ 26 FÉVR. Traité Desmichels : Abd el-Kader reconnu souverain indépendant de la province d'Oran.
Entente franco-anglaise sur la succession au Portugal et en Espagne : la Quadruple-Alliance.

1835
□ 28 JUIN. Victoire d'Abd el-Kader à la Macta. Clauzel gouverneur de l'Algérie.

1836
□ JANV. Prise de Tlemcen.
□ MARS. Prise de Medea.
□ NOV. Échec de Clauzel devant Constantine.

1837
□ 30 MAI. Traité de la Tafna : nouveaux avantages à Abd el-Kader.
□ 13 OCT. Prise de Constantine.

1839
Traité de Londres réglant la question belge.
Reprise de la lutte contre Abd el-Kader : massacre de la Mitidja.
□ 27 JUILL. Les Puissances imposent à la Porte leur médiation dans l'affaire égyptienne.

1840
□ 15 JUILL. Traité de Londres réglant sans la France le problème égyptien.

□ DÉC. Bugeaud gouverneur général de l'Algérie.
Guerre de l'Opium en Chine (que termine le traité de Nankin, 1842).
Annexion par la France de Mayotte et Nossi-Bé.

1841
□ 13 JUILL. Convention des Détroits (Dardanelles).
Affaire du droit de visite.

1842
Occupation de l'archipel des Marquises, de Wallis et de Gambier. Protectorat à Tahiti.
Fondation de comptoirs fortifiés en Côte d'Ivoire.

1843
□ 16 MAI. Prise de la smala d'Abd el-Kader (qui se réfugie au Maroc).
Entrevue d'Eu : Louis-Philippe et Victoria, première entente cordiale.

1844
□ AOÛT. Guerre franco-marocaine : bombardement de Tanger, victoire de l'Isly (Bugeaud).
□ 10 SEPT. Traité de Tanger : reconnaissance par le Maroc des frontières de l'Algérie.
□ MARS-SEPT. Affaire Pritchard à Tahiti, dissension franco-anglaise.

1845
Les Français en Chine. Traité de Whampoa : le catholicisme toléré en Chine.

1846
Mésentente franco-anglaise sur le mariage de la reine d'Espagne et de sa sœur.

1847
Reddition d'Abd el-Kader à La Moricière et au duc d'Aumale. Fin de la conquête de l'Algérie.
Un Européen à Lhassa (Tibet) : le Père Huc.

Économie – Société

1830
Création d'ateliers de travail pour assistance aux chômeurs.
□ 16 OCT. Fondation du journal *l'Avenir* par La Mennais, Lacordaire et Montalembert. *Le Globe* aux mains de Pierre Leroux, saint-simonien.

1831
Procès des saint-simoniens.
Naissance de l'industrie de la confection.

1832
Rupture de La Mennais avec l'Église.
Tentative d'union des compagnons du tour de France.
Inauguration du canal du Rhône au Rhin.
□ MARS-AVRIL. Épidémie de choléra à Paris : 18 500 morts, dont Casimir Perier.

1833
Réactions luddites à Anzin contres les « machines à feu ».
□ 28 JUIN. Loi Guizot sur l'enseignement primaire. Rambuteau préfet de la Seine.
Fondation du Jockey-Club.
La Société de Saint-Vincent-de-Paul instituée par Frédéric Ozanam.
Création du *Magasin universel* et *du Musée des familles,* publications bienpensantes.

1834
La Mennais : *Paroles d'un croyant* (condamné par Rome).
Insurrection à Lyon (20 000 métiers arrêtés), puis à Paris.

1835
Création de la Compagnie générale des annonces (Duveyrier).
Fondation de l'agence Havas.
Sermons de Lacordaire à Notre-Dame de Paris.

Fondation de *la Presse* (Émile de Girardin) et du *Siècle.*

1836
Reprise par les Schneider de l'ancienne fonderie royale du Creusot.
□ 2 JUILL. Abaissement des droits de douane.
Loi Thiers sur les chemins vicinaux : 684 000 km à la charge des communes.

1837
□ 24 AOÛT. Inauguration du chemin de fer Paris-Saint-Germain.
Plan prévoyant 35 400 km de routes royales.
Union des 65 concessions de mines de la Loire en 3 grandes compagnies.

1838
Première locomotive française (Schneider).

1839
Agricol Perdiguier : *le Livre du compagnonnage.*

1840
Loi sur les sucres : égalité de concurrence pour le sucre de canne et le sucre de betterave.
Louis Blanc : *De l'organisation du travail.*
Affaire Madame Lafarge.
□ JUIN. Grands mouvements de grèves.
Proudhon : *Qu'est-ce que la propriété ?*
L'Atelier, premier journal à direction et rédaction ouvrières.
Œuvre des apprentis à Paris, première tentative de catholicisme social.
Premiers tronçons de voies ferrées du Lyon-Méditerranée implantés par Paulin Talabot.

1841
Loi limitant le travail des enfants dans les manufactures.
Refus par la Chambre des députés de la liberté de l'enseignement secondaire.

1842
Loi d'organisation et d'aide pour les chemins de fer. Plan de 7 lignes rayonnant autour de Paris .
Inauguration de la ligne Paris-Versailles (tragique accident).

1843
Loi protégeant les brevets d'invention (avec mention S.G.D.G.).
53 gazomètres à Paris.
Louis Napoléon Bonaparte : *l'Extinction du paupérisme*.

1844
Création des crèches (J.-B. Marbeau).

1845
Presses rotatives à grand débit pour la presse.

1846
Fondation du journal : *le Libre-Échange* (Frédéric Bastiat).
Proudhon : *Philosophie de la misère*.
Marx : *Misère de la philosophie*.

1847
Découverte du riche bassin houiller du Pas-de-Calais.
Premier emploi du béton armé.
9 242 bureaux de bienfaisance, hôpitaux, hospices en France pour 2 M. de déshérités.

1848
□ Marx et Engels : *Manifeste du parti communiste* (publié en allemand).
Proudhon : *la Solution du problème social*.

Civilisation et cultures

1830 Lamartine : *Harmonies poétiques et religieuses*. Stendhal : *le Rouge et le Noir* □ Premier numéro de *la Carica-ture* □ Berlioz : 1ʳᵉ audition de *la Symphonie fantastique*.

1831 Victor Hugo : *Notre-Dame de Paris*. Balzac : *la Peau de chagrin, la Femme de trente ans*. Michelet : *Introduction à l'histoire universelle* □ Meyerbeer : *Robert le Diable* □ Delacroix : *la Liberté guidant le peuple*.

1832 Musset : *À quoi rêvent les jeunes filles ?* □ *La femme libre,* première revue féministe □ Fondation du *Charivari* □ Evariste Galois : *la Théorie du nombre* □ Sauvage invente l'hélice □ Chopin compose quatre *Mazurkas*.

1833 Théophile Gautier : *les Jeune-France*. Victor Hugo : *Marie Tudor*. Balzac : *Eugénie Grandet*. Nisard : *Manifeste contre la littérature facile* □ Barye : *Lion au serpent* □ Ingres : *Portrait de Bertin aîné* □ Chopin : trois *Nocturnes*.

1834 *Robert Macaire*, brigand d'un mélodrame d'Antier, recréé par l'acteur F. Lemaître □ Ampère : *Essai sur la philosophie des sciences* □ Delacroix : *Femmes d'Alger*. Daumier : *le Massacre de la rue Transnonain*. Mérimée nommé inspecteur général des Monuments historiques.

1835 Musset : *les Nuits*. Vigny : *Chatterton, Servitude et grandeur militaires* □ Tocqueville : *De la démocratie en Amérique*. Fondation de la Société de l'histoire de France □ Halévy : *la Juive*.

1836 Balzac : *le Lys dans la vallée, la Vieille Fille,* parution en feuilletons dans la presse. Musset : *la Confession d'un enfant du siècle* □ Installation à Barbizon de peintres paysagistes (Théodore Rousseau). Charlet : *la Retraite de Russie* □ L'obélisque de Louxor place de la Concorde. Aménagement des Champs-Élysées en promenade. Inauguration de l'arc de triomphe de l'Étoile.

1837 Berlioz : Exécution aux Invalides de la *Grande Messe des morts.* Chopin : *24 Préludes* □ Fin de la restauration du palais de Versailles (inauguration du musée de l'Histoire nationale en 1840).

1838 Henri Martin : *Histoire de France* (jusqu'en 1854) □ Boucher de Perthes jette les bases de la préhistoire. Michelet professeur au Collège de France □ Liszt : *Études d'exécution transcendante* □ L'actrice Rachel au Théâtre-Français □ Le daguerréotype de Daguerre.

1839 Stendhal : *la Chartreuse de Parme.*

1840 Augustin Thierry : *Récits des temps mérovingiens.* Cabet : *Voyage en Icarie.* Sainte-Beuve : *Port-Royal* (jusqu'en 1859). Mérimée : *Colomba* □ Victor Gelu : *Chansons* (le parler du vieux Marseille).

1841 V. Hugo entre à l'Académie. Claude Tillier : *Mon oncle Benjamin* □ Adam : *Giselle* □ Delacroix : *Entrée des croisés à Constantinople.*

1842 Eugène Sue : *les Mystères de Paris* (feuilleton dans *le Journal des débats*). Joubert : *Pensées.* Jasmin, poète coiffeur d'Agen : *Poésies occitanes* □ Gounod : *Requiem* □ Louis Veuillot, rédacteur en chef de *l'Univers* □ Botta : première exploration archéologique de Khorsabad (1847 : création au musée du Louvre du département assyrien).

1843 Victor Hugo : *les Burgraves.* Construction de la bibliothèque Sainte-Geneviève, à structure métallique par Henri Labrouste.

1844 Alexandre Dumas : *les Trois Mousquetaires* □ Berlioz : *Traité d'instrumentation* □ Viollet-le-Duc : premières rénovations (Carcassonne et Notre-Dame de Paris).

1845 Daumier : *les Gens de justice.*

1846 George Sand : *la Mare au diable* □ Berlioz : *la Damnation de Faust* à l'Opéra-Comique. P. Dupont : *Chant des ouvriers* □ Création de l'École française d'archéologie d'Athènes □ Le Verrier : découverte de Neptune.

1847 Lamartine : *Histoire des Girondins.* Félix Pyat : *le Chiffonnier de Paris.* Murger : *Scènes de la vie de bohème* □ Dr Gerdy : usage du chloroforme en chirurgie.

1848 Claude Bernard : découverte de la fonction glycogénique du foie.

Biographies

Bugeaud de la Piconnerie (THOMAS-ROBERT), maréchal de France (1784-1849). De petite noblesse rurale, caporal à Austerlitz, officier sous l'Empire, il vit dans son domaine du Périgord après 1815, se consacrant à la culture. Député en 1830, il est envoyé avec des renforts en Algérie après les premières victoires de Abd el-Kader, où il triomphe de l'adversaire par son action méthodique. Il est le premier type de ces officiers coloniaux qui menèrent de front les opérations de sécurité et les travaux de colonisation, défrichements et routes « par l'épée et par la charrue ».

Fourier (FRANÇOIS-CHARLES), socialiste français (1772-1835). D'une famille commerçante, il mena longtemps la vie de commis-voyageur. Il fit paraître en 1808 son premier ouvrage important : *Théorie des quatre mouvements.* C'est un fervent adepte des vertus de l'association, dont les rêveries et les bizarreries s'expriment dans *le Phalanstère,* fondé en 1832. Son analyse des passions et son espoir d'harmonie universelle comportent des observations très judicieuses ; s'il appartient au socialisme utopique, il laisse derrière lui des idées fécondes que développeront ses disciples.

Girardin (ÉMILE DE), journaliste français (1806-1881). Commis d'agent de change, inspecteur adjoint aux Beaux-Arts sous la Restauration, il se lance dans le journalisme et s'y révèle grand homme d'affaires, créant en 1836 un journal à grand tirage et à bon marché, *la Presse.* Il le dirige pendant trente ans, « conservateur progressiste », très vif, très indépendant de langage, défenseur ardent de la liberté de la presse. Son mariage avec Delphine Gay, femme de lettres de talent, ajoute à son rayonnement social. Sous le second Empire (*la Liberté,* 1866) et la République (*le Petit Journal,* 1872) il fonde encore des journaux, s'affirmant le créateur de la presse moderne.

Tristan (FLORE TRISTAN-MOSCOSO dite FLORA) [1803-1844]. Féministe et socialiste française, fille d'un immigré péruvien. Elle épouse le graveur Chazal en 1821 (elle est la grand-mère de Gauguin), mais le quitte dès 1826 pour s'engager comme femme de chambre en Angleterre, puis voyager en Amérique du Sud afin de retrouver des traces de sa famille paternelle. En 1838, elle condense dans *Pérégrinations d'une paria* ses réflexions sur ses aventures, plaidant pour l'amour libre, le divorce et l'amélioration juridique et morale de la condition de la femme. Influencée par Fourier, Saint-Simon, Robert Owen, Louis Blanc, elle correspond avec les socialistes, dénonçant la misère de la classe ouvrière anglaise après un nouveau voyage à Londres. Ayant échappé de peu à une tentative d'assassinat par son ex-mari, elle commence une épuisante tournée de propagande à travers la France, exaltant la grandeur du travail, prêchant l'union des ouvriers de tous métiers. Elle meurt entre deux conférences, après avoir publié son testament : *l'Union ouvrière* (1843).

▬▬▬▬

Bibliographie

Ph. Vigier : *la Monarchie de Juillet* (« Que sais-je ? »).

A. Daumard : *la Bourgeoisie parisienne de 1815 à 1848.*

Les révolutions de 1848 et la IIe République

Inaugurée dans un enthousiasme qui se colore de lyrisme romantique, la République « lamartinienne » de février 1848 abandonne vite son rêve d'idéal humanitaire et démocratique, les journées de juin 1848, où s'affrontent classes et doctrines, ayant cruellement révélé la violence des luttes sociales et l'inexpérience du suffrage universel dans un pays encore très conservateur et rural. Elle poursuit une difficile existence jusqu'au coup d'État du 2 décembre 1851, dans un climat de crise économique, d'affrontements idéologiques et de peur sociale, la classe dirigeante ne parvenant pas à s'unir pour fixer la nature du régime. Aussi le président Louis Napoléon Bonaparte rallie-t-il finalement tous les suffrages en se présentant à la fois comme le défenseur de l'ordre, du bien-être populaire, de la paix extérieure et comme le rempart éventuel contre un retour de la monarchie. C'est le « retour de l'Aigle », la proclamation de l'empire le 2 décembre 1852.

Vie politique et institutionnelle

1848

☐ 24 FÉVR. Décret proclamant la république sous réserve de ratification par le peuple.

☐ 24-25 FÉVR. Constitution du gouvernement provisoire (11 membres).

☐ 25 FÉVR. Proclamation du droit au travail. Suppression de la peine de mort en matière politique. Lamartine refuse le drapeau rouge.

☐ 27 FÉVR. Institution des Ateliers nationaux pour les chômeurs.

☐ FÉVR.-MARS Liberté d'expression (presse, clubs, théâtre).

☐ 5 MARS. Proclamation du suffrage universel.

☐ 17 MARS. Manifestation populaire pour l'ajournement des élections.

☐ 18 MARS. Impôt supplémentaire de 45 centimes par franc.

☐ 16 AVR. Journée populaire : heurt avec la Garde nationale.

☐ 23 et 24 AVR. Élection des membres de l'Assemblée constituante (9 millions d'électeurs ; 86 % de votants). Victoire des modérés.

☐ 4 MAI. Réunion de la Constituante.

☐ 10 MAI. Le gouvernement provisoire remplacé par une Commission exécutive.

☐ 15 MAI. Coup de force manqué des clubs révolutionnaires (Barbès, Blanqui) contre l'Assemblée.

☐ 4 JUIN. Élections complémentaires : Louis Napoléon Bonaparte élu dans quatre départements (Seine, Charente, Yonne, Corse).

☐ 21 JUIN. Fermeture des Ateliers nationaux.

☐ 23-26 JUIN. Insurrection à Paris : 5 600 morts. Répression : 11 000 arrestations, 4 000 déportations. Pleins pouvoirs au général Cavaignac.

☐ 28 JUIN. Cavaignac président du Conseil.

☐ JUILL.-AOÛT. Loi et décret restrictifs sur la presse et les clubs.

☐ SEPT.-NOV. Débats sur la Constitution.

☐ 9 NOV. Loi répressive sur la presse.

☐ 12 NOV. Promulgation de la Constitution : Assemblée législative unique, un président élu pour 4 ans.

☐ 10 DÉC. Élection à la présidence de la République : triomphe de Louis Napoléon Bonaparte (5 434 286 voix).

1849

☐ 3 AVR. Blanqui condamné à 10 ans de déportation.

☐ 13 MAI. Élections législatives : triomphe de la droite. Naissance, rue de Poitiers, du « Parti de l'ordre ».

☐ 26 MAI. Séparation de la Constituante.

☐ 13 JUIN. Manifestation « montagnarde » et populaire à Paris et Lyon contre l'expédition de Rome : échec.

☐ 19 JUIN. Suspension du droit d'association.

☐ 9 JUILL. Discours sur la misère, de Victor Hugo, député à la Législative.

☐ 27 JUILL. Nouvelle loi restrictive sur la presse.

☐ 31 OCT. Le prince-président renvoie le monarchiste Barrot et forme le ministère Hautpoul avec des amis personnels extraparlementaires.

1850

☐ 10 MARS. Élections partielles.

☐ 15 MARS. Loi Falloux sur l'enseignement.

☐ 31 MAI. Loi électorale « épurant » le suffrage universel.

☐ JUIN. Formation de la « Nouvelle Montagne ».
Lois contre les clubs et les réunions.

☐ 16 JUILL. Loi sur la presse (cautionnement, timbre, droit de réponse, signature des articles).

☐ 26 AOÛT. Mort de Louis-Philippe : effort de fusion entre légitimistes et orléanistes.

☐ ÉTÉ. Louis Napoléon en province : propagande.

☐ 10 OCT. Louis Napoléon accueilli aux cris de « Vive l'empereur » à Satory.

1851

☐ JANV. Destitution du général Changarnier, opposé à la propagande bonapartiste dans l'armée.

☐ MARS. Organisation d'un Comité pour la réélection de Louis Napoléon.

☐ 19 JUILL. L'Assemblée rejette le projet de révision de la Constitution permettant la réélection du président.

☐ AOÛT. Procès de la « Nouvelle Montagne ». Eugène Sue, Montagnard, élu député à Paris.

Croissance des grandes villes dans la première moitié du XIXᵉ siècle				
Nombre d'habitants à :	1801	1831	1846	1851
Paris	547 736	774 338	1 053 897	1 053 262
Marseille	111 130	145 115	183 181	195 292
Lyon	109 500	133 715	177 976	177 190

□ SEPT. Maupas, préfet de police.
□ 27 NOV. 25 millions versés au prince-président par la Banque de France.
□ 2 DÉC. Coup d'État de Louis Napoléon Bonaparte.
□ 11 DÉC. Exil de Victor Hugo.
□ 21 DÉC. Plébiscite ratifiant le coup d'État (7 439 216 *oui*, 647 737 *non*, 1 500 000 abst.).

1852
□ 9 JANV. Expulsion et condamnation de 10 000 suspects.
□ 14 JANV. Promulgation de la nouvelle Constitution.
□ 22 JANV. Les « ministres d'État » représentent le chef de l'État devant le Corps législatif.
□ 22 JANV. Confiscation des biens de la famille d'Orléans.
□ 3 FÉV. Commissions mixtes départementales pour la répression.
□ 17 FÉV. Régime des avertissements pour la presse.
□ 29 FÉV. Élections au Corps législatif.
□ 15 AOÛT. Fête nationale (saint Napoléon).
□ SEPT.-OCT. Voyages du prince-président en province (9 octobre, à Bordeaux : « l'empire, c'est la paix »).
□ 21-22 NOV. Plébiscite approuvant la restauration de l'empire (7 800 000 *oui*, 253 000 *non*).
□ 2 DÉC. Louis Napoléon est proclamé empereur.

Politique extérieure et coloniale

1848
□ 4 MARS. Manifeste de Lamartine, ministre des Affaires étrangères, déclarant la paix au monde. La France renonce à toute propagande extérieure.
□ 27 AVR. Abolition de l'esclavage aux colonies (Schoelcher).

1849
□ 9 FÉV. Proclamation de la République romaine : désir de médiation de la France entre le pape et ses sujets.
□ MARS. Médiation franco-anglaise auprès de l'Autriche pour sauver le Piémont, écrasé à Novare.
□ JUIN-JUILL. Siège de Rome par Oudinot. Liquidation de la République romaine. Pie IX rétablit son pouvoir temporel.

Économie – Société

1848
Première coopérative de consommation en France (à Hargicourt, Aisne).
□ 2 MARS. Limitation de la journée de travail (10 h à Paris, 11 h en province ; retour aux 12 h maximales le 9 sept.).
□ 7 MARS. Création du Comptoir d'escompte.
□ 15 MARS. Cours forcé des billets de banque.
□ FÉV.-MARS. Offrandes patriotiques des ouvriers de Paris, remède à la détresse du Trésor.
Plantations d'arbres de la liberté.
Création d'un bureau de placement gratuit dans chaque mairie.
□ 15 JUIN. Marchés de travaux publics concédés à des associations ouvrières.
□ 5 JUILL. Crédit de 3 millions accordé par l'Assemblée aux associations coopératives de production (175 sont nées de 1848 à 1851).
□ 28 AOÛT. Adoption du timbre-poste.

1849
□ 27 NOV. Interdiction des « coalitions » ouvrières (grèves) ou patronales.

1850
Première liaison par câble Calais-Douvres.

☐ 11 JUIN. Institution d'une Caisse nationale de retraite pour la vieillesse.

1851
☐ 22 FÉVR. Réglementation stricte des contrats d'apprentissage.

1852
☐ 28 MARS. Création de la Banque foncière de Paris, qui devient Crédit foncier de France (10 déc. 1852).
Concession de la ligne Paris-Lyon à un consortium financier (Rothschild, Pereire).
Fondation de la compagnie des Messageries maritimes.
Giffard : premier aérostat, avec moteur à vapeur.
☐ 18 NOV. Fondation du Crédit mobilier.

Civilisation et cultures

1848 Dumas fils : *la Dame aux camélias* ☐ Renan : *l'Avenir de la science* (publié en 1890).

1849 Chateaubriand († 4 juill. 1848) : *Mémoires d'outre-tombe*. Lamartine : *Histoire de la révolution de 1848*. Sainte-Beuve : *les Causeries du lundi* ☐ Proudhon : *les Confessions d'un révolutionnaire*.

1850 Courbet : *Un enterrement à Ornans* ☐ Invention du piano mécanique.

1851 Labiche : *le Chapeau de paille d'Italie*. Nerval : *Voyage en Orient* ☐ Dupanloup : *De l'éducation* ☐ Cournot : *Essai sur les fondements de la connaissance* ☐ Pose de la première pierre des halles de Baltard ☐ Pendule de Foucault.

1852 Hugo : *Napoléon le Petit*. Littré :

Conservation, Révolution et Positivisme. Roumanille : *li Provençalo*.

Biographies

Raspail (FRANÇOIS-VINCENT), chimiste et homme politique français (1794-1878). De famille modeste, il quitte le séminaire d'Avignon pour professer à Carpentras. Destitué en 1815, il vient à Paris, où il étudie. Sous la monarchie de juillet, ses articles républicains entraînent sa condamnation. Il poursuit parallèlement ses recherches scientifiques et commence à être connu comme savant. Médecin des pauvres, il adhère aux mouvements révolutionnaires de 1848, ce qui entraîne son bannissement (jusqu'en 1863). Élu député à la fin du second Empire et à l'Assemblée nationale de 1871.

Tocqueville (ALEXIS CLÉREL DE), historien, homme politique (1805-1859). Envoyé aux États-Unis pour y étudier le système pénitentiaire ; y rassemble les données de son ouvrage *De la démocratie en Amérique* (1835-1840), qui le fait entrer à l'Institut. Député, membre de l'opposition libérale, il est réélu en 1848, mais siège alors à droite. Opposant au coup d'État du 2 décembre 1851.

Bibliographie

G. Duveau : *1848*.

Ph. Vigier : *la IIᵉ République* (Que sais-je ?).

L. Girard : *Naissance et mort de la IIᵉ République*.

Le second Empire

Fondé sur le suffrage universel, le régime de Napoléon III bénéficie du soutien des paysans et prend appui sur deux grandes forces : l'Église et la bourgeoisie. À l'une, les hommages officiels et la liberté d'enseignement, à l'autre, une incontestable prospérité, en échange de laquelle elle renonce au régime parlementaire et accepte l'autoritarisme impérial. Jusqu'en 1859, moment d'apogée, le second Empire appuyé sur de solides cadres administratifs, auréolé par une politique extérieure apparemment brillante, ne connaît guère d'opposition. Toutefois, la classe ouvrière, de plus en plus nombreuse, si elle évite le chômage, ne voit guère son sort s'améliorer, les velléités bien intentionnées du régime se révélant fort inefficaces. L'opposition se réveille alors, ainsi que l'idéologie républicaine. On reproche à l'Empire ses échecs extérieurs et son dédain des valeurs idéologiques et spirituelles. Attaqué à gauche et à droite, le régime, rassuré pourtant par un plébiscite, s'écroule après les premiers échecs de la guerre franco-allemande (4 septembre 1870).

Vie politique et institutionnelle

1853
☐ 29-30 JANV. Mariage de Napoléon III et d'Eugénie de Montijo.
☐ 23 JUIN. Haussmann, préfet de la Seine.

1854
☐ NOV. Morny, président du Corps législatif.
Création de 16 circonscriptions académiques, avec recteurs.

1855
Loi sur le recrutement militaire (plus de remplacement par contrat privé, exonération possible par paiement à l'État).

1856
☐ 16 MARS. Naissance du prince impérial.

1857
☐ 21 JUIN. Élections au Corps législatif : 5 471 000 voix aux candidats officiels, 665 000 à l'opposition, 25 % d'abstentions, 7 députés républicains.

1858
☐ 14 JANV. Attentat d'Orsini. Sénatus-consulte exigeant le serment de fidélité à l'empereur pour tout candidat à la députation.
☐ 19 FÉVR. Loi de Sûreté générale.

1859
☐ 15 AOÛT. Décret d'amnistie générale des condamnés politiques (dont Blanqui).

1860
☐ 24 NOV. Décret donnant au Corps législatif le droit d'adresse. Publication des débats parlementaires.

1861
Pouvoirs financiers accrus du Corps législatif.
Ardeur de l'opposition lors de l'élection des conseils généraux.
Blanqui à la prison de Sainte-Pélagie.

1863
☐ 31 MAI. Élections au Corps législatif : 5 308 000 voix pour les candidatures officielles (251 élus), 1 954 000 voix pour l'opposition (15 élus royalistes, 17 républicains).
Remaniement ministériel (Billault, Baroche, Duruy).

1864
☐ 11 JANV. Discours de Thiers sur les « libertés nécessaires ».

☐ 17 FÉVR. « Manifeste des soixante » (Tolain).
Opposition parlementaire : Thiers, Berryer, les républicains. Fondation du « Tiers Parti ».

1865
☐ 1ᵉʳ JANV. Interdiction de publier le *Syllabus* (1864), recueil exprimant avec *Quanta cura* la doctrine officielle de l'Église.
☐ 10 MARS. Mort de Morny. Walewski, président du Corps législatif le 1ᵉʳ sept. jusqu'en avril 1867 (remplacé alors par Schneider).

1866
Opposition républicaine à la session d'ouverture du Corps législatif.
Projets de réforme du Tiers Parti.

Prospérité économique sous le Second Empire

Porteurs de valeurs d'État		1850	1870
		700 000	1 300 000

Circulation monétaire (en millions de francs)	1852	1860	1870
	621	750	1 544

Chemins de fer

	1852	1869
Réseau en exploitation	3 500 km	18 000 km
Nombre de compagnies	26	6
Nombre de voyageurs transportés	13 M	111 M
Tonnage de marchandises transportées	3,5 M	44 M
		220 000 employés

Utilisation de la machine à vapeur	Locomotives	Machines industrielles	Machinerie de navigation
1850	973	5 322	573
1860	3 101	14 936	681
1870	4 835	27 958	973

1867

☐ 19 JANV. Lettre de l'empereur annonçant des réformes libérales. Rétablissement du droit d'interpellation.

1868

☐ 9 MARS. Loi sur la presse : suppression de l'autorisation préalable et du système des avertissements.
☐ 6 JUIN. Loi accordant la liberté de réunion.
Publication de *la Lanterne* (Rochefort).
☐ NOV. Procès Baudin, et plaidoyer de Gambetta contre l'Empire.

1869

☐ 24 MAI. Élections au Corps législatif : 4 438 000 voix aux bonapartistes, 3 550 000 à l'opposition. Élection de Gambetta : le programme de Belleville.
☐ 8 JUIN. Démission de Rouher. Ministère de fonctionnaires.
☐ 6 SEPT. Sénatus-consulte donnant au Corps législatif des pouvoirs accrus.
Nouveaux journaux, républicains *(le Rappel, la Marseillaise)* et socialistes *(la Réforme, le Travail).*
☐ 28 DÉC. Émile Ollivier, chef du Tiers Parti, chargé de former un cabinet.

1870

☐ 2 JANV. Ministère Émile Ollivier.
☐ 12 JANV. Funérailles de Victor Noir (22 ans), tué par Pierre Bonaparte, cousin de l'empereur. À cette occasion, grande manifestation d'opposition.
☐ 20 AVR. Sénatus-consulte instaurant l'Empire libéral (Constitution de 1870).
☐ 8 MAI. Plébiscite approuvant la politique de Napoléon III (oui : 69,6 %).
☐ 4 SEPT. Déchéance de l'empereur. Proclamation de la république et institution du gouvernement de la Défense nationale.

Politique extérieure et coloniale

1853

☐ SEPT. Occupation de la Nouvelle-Calédonie. Affaire des Lieux saints : Napoléon III s'oppose à la Russie.

1854

☐ 12 MARS. Alliance franco-anglo-turque.
☐ 27 MARS. Déclaration de guerre à la Russie.
Débarquement en Crimée.
☐ 20 SEPT. Bataille de l'Alma. Le 26, début du siège de Sébastopol.
☐ 5 NOV. Bataille d'Inkerman.
Au Sahara, occupation d'oasis (Laghouat, Touggourt).
☐ DÉC. Faidherbe au Sénégal (campagnes contre les Maures jusqu'en 1858).

1855

Au Sénégal, intervention de Faidherbe contre El-Hadj Omar (Médine libérée depuis le 18 juillet).
☐ 10 SEPT. Prise de Sébastopol.

1856

☐ JANV. Le Piémont, allié de la France et de l'Angleterre.
☐ 25 FÉVR. Traité et Congrès de Paris : fin de la guerre de Crimée.
☐ 8 AVR. La question italienne posée par Cavour.

1857

Soumission de la Kabylie (général Randon).
Entrevue de Napoléon III et du tsar à Stuttgart.
Création de Fort l'Empereur, en Algérie.
Création du port de Dakar.
Occupation de Canton par les Français et les Anglais.

1858

☐ 24 JUIN. Création d'un ministère de l'Algérie et des Colonies (jusqu'en 1860).
☐ 21 JUILL. Entrevue secrète de Plombières (Napoléon III et Cavour).
Convention de Paris, prévoyant la protection des Roumains de Moldavie et de Valachie.
Traité de Tien-Tsin avec la Chine (non observé).
Occupation de Tourane, en Annam (Rigault de Genouilly). Troupes retenues prisonnières à Saïgon (jusqu'en 1862).

1859

☐ JANV. Alliance franco-sarde.
☐ 3 MAI. Déclaration de guerre à l'Autriche : batailles de Magenta (4 juin) et de Solferino (24 juin).
☐ 11-12 JUILL. Préliminaires de paix de Villafranca entre la France et l'Autriche (armistice en août).
☐ 11 NOV. Paix de Zurich.

1860

Rétablissement du gouvernement général de l'Algérie. Idée du royaume arabe.
☐ 24 MARS. Traité de Turin : la Savoie et le comté de Nice rattachés à la France après plébiscite favorable (15 et 23 avril).
☐ AOÛT-SEPT. Expédition des Mille : prise de Naples par Garibaldi. Castelfidardo (Lamoricière contre les Piémontais).
☐ AOÛT 1860 - JUIN 1861. Expédition au Liban contre les Druses musulmans.
☐ AOÛT-NOV. Expédition de Chine. Victoire franco-anglaise au pont de Palikao (Pékin). Pillage et incendie du palais d'Été. 2e traité de Tien-Tsin.

1861

☐ 31 OCT. Convention avec l'Espagne et l'Angleterre au sujet des dettes du Mexique.

1862

☐ 5 JUIN. Annexion de la basse Cochinchine, cédée par l'Annam.

Siège de Puebla (Mexique) par les Français.

1863

Madagascar : le roi Radama II concède la liberté d'action aux missionnaires et marchands français.
☐ 11 AOÛT. Protectorat français sur le Cambodge (Doudart de Lagrée), reconnu par le Siam en 1867.

1864

☐ 12 JUIN. Arrivée de Maximilien à Mexico ; il est proclamé empereur du Mexique.
☐ 14 SEPT. Convention relative à l'évacuation de Rome par la France.

1865

☐ OCT. Entrevue de Biarritz (Napoléon III-Bismarck).

1866

Après Sadowa, demande de compensation par la France : échec.
Le fusil Chassepot en service dans l'armée (jusqu'en 1874).

1867

☐ FÉVR. Évacuation des troupes françaises du Mexique (19 juin : exécution de Maximilien).
☐ 3 NOV. Combat de Mentana : protection contre Garibaldi des États pontificaux.

1868

☐ 14 JANV. Loi de réorganisation de l'armée (Niel) : 5 ans de service, rétablissement du remplacement.

1869

Premier câble sous-marin entre Brest et Saint-Pierre-et-Miquelon.

1870

☐ 2 JUILL. Candidature Hohenzollern au trône d'Espagne. Demandes de garanties par la France (12 juillet).
☐ 13 JUILL. Dépêche d'Ems.

□ 19 JUILL. Déclaration de guerre à la Prusse.
□ 4-6 AOÛT. Défaites à Wissembourg, Reichshoffen, Frœschwiller, Forbach.
□ 14-18 AOÛT. Batailles de Borny, Rezonville, Gravelotte et Saint-Privat. Bazaine enfermé dans Metz.
□ 2 SEPT. L'armée de Mac-Mahon et Napoléon III encerclés dans Sedan. Capitulation de l'empereur.
□ 27 OCT. Capitulation de Bazaine.

Économie – Société

1853
□ 18 JUIN. Fondation, par Jean Dollfus de la Société mulhousienne des cités ouvrières (accès à la propriété après 15 annuités de location).
Nadar : premier atelier photographique.
Fabrication de montres en série.
La production de fonte au coke dépasse la production de fonte au bois.

1854
Épidémie de choléra.
Premier emprunt d'État lancé directement dans le public.

1855
□ 15 MAI-15 NOV. Exposition universelle aux Champs-Elysées : 9 500 exposants français, 10 500 étrangers.
Ouverture des grands magasins du Louvre.
Installation du système d'égoûts à Paris (Belgrand).
Fondation de la Compagnie générale transatlantique.
Loi sur la propriété industrielle.

1856
□ 26 JUILL. Loi favorable aux sociétés de secours mutuels.
Cabet, fondateur d'une colonie icarienne aux États-Unis.

□ JUILL. Loi encourageant les sociétés en commandite.

1857
Crise économique.
Recensement : sur 10 000 habitants, 5 924 vivent de l'agriculture, 2 907 de l'industrie, 453 du commerce, 410 des transports.
Invention du papier à la pâte de bois.
Percée du tunnel du Mont-Cenis, inauguré en 1871.
Premier wagon-lit Pullmann.
Prorogation du privilège de la Banque de France (jusqu'en 1897).

1858
Eiffel : pont métallique sur la Garonne.
Création de la *Revue maçonnique*.
□ 11 FÉVR. Lourdes : apparitions à Bernadette Soubirous.
Félix Potin : ouverture d'un magasin boulevard de Strasbourg.
Constitution de la Compagnie du canal de Suez.

1859
□ 11 JUIN. Ratification des 6 conventions avec les Compagnies de chemin de fer : fixation du régime financier.
Godin : *le Familistère de Guise* (participation des ouvriers aux bénéfices).
Division de Paris en vingt arrondissements.
Création des abattoirs de La Villette.
Premières bibliothèques populaires gratuites (Girard).

1860
□ 23 JANV. Traité de libre-échange avec la Grande-Bretagne.
Premiers essais du convertisseur Bessemer en France.
Premier « Guignol » aux Tuileries.

1861
Pasdeloup : premiers « Concerts populaires » de musique classique.

1862

☐ JUILL.-OCT. Envoi d'une commission ouvrière à l'Exposition de Londres.
Naissance des bibliothèques scolaires.
Traité de commerce avec la Prusse : abaissement des droits de douane.

1863

☐ Loi autorisant les sociétés à responsabilité limitée.
Fondation du Crédit Lyonnais (H. Germain).
Fondation du *Petit Journal,* à 1 sou (300 000 exemplaires en 1870).

1864

☐ 25 MAI. Suppression du délit de coalition.
☐ SEPT. Fondation à Londres, de la Iʳᵉ Internationale.
Invention du four Martin.
Application de la pasteurisation.
Ligne Le Havre-New York par bateau à vapeur.
Delamare-Deboutteville : première voiture automobile à essence.
Création de la Croix-Rouge internationale.
Constitution du Comité des forges.
Premier convoi de forçats vers la Nouvelle-Calédonie.

1865

Nouvelle épidémie de choléra.
Tolain à Paris : 1ᵉʳ bureau de la Iʳᵉ Internationale.
Création des magasins du Printemps.
Reconnaissance légale de la valeur du chèque.

1866

Jean Macé : Ligue de l'enseignement (pour le développement de l'instruction populaire).
Mise au point de la machine à écrire.

1867

☐ AVR.-NOV. Exposition universelle :

10 000 m², au Champ-de-Mars et dans l'île de Billancourt.
Cours public pour les jeunes filles (Victor Duruy). Institution du certificat d'études primaires.
☐ 24 JUILL. Loi sur les sociétés anonymes.
Abolition de la contrainte par corps pour dettes.
Vote du statut des coopératives.
Fondation de la société Lip, à Besançon.

1868

Dissolution de la section française de la Iʳᵉ Internationale.
Création d'une caisse pour les accidents du travail.

1869

Production d'énergie électrique, à Lancey, à partir d'une turbine hydraulique sur chutes d'eau (A. Bergès).
Fabrication du Celluloïd à Oyonnax.
Découverte de l'oléo-margarine, substitut du beurre (H. Mège-Mouriès).
Création de la Samaritaine.
☐ NOV. Inauguration du canal de Suez.

1870

☐ MARS. Grève des métallurgistes (intervention de l'armée).
☐ JUIN. Arrestation des dirigeants de l'Internationale.
Utilisation du potassium comme engrais.

Civilisation et cultures

1853 Champfleury : *la Sincérité dans l'art.* Victor Hugo : *les Châtiments.* Victor Cousin : *Du vrai, du beau et du bien* Gobineau : *Essai sur l'inégalité des races humaines* ☐ Massé : *les Noces de Jeannette.*

1854 Courbet : *Atelier du peintre* ☐ Dogme de l'Immaculée Conception.

1855 Viollet-le-Duc : *Dictionnaire raisonné de l'architecture française.*

1856 Tocqueville : *l'Ancien Régime et la Révolution* □ Ingres : *la Source* □ Auber : *Manon Lescaut.*

1857 Baudelaire : *les Fleurs du mal.* Flaubert : *Madame Bovary* □ Courbet : *les Demoiselles des bords de la Seine* □ Carpeaux : *le Jeune Pêcheur à la coquille* (sculpt.) □ Fouilles de Vulci.

1858 Octave Feuillet : *le Roman d'un jeune homme pauvre.* Paul Féval : *le Bossu.* Gautier : *Le Roman de la momie* □ Daumier : *le Wagon de 3ᵉ classe* □ Enfantin : *la Science de l'homme* □ Claude Bernard : *De la méthode expérimentale* □ Labrouste aménage la Bibliothèque nationale.

1859 Hugo : *la Légende des siècles.* Mistral : *Mireille,* en provençal □ Jules Simon : *la Liberté* □ Manet : *le Buveur d'absinthe.* Millet : *l'Angelus.* Découverte en France de l'art japonais □ Gounod : *Faust.*

1860 Baudelaire : *les Paradis artificiels.* Labiche : *le Voyage de Monsieur Perrichon* □ Berthelot : chimie organique fondée sur la synthèse □ Lenoir : crée le moteur à gaz.

1861 Comtesse de Ségur : *les Mémoires d'un âne* □ *Tannhäuser* (de Wagner) à l'Opéra □ Garnier : construction de l'Opéra de Paris.

1862 Flaubert : *Salammbô.* Leconte de Lisle : *Poèmes barbares* □ Foucault : mesure de la vitesse de la lumière.

1863 Hugo : *les Misérables.* Littré : *Dictionnaire de la langue française.* Renan : *Vie de Jésus* □ Manet : *Olympia.*

Boudin : *le Port de Honfleur.* Gustave Doré illustre *Don Quichotte* □ Fondation de l'École des hautes études □ Beau de Rochas : théorie du moteur à quatre temps.

1864 Barbey d'Aurevilly : *le Chevalier Des Touches.* Fustel de Coulanges : *la Cité antique* □ Gounod : *Mireille,* opéra comique. Offenbach : *la Belle Hélène.*

1865 Verne : *De la Terre à la Lune* □ Brahms : *Danses hongroises* □ Claude Bernard : *Introduction à l'étude de la médecine expérimentale* □ C. Flammarion : *le Soleil, sa nature et sa constitution physique.*

1866 Alphonse Daudet : *Lettres de mon moulin.* Pierre Larousse : *Grand Dictionnaire universel du XIXᵉ siècle ;* premiers tomes en 1863-64. *Le Parnasse contemporain,* recueil de vers nouveaux, en réaction contre le romantisme.

1867 Zola : *Thérèse Raquin.*

1869 Flaubert : *l'Éducation sentimentale.* Lautréamont : *les Chants de Maldoror.* Verlaine : *les Fêtes galantes* □ Carpeaux : *la Danse* □ César Franck : *les Béatitudes* □ Bulle de Pie IX condamnant la franc-maçonnerie.

1870 Cézanne : *la Pendule au marbre noir* □ Léo Delibes : *Coppélia,* ballet.

Biographies

Boucicaut (ARISTIDE), commerçant, fondateur du Bon Marché (1810-1877). Issu d'une famille enracinée dans le Perche, il est d'abord l'actif commis de son père, chapelier. Pour étendre son expérience des hommes et des choses, il parcourt les campagnes, vend des casquettes et des étoffes sur les marchés, avant de venir à Paris, où il réussit d'abord brillamment comme vendeur au magasin du Petit-Saint-Thomas. Associé ensuite au propriétaire d'une petite boutique de nouveautés rue du Bac, « Le Bon Marché », il y expérimente des habitudes commerciales nouvelles : vente à prix fixes et non à l'apparence du client, petit bénéfice, organisation en rayons, soldes..., ce qui porte son chiffre d'affaires de 3 à 67 millions de 1857 à 1877. Sans relations ni études, il opéra une véritable révolution commerciale.

Faidherbe (LOUIS), général français (1818-1889). Fils d'un petit commerçant de Lille, il entre à Polytechnique et à l'École militaire de Metz. Il prend volontairement du service aux colonies — Algérie, Guadeloupe —, et c'est riche d'expérience et d'amitié pour l'indigène qu'il aborde le Sénégal, d'abord avec des fonctions militaires, puis comme gouverneur. D'un abord assez rude, il se fait aimer pour sa droiture, sa bonté, sa fermeté, sa hardiesse dans l'exercice de sa charge. Il réalise une grande œuvre militaire et développe l'économie, l'administration et surtout la scolarité des indigènes. Il prévoit l'avenir en encourageant l'expansion vers l'intérieur de l'Afrique.

Princesse Mathilde (MATHILDE LETIZIA BONAPARTE, dite), nièce de Napoléon Ier (1820-1904). Fille du plus jeune frère de Napoléon, Jérôme, ex-roi de Westphalie, et de Catherine de Wurtemberg, elle mène en exil une vie errante, de l'Italie à l'Allemagne, de la Russie à l'Autriche et à la Belgique. Hortense Bonaparte aurait voulu lui faire épouser son fils le futur Napoléon III , mais elle se marie en 1840 avec le comte russe Demidov, dont elle se sépare quatre ans plus tard. À Paris, à partir de 1848, elle devient la première dame de la présidence après l'élection de son cousin, puis elle fait les honneurs de la Cour, quand il devient Napoléon III, jusqu'à ce que le détrône Eugénie de Montijo. Son salon, au n° 10 de la rue de Courcelles ou à Saint-Gratien, près du lac d'Enghien, réunit les écrivains et les artistes les plus brillants de son temps. Elle exerce sur eux un élégant mécénat, qui leur fait attribuer commandes, médailles, rubans.

Pereire (JACOB-ÉMILE, 1800-1875, et ISAAC, 1806-1880), financiers français. Affiliés aux saint-simoniens, journalistes, puis hommes d'affaires, ils contribuent au lancement des premiers chemins de fer. Sous le second Empire, ils fondent une banque très prospère, le Crédit mobilier, et financent le réseau ferroviaire français et les chemins de fer étrangers, mais des spéculations imprudentes entraînent la liquidation de leur banque. Persuadés que la richesse de la nation aurait pour résultat la soumission politique, ils étaient ralliés au régime impérial ; ils furent députés de 1863 à 1869.

Bibliographie

M. Blanchard : *le second Empire.*

L. Girard : *la Politique des travaux publics sous le second Empire.*

A. Dansette : *Du 2 décembre au 4 septembre.*

La République modérée

Née au milieu des épreuves de la guerre et de la Commune, la IIIe République connaît d'abord des temps difficiles. Une Assemblée monarchiste s'efforce d'empêcher l'installation du régime républicain. Pourtant, peu à peu, le pays se prononce en faveur de la république, les institutions se consolident. Malgré des scandales et une grande instabilité ministérielle, une œuvre législative solide organise le pays. Le mouvement boulangiste (1885-1889), qui menace la République, n'est qu'un bref intermède. À partir de 1893, avec des élections législatives qui réduisent à l'impuissance les partis hostiles, la République triomphe. L'opposition monarchiste, malgré l'Action française, n'est plus un péril et les batailles politiques ou sociales se déroulent dans le cadre républicain, sur les thèmes des questions religieuses, du nationalisme et des problèmes sociaux. L'Affaire Dreyfus, simple affaire judiciaire au début, réveille d'âpres confrontations à la fin de cette période, montrant que les conflits de partis, d'intérêts et de classes ne sont pas apaisés.

Événements intérieurs

1870
☐ 4 SEPT. Gouvernement provisoire de la République à l'Hôtel de Ville.
☐ 19 SEPT. Les Prussiens assiègent Paris.
☐ 9 OCT. Gambetta quitte en ballon Paris assiégé pour rejoindre Tours, siège d'une délégation gouvernementale.
☐ 3 NOV. Plébiscite à Paris approuvant la création du gouvernement de la Défense nationale.
Le gouvernement se replie à Bordeaux.
☐ 9 NOV. L'armée de la Loire victorieuse à Coulmiers, mais battue à Beaune-la-Rolande (28 nov.) et Orléans (4 déc.).

1871
☐ 9-19 JANV. Victoires puis défaites des armées du Nord et de la Loire.

☐ 28 JANV. Capitulation de Paris. Signature de l'armistice par le gouvernement de la Défense nationale à Versailles.
☐ 8 FÉVR. Élections de l'Assemblée nationale : succès des conservateurs, partisans de la paix.
☐ 12 FÉVR. Réunion de l'Assemblée nationale à Bordeaux : Thiers, chef du pouvoir exécutif (17 févr.).
☐ 10 MARS. Pacte de Bordeaux : pas de Constitution avant la réorganisation du pays.
☐ 18-20 MARS. Commune de Paris. Exécution des généraux Lecomte et Thomas. Thiers puis l'Assemblée (20 mars) à Versailles.
☐ 26 MARS. Lutte entre versaillais et communards après la proclamation de la Commune.
☐ 5 AVR. Décret des otages.
☐ 10 MAI. Signature du traité de Franc-

fort. Perte de l'Alsace-Lorraine (3 juin). 5 milliards d'indemnité.
□ 21-28 MAI. La Semaine sanglante. Derniers fusillés devant le mur du Père-Lachaise.
□ 27 JUIN. Souscription à l'emprunt de libération du territoire : 4 900 millions de francs.
□ 2 JUILL. Élections complémentaires : succès républicain.
□ 10 AOÛT. Loi sur les départements.
□ 31 AOÛT. L'Assemblée se proclame Constituante. Thiers, président de la République.

1872
□ 27 JUILL. Loi sur le recrutement militaire : service personnel et suppression du remplacement.

1873
□ 24 MAI. Thiers renversé par les monarchistes. Élection de Mac-Mahon à la présidence de la République (jusqu'au 30 janv. 1879), qui s'engage, le 25, à rétablir l'« ordre moral ».
□ 5 AOÛT-23 OCT. Tentative d'accord entre le comte de Chambord et le comte de Paris ; échec après le refus de Chambord de renoncer au drapeau blanc.
□ 20 NOV. Prolongation pour 7 ans des pouvoirs de Mac-Mahon.

1875
□ 30 JANV. Amendement Wallon sur la République.
□ 30 JANV.-16 JUILL. Vote des lois constitutionnelles.

1876
□ 30 JANV. Élection du Sénat : majorité monarchiste.
□ 20 FÉVR.-5 MARS. Élections de la Chambre des députés. Succès républicain.

1877
□ 4 MAI. Discours de Gambetta : « Le cléricalisme, voilà l'ennemi. »

□ 16 MAI. « Coup d'État » : « lettre ouverte » de Mac-Mahon à Jules Simon, qui démissionne.
□ 14 et 28 OCT. Élections à la Chambre des députés : les républicains majoritaires.

1879
□ 30 JANV. Démission de Mac-Mahon. Jules Grévy, président de la République (amendement Grévy : effacement du président).
□ 31 JANV. Gambetta, président de la Chambre des députés.
□ 3 NOV. Retour des deux Chambres à Paris.

1880
□ 11 JUILL. Amnistie des communards, dont Louise Michel.
Le 14 juillet, fête nationale : adoption du drapeau tricolore.
□ 23 SEPT. Ministère Jules Ferry.

1881
Jules Ferry : lois sur l'enseignement primaire.
□ 30 MAI. Liberté de réunion.
□ 29 JUIN. Liberté de presse.
□ 21 AOÛT-4 SEPT. Élections à la Chambre des députés : poussée à gauche.
□ 14 NOV. Le « grand ministère » Gambetta.

1882
Ligue des patriotes (Déroulède).

1883
□ 21 FÉVR. Second ministère Jules Ferry.

1884
□ 5 AVR. Loi sur les communes.
□ 14 AOÛT. Révision partielle de la Constitution.
□ 9 DÉC. Loi modifiant le Sénat.

1885
□ 30 MARS. Démission de Jules Ferry, le « Tonkinois ».

☐ 4 et 18 OCT. Élections à la Chambre : succès des républicains (383 députés).
☐ 28 DÉC. Jules Grévy réélu président.

1886.
☐ 7 JANV. Boulanger, ministre de la Guerre.
☐ 22 JUIN. Loi d'exil pour les membres des familles ayant régné.

1887
☐ 8 JUILL. Boulanger à Clermont-Ferrand.
☐ 7 OCT. Scandale des décorations.
☐ 2 DÉC. Démission de Jules Grévy. Sadi Carnot, président de la République.

1888
☐ 31 MARS. Le général Boulanger mis à la retraite.
☐ AVRIL-AOÛT. Boulanger élu député dans plusieurs départements.

1889
☐ 27 JANV. Boulanger, élu à Paris, refuse le coup d'État, s'enfuit à Bruxelles (avril), se suicide en septembre 1890.
☐ 4 FÉVR. La Compagnie de Panama mise en liquidation.

1890.
☐ 12 NOV. « Toast d'Alger » du cardinal Lavigerie pour marquer le ralliement des catholiques à la République.

1892
☐ AVR. (jusqu'en juill. 1894), « lois scélérates » : répressions des idées et du mouvement anarchistes.
☐ NOV. *La Libre Parole,* de Drumont (antisémite), dénonce le scandale de Panama.

1893
☐ MARS. Conclusion du procès de Panama (Eiffel et Lesseps condamnés).
☐ 20 AOÛT-3 SEPT. Élections à la Chambre : victoire des modérés, mais des hommes nouveaux (Jaurès, Millerand) apparaissent.

1894
☐ 24 JUIN. Sadi Carnot tué par un anarchiste (Caserio). Casimir-Perier, président de la République.
☐ 24 SEPT. Début de l'Affaire Dreyfus (condamné à la déportation le 22 déc.).

1895
☐ 15 JANV. Démission de Casimir-Perier. Félix Faure, président de la République.

1896
☐ MAI. Élections municipales : succès socialiste et discours – programme (le 30) de Millerand à Saint-Mandé.

1897
☐ NOV. Demande de révision du procès Dreyfus.

1898
☐ 13 JANV. Zola dans *l'Aurore :* « J'accuse ».
Fondation de la Ligue française des droits de l'homme (Trarieux).

1899
☐ 16 FÉVR. Mort de Félix Faure.

Politique extérieure et coloniale

1873
☐ 16 SEPT. Paiement anticipé de l'indemnité de guerre à l'Allemagne : fin de l'occupation allemande.
☐ DÉC. Francis Garnier à Hanoi.

1874
☐ MARS. Traité avec l'empereur d'Annam sur la Cochinchine.

1875
☐ AVR. Crise franco-allemande.

1876
Savorgnan de Brazza au Congo.

1878
☐ 13 JUIN-13 JUILL. Congrès des puissances à Berlin.
☐ AOÛT. Condominium franco-anglais sur l'Égypte.

1879
☐ DÉC. Traité de protectorat sur le Congo.

1881
☐ 16 FÉVR. Massacre de la mission Flatters au Sahara.
☐ AVR. Débarquement en Tunisie.
☐ 12 MAI. Traité du Bardo : protectorat sur la Tunisie.

1882
☐ AVR. Conflit franco-chinois sur l'Annam. Prise de Hanoi.
Difficultés franco-britanniques à propos de l'Égypte (jusqu'en 1883).

1883
Expédition à Madagascar : prise de Majunga.
☐ AOÛT. Expédition au Tonkin. Protectorat sur l'Annam. Guerre avec la Chine.

1884
☐ 11 MAI. Traité de Tien-Tsin : fin de la guerre avec la Chine. (Reprise des hostilités et occupation de Formose [déc.].)
☐ NOV. Conférence de Berlin sur la colonisation

1885
☐ FÉVR. Évacuation de Lang Son : chute de Ferry.

☐ AVR.-JUIN. Traités de Paris et de Tien-Tsin à propos de l'Annam.
☐ 17 DÉC. Traité avec Ranavalona III.

1886
L'armée dotée du fusil Lebel à répétition.

1887
☐ 20-30 AVR. Incident Schnaebelé : crise franco-allemande.
☐ OCT. Création de l'Union indochinoise.

1889
Fondation de l'École coloniale.

1890
☐ AVR. Prise de Segou, capitale d'Ahmadou ; conquête sur le haut Niger jusqu'en 1893.

1891
☐ JUILL.-AOÛT. Rapprochement et accord politique avec la Russie.

1892
☐ 17 AOÛT. Convention militaire avec la Russie.
Dahomey : campagne contre Béhanzin.

1893
☐ OCT. Renonciation du Siam et protectorat français sur le Laos.

1894
Création du ministère des Colonies. Occupation de Tombouctou.

1895
☐ FÉVR. Protectorat sur Madagascar. Révolte.

1896
☐ 6 AOÛT. Madagascar, colonie française. Constitution de l'Indochine française.
☐ 5-8 OCT. Visiste officielle à Paris de Nicolas II.

1897
Félix Faure reçu à Saint-Pétersbourg.

1898
□ JUILL. Marchand sur le haut Nil.
□ SEPT. Capture de Samory sur le haut Niger.
□ 4 NOV. « Reculade » de Fachoda devant l'Anglais Kitchener.

Économie – Société

1871
Cercles d'ouvriers (comte de Mun, La Tour du Pin, Maignan).
□ JUIN. 150 000 Alsaciens et Lorrains (sur 1 500 000) choisissent la France.

1872
Création de la Banque de Paris et des Pays-Bas.
Fondation de l'École des sciences politiques.

1873
Amédée Bollée effectue le premier Le Mans-Paris en voiture à vapeur.

1874
□ 19 MAI. Loi sur le travail des femmes et des enfants (au moins 12 ans ; pas plus de 12 h).

1876
Extension rapide du phylloxera.
□ OCT. Congrès ouvrier à Paris.
Fin de la 1ʳᵉ Internationale.

1877
Fin de la restauration financière (1ᵉʳ janvier 1878 : abolition du cours forcé des billets de banque).

1878
Exposition universelle.
Première utilisation industrielle de la houille blanche. Premier éclairage électrique (quartier de l'Opéra à Paris).

1879
Jules Guesde au congrès de Marseille : fondation du parti ouvrier.
Création d'écoles normales d'institutrices.

1880
□ FÉVR-MARS. Loi sur l'enseignement supérieur et décrets contre les congrégations non autorisées.
□ 2 DÉC. Loi sur l'enseignement secondaire des jeunes filles (Camille Sée).

1881
□ 16 JUIN. Jules Ferry : loi sur la gratuité de l'enseignement primaire.
1600 abonnés au téléphone à Paris.

1882
Krach de l'Union générale à Paris.
□ 20 MARS. Jules Ferry : l'école primaire obligatoire et laïque.
Création du Racing Club de France, suivie, en 1883, de celle du Stade français.

1884
Première voiture à vapeur de Dion-Bouton (tricycle).
□ 22 MARS. Loi Waldeck-Rousseau sur les syndicats professionnels.
□ 27 JUILL. Loi Naquet sur le rétablissement du divorce.

1885
Peugeot lance le vélocipède.

1886
□ JANV. Grève de Decazeville. Institution des Bourses du travail pour le placement des ouvriers.

1887
□ JANV. Eiffel : construction de la tour (1887-1889).

Union des sociétés françaises des sports athlétiques.

1888
Premier emprunt russe à Paris.

1889
Exposition universelle.

1890
Congrès à Paris de la IIe Internationale socialiste : le 1er mai, journée internationale de lutte des travailleurs.
Suppression du livret ouvrier institué sous le premier Empire.

1891
□ 1er MAI : Incidents de Fourmies pour la journée de 8 heures (9 morts).
Charles Terront, vainqueur de la course Paris-Brest à bicyclette.

1892
□ 11 JANV. Fédération des Bourses du travail.
□ 2 NOV. Loi sur le travail des enfants (10 h par jour pour les moins de 16 ans ; 12 h pour les moins de 18 ans).
Tarif Méline, protectionniste.

1893
□ 22 JUILL. Première course automobile Paris-Rouen.

1895
Congrès de Limoges : création de la C.G.T.

Grèves à Carmaux.

1896
H. Becquerel découvre la radioactivité.
Premiers films de Georges Méliès.
□ 28 DÉC. Première séance du cinématographe des frères Lumière.

1897
Incendie du Bazar de la Charité.

1898
□ 26 MARS. Loi sur les accidents du travail.
□ 11 AVR. Loi sur les sociétés de secours mutuels.
Santos-Dumont : premier dirigeable.

Civilisation et cultures

1871 Rimbaud : *le Bateau ivre*. Zola : *la Fortune des Rougon*.

1872 Degas : *le Foyer de la danse* □ Bizet : *l'Arlésienne*.

1873 Jules Verne : *le Tour du monde en 80 jours* □ Manet : *le Bon Bock*. Monet : *Champ de coquelicots* □ Création à la Salpêtrière d'une chaire de clinique des maladies nerveuses (Jean Charcot).

1874 Barbey d'Aurevilly : *les Diaboliques*. Verlaine : *Romances sans paroles* □ Saint-Saëns : *la Danse macabre*.

Machines agricoles	1862	1882	1892
Locomobiles ou machines fixes à vapeur	2 849	9 288	12 037
Charrues	3 206 421	3 267 187	3 669 212
Batteuses	100 733	211 045	234 380
Semoirs	10 853	29 391	52 375
Faucheuses	9 442	19 147	38 753
Moissonneuses	8 907	16 025	23 432

1875 Bartholdi : *le Lion de Belfort.*

1876 Renan : *Prière sur l'Acropole* □ Renoir : *le Moulin de la Galette* □ Construction du Sacré-Cœur, à Montmartre.

1877 Zola : *l'Assommoir.*

1878 Bernard : *la Science expérimentale.*

1881 Manet : *le Bar des Folies-Bergère* □ Création de l'École normale supérieure de Sèvres □ Pasteur : vaccin contre le charbon. Th. Ribot : *les Maladies de la mémoire.*

1884 Rodin : *les Bourgeois de Calais* (achevé en 1895) □ Massenet : *Manon.*

1885 Zola : *Germinal* □ Pasteur : vaccin contre la rage.

1886 Rodin : *le Baiser.*

1887 Fondation de l'École des arts décoratifs □ André Antoine : *le Théâtre libre.*

1888 Fondation de l'Institut Pasteur.

1889 Bourget : *le Disciple.* Christophe : *la Famille Fenouillard* □ Toulouse-Lautrec : *Au Bal du Moulin de la Galette.* Van Gogh : *Autoportrait à l'oreille coupée* □ Camille Claudel : *le Sakountala.*

1890 Degas : *les Danseuses* □ Fauré : *Requiem* □ Fondation de l'École biblique française de Jérusalem □ Branly : le radioconducteur □ Clément Ader premier vol en avion.

1892 Cézanne : *les Joueurs de cartes.* Debussy : *Prélude à l'après-midi d'un faune.*

1893 Lavisse et Rambaud : *l'Histoire* (1er vol.) □ Durkheim : *De la division du travail social.*

1894 Roux : sérum antidiphtérique.

1895 Perrin : expérience sur les rayons cathodiques.

1897 Gide : *les Nourritures terrestres.* Catalogue général de la Bibliothèque nationale.

1898 Rodin : *Balzac* □ Pierre et Marie Curie : découverte du polonium et du radium.

1899 Première exposition des Nabis.

Biographie

Michel (LOUISE), écrivain et révolutionnaire française (1830-1905). Son imagination la pousse à toutes les audaces. Elle obtient un diplôme d'institutrice, mais ses idées républicaines lui ferment les écoles publiques de l'Empire, car elle refuse le serment. Elle fonde une école libre, puis collabore à des journaux d'opposition et fréquente les républicains Vallès et Varlin. Très populaire dans le XVIIIe arrondissement, elle monte aux barricades pendant la Commune, le fusil sur l'épaule, ce qui lui vaut la déportation en Nouvelle-Calédonie (1873). Là, elle se met avec cœur au service des indigènes. A son retour (1880), elle milite par la plume et la voix, indomptable porte-parole des idées d'anarchie, de justice, d'émancipation féminine par l'union libre. Un espoir acharné dans l'avenir la pousse à l'action.

Bibliographie

Bouju et Dubois : *la IIIe République* (Que sais-je ?).

P. Miquel : *l'Affaire Dreyfus* (Que sais-je ?).

La République radicale

Le déplacement de la majorité politique vers la gauche, engagé depuis 1893, devient plus net encore avec la « Belle Époque », au début du xxᵉ siècle. Un nouveau personnel politique, de plus modeste origine, arrive au pouvoir et oriente les décisions selon une double intention : défense républicaine, qui entraîne un conflit avec l'Église car elle se colore d'une lutte anticléricale, action républicaine, qui engage un vigoureux programme social. Cependant le Bloc des gauches se disloque, désorienté par la polémique Clemenceau-Jaurès, tandis qu'à partir de 1909 les modérés reprennent de l'importance. Les préoccupations extérieures, caractérisées par la tension permanente avec l'Allemagne, dominent de plus en plus l'horizon politique. La course aux armements et les ententes diplomatiques, orchestrées par la presse, entretiennent l'inquiétude jusqu'au drame de Sarajevo : on arrive alors à la fin d'une époque que les progrès de la vie matérielle, de la science, des lettres et des arts avaient rendue si brillante.

Vie politique et institutionnelle

1899
☐ 18 FÉVR. Émile Loubet, président de la République.
☐ 22 JUIN. Cabinet Waldeck-Rousseau (jusqu'en juin 1902) : Millerand, socialiste, ministre du Commerce.
☐ JUILL. Fondation de l'Action française (Vaugeois).
☐ 5 SEPT. Second procès de Dreyfus, condamné (le 9), gracié (le 19).
Le « Bloc des gauches ».

1900
☐ MAI. Élections municipales.
Congrès socialiste international (Congrès socialiste français en septembre).

1901
☐ 21-23 JUIN. Fondation du parti républicain radical et radical-socialiste.

☐ 1ᵉʳ JUILL. Loi sur les associations : liberté complète, sauf pour les congrégations (soumises à autorisation).

1902
☐ AVR.-MAI. Victoire radicale aux élections législatives.
☐ 3 JUIN. Retraite de Waldeck-Rousseau : ministère Combes (jusqu'en 1905).
☐ JUIN-JUILL. Fermeture des écoles congréganistes non autorisées.

1903
Jaurès, vice-président de la Chambre.

1904
☐ 7 JUILL. Loi interdisant l'enseignement à tout membre d'une congrégation ; application immédiate à 2 398 écoles.
☐ 30 JUILL. Rupture avec le Vatican.
☐ NOV. Affaire des fiches.

1905

☐ 18 JANV. Démission de Combes. Cabinet Rouvier.

☐ 25 AOÛT. Création de la S.F.I.O.

☐ 9 DÉC. Loi de séparation des Églises et de l'État.

1906

☐ 11 FÉVR. Condamnation par le pape de la loi de séparation dans son principe (encyclique *Vehementer nos*) et dans ses dispositions : associations cultuelles (encyclique *Gravissimo,* 10 août).

☐ FÉVR. Début des inventaires des biens de l'Église et troubles qui s'ensuivirent.

☐ 17 FÉVR. Fallières, président de la République.

☐ 14 MARS. Ministère Sarrien (radical modéré), puis Clemenceau (25 octobre, jusqu'en 1909).

☐ MAI. Élections à la Chambre : succès des gauches.

☐ 12 JUILL. Réhabilitation de Dreyfus.

1907

Campagne de Brake et Jaurès pour le vote des femmes.

☐ 26 MARS. Loi sur la liberté des cultes.

1908

Création du ministère du Travail.

1909

☐ 24 JUILL. Ministère Briand.

1910

☐ 24 AVR.-8 MAI. Élections législatives.

1911

☐ JUIN. Ministère Caillaux.

Discussions sur la représentation proportionnelle.

1912

☐ 14 JANV. Cabinet Poincaré.

☐ 10 JUILL. Vote à la Chambre de la représentation proportionnelle : opposition du Sénat.

1913

☐ 17 FÉVR. Poincaré, président de la République.

☐ 18 FÉVR. Ministère Briand.

☐ MARS. Cabinet Barthou.

☐ DÉC. Cabinet Doumergue.

1914

☐ FÉVR. Le Sénat contre l'impôt sur le revenu, proposé par Caillaux en 1907 (voté le 2 juillet).

☐ MARS. Meurtre du journaliste Calmette par Mme Caillaux.

☐ AVR.-MAI. Élections législatives contre « la folie des armements ». Victoire du Bloc des gauches (radicaux-S.F.I.O.).

☐ 9-12 JUIN. Ministère Ribot.

☐ 13 JUIN. Ministère Viviani.

☐ 31 JUILL. Assassinat de Jaurès.

Politique extérieure et coloniale

1900

☐ JUIN-SEPT. Affaire des légations de Pékin. Intervention internationale.

☐ 16 DÉC. Accord secret franco-italien sur la Tripolitaine et le Maroc.

Les Français au Tchad. Mission Foureau-Lamy.

1901

☐ 20 JUILL. Protocole franco-marocain pour la police des frontières.

☐ SEPT. Les souverains russes à Dunkerque.

1902

☐ 30 JUILL. Accord secret de neutralité franco-italien.

1903

☐ MAI. Édouard VII à Paris, Loubet à Londres (juill.) : amorce du rapprochement franco-anglais.

1904

☐ 8 AVR. Convention franco-anglaise : accord colonial ; début de l'Entente cordiale.

☐ 3 OCT. Protocole d'accord franco-espagnol sur le Maroc.

1905

☐ 21 MARS. Loi sur le service militaire ramené à 2 ans (obligatoire, égal et universel).

☐ 31 MARS. Discours de Guillaume II à Tanger : incident franco-allemand.

☐ 1er SEPT. Traité franco-espagnol sur le Maroc.

1906

☐ 17 JANV.-7 AVR. Conférence d'Algésiras.

1907

Échec de la seconde Conférence internationale de la paix à La Haye. Triple-Entente : France, Angleterre, Russie.

☐ MARS. Occupation d'Oudjda puis de Casablanca.

1909

☐ 9 FÉVR. Accord franco-allemand sur le Maroc.

1910

Création d'un gouvernement général pour l'Afrique-Équatoriale française.

1911

☐ MAI-JUIN. Occupation de Fez et de Meknès.

☐ 1er JUILL. Le « coup » d' Agadir.

☐ 4 NOV. Conventions avec l'Allemagne sur le Maroc et le Congo.

1912

☐ 30 MARS. Convention de Fez. Protectorat français sur le Maroc.

☐ 20 MAI. Loi sur l'armement naval. Discours de Jaurès dans la cathédrale de Bâle : « Guerre à la guerre ! ».

☐ OCT. Première guerre dans les Balkans.

1913

☐ 3 AVR. Incidents franco-allemands de Lunéville, puis de Nancy (13 avril).

☐ 30 MAI. Préliminaires de Londres et règlement de la question des Détroits.

☐ 7 AOÛT. Loi portant de 2 à 3 ans la durée du service militaire. Deuxième guerre balkanique.

☐ SEPT. Occupation de Marrakech.

☐ DÉC. Incidents de Saverne.

1914

☐ 28 JUIN. Assassinat de l'archiduc d'Autriche à Sarajevo.

☐ 31 JUILL. Ultimatum allemand à la Russie et à la France.

☐ 1er AOÛT. Mobilisation générale de la France.

L'empire colonial français au début du xxe siècle

Étendue (en km² en 1900)	Afrique	Asie	Amérique	Océanie	Total
	10 071 600	695 510	93 010	3 700	10 863 820

Commerce avec la France (valeur en millions de francs)		**Commerce avec l'étranger**	
Importations de France	Exportations en France	Importations de l'étranger	Exportations à l'étranger
448	415	254	234

□ 3 AOÛT. Déclaration de guerre de l'Allemagne à la France.

Économie – Société

1900
□ 30 MARS. Loi Millerand : uniformisation de la journée de travail (11 h puis 10 h dans un délai de 4 ans).
Congrès international de la condition et des droits de la femme (M. Durand).
□ 14 AVR. Exposition universelle de Paris.
□ JUIN. Jeux Olympiques de Paris.
□ 18 JUILL. Inauguration du métropolitain.

1901
□ 26 FÉV. Loi sur les droits de succession, proportionnels à la fortune et au degré de parenté.
Première liaison France-Corse par télégraphie sans fil.
Premier Salon de l'automobile.

1902
Préparation du Code du travail.
Marcel Renault, premier à Vienne, sur sa voiture légère (62,5 km à l'heure).

1903
□ 1er-19 JUILL. Premier Tour de France cycliste.
□ 11 JUILL. Loi sur l'hygiène dans les ateliers.

1904
Fondation par Jaurès de *l'Humanité*.

1905
□ 23 FÉV. Loi sur les retraites ouvrières.
□ 13 JUILL. Loi d'assistance obligatoire aux vieillards, infirmes, incurables.

1906
□ 10 MARS. Catastrophe des mines de Courrières (1 099 victimes).

□ 7 AVR. Première femme professeur en Sorbonne : Mme Marie Curie.
Emprunt russe : 5 %.
□ 3 JUILL. Loi sur le repos hebdomadaire.
□ 8-16 OCT. Congrès d'Amiens : charte de la C.G.T. (neutralité politique et religieuse des syndicats).

1907
□ JUIN. Troubles viticoles du Languedoc.

1908
□ MARS. Fondation du quotidien *l'Action française* (Léon Daudet).
Création du Comité national des sports.
□ 2 JUIN et 30 JUILL. Grèves et affrontements sanglants avec la gendarmerie à Draveil et à Villeneuve-Saint-Georges.
□ JUILL. Arrestation sur ordre de Clemenceau des meneurs de la C.G.T.

1909
□ MARS. Refus du droit de grève aux fonctionnaires.
□ 10 AVR. Loi sur les habitations à bon marché.
□ JUILL. Blériot : traversée de la Manche.

1910
□ 9 AVR. Loi sur les retraites ouvrières et paysannes (âge : 60 ans).
□ OCT. Grève des cheminots.

1911
Institution du Comité olympique français.

1912
Compère-Morel entreprend l'*Encyclopédie socialiste, syndicale et coopérative de l'Internationale ouvrière*.

1913
Fabrication d'acier en France : 5 millions de tonnes (Angleterre : 7,5 ; Allemagne : 17).

□ SEPT. Roland Garros traverse la Méditerranée en avion.
Rapprochement C.G.T.-S.F.I.O.

1914
Total des emprunts russes émis en France : env. 11 milliards de francs-or.

Civilisation et cultures

1900 Colette : *Claudine à l'école*. Péguy : *Cahiers de la quinzaine* □ Hennebique : immeuble en béton à Paris, rue Danton.

1901 René Bazin : *les Oberlé*. *Histoire socialiste*, sous la direction de Jaurès □ Ravel : *Jeux d'eau*.

1902 Debussy : *Pelléas et Mélisande*. H. Poincaré : *la Science et l'hypothèse*.

1903 Prix Nobel de physique : Henri Becquerel, Pierre et Marie Curie.

1904 R. Rolland : *Jean-Christophe* □ Roussel : *le Poème de la forêt*.

1905 Claudel : *le Partage de midi*. Péguy : *Notre patrie* □ Picasso : *les Bateleurs*.

1906 Bergson : *l'Évolution créatrice* □ Langevin : équivalence énergie-matière.

1907 Picasso : *les Demoiselles d'Avignon*.

1908 Sorel : *Réflexions sur la violence* □ Modigliani : *Maud Abrantès* □ De Falla : *Quatre Pièces espagnoles*.

1909 Gide : *la Porte étroite* □ Bourdelle : *Héraclès archer* □ Ballets russes de Diaghilev à Paris : *l'Oiseau de feu,* de Stravinsky.

1910 Péguy : *Mystère de la charité de Jeanne d'Arc* □ Perret : Théâtre des Champs-Élysées □ Bataillon : *Parthénogenèse des vertébrés*.

1911 Prix Nobel de chimie : Marie Curie.

1912 Claudel : *l'Annonce faite à Marie* □ Roussel : *le Festin de l'araignée*.

1913 Apollinaire : *Alcools*. Barrès : *la Colline inspirée*. Alain-Fournier : *le Grand Meaulnes*. Proust : *Du côté de chez Swann*. Psichari : *l'Appel des armes* □ Feuillade : cycle des *Fantômas* □ M. de Broglie : le spectre des rayons X.

Biographies

Bergson (HENRI), métaphysicien français (1859-1941). *Essai sur les données immédiates de la conscience* lui vaut une chaire au Collège de France (1900). Affirmant ses défiances à l'égard des théories intellectualistes et scientistes, il secoue au profit de l'intuition le joug de la dialectique. Il meurt converti au catholicisme à un moment où « l'esprit n'avait plus guère de droits ».

Lanvin (JEANNE), créatrice de haute couture (1867-1946). À 13 ans chez une modiste. Établie très jeune à son compte, elle étend peu à peu sa clientèle, s'entoure de collaborateurs capables et donne à sa maison une spécialité toute nouvelle : la mode pour enfants, qu'elle essaie d'abord sur sa fille Marie-Blanche. Le style Lanvin attira tant de commandes que son entreprise prit une célébrité mondiale. L'une de ses vedettes les plus prestigieuses fut Yvonne Printemps.

Bibliographie

J. Chastenet : *la France de M. Fallières*.

M. Reberioux : *la République radicale (1898-1914)*.

La Première Guerre mondiale

Pendant ces longues années, de la guerre de mouvement (août-nov. 1914) à la guerre des tranchées (nov. 1914-mars 1918) et à la grande bataille de France (21 mars-11 nov. 1918), l'effort a été constant. La guerre, longue et sanglante, domine et absorbe l'ensemble du pays. Le patriotisme, en dépit de quelques crises, ne connaît guère de fêlure. La victoire et la grande espérance que représente le retour de l'Alsace-Lorraine à la mère-patrie ne peuvent faire oublier le prix amer dont la France a payé son succès. « Nous avons gagné la guerre, il va falloir gagner la paix » : paroles prophétiques de Clemenceau, le 11 novembre 1918 !

Vie politique et institutionnelle

1914
☐ 3 JUILL. Souscription d'un emprunt d'État de 800 millions de francs.
☐ 4 AOÛT. Message de Poincaré aux deux Chambres : l'« Union sacrée ».
☐ 26 AOÛT. Remaniement ministériel (Millerand à la Guerre, Sembat aux Travaux publics, Guesde ministre d'État).
☐ 2 SEPT. Départ du gouvernement pour Bordeaux.
☐ 8 DÉC. Retour à Paris du gouvernement. Convocation des Chambres pour le 22 décembre.

1915
☐ JANV. Attaques de Clemenceau contre Millerand : insuffisances dans la préparation et la conduite de la guerre.

☐ 29 OCT. Démission du cabinet Viviani. Nouveau gouvernement : Briand ; Gallieni, ministre de la Guerre (3 nov.).
☐ DÉC. Tensions entre commandement militaire, gouvernement et Parlement.

1916
☐ 16 JUIN. Première réunion des Chambres (il y en aura 8) en « comité secret », pour informations confidentielles.
☐ 22 JUIN-27 JUILL. Organisation du contrôle parlementaire aux armées.
☐ 13 DÉC. Remaniement du cabinet Briand (Guesde et Sembat écartés). Comité de guerre plus efficace et plus réduit. Projet de gouvernement par décrets-lois.

1917
☐ 17-20 MARS. Démission de Briand : cabinet Ribot (jusqu'au 7 septembre). Formation d'un Comité de défense syndi-

caliste (Péricat), à l'origine du parti communiste.

□ 12 SEPT. Painlevé succède à Ribot. Rupture de l'Union sacrée.

□ OCT. Exécution de Mata-Hari.

□ 16 NOV. Ministère Clemenceau : suprématie et unité du pouvoir civil.

□ DÉC. Poursuites contre Malvy et Caillaux. Censure. Chasse aux « embusqués ».

1918

□ 10 FÉVR. Loi autorisant le gouvernement à légiférer par décrets en matière économique.

□ OCT. Désaccord Poincaré-Clemenceau sur l'opportunité d'un armistice jugé prématuré par le premier.

□ 11 NOV. Clauses de l'armistice communiquées à la Chambre.

1919

□ 19 FÉVR. Attentat de Cottin contre Clemenceau.

□ 14 JUILL. Défilé de la victoire.

□ 26 OCT. L'Allemagne « paiera » (programme du Bloc national publié dans *le Temps*).

□ 16 NOV. Élections législatives : succès du Bloc national.

□ 18 DÉC. Première réunion de la Chambre « bleu horizon ».

Principaux faits de guerre

1914

□ JUILL. Retour de la plus grande partie des hommes stationnés en Afrique du Nord (170 000).

□ 18 AOÛT. 4 022 000 hommes sous les drapeaux.

□ 19 AOÛT. Début de la bataille de Lorraine.

□ 21 AOÛT. Début de la bataille des Ardennes et de la bataille de la Sambre.

□ 24 AOÛT-5 SEPT. Retraite sur tout le front.

□ 5-10 SEPT. Bataille de la Marne : Joffre et Gallieni arrêtent l'avance allemande.

□ 10 SEPT. Retraite des armées allemandes.

□ 18 SEPT. Début de la « course à la mer ».

□ 23-26 SEPT. Bataille de la Somme.

□ 18 OCT.-27 OCT. Bataille de l'Yser.

□ 10-11 NOV. Bataille d'Ypres.

1915

□ JANV. Attaque française en Champagne. Bombardement de Reims par les Allemands.

□ 18 MARS. Expédition navale aux Dardanelles.

□ 22 AVR. Emploi des gaz par les Allemands.

□ 9 MAI. Offensive française en Artois.

□ 25 SEPT. Offensive franco-anglaise en Artois et en Champagne.

□ 6-8 DÉC. Conférence interalliée de Chantilly, posant le principe des offensives simultanées.

1916

□ 21 FÉVR. Début de la bataille de Verdun. Prise de Douaumont par les Allemands (25 févr.). Pétain commandant du front de Verdun. Combats du Mort-Homme et de la Cote 304 (6-10 mars). Chute du fort de Vaux (7 juin).

□ 23 JUIN. Échec du dernier assaut général allemand devant Souville (11 juill.).

□ JUILL.-OCT. Offensive franco-anglaise sur la Somme. Premiers chars d'assaut en opération (15 sept.).

□ 24 OCT. Contre-offensive de Mangin : Nivelle à Verdun, reprise de Douaumont et de Vaux (2 nov.).

□ DÉC. Nivelle remplace Joffre, écarté du haut commandement, mais élevé à la dignité de maréchal de France.

□ 15 DÉC. Seconde contre-offensive à Verdun.

1917

□ FÉVR. Déclenchement de la guerre sous-marine à outrance.

☐ 2 AVR. Entrée en guerre des États-Unis.
☐ 16 AVR.-15 MAI. Échec de l'offensive Nivelle (Reims-Chemin des Dames). Pétain, nommé à la tête des armées du Nord et du Nord-Est.
☐ MAI-JUIN. Mutineries militaires et répression par les conseils de guerre (629 condamnations à mort, dont 75 suivies d'exécution).
☐ 19 JUIN. Remplacement de Nivelle par Pétain.
☐ 28 JUIN. Premier contingent américain à Saint-Nazaire ; en déc. 365 000 Américains en France.

1918
☐ 21 MARS. Offensive allemande sur la Somme : désastre pour les Alliés.
☐ 26 MARS. Conférence interalliée de Doullens. Foch chargé de coordonner l'action des armées alliées.
☐ 9-13 AVR. L'offensive allemande dans les Flandres est stoppée.
☐ 27 MAI. Offensive allemande du Chemin des Dames : front franco-anglais enfoncé.
☐ 18 JUILL. Dernière grande offensive allemande sur la Marne : échec, contre-offensive de Mangin sur Villers-Cotterêts.

☐ 8 AOÛT. Offensive américaine sur la Somme, française sur l'Aisne, anglaise sur Cambrai. Retraite allemande.
☐ SEPT. Offensive générale alliée. Recul allemand sur tout le front.
☐ 11 NOV. Armistice de Rethondes.
☐ DÉC. Débarquement français en Crimée.

1919
☐ MARS. Rembarquement des troupes françaises d'Odessa.

Politique extérieure

1914
☐ 5 SEPT. Pacte de Londres. Déclaration franco-anglo-russe : les trois pays ne signeront ni paix ni armistice séparés.
☐ 12 NOV. Déclaration de guerre de la Turquie aux Alliés.

1915
☐ JANV.-MARS. Mission House : effort de médiation des États-Unis.
☐ 26 AVR. Traité de Londres qui amène

Les victimes de la Grande Guerre

Mobilisés : 7 948 000 Français (20 % de la population de la métropole)
Tués ou disparus : 1 315 000

	tués au feu	895 000
(16,5 % des mobilisés)	morts de blessures	245 000
	morts de maladie	175 000

Invalidité permanente par blessures : 1 100 000
Pour 100 hommes actifs : 10,5 tués.

Participation de l'empire colonial

818 000 hommes recrutés 449 000 militaires   70 000 tués
                              187 000 travailleurs   (Nord-Africains pour moitié)

Algérie	150 000	Tunisie	39 000
Afrique noire	135 000	Madagascar	34 000
Maroc	14 000	Indochine	43 000
Antilles, Réunion	31 000	Somalie, Pacifique	3 000

l'Italie à entrer en guerre contre l'Autri-che-Hongrie, puis contre l'Allemagne.
☐ 14-20 OCT. Déclaration de guerre des Alliés à la Bulgarie.

1916
☐ 9 MARS. Mémorandum allié sur le partage de la Turquie.
☐ JUIN. Négociations des Alliés avec la Roumanie, qui se range de leur côté (août).
☐ 17 AOÛT. Le Portugal dans le camp des Alliés.
☐ 17 DÉC. Offre de médiation de Wilson, qui demande aux belligérants de préciser leurs buts de guerre. Refus de l'Allemagne.

1917
☐ 10 JANV. Note alliée sur les buts de guerre.
☐ 3 FÉVR. Rupture des relations diplomatiques États-Unis-Allemagne.
☐ 2 AVR. Déclaration de guerre des États-Unis à l'Allemagne.
☐ 19 AVR. Accord de Saint-Jean-de-Maurienne entre les Alliés et l'Italie.
☐ JUIN. La Grèce rejoint le camp des Alliés après l'abdication forcée du roi Constantin.
☐ 14 AOÛT. Appel à la paix du pape Benoît XV.
☐ 11 OCT. La Grande-Bretagne à la France : garantie de restitution de l'Alsace-Lorraine.
☐ NOV. Révolution bolchévique en Russie ; armistice avec l'Allemagne (26 nov.).

1918
☐ 8 JANV. Les « Quatorze Points » du président Wilson. Proposition de création de la Société des Nations.
☐ 3 MARS. Défection russe (paix de Brest-Litovsk avec l'Allemagne).
☐ 6 NOV. Démarche de l'Allemagne auprès de Wilson : demande d'intervention pour la paix.

1919
☐ 18 JANV. À Paris, ouverture de la conférence de la paix : problème des réparations à la France et de la rive gauche du Rhin.
☐ 4 MARS. Fondation du Komintern.
☐ 28 AVR. Pacte fondant la Société des Nations.
☐ 28 JUIN. Traité de Versailles (avec l'Allemagne) et traités de garantie franco-anglo-américain (ratifiés par les Chambres les 2 et 12 oct., mais pas par le Sénat américain). Autres traités : Saint-Germain (10 sept.), avec l'Autriche ; Neuilly (27 nov.), avec la Bulgarie ; Trianon (4 juin 1920), avec la Hongrie ; Sèvres (11 août 1920) et Lausanne (24 juill. 1923), avec la Turquie.

Économie – Société

1914
Cours forcé des billets de banque.

1915
Emprunts : obligations de la Défense nationale et emprunt à long terme.
☐ 16 OCT. Réquisition, par le gouvernement, des blés et farines.
Citroën : création d'une usine quai de Javel (20 000 obus de 75 par jour).
Boussac : industrie de la toile d'avion.
Fondation du *Crapouillot*, journal créé par le fantassin Galtier-Boissière et rédigé dans les tranchées.

1916
Taxation du sucre, du lait, des œufs.
L'usage des pneumatiques se généralise.

1917
Dans les usines de défense nationale : procédures de conciliation et d'arbitrage obligatoires pour les salaires.
Un ministère du Ravitaillement.
Emprunt à court terme : 12 milliards de francs. – Inflation : 120 %.

□ 31 JUILL. Suppression des « quatre vieilles » et institution des impôts cédulaires (par catégorie de revenus).

□ 31 DÉC. Loi instituant une taxe générale sur tous les paiements et une taxe spéciale sur la vente d'objets de luxe.

1918

Émission de cartes d'alimentation.

□ MARS-MAI. Grèves politiques à Paris et à Saint-Étienne. 300 000 grévistes dans les usines d'armement.

□ OCT.-NOV. Grave épidémie de grippe espagnole.

Quatrième emprunt, dit « emprunt de libération ».

Liaison postale aérienne Toulouse-Barcelone et Toulouse-Casablanca. Dette flottante de 30 milliards de francs. Salaires en augmentation de 75 % depuis 1914 ; coût de la vie doublé depuis 1914.

1919

□ 13 MARS. Fin du soutien de la Grande-Bretagne au franc sur le marché des changes.

□ 16-19 MARS. Confédération du patronat (C.N.P.F.).

□ 31 MARS. Loi sur les pensionnés de guerre.

□ 17 AVR. Loi sur la réparation des dommages de guerre.

□ 23 AVR. Loi des 8 heures de travail. Loi Astier sur l'enseignement technique.

□ 7 AOÛT. Charles Godefroy passe sous l'Arc de triomphe à bord d'un Nieuport.

□ 1er-2 NOV. Fondation de la C.F.T.C.

Mise en place de l'autophone dans les lieux publics (phonographe à sous).

Civilisation et cultures

1914 Apollinaire : *Lettre océan*. Bourget : *le Démon de midi*. Gide : *les Caves du Vatican* □ Gabriel Marcel : *Journal métaphysique*. Th. Ribot : *la Vie in-*
consciente □ Utrillo : *le Lapin agile* □ Fauré : *le Jardin clos.*
5 sept. Mort de Péguy ; 22 sept. Mort d'Alain-Fournier.

1915 R. de Gourmont : *Dans la tourmente*. Hanotaux : *Histoire illustrée de la guerre de 1914*. Psichari : *le Voyage du centurion* (posth.). R. Rolland : *Au-dessus de la mêlée* (prix Nobel) □ Léger : *Toiles mécanistes* □ Debussy : *Le Noël des enfants qui n'ont plus de maison* □ Revue des Folies bergères : « *Jusqu'au bout* ».

1916 Barbusse : *le Feu, journal d'une escouade*. H. Bordeaux : *la Chanson de Vaux-Douaumont*. Duhamel : *Vie des martyrs*. Paul Fort : *Poèmes de France*. Genevoix : *Sous Verdun*. Géraldy : *la Guerre, Madame*. Apollinaire crée le mot *surréalisme* □ Matisse : *Leçon de piano*. Soutine : *les Harengs*. Le mouvement Dada pénètre en France. Découverte d'art pariétal dans l'Ariège.

1917 Apollinaire : *les Mamelles de Tirésias*. Éluard : *le Devoir et l'inquiétude*. Max Jacob : *le Cornet à dés*. Valéry : *la Jeune Parque* □ Émile Mâle : *l'Art allemand et français au Moyen Âge* □ Chagall : *Double Portrait*. Léger : *la Partie de cartes*. Matisse : *Odalisque*. Picasso : *l'Italienne* □ Ravel : *le Tombeau de Couperin*. Satie : *Parade,* ballet – argument de Cocteau, décors de Picasso.

1918 Apollinaire : *Ah ! Dieu que la guerre est jolie !* P. Benoît : *Kœnigsmark*. Maurois : *les Silences du colonel Bramble*. Proust : *À l'ombre des jeunes filles en fleurs* □ Goblot : *Traité de logique* □ Poulenc : *Mouvement perpétuel*. Formation du groupe des Six □ Ch. Nicolle : séro-prévention de la rougeole □ Langevin : les ultrasons et leurs applications médicales.

1919 P. Benoît : *l'Atlantide*. Gide : *la Symphonie pastorale*.

Biographies

Apollinaire (GUILLAUME DE KOSTROWITZKY) poète français (1880-1918), né d'une mère d'origine polonaise et d'un père italien. Élevé à Monaco, Nice et Cannes, il vient à Paris où sa famille vit d'expédients. Collaborateur à *la Revue blanche* et à divers journaux, il se lie d'amitié avec Picasso, Max Jacob, soutient les hardiesses des dadaïstes et des futurs surréalistes et devient célèbre en 1913 avec *Alcools*, poèmes dans lesquels il renouvelle les thèmes exaltés ou usés par le romantisme, tout en innovant dans la versification avec les plus grandes audaces. En 1914, il s'engage et, blessé en 1916, traîne d'hôpital en hôpital, écrivant alors pièces, drames, poèmes, avant d'être emporté par la grippe espagnole en 1918.

Guynemer (GEORGES), aviateur français (1894-1917). Ancien élève du collège Stanislas, il n'a pas vingt ans quand la guerre éclate. Il veut s'engager aussitôt, mais sa frêle stature, sa santé médiocre le font ajourner. Il réussit seulement à se faire admettre comme apprenti mécanicien dans un camp d'aviation. Envoyé au front en juin 1915, il abat, un mois plus tard, son premier avion ennemi. Par son intrépidité, son sang-froid, sa passion de la lutte, il devient un redoutable combattant, capitaine et officier de la Légion d'honneur à 22 ans. Il a remporté 53 victoires lorsqu'il trouve la mort, le 11 septembre 1917, dans un combat aérien à Poelkapelle (Flandre).

Bibliographie

P. Renouvin : *la Première Guerre mondiale* (« Que sais-je ? »).
M. Ferro : *la Grande Guerre 1914-1918*.

J.-B. Duroselle : *la France et les Français 1914-1920*.

L'entre-deux-guerres

Avec la restauration de la paix, la France semble reprendre les institutions et l'esprit de la IIIe République d'avant 1914. Il s'agit pourtant d'une illusion. Après une difficile période de réadaptation à une paix qui avait coûté trop cher, viennent les grandes épreuves. La crise économique de 1929 qui n'épargne pas la France – pourtant moins frappée que d'autres –, la tension et la montée des périls dus à l'agressivité croissante des voisins allemand et italien, mènent à une désintégration qui se termine en désastre (1940). Le pays souffrait de faiblesses profondes (épuisement, inadaptation, illusions) qui expliquent son déclin rapide et dramatique d'une position de première puissance mondiale à la situation de pays vaincu, occupé, humilié.

Vie politique et institutionnelle

1920
☐ 16-17 JANV. Clemenceau battu aux élections présidentielles ; Deschanel, candidat du Bloc national, élu.
☐ 20 JANV.-23 SEPT. Ministère Millerand.
☐ 24 SEPT. Millerand président de la République (Deschanel démissionnaire).
☐ 25-30 DÉC. Congrès du parti socialiste à Tours : scission entre la S.F.I.O. et le P.C.F. (qui adhère à la IIIe Internationale).

1921
☐ 16 JANV. Ministère Briand.

1922
☐ 12-15 JANV. Démission de Briand. Ministère Poincaré (jusqu'en 1924).

1923
☐ 14 OCT. Discours du président Millerand à Évreux (intervention dans la bataille électorale, éloge du Bloc national).

1924
☐ 4-11 MAI. Élections législatives : victoire du Cartel des gauches.
☐ 11-13 JUIN. Démission forcée de Millerand, Doumergue président.
☐ 14 JUIN. Ministère Herriot (soutenu par la S.F.I.O.) jusqu'en avril 1925.
Crise financière, spéculation contre le franc.

1925
☐ 10 AVR. Chute du gouvernement Herriot. Ministère Painlevé jusqu'au 27 octobre (Briand aux Affaires étrangères).

☐ 29 OCT.-21 JUILL. 1926. Crise politique : succession de ministères.

1926
L'Action française condamnée par Pie XI.
☐ 23 JUILL. (à juill. 1928). Ministère Poincaré d'Union nationale, qui reçoit le pouvoir de procéder par décrets-lois. Nouvelle définition du franc.

1927
☐ JUILL. Loi électorale : scrutin d'arrondissement à deux tours.
☐ NOV. Fondation des Croix-de-feu, organisation d'anciens combattants.

1928
☐ 22-29 AVR. Élections législatives : succès du centre et de la droite.
Querelles chez les radicaux (Daladier et Herriot).
☐ NOV. Remaniement du ministère Poincaré : défection des radicaux.

1929
☐ 27 JUILL. Démission de Poincaré. Ministère Briand (jusqu'au 22 octobre).
☐ NOV. Cabinet Tardieu.

1930
La bataille financière et politique perturbe le régime. Grande instabilité ministérielle.

1931
☐ JANV. Pierre Laval, président du Conseil (jusqu'en févr. 1932).
☐ 13 MAI. Élection : Briand battu par Doumer (assassiné par Gorgoulov en mai 1932).

1932
☐ 20 FÉVR. Ministère Tardieu (jusqu'au 10 mai).
☐ 1er-8 MAI. Élections législatives : faible victoire des gauches.
☐ 10 MAI. Albert Lebrun, président de la République (réélu en 1939).
☐ 4 JUIN. Ministère Herriot (jusqu'au 15 déc.) : problème des réparations allemandes.

1933
Période d'instabilité ministérielle (Paul-Boncour, Daladier, Sarraut, Chautemps).
Agitation politique : remise en cause du régime par la presse et les Ligues.
Comité Amsterdam-Pleyel contre le fascisme et la guerre.
☐ 28 DÉC. Début de l'affaire Stavisky.

1934
☐ 8 JANV. Stavisky, en fuite, retrouvé mort à Chamonix ; démission du cabinet Chautemps.
☐ 30 JANV. Ministère Daladier.
☐ 3 FÉVR. Remplacement du préfet de police Jean Chiappe, soupçonné de sympathie pour l'extrême droite.

Revenu national de 1929 à 1936 (en milliards de francs)			
	Moyenne **1929-1930**	**1935**	**1936**
Salaires et traitements	120,3	87,4	97,6
Entreprises diverses et professions libérales	32,1	22,2	24,6
Agriculture (exploitants et propriétaires)	40	18,5	29
Propriété bâtie	12,6	12,5	12
Valeurs mobilières	28,5	21,5	24
Pensions et retraites	11,7	13,4	13,3
	245,2	175,5	200,5

□ 6 FÉVR. Manifestation de l'extrême droite et des organisations d'anciens combattants. Affrontement avec le service d'ordre place de la Concorde (20 morts). Démission de Daladier.

□ 9 FÉVR. Ministère Doumergue d'Union nationale.

□ 12 FÉVR. Grève générale antifasciste, à l'appel de la C.G.T., appuyée par la S.F.I.O.

□ 8 NOV. Démission de Doumergue, après le retrait des radicaux-socialistes. Ministère Flandin (jusqu'au 31 mai 1935).

1935

□ 7 JUIN. Ministère Laval (jusqu'en janv. 1936) : pleins pouvoirs et gouvernement par décrets-lois. Échec de la politique déflationniste.

□ 14 JUILL. Défilé Bastille-Vincennes.

1936

□ JANV. Ministère Sarraut.

□ 12 JANV. Publication du programme du Front populaire.

□ 26 AVR.-3 MAI. Élections législatives et triomphe du Front populaire : S.F.I.O., 146 sièges ; radicaux, 116 ; communistes, 72.

□ 4 JUIN. Ministère Blum (socialistes et radicaux). Entrée des femmes au gouvernement.

□ 18 JUIN. Dissolution des Ligues d'extrême droite.

□ 28 JUIN. Le Parti populaire français, d'inspiration fasciste, fondé par Doriot.

□ 17 NOV. Suicide du ministre de l'Intérieur Salengro.

1937

□ 13 FÉVR. Blum annonce la « pause des réformes ».

□ 16 MARS. Bagarres de Clichy.

□ 21 JUIN. Démission de Blum , le Sénat lui ayant refusé les pleins pouvoirs.

1938

□ 13 MARS-8 AVR. Second ministère Blum.

□ 10 AVR. Ministère Daladier (jusqu'au 20 mars 1940). Gouvernement par décrets-lois. Paul Reynaud aux Finances.

1939

□ 1er SEPT. Mobilisation générale.

□ 26 SEPT. Dissolution du parti communiste. (Thorez, secrétaire général, mobilisé, quitte son unité. Il est en U.R.S.S. de juin 1940 à déc. 1944.)

□ 30 NOV. « Pleins pouvoirs » au gouvernement Daladier.

Politique extérieure

1920

□ 10 JANV. Entrée en vigueur du traité de Versailles et du pacte de la S.D.N. (refus d'adhésion des États-Unis).

□ 5-16 JUILL. Conférence de Spa entre les Alliés et les Allemands sur le problème des réparations (52 % à la France).

□ JUIN-AOÛT. Appui français à la Pologne contre la Russie (Weygand).

1921

Occupation française de Düsseldorf, Ruhrort et Duisburg (mars).

□ 27 JUILL. Accords franco-allemands : réparations en nature.

□ 12 NOV-16 DÉC. Conférence de Washington sur le désarmement naval (isolement de la France, représentée par Briand). Début des campagnes du Rif contre Abd el-Krim (jusqu'en 1926).

1922

□ 6-13 JANV. Conférence de Cannes (Lloyd George et Briand) : garantie de sécurité à la France, mais réduction de la dette allemande.

1923

□ 11 JANV. Occupation de la Ruhr, dé-

cidée par Poincaré pour forcer l'Allemagne à payer.
□ AVR. Le service militaire à 18 mois.

1924
□ 15 JANV.-9 AVR. À Paris, comité d'experts, présidé par l'Américain Dawes, sur le problème des réparations. Plan de versements par annuités garanties (appliqué pendant 5 ans à partir du 1er septembre). La Ruhr est évacuée à partir du 1er juillet 1925.
□ 25 JANV. Alliance franco-tchécoslovaque (pacte d'assistance).
□ MAI. Reprise des relations avec le Vatican qui, de son côté, accepte les associations diocésaines.
□ 1er OCT. Signature à la S.D.N. du protocole de Genève sur la sécurité collective. Échec.
□ 29 OCT. Reconnaissance de l'U.R.S.S. par la France.

1925
□ 5-16 OCT. Conférence et pacte de Locarno entre France, Belgique, Grande-Bretagne, Allemagne et Italie. L'Allemagne reconnaît les nouvelles frontières de l'Ouest, garanties par l'Angleterre.

1926
□ 29 MAI et 12 JUILL. Accords franco-américain et franco-anglais sur les dettes interalliées.
□ 8 SEPT. L'Allemagne à la S.D.N.
□ 17 SEPT. Entrevue de Thoiry (Briand-Stresemann).

1927
□ MARS. Évacuation de la Sarre par les Français ; service militaire de 1 an.

1928
□ 27 AOÛT. Pacte Briand-Kellogg : « la guerre hors la loi ».

1929
□ 31 MAI. Plan Young sur le problème des réparations.

1930
□ 30 JUIN. Évacuation définitive de l'Allemagne.

1931
□ 13 JUILL. L'Allemagne suspend ses paiements internationaux.

1932
□ 2 FÉVR. Conférence sur le désarmement (62 États, dont les États-Unis et l'U.R.S.S.).
□ JUIN-JUILL. Conférence internationale de Lausanne : abandon des réparations.

1933
□ 30 JANV. Hitler au pouvoir en Allemagne.
□ 7 JUIN. Pacte à quatre (France-Italie-Grande-Bretagne-Allemagne) pour le maintien de la paix.
□ 12 JUIN-27 AOÛT. Conférence monétaire et économique de Londres.

1934
Louis Barthou aux Affaires étrangères : voyages diplomatiques (Tchécoslovaquie, Roumanie, Yougoslavie).
De Gaulle : *Vers l'armée de métier.*
□ SEPT. L'U.R.S.S. admise à la S.D.N.
□ 9 OCT. Assassinat à Marseille d'Alexandre Ier de Yougoslavie et de Barthou (par des terroristes croates).

1935
Pierre Laval, aux Affaires étrangères, veut isoler l'Allemagne.
□ 7 JANV. Accords avec Mussolini (fin du contentieux franco-italien).
□ 13 JANV. Plébiscite de la Sarre, rattachée à l'Allemagne.
□ 14 AVR. Accords de Stresa (France, Grande-Bretagne, Italie) : fidélité au pacte de Locarno.

□ 2 MAI. Pacte d'assistance mutuelle franco-soviétique.

1936
□ 7 MARS. Répudiation des accords de Locarno par Hitler : réoccupation de la Rhénanie.
□ 1ᵉʳ AOÛT. Blum propose un accord international de non-intervention en Espagne (conclu le 28 août à Londres, et non respecté par l'Allemagne et l'Italie).

1938
□ 8 AVR. Émeute en Tunisie, répression (Bourguiba emprisonné) et dissolution du Néo-Destour.
□ AOÛT-SEPT. Menace de guerre : 400 000 réservistes rappelés.
□ 29-30 SEPT. Conférence et accords de Munich : capitulation devant Hitler.
□ 6 DÉC. Ribbentrop à Paris : déclaration franco-allemande (respect mutuel des intérêts vitaux).

1939
□ 23 MARS. Promesse d'appui militaire de la France et de la Grande-Bretagne aux Pays-Bas, à la Belgique et à la Suisse ; à la Pologne (31 mars) ; à la Grèce et à la Roumanie (13 avril).
□ 23 JUIN. Accord avec la Turquie.
□ 23 AOÛT. Pacte germano-soviétique.
□ 3 SEPT. Déclaration de guerre à l'Allemagne, qui a envahi la Pologne (1ᵉʳ sept.).

Économie – Société

1920
□ 19 JANV. Védrines atterrit sur le toit des Galeries Lafayette.
Premier code international de navigation aérienne.
□ FÉVR.-MARS. Mouvements de grèves (cheminots, les mineurs du Nord).
□ 1ᵉʳ MAI. Violentes manifestations syndicales. Essai de grève générale : échec.
□ JUIN. Création de la Chambre de commerce internationale à Paris.
□ 25 JUIN. Loi instituant la taxe sur le chiffre d'affaires.
□ JUILL. Congrès de Lille de la C.G.T. : scission syndicale C.G.T. – C.G.T.U. (tendance communiste).
□ 10 JUILL. Canonisation de Jeanne d'Arc.
Carpentier champion du monde poids mi-lourds en Amérique.
Éclatement de l'U.S.F.S.A. et transformation en une Union des fédérations françaises des sports athlétiques (U.F.F.S.A.).
À l'initiative d'Alice Milliat, premiers Jeux mondiaux féminins à Monaco.

1921
Coco Chanel : « la petite robe toute simple ».
□ 1ᵉʳ DÉC. Landru condamné à mort (guillotiné le 22 févr. 1922).

1922
Création de Radio-Paris.
Départ pour le Sahara des chenillettes Citroën.
Exposition coloniale à Marseille.

1923
Création des 24 Heures du Mans.
Premier Salon des arts ménagers (patronné par le ministère de l'Instruction publique).
Alain Gerbault : départ du premier tour du monde en navigateur solitaire.

1924
□ JUILL. Jeux Olympiques à Paris.
Jeux Olympiques d'hiver à Chamonix.
Premier vol Paris-Tokyo sans escale.

1925
□ JANV. Création du Conseil économique.
Premier journal parlé à la T.S.F.

Suzanne Lenglen, reine de Wimbledon jusqu'en 1928.
Canonisation de Thérèse de Lisieux.
□ 28 AVR. Exposition des Arts décoratifs (les trois péniches *Amours, Délices* et *Orgues*, du couturier Paul Poiret, amarrées sur la Seine). Revue Nègre : Joséphine Baker et Sidney Bechet.

1926
□ AOÛT. Congrès de la jeunesse catholique à Bierville, chez Marc Sangnier.
Le Prieur : le scaphandre autonome.
Vogue du « charleston ».

1927
□ 8 MAI. Échec et disparition de Nungesser et Coli dans la traversée de l'Atlantique.
□ 1927-1932. La coupe Davis décernée à l'équipe des mousquetaires (Borotra, Brugnon, Cochet et Lacoste).

1928
□ 16 MARS. Assurances sociales obligatoires pour les salariés de l'industrie et du commerce.
□ 13 JUILL. Loi Loucheur sur les loyers.

1929
Programme de travaux publics (Tardieu) pour 5 ans.
□ OCT. Crise américaine : Jeudi noir de Wall Street.
Introduction en France des Auberges de la jeunesse par Marc Sangnier.

1930
Création des premiers offices municipaux des sports (Brest-Le Havre).
Ligne régulière aéropostale France-Amérique (Jean Mermoz) : Toulouse-Buenos-Aires.
Première traversée aérienne de l'Atlantique, effectuée par Costes et Bellonte sur le *Point-d'Interrogation*.

1931
Premier autorail Renault sur le réseau de l'État.
Exposition coloniale à Vincennes.
Croisière jaune Citroën (avec Teilhard de Chardin notamment).

1932
□ 11 MARS. Loi d'allocations familiales pour tous les salariés.
□ 20 OCT. Lancement du *Normandie*.

1933
Création de la Compagnie nationale d'aviation Air France.
□ 23 DÉC. Première grande catastrophe ferroviaire : Lagny, 220 morts.

1934
Création de la Compagnie générale du Rhône pour l'équipement hydroélectrique et l'irrigation.

1935
□ 14 JUILL. Défilé Bastille-Nation pour le rassemblement populaire (communistes, socialistes, radicaux).

1936
□ MARS. Congrès de réunification syndicale (C.G.T. et C.G.T.U.).
□ 5 JUIN. Léo Lagrange, sous-secrétaire d'État chargé des Loisirs et des Sports.
□ 7 JUIN. Accords Matignon : augmentation des salaires, généralisation des conventions collectives, désignation des délégués ouvriers et garanties de liberté syndicale.
□ 20 JUIN. Établissement des « congés populaires ».
□ 22 JUIN. Loi sur la semaine de 40 heures.
□ 11 AOÛT. Nationalisation des usines de guerre.
□ 1ᵉʳ OCT. Dévaluation monétaire : (teneur en or fixée entre 43 et 49 mg).

□ 30 DÉC. L'aviatrice Maryse Bastié bat le record de la traversée de l'Atlantique Sud en 12 heures et 5 minutes.
□ 31 DÉC. Loi sur l'arbitrage et la conciliation obligatoires avant les grèves.

1937
□ 24 MAI. Exposition internationale « Arts et Techniques dans la vie moderne » à Paris.
□ 30 JUIN. Nouvelle dévaluation.
□ 31 AOÛT. La S.N.C.F. substituée aux grandes compagnies.

1938
□ AVR. Création de l'Office du sport scolaire et universitaire (O.S.S.U.).
□ MAI. Troisième dévaluation du franc (Paul Reynaud).

1939
□ 24 JUILL. Adoption du Code de la famille.

Civilisation et cultures

1920 Proust : *À l'ombre des jeunes filles en fleurs.* Valéry : *le Cimetière marin.* Le mouvement dada à Paris □ Bergson : *l'Énergie spirituelle* □ Milhaud : *le Bœuf sur le toit.* Ravel : *Valse.* Le piano pneumatique Gaveau, à rouleaux perforés.

1921 Honegger : *le Roi David* □ Dullin : fondation du théâtre de l'Atelier, à Montmartre.

1922 R. Martin du Gard : *les Thibault* □ Lévy-Bruhl : *la Mentalité primitive* □ Matisse : *Odalisques.*

1923 Radiguet : *le Diable au corps* □ L. de Broglie : *Principes de la mécanique ondulatoire* □ Courrier : la folliculine.

1924 Breton : *Manifeste du surréalisme.* Claudel : *le Soulier de satin* □ H. Delacroix : *le Langage et la pensée.*

1925 Gide : *les Faux-Monnayeurs* □ Exposition des Arts décoratifs.

1926 Cocteau : *Orphée.* Éluard : *Capitale de la douleur.*

1927 Bernanos : *Sous le soleil de Satan.* Mauriac : *Thérèse Desqueyroux* □ Abel Gance : *Napoléon* (film muet).

1928 Breton : *Nadja* □ Ravel : le *Boléro* □ Pagnol : *Topaze.* Cinéma parlant (utilisation commerciale).

1929 Cocteau : *les Enfants terribles* □ Teilhard de Chardin : étude des fragments du sinanthrope de Pékin.

1930 Le Corbusier : pavillon suisse à la cité universitaire de Paris □ René Clair : *Sous les toits de Paris.*

1931 Prévert : *Dîner de têtes.* Saint-Exupéry : *Vol de nuit.*

1932 Céline : *Voyage au bout de la nuit.* Romains : *les Hommes de bonne volonté* □ Bergson : *les Deux Sources de la morale et de la religion.*

1933 Malraux : *la Condition humaine* □ Matisse : *la Danse* □ Vigo : *Zéro de conduite.*

1934 Picasso : *Tauromachie* □ Maillol : *les Trois Grâces* □ Joliot-Curie : radioactivité artificielle.

1935 Giraudoux : *La guerre de Troie n'aura pas lieu* □ Carrel : *l'Homme, cet inconnu* □ Honegger : *Jeanne au bûcher* □ Feyder : *la Kermesse héroïque.*

1936 Aragon : *les Beaux Quartiers.* Céline : *Mort à crédit* □ Duvivier : *Pépé le Moko.*

1937 Gabriel Marcel : *Être et avoir* □ L. de Broglie : *Matière et lumière* □ Picasso : *Guernica.*

1938 Bernanos : *les Grands Cimetières sous la lune.* Sartre : *la Nausée* □ Teilhard de Chardin : *le Phénomène humain* □ Carné : *Quai des brumes.*

1939 Saint-Exupéry : *Terre des hommes* □ Rouault : *le Christ en croix* (vitrail) □ Rostand : *Biologie et médecine* □ J. Renoir : *la Règle du jeu.*

Biographies

Boucher (HÉLÈNE), aviatrice française (1908-1934). Après son baptême de l'air (1930), elle est la première femme qui tente le brevet de pilote de tourisme à l'aéroclub de Mont-de-Marsan. En 1933, elle tente le raid Paris-Saïgon, mais ne peut dépasser l'Iraq et doit vendre son avion personnel. Viennent ensuite les grandes performances : record du monde féminin d'altitude pour avions légers (plus de 400 mètres), match d'acrobatie aérienne, record du monde des 1 000 km pour avions légers (1934), enfin championnat du monde, avec une moyenne de 444 km à l'heure.
Blessée mortellement au cours d'un entraînement, elle disparaît sans avoir réalisé les promesses que laissaient entrevoir son esprit sportif et son audace.

Citroën (ANDRÉ), industriel français (1878-1935). Fils d'un diamantaire ruiné, il sort de Polytechnique en 1898. Au cours d'un voyage en Pologne, il découvre un système d'engrenage dont il achète le brevet. Il travaille à Detroit, s'inspire de l'exemple de Henry Ford. L'usine qu'il crée en 1915 quai de Javel, à Paris, produit d'abord des obus, puis met sur le marché la première voiture, en 1919 : la 10 CV. Trois ans plus tard André Citroën inaugure quai de Javel le travail à la chaîne. Il encourage la consommation de masse, comme le prouve sa réclame lumineuse sur la tour Eiffel, et anime le Redressement français, politique de droite favorable aux industriels et aux banquiers. D'une infatigable activité, il patronne des expéditions à l'échelle continentale.

Teilhard de Chardin (PIERRE), savant, philosophe et théologien français (1881-1955). Jésuite, ordonné prêtre en 1911, il enseigne les sciences à l'Institut catholique de Paris. De 1923 à 1946, il séjourne en Chine, prend part à des campagnes de fouilles. La découverte du Sinanthrope (l'« homme de Pékin ») oriente ses recherches. Il occupe bientôt, à New York, un poste important dans la recherche anthropologique. Pour lui, l'homme est la clef de l'évolution globale de l'univers, le Christ étant le moteur de l'évolution. Il contribue à l'ouverture du christianisme sur le monde moderne.

Bibliographie

Goguel : *la Politique des partis sous la IIIᵉ République.*

Gouault : *Comment la France est devenue républicaine ?*

Neré : *la IIIᵉ République (1914-1940).*

La Seconde Guerre mondiale

De la défaite à la Libération, la France vit une période complexe. L'effort du maréchal Pétain (qui a établi sa capitale provisoire à Vichy) pour rénover la France est un échec, autour de lui s'agitant politiciens rusés, patriotes idéalistes, opportunistes sans envergure. Le pays est désintégré : tandis que l'Alsace-Lorraine est annexée au Reich, le reste de la France, coupé jusqu'en 1942 en deux zones, doit subir la collaboration, alors que s'éveille l'activité de la Résistance dans les maquis. Depuis Londres, le général de Gaulle rallie les forces patriotiques, dans des conditions difficiles qui multiplient frictions et heurts avec les Britanniques et les Américains. La victoire assurera pourtant une transition rapide du régime de Vichy à la nouvelle République.

Vie politique et institutionnelle

La France de Vichy

1940

☐ 20 MARS. Chute du cabinet Daladier. Paul Reynaud, Premier ministre ; Daladier à la Défense nationale (jusqu'au 16 juin 1940).

☐ 18 MAI. Remaniement du ministère Reynaud dans le sens de l'Union nationale, avec les socialistes. Pétain vice-président du Conseil.

☐ 10 JUIN. Le gouvernement à Bordeaux.

☐ 15-16 JUIN. La majorité du cabinet étant favorable à la demande des conditions d'un armistice, démission de Reynaud. Formation d'un gouvernement Pétain.

☐ 17 JUIN. Pétain à la radio : « Il faut cesser le combat. »

☐ 18 JUIN. Appel du général de Gaulle, depuis Londres.

☐ 2 JUILL. Installation du gouvernement à Vichy. Convocation du Parlement.

☐ 10 JUILL. Par 569 voix contre 80, et 17 abstentions, Pétain, chef du gouvernement de la République investi du pouvoir constituant (12 actes constitutionnels du 11 juill. 1940 au 28 nov. 1942). Retrait du président Lebrun (13 juill.).

☐ 11-15 JUILL. Pétain, chef de l'État français, reçoit la plénitude des pouvoirs exécutifs et législatifs. Le Sénat et la Chambre sont ajournés.

☐ 12 JUILL. Constitution du ministère : Laval, vice-président du Conseil.

☐ 30 JUILL. Institution d'une Cour suprême de justice (le 2 août : condamnation à mort par contumace du général de Gaulle.)

□ 29 AOÛT. Loi instituant la Légion française des combattants en vue de la « révolution nationale ».

□ 27 SEPT. Statut des Juifs promulgué par les Allemands en zone occupée (3 oct., statut analogue de Vichy pour la zone sud, fortement aggravé le 2 juin 1941).

□ 8-11 OCT. Messages exprimant l'idéologie de la « révolution nationale » pétainiste, autour des thèmes : Travail, Famille, Patrie.

□ 13 DÉC. Renvoi de Laval, arrêté. Ministère Flandin (jusqu'au 9 févr. 1941).

□ SEPT.-DÉC. Premiers mouvements de résistance (*Combat, Libération,* journal clandestin, *Résistance, O.C.M.*).

1941

□ 24 JANV. Création à Paris du Rassemblement national populaire (Déat, Deloncle, Goy) : origine politique de la collaboration.

□ 27 JANV. Obligation de prêter serment de fidélité au chef de l'État pour les secrétaires et hauts fonctionnaires (étendue, le 14 avril, à l'armée et à la magistrature).

□ 9 FÉVR. Démission de Flandin. Darlan vice-président du Conseil.

□ 21-22 OCT. Exécution d'otages à Châteaubriant (Guy Moquet), Nantes, Bordeaux, Paris.

1942

□ 1er FÉVR. Jean Moulin parachuté en France comme « représentant du général de Gaulle ».

□ 15 FÉVR. Procès à Riom des « responsables de la défaite » (Gamelin, Daladier, Blum). Suspendu le 11 avril.

□ 17 AVR. Démission contrainte de Darlan. Laval chef du gouvernement, avec tous les pouvoirs (jusqu'en sept. 1944).

□ 29 MAI. Obligation de porter l'étoile jaune pour les Juifs en zone occupée.

□ 22 JUIN. Discours de Laval, déclarant souhaiter la victoire de l'Allemagne, « parce que, sans elle, le bolchevisme demain s'installerait partout ».

□ 29 JUILL. La France libre devient la France combattante (liaison des mouve-

---

Mai-Juin 1940 : forces militaires en présence

	France	Grande-Bretagne	Reich
Divisions :	94	10	135
Chars	2 400	600	2 600
Avions	2 176	550	4 500

En France : 6 millions de mobilisés ; 172 000 tués ; 1 850 000 prisonniers.

Chute de production en France de 1938 à 1944

	1938-39	1943-44
Récolte de blé	80 millions de q	60,4
Récolte de vin	61 millions d'hl	37
Pommes de terre	15 millions de t	10
Charbon, lignite	45 476 000 t	42 465 000
Production sidérurgique mensuelle	515 000 t	200 000
Locomotives	17 000	6 200
		(2 000 utilisables)
Centres de triage	19	4
Camions	480 000	180 000

ments intérieurs et extérieurs de la Résistance).

☐ 11 NOV. Occupation de la zone sud par l'armée allemande. Pétain perd ses pouvoirs, transférés à Laval (18 nov.).

1943

☐ 30 JANV. Loi instituant la Milice, police supplétive de volontaires, chargée de traquer la Résistance. Darnand secrétaire général.

☐ FÉVR. Institution du Service du travail obligatoire (S.T.O.).

☐ 27 MAI. Première réunion plénière clandestine à Paris du Conseil national de la Résistance (C.N.R.).

☐ JUIN. Formation des maquis armés (Jura, Savoie, Ardèche, Haute-Saône, 80 000 hommes).

☐ 27 JUIN. Arrestation de Jean Moulin. (Georges Bidault président du C.N.R.).

☐ 31 DÉC. Entrée de collaborateurs au gouvernement (Brinon, Henriot, Darnand).

1944

☐ 20 JANV. Loi instituant des cours martiales pour juger les résistants, et suspendant les garanties judiciaires de droit commun.

☐ FÉVR.-MARS. Les maquis de Haute-Saône, du Vercors, de l'Ain liquidés par la Wehrmacht.

☐ AVR.-JUIN. Exécutions et massacres par la Wehrmacht : Ascq, Tulle, Laval, Maillé, Oradour-sur-Glane (10 juin : 642 morts).

☐ 21 JUIN-7 JUILL. Assassinat par la Milice de Jean Zay et de Mandel.

☐ 12 JUILL. Dernier Conseil des ministres de Vichy.

☐ 18-20 AOÛT. Transfert forcé par les Allemands de Laval et de Pétain à Belfort (7 sept. : en Allemagne).

☐ 25 AOÛT. De Gaulle à Paris.

☐ 9 SEPT.-9 NOV. 1945. Gouvernement provisoire de la République française, présidé par de Gaulle.

☐ 4 OCT. Création des « cours de justice » contre les collaborateurs.

1945

☐ 26 AVR. Pétain en France ; il se constitue prisonnier.

☐ 29 AVR.-13 MAI. Victoire de la gauche aux élections municipales (vote des femmes).

☐ 12 JUILL. Projet de constitution de De Gaulle : combattu par les communistes.

☐ 23 JUILL.-14 AOÛT. Procès de Pétain et (4-9 oct.) procès de Laval.

Politique extérieure – faits militaires

1939

☐ 9 SEPT. Offensive française dans la Sarre.

☐ 12 SEPT. Premier conseil de guerre France-Grande-Bretagne.

1940

☐ 28 MARS. Accord franco-anglais : ni armistice ni paix séparés.

☐ 14-22 AVR. Expédition en Norvège : Narvik. Échec.

☐ 10 MAI. Invasion allemande. Percée à Sedan (14 mai).

☐ JUIN. Débâcle. Chute de Paris (14 juin).

☐ 22 JUIN. Armistice signé à Rethondes avec l'Allemagne ; le 24, à Rome, avec l'Italie.

☐ 3 JUILL. Mers el-Kébir : attaque de la flotte française par les Anglais. Rupture diplomatique Londres-Vichy.

☐ 24 JUILL. L'Alsace-Lorraine annexée de fait par les Allemands (officiellement le 30 nov. 1940).

☐ 29 AOÛT. Accord de Tokyo : cession au Japon de bases françaises du Tonkin.

☐ 15 SEPT. Les départements du Nord et du Pas-de-Calais réunis à la Belgique sous administration allemande.

☐ 24 OCT. Entretiens Pétain-Hitler à Montoire. Collaboration limitée.

☐ 16 NOV. Libération par l'Allemagne de 50 000 prisonniers.

1941

☐ 11-12 MAI. Entrevue Darlan-Hitler à Berchtesgaden. Protocoles militaires de Paris (27 mai).
☐ 21 JUIN. Entrée en guerre de l'U.R.S.S.
☐ 22 JUIN. L'Allemagne envahit l'U.R.S.S.
☐ 30 JUIN. Rupture de Vichy avec l'U.R.S.S.
☐ 11 JUILL. Création de la L.V.F.contre le bolchevisme. (Légion des Volontaires français.)
☐ 1ᵉʳ DÉC. Entrevue Pétain-Göring à Saint-Florentin, en Bourgogne.

1942

☐ 17 AVR. Darlan toujours commandant en chef des armées de terre, de mer, de l'air (déchu par Vichy le 16 nov.).
☐ 8 NOV. Rupture diplomatique Washington-Vichy.
☐ 9 NOV. Installation de bombardiers allemands en Tunisie (suivie, le 12 nov., d'un débarquement aérien).
☐ 9-11 NOV. Entrevue Hitler-Laval à Munich (le 19, autre entrevue au Q.G. allemand).
☐ 27 NOV. Toulon occupée par les Allemands. Sabordage de la flotte française.

1943

☐ JANV. Création de la Légion tricolore.
☐ 29 AVR. Nouvelle entrevue Hitler-Laval.

1944

☐ 6 JUIN. Opération Overlord : débarquement en Normandie.
☐ 8 JUIN. Prise de Bayeux par les Alliés. (Cherbourg, 27 juin ; Caen, 9 juill.)
☐ 18 AOÛT. Fin du gouvernement de Vichy.

La France libre

1940

☐ 18 JUIN. Appel du général De Gaulle à la poursuite de la guerre. Naissance de la France libre.
☐ 28 JUIN. De Gaulle reconnu par la Grande-Bretagne comme chef de la France libre.
☐ 18 JUILL. Ralliement des Nouvelles-Hébrides à De Gaulle.
☐ 7 AOÛT. Accord Churchill-De Gaulle sur la France libre.
☐ AOÛT. Ralliement à De Gaulle du Tchad (26), du Cameroun (27), du Moyen-Congo (29), de l'Oubangui (30) et de Tahiti (31). En septembre, ralliement des Établissements français de l'Océanie, de l'Inde et de la Nouvelle-Calédonie.
☐ 23 SEPT. Échec à Dakar de la tentative de ralliement de l'A.-O.F. à la France libre.
☐ 27 OCT. Création par De Gaulle du « Comité de défense de l'empire ».
☐ 27 OCT.-12 NOV. Occupation du Gabon par les Forces françaises libres.
☐ 12 NOV. Éboué gouverneur général de l'A.-E.F. au nom de De Gaulle.

1941

☐ JUIN-JUILL. Campagne anglo-gaulliste en Syrie (Damas occupée le 21 juin). Armistice de Saint-Jean-d'Acre avec le général vichyste Dentz (14 juill.).
☐ 24 SEPT. Le Comité national de la France libre à Londres.
☐ 24 DÉC. Ralliement de Saint-Pierre-et-Miquelon à la France libre (amiral Muselier).

1942

☐ 7-8 NOV. Opération Torch : débarquement en Afrique du Nord (armistice signé par Darlan).

1943

☐ 14-27 JANV. Conférence d'Anfa (Casablanca) : Roosevelt, Churchill, Giraud, De Gaulle.

☐ 13 JANV. Jonction des forces Leclerc et de la VIIIᵉ Armée britannique.

☐ 24 JANV. Entrevue De Gaulle-Giraud à Casablanca.

☐ 7 MAI. Capitulation des Allemands en Tunisie.

☐ 30 MAI. De Gaulle à Alger.

☐ 3 JUIN. Organisation à Alger du Comité français de libération nationale (C.F.L.N.) : De Gaulle et Giraud coprésidents. (Giraud éliminé le 9 nov. ; De Gaulle seul président.)

☐ 26 AOÛT. Reconnaissance du C.F.L.N. par les États-Unis, la Grande-Bretagne et l'U.R.S.S.

☐ 17 SEPT. Création de l'Assemblée consultative provisoire à Alger.

1944

☐ 3 JUIN. De Gaulle président du G.P.R.F. (Gouvernement provisoire de la République française).

☐ 4 JUIN. Prise de Rome par les Alliés.

☐ 9 JUIN. Les F.F.I. intégrés à l'armée française.

☐ JUILL.-AOÛT. Extermination par les S.S. des résistants du Vercors.

☐ 15 AOÛT. Opération Avril : débarquement en Provence de l'armée franco-américaine de De Lattre de Tassigny.

☐ 19 AOÛT. Soulèvement de Paris, libéré le 25 août (division Leclerc).

☐ 20-23 NOV. Offensive en Alsace. Strasbourg libérée par la division Leclerc (23 nov.).

☐ 10 DÉC. Pacte franco-soviétique.

1945

☐ 4 MARS. Les Alliés sur le Rhin.

☐ 23 JUIN. Délimitation par les vainqueurs des zones d'occupation en Allemagne.

Économie – Société

1940

☐ 29 FÉVR. Institution de la carte d'alimentation.

☐ 1ᵉʳ JUIN. Blocage des salaires.

☐ 30 JUILL. Institution des chantiers de jeunesse.

☐ 16 AOÛT. Loi portant création de comités d'organisation pour chaque branche de l'industrie et du commerce. Dissolution des centrales syndicales (patronales et ouvrières), le 9 nov.

☐ 7 OCT. 1940 et 10 SEPT. 1942. Création de l'ordre national des médecins, puis du conseil de l'ordre.

☐ 2 DÉC. Loi relative à l'organisation corporative de l'agriculture.

☐ 20 DÉC. « Charte des sports ».

1941

☐ OCT. « Charte du travail », interdisant grèves et lock-out.

1942

☐ 21-22 JUILL. Rafle (au Vel' d'hiv) de 13 000 Juifs par la police française.

1944

☐ OCT. Confédération générale des petites et moyennes entreprises (Léon Gingembre).

☐ 5 OCT. Droit de vote des femmes.

☐ 9-20 NOV. Emprunt de la Libération (3 %). Blocage des prix (17 NOV.).

1945

☐ 16 JANV. Nationalisation-sanction des usines Renault.

☐ 22 FÉVR. Création de comités d'entreprises dans les établissements de plus de 100 employés.

☐ 2 MARS. Nationalisation de l'énergie et du crédit annoncée par De Gaulle.

☐ 4 et 19 OCT. Ordonnances sur la création de la Sécurité Sociale.

☐ 26 JUIN. Une seule société d'aviation nationalisée : Air France.

Nationalisation des compagnies d'assurances les plus importantes.

☐ 15 AOÛT. Impôt de solidarité nationale.

Civilisation et cultures

1940 Aragon : *les Yeux d'Elsa*. Breton : *Anthologie de l'humour noir* ☐ Découverte de la grotte de Lascaux.

1941 Messiaen : *Quatuor pour la fin des temps* ☐ Anouilh : *Eurydice* ☐ Fondation de la Mission de France.

1942 Camus : *l'Étranger*. Montherlant : *la Reine morte* ☐ Le Corbusier : *la Charte d'Athènes* ☐ Marcel Carné : *les Visiteurs du soir*.

1943 Colette : *le Képi*. Saint-Exupéry : *le Petit Prince*. Sartre : *l'Être et le Néant* ☐ Carné : *les Enfants du paradis*. Clouzot : *le Corbeau*.

1944 Anouilh : *Antigone*. R. Peyrefitte : *les Amitiés particulières* ☐ Nouveaux journaux : *Défense de la France, Libération, le Monde, Franc-Tireur, Ouest-France*.

1945 Cocteau : *la Belle et la Bête* ☐ Merleau-Ponty : *Phénoménologie de la perception* ☐ Fondation de la communauté des Frères protestants à Taizé.

Biographies

Moulin (JEAN), héros de la Résistance (1899-1943). La guerre de 1939-45 le trouve préfet à Chartres, mais le gouvernement de Vichy le met en disponibilité. Il gagne Londres, où le général De Gaulle le charge de mission en France : il y crée une remarquable organisation de la Résistance, son ascendant réussissant à unifier les réseaux. Livré par trahison aux Allemands, torturé, il meurt dans le train qui le transférait en Allemagne. Ses cendres sont au Panthéon (1964).

Weil (SIMONE), philosophe française (1909-1943). Ancienne élève d'Alain, reçue très jeune à l'École normale supérieure d'Ulm, professeur dans divers lycées, elle entre très tôt dans la politique. Militante d'extrême gauche, elle n'adhère à aucune formation politique et se borne à défendre les faibles et les opprimés de tous partis et de toutes races. Elle se fait embaucher dans les usines Renault comme fraiseuse. Viennent ensuite les grands engagements : avec les « rouges » dans la guerre d'Espagne, puis dans la France libre en 1942. D'origine juive, convertie au catholicisme en 1940, elle livre son expérience de la découverte de Dieu. Dans ses ouvrages, tous posthumes *(la Pesanteur et la Grâce, la Condition ouvrière)*, elle se fait l'écho des bouleversements de la guerre et des malheurs de l'humanité laborieuse.

Bibliographie

R. Aron : *Histoire de Vichy*.

R.O. Paxton : *la France de Vichy*.

La IVe République

La IVe République, née de la guerre, doit faire face aux séquelles de la Résistance et de la collaboration. Définie par la constitution du 13 octobre 1946, mais minée par les critiques gaullistes et, au plus fort de la guerre froide, par l'opposition déterminée des communistes, elle est un régime parlementaire où la représentation nationale s'éparpille entre de nombreux groupes politiques, issus de partis qui feront et déferont 21 gouvernements entre 1947 et 1958.

La plus « mal aimée » de nos Républiques a cependant accompli de grandes œuvres. Portée par une conjoncture internationale favorable, elle est marquée par une forte croissance, qui permet de reconstruire le pays et de mettre en place les structures d'une coopération économique européenne libérale qui donnera plus tard tous ses fruits. Empêtrée dans le grand mouvement de décolonisation – mais quel pays, quel régime aurait pu mieux faire ? –, elle éprouve des difficultés à mener une politique cohérente et suivie, en raison des contradictions qui travaillent l'opinion et le milieu politique français.

Vie politique et institutionnelle

1945

☐ 21 OCT. Référendum abrogeant les lois constitutionnelles de 1875. Élection de la première Assemblée constituante.

☐ 21 NOV. Le général De Gaulle à la présidence du Gouvernement provisoire de la République française (G.P.R.F.).

1946

☐ 20 JANV. De Gaulle donne sa démission de président du G.P.R.F.

☐ 5 MAI. Référendum repoussant un premier projet de Constitution.

☐ 2 JUIN. Élection d'une seconde Assemblée constituante.

☐ 16 JUIN. Discours de Bayeux : programme constitutionnel du général de Gaulle.

☐ 24 JUIN. Gouvernement tripartite (P.C.F., S.F.I.O., M.R.P.) dirigé par G. Bidault.

☐ 13 OCT. Référendum ratifiant la Constitution.

☐ 10 NOV. Élections législatives. P.C.F. : 28,6 %, S.F.I.O. : 17,9 %, M.R.P. : 26,3 %.

1947

☐ JANV. Vincent Auriol (S.F.I.O.), président de la République. P. Ramadier (S.F.I.O.), président du Conseil. – E. Herriot (Radical), président de l'Assemblée nationale. A. Champetier de Ribes (M.R.P.), président du Conseil de la République.

☐ 14 AVR. Création du Rassemblement du peuple français (R.P.F.) par de Gaulle.

☐ 5 MAI. Rupture du tripartisme : révocation par Ramadier des ministres communistes ayant voté contre le gouvernement.

□ 28 NOV. Investiture du gouvernement R. Schuman (M.R.P.), avec des ministres S.F.I.O., Radicaux et M.R.P. (Premier gouvernement de « troisième force ».)

1948

□ JANV., AVR., SEPT., NOV. De Gaulle multiplie les interventions (organisation d'élections générales, condamnation du régime).

□ JUILL. Guy Mollet, nouveau leader de la S.F.I.O.

□ 11 SEPT. Longue crise politique ; H. Queuille, investi comme président du Conseil, forme une équipe couvrant l'éventail parlementaire à l'exception du P.C.F.

□ 7 NOV. G. Monnerville (Rad.) élu président du Conseil de la République.

1949

□ FIN MARS. Élections cantonales : la « troisième force » fait preuve d'une bonne santé politique.

□ OCT. Un nouveau ministère Bidault remplace le gouvernement Queuille, usé par des dissensions internes.

1950

□ JANV. Climat politique alourdi par le problème indochinois.

□ 4 FÉVR. Démission des ministres socialistes du gouvernement Bidault, pour manifester leur désaccord sur la politique sociale. La S.F.I.O. est absente du gouvernement pour la première fois depuis 1945.

□ 2-8 MARS. Obstruction systématique du groupe communiste à l'Assemblée contre la politique indochinoise. Isolement croissant du P.C.F.

□ 30 MARS. Mort de Léon Blum.

□ 13 AOÛT. Investiture de R. Pleven (U.D.S.R.), après une longue crise ministérielle que l'opinion désapprouve.

□ 10 DÉC. De Gaulle se déclare à nouveau prêt à prendre le pouvoir.

1951

□ JANV.-MAI. Débat politique centré sur une nouvelle loi électorale, adoptée le 7 mai 1951. Elle prévoit un scrutin de liste départemental avec apparentements, afin de minorer la représentation parlementaire des opposants au régime (communistes et gaullistes).

□ 15 FÉVR. Fondation du Centre national des indépendants et paysans (C.N.I.P.).

□ 17 JUIN. Élections législatives. Succès pour les promoteurs des apparentements. P.C.F. (26,9 %) et R.P.F. (21,7 %) sont contenus. S.F.I.O.(14,6 %) et M.R.P.

Consommation des particuliers (Évolution de quelques-unes des principales dépenses)	1950	1959
	%	%
Alimentation	40,1	32,8
Habillement	15,2	11,5
Énergie et produits d'entretien	4,9	6,6
Soins médicaux	4,7	6,2
Véhicules individuels	2,7	5,8
Loyers réels et fictifs	2,2	4,8
Appareils de radio, télévision, photo	0,4	1,0

Source : Revue Consommateur-Annales du CREDOC 1970, nᵒˢ 2-3.

(12,6 %) perdent des voix. Maintien des radicaux (10 %) et des modérés (14,1 %).

☐ 21 JUIN. De Gaulle : le R.P.F., premier parti en sièges parlementaires, doit prendre le pouvoir.

☐ 23 JUILL. Mort du maréchal Pétain.

☐ 12 AOÛT. Formation laborieuse d'un gouvernement Pleven (M.R.P., Rad., Indépendants ; soutien S.F.I.O. sans participation).

☐ 7-14 OCT. Élections cantonales : recul des gauches ; progression des droites.

1952

☐ 6 MARS. Formation du gouvernement A. Pinay (Indépendant) comprenant radicaux, M.R.P., Indépendants.

☐ 28 MAI. Manifestation communiste contre le général américain Rigway.

☐ JUIN-JUILL. Remous au R.P.F. Création par scission de l'A.R.S. (Action républicaine et sociale).

☐ 16 NOV. Mort de Charles Maurras.

☐ 23 DÉC. Démission de Pinay sur défection du soutien M.R.P.

1953

☐ MARS. De Gaulle en tournée en A.-É.F. et en A.-O.F.

☐ 3 MAI. Élections municipales. Recul du R.P.F., dont de Gaulle s'éloigne.

☐ 26 JUIN. Crise ministérielle de 36 jours.

☐ 17 NOV. Ouverture à l'Assemblée du débat sur la Communauté européenne de Défense (C.E.D.).

☐ 23 NOV. F. Mitterrand élu président de l'U.D.S.R.

☐ 22 DÉC. Très laborieuse élection de René Coty (Indépendant) à la présidence de la République.

1954

☐ 7 MAI. Défaite de l'armée française à Diên Biên Phu (Indochine).

☐ 28 MAI. Conseil d'État, arrêt Barel : le gouvernement ne peut interdire l'entrée

d'un candidat communiste à l'E.N.A.

☐ 19 JUIN. Pierre Mendès France, président du Conseil.

☐ 1er NOV. Début de l'insurrection algérienne.

☐ 30 NOV. Vote d'une révision constitutionnelle (portant notamment sur la réforme du Conseil de la République).

1955

☐ 5 FÉVR. Mendès France renversé pour sa politique nord-africaine.

☐ 20-21 AOÛT. Émeutes et répressions violentes en Algérie.

☐ 2 DÉC. E. Faure dissout l'Assemblée nationale (précédente dissolution : 18 mai 1877).

1956

☐ 2 JANV. Élections législatives. Victoire du Front républicain (S.F.I.O., Rad.), effondrement du R.P.F.

☐ 1er FÉVR. Guy Mollet, président du Conseil.

☐ 15 FÉVR. Violents incidents à l'Assemblée lors de l'invalidation de députés poujadistes.

☐ 24 OCT. Enlèvement et arrestation de Ben Bella.

1957

☐ JANV.-DÉC. Pourrissement de l'affaire algérienne.

☐ 26 MARS. Mort d'Édouard Herriot.

☐ 6 NOV. Félix Gaillard, chef du gouvernement, après une longue crise.

1958

☐ 13 MAI. Manifestations des Français d'Algérie. Appel au général De Gaulle.

☐ 29 MAI. Le président Coty demande au Parlement d'investir De Gaulle comme chef de gouvernement.

☐ 3 JUIN. Révision constitutionnelle pour permettre l'élaboration d'une nouvelle Constitution conforme aux exigences du nouveau président du Conseil.

☐ 28 SEPT. La nouvelle Constitution est massivement approuvée par référendum.
☐ 23-30 NOV. Élections législatives. Victoire des gaullistes. Défaite de très nombreux députés sortants.
☐ 21 DÉC. De Gaulle élu président de la République.

Politique extérieure et coloniale

1946
☐ 18 MARS. Antilles, Guyane et Réunion obtiennent le statut départemental.
☐ 28 MAI. Accord franco-américain sur l'octroi d'un crédit de 1,4 million de dollars à la France.
☐ 14 SEPT. Échec de la conférence de Fontainebleau sur l'Indochine.

1947
☐ 30 MARS. Insurrection à Madagascar, aboutissant à la levée de l'immunité parlementaire des députés malgaches.
☐ 2 OCT. Maurice Thorez (P.C.F.) s'aligne sur le Kominform et condamne le « parti américain ».
☐ 26 NOV. Expulsion de dix-neuf ressortissants soviétiques.

1948
☐ 28 JUIN. La France approuve l'accord avec les États-Unis pour l'application du plan Marshall.

1949
☐ 8 JUILL. La France devient membre du Conseil de l'Europe, et, le 27 juillet, du Pacte atlantique.

1950
☐ 28 JANV. Cambodge, Laos et Viêt-nam deviennent des États associés.
☐ 9 MAI. Schuman, inspiré par J. Monnet, suggère la création d'un Pool européen du charbon et de l'acier.
☐ 26 OCT. Pleven présente un projet de Communauté européenne de défense (C.E.D.).

1951
☐ 19 FÉVR. Les autorités acceptent que le S.H.A.P.E. (Supreme Headquarters of Allied Powers in Europe) s'installe sur le territoire français.
☐ 13 DÉC. Le Parlement ratifie le traité instituant la C.E.C.A. (Communauté européenne charbon-acier).

1952
☐ 27 MAI. Le traité créant la C.E.D. est signé à Paris.
☐ 15 OCT. La France refuse de participer aux débats de l'O.N.U. sur la Tunisie et le Maroc. L'Assemblée générale recommande des négociations directes (17 déc.).

1954
☐ 25 JANV. Déposition du sultan du Maroc et, jusqu'en mai, « valse-hésitation » sur la politique en Afrique du Nord.
☐ 20 JUILL. Signature, par Mendès France, des accords de Genève mettant fin à la guerre d'Indochine.
☐ 30 AOÛT. Rejet de la C.E.D. par l'Assemblée nationale, à la satisfaction des communistes et des gaullistes.
☐ 23 OCT. Accord France-R.F.A. sur la Sarre.

1955
☐ JUIN. Retour de H. Bourguiba à Tunis.
☐ NOV. Reconnaissance de Mohammed V, sultan du Maroc, qui fait un retour triomphal.

1956
☐ JANV.-DÉC. Pourrissement de la situation en Algérie.
☐ 5 NOV.-22 DÉC. Affaire de Suez : intervention franco-britannique en Égypte contre Nasser et échec international de l'opération.

1957

☐ 4-15 FÉVR. Discussion à l'O.N.U. sur le problème algérien, et incidents en Algérie liés à un ordre de grève générale du F.L.N.

☐ 31 JUILL. Reconnaissance de la République de Tunisie.

1958

☐ JANV.-MAI. Pourrissement accéléré de l'affaire algérienne.

☐ 11 AVR. Lettre d'Eisenhower à F. Gaillard accordant à la France un prêt de 275 milliards de francs.

☐ MAI-DÉC. Accalmie en Algérie, consécutive à l'arrivée au pouvoir du général De Gaulle.

Économie – Société

1946

☐ 8-15 AVR. Nationalisations : électricité, gaz, assurances.

☐ 13 AVR. Loi Marthe Richard interdisant les « maisons closes ».

☐ 12 JUIN. Création du Conseil national du patronat français (C.N.P.F.).

☐ 27 NOV. Plan de modernisation et d'équipement, élaboré par Monnet.

1947

☐ JUIN-OCT. Vague de grèves, qui se poursuivent, avec le soutien de la C.G.T., jusqu'au début de décembre.

☐ 19 DÉC. Force Ouvrière (F.O.) fait sécession au sein de la Confédération générale du Travail (C.G.T.).

1948

☐ 25 JANV. Dévaluation de 80 %.

☐ AVR.-NOV. Grèves présentées par J. Moch comme un plan d'ensemble du P.C.F. et de la C.G.T. pour saboter le plan Marshall.

☐ 17 OCT. Le franc est dévalué de 17 %. Marcel Cerdan, champion du monde des moyens, héros sportif national.

1949

☐ 24 JANV. Lancement d'un emprunt.

☐ FÉVR. Poursuite de l'offensive gouvernementale contre les militants P.C.F. et C.G.T.

☐ 16 JUIN. Marcel Cerdan perd son titre de champion du monde des moyens. Il disparaît le 28 octobre dans l'accident de l'avion Paris-New York.

L'ère des matières plastiques s'ouvre.

1950

☐ FÉVR.-MARS-AVR. Grèves, répressions, violences.

☐ 9 MAI. L'Assemblée des cardinaux et archevêques rappelle sa condamnation du divorce et de l'avortement.

Journées de travail perdues (en milliers)			
1946	374,0	**1953**	9 722,1
1947	23 361,2	**1954**	1 440,1
1948	11 918,9	**1955**	3 078,7
1949	7 229,3	**1956**	1 422,5
1950	11 710,1	**1957**	4 121,3
1951	3 294,0	**1958**	1 317,7
1952	1 752,6		

Source : INSEE Données sociales, 1974.

Vie quotidienne : mais pourquoi les objets utiles sont-ils si laids ? Début du « design ».

1951

☐ JANV.-DÉC. Grèves, encore.

☐ MARS. Augmentation de 10 % pour de nombreux salaires.

☐ 21 SEPT. Loi Barangé : aide publique à l'enseignement privé.

1952

☐ JANV.-MARS. Grèves : succès mitigé et violences.

☐ JUILL. Emprunt Pinay.

Procès de Marie Besnard, affaire Dominici.

La route est meurtrière : 38 morts pendant le week-end du 14 juillet.

1953

☐ 22 JANV. Plafond des avances de la Banque de France à l'État porté à 200 milliards de francs.

☐ 15 AVR. Grève unitaire (C.G.T., C.F.T.C., F.O.) chez Renault, mais défilé séparé le 1er Mai.

☐ 9 NOV. Grève des enseignants.

Début de l'exploitation du gaz de Lacq.

1954

☐ 10 AVR. Loi sur la T.V.A.

☐ 13 AOÛT. Mendès France obtient les pleins pouvoirs en matière économique. Calme social contrastant avec les années précédentes et l'agitation parlementaire. Parc des téléviseurs (noir et blanc) : 100 000 postes.

1955

☐ JUIN-OCT. Nombreuses grèves, plus ou moins vite désamorcées par des augmentations de salaire.

☐ FIN NOV. L'Église catholique tente de ne pas se laisser directement entraîner dans le débat politique ouvert pour les prochaines législatives.

Le blue-jean commence à se répandre en France.

1956

☐ 9 MARS. Trois semaines de congés payés.

☐ 20 JUIN. Emprunt national.

☐ 29 NOV. Rationnement de l'essence.

1957

☐ AOÛT. Augmentation des prix, bonne croissance.

☐ 7 NOV. Nouvelles avances de la Banque de France à l'État.

1958

☐ 1er JANV. Création officielle de la C.E.E.

☐ 6 MARS. Première livraison du pétrole saharien.

☐ 28 DÉC. Dévaluation et création du « nouveau franc ».

Publication par le Dr. Weill-Hall d'une documentation sur les méthodes contraceptives.

Civilisation et cultures

1946 J. Roy : *la Vallée heureuse* (Renaudot). Saint-John Perse : *Vents* ☐ Architecture novatrice de Le Corbusier ☐ Cocteau : *la Belle et la Bête* ; à l'écran, déferlement de films américains.

1947 A. Camus : *la Peste*. J. Genet ; *les Bonnes*. R. Queneau : *Exercices de style*. Apparition du livre de poche ☐ O. Messiaen crée sa classe d'esthétique au Conservatoire de Paris. André Jolivet : *l'Evénement*, concerto pour ondes Martenot ☐ O. Zadkine entreprend *la Ville détruite* (Rotterdam) qu'il achèvera en 1953 ☐ Le Corbusier entreprend « la Cité radieuse » à Marseille ☐ Louis Jouvet joue *Dom Juan*, de Molière. J.-L. Barrault joue *le Procès*, de Kafka. J. Vilar fonde le Festival d'Avignon. Clouzot :

Quai des Orfèvres □ Ch. Dior lance le « new look », nouvelle mode féminine.

1948 M. Druon : *les Grandes Familles.* H. Bazin : *Vipère au poing.* A. Camus : *L'État de siège. Vailland : les Mauvais Coups* □ Matisse entreprend la décoration de la chapelle des dominicains à Vence. Giacometti : *Femme debout* □ Florent Schmitt : *Quatuor à cordes.* Le jazz acquiert droit de cité en France ; début de la mode des caves □ G. Philipe et M. Casarès jouent *Épiphanies*, de H. Pichette. Barrault monte *l'État de siège*, de Camus. Au cinéma : Cocteau, *les Parents terribles.*

1949 R. Merle : *Week-end à Zuydcoote* (Goncourt) □ Georges Auric : *le Peintre et son modèle.* Jacques Ibert : *Symphonie concertante pour hautbois et orchestre à cordes.* Henri Sauguet : *les Saisons* (symphonie allégorique) □ J. Dubuffet organise la première exposition d'« art brut » □ *Les Justes*, de Camus, grand succès théâtral. Tati : *Jour de fête* □ Edith Piaf triomphe au music-hall.

1950 Au théâtre : *Clérambard*, de M. Aymé ; *la Cantatrice chauve*, d'Eugène Ionesco. Au cinéma : René Clair, *la Beauté du diable*, et Cocteau, *Orphée.*

1951 Camus : *l'Homme révolté.* Controverse avec J.-P. Sartre. J. Gracq : *le Rivage des Syrtes.* Malraux : *les Voix du silence.* S. Beckett : *Molloy*, écrit en français □ J. Vilar est nommé directeur du T.N.P. Apogée du théâtre de Sartre, avec *le Diable et le Bon Dieu.* R. Bresson : *Journal d'un curé de campagne.* Premier numéro des *Cahiers du cinéma.*

1952 B. Beck : *Léon Morin, prêtre* (Goncourt). F. Mauriac, prix Nobel de littérature □ Une « sainte trinité » domine la vie intellectuelle pour longtemps : F. de Saussure, S. Freud, K. Marx □ Becker : *Casque d'or*, avec S. Signoret. R. Clément : *Jeux interdits.* Duvivier : *le Petit Monde de Don Camillo*, avec Fernandel.

1953 R. Barthes : *le Degré zéro de l'écriture.* S. Beckett : *En attendant Godot* □ Francis Poulenc compose *Dialogue des Carmélites*, d'après Bernanos (jusqu'en 1956) □ Clouzot : *le Salaire de la peur.* Tati : *les Vacances de M. Hulot.*

1954 F. Sagan : *Bonjour tristesse* □ Becker : *Touchez pas au grisbi.* Manifeste de Truffaut dans les *Cahiers du cinéma.*

1955 R. Ikor : *les Eaux mêlées* (Goncourt). Robbe-Grillet : *le Voyeur* □ R. Aron : *l'Opium des intellectuels* □ Georges Auric : *Partita pour deux pianos* □ Germaine Richier : *l'Ombre de l'ouragane* □ Béjart : *Symphonie pour un homme seul* □ J. Dassin : *Du rififi chez les hommes.*

1956 R. Gary : *les Racines du ciel* (Goncourt) □ P. Boulez : *le Marteau du créateur* □ Cl. Autant-Lara : *la Traversée de Paris.* R. Vadim : *Et Dieu créa la femme*, avec Brigitte Bardot.

1957 M. Butor : *la Modification* (Renaudot). R. Vailland : *la Loi* □ *Patate*, pièce de M. Achard. Au cinéma, les Français découvrent *le Pont de la rivière Kwai* (D. Lean).

1958 M. Duras : *Moderato cantabile.* S. de Beauvoir : *Mémoires d'une jeune fille rangée* □ Lévi-Strauss : *Anthropologie structurale* □ Cl. André Jolivet : *Concerto pour percussion* □ César : *Ginette* □ L. Malle : *les Amants.* Les animateurs des *Cahiers du cinéma* deviennent auteurs.

Carol (MARTINE) actrice française (1922-1967). Elle fut, avec une éclatante évidence, l'étoile du cinéma français de l'après-guerre. Lancée par le rôle-titre de *Caroline chérie* (1950), c'est dans *Lucrèce Borgia*, de Christian-Jaque, et *Si Versailles m'était conté*, de Sacha Guitry, qu'elle révèle et assume sa fonction de « sex-symbol » dans le cinéma des années cinquante. *Lola Montes*, de Max Ophuls (1955), est sans doute son meilleur rôle. Elle utilise à merveille les ressources de la presse et de la publicité, se servant d'épisodes parfois douteux de sa vie privée. Seule Brigitte Bardot, apparition fracassante et durable, lui fait concurrence et finalement la détrône.

Cerdan (MARCEL) boxeur français (1916-1949). Sportif accompli avant de venir à la boxe par tradition familiale, il se révèle un terrible puncheur. Impitoyable sur le ring – il est l'un des rares pugilistes à avoir gagné plus de la moitié de ses combats par knock-out –, désarmant de gentillesse et de sensibilité dans la vie, il est l'idole des sportifs français de l'après-guerre. Sa campagne américaine est difficile. Il devient cependant, le 21 septembre 1948, champion du monde des poids moyens. Il perd son titre le 15 juin 1949, face à Jack La Motta. La revanche est fixée au 2 décembre mais l'avion le transportant s'écrase aux Açores, le 27 octobre.

Piaf (ÉDITH), chanteuse française (1915-1963). Fille du cirque, chanteuse de rues, elle parvient à la notoriété dès avant la guerre. Silhouette menue, vêtue de noir, visage tragique, regard douloureux, mains expressives, voix démesurée : la « môme Piaf » devient l'interprète pathétique de la chanson populaire.

Auteur de certaines de ses chansons (*la Vie en rose*), elle sait rendre inoubliables des textes d'apparence banale. Sa notoriété dépasse largement les frontières de l'Hexagone. Un temps liée avec Marcel Cerdan, elle est aussi l'initiatrice de jeunes talents comme Yves Montand ou Georges Moustaki. Son enterrement au Père-Lachaise fut un grand moment de ferveur populaire.

Sartre (JEAN-PAUL), philosophe et écrivain (1905-1980). La référence obligée pour deux générations d'intellectuels français. Auteur de pièces de théâtre remarquées *(Huis clos, la P... respectueuse, les Mains sales, le Diable et le Bon Dieu)*, il est très novateur dans le domaine du roman *(la Nausée, le Mur)* et se révèle un essayiste incisif, qui dérange autant qu'il convainc *(L'existentialisme est un humanisme, Réflexions sur la question juive)*. Il est le principal représentant en philosophie de l'existentialisme athée, qui utilise la phénoménologie allemande (*Critique de la raison dialectique*, 1960).

Toujours engagé dans la contestation, il publie à la fin de sa vie une substantielle réflexion sur Gustave Flaubert *(l'Idiot de la famille)*. Sa présence permanente sur la scène politique et culturelle en fait le stéréotype et le modèle de l'intellectuel engagé, par rapport auquel les autres se définissent et se situent. Il a refusé le Nobel de littérature en 1965.

Bibliographie

J. **Fauvet** : *la Quatrième République*.

J. **Julliard** : *la Quatrième République*.

La Ve République (1)

Pendant dix ans, l'identification entre la Ve République et Charles de Gaulle est quasi totale. La stabilisation des institutions politiques, le règlement de la décolonisation sont à mettre à l'actif du premier président de cette République. La conjoncture économique facilite la gestion, mais la modernisation de l'appareil productif reste limitée. Les événements de mai 1968 constituent la plus grande crise de la France de l'après-guerre et font émerger une demande de changement des structures sociales qui n'est guère suivie d'effet. Le renchérissement du pétrole, les mutations économiques que cette situation entraîne font passer le chômage au premier rang des préoccupations.

L'élection banalisée du président de la République au suffrage universel stabilise le système politique, alors qu'on relève une désaffection croissante des classes d'âge les plus jeunes à l'égard des jeux du pouvoir.

Même si les gaullistes, avec l'élection de Valéry Giscard d'Estaing, perdent la présidence de la République, la permanence d'une majorité parlementaire conservatrice assure le maintien des institutions.

Vie politique et institutionnelle

1959
□ 8-9 JANV. De Gaulle, président de la République. M. Debré, Premier ministre.
□ 16 SEPT. Allocution du chef de l'État annonçant une politique d'autodétermination en Algérie.

1960
□ 24 JANV. Alger : semaine des barricades, opposition de la population de souche métropolitaine à l'autodétermination.

1961
□ 21-22 AVR. Putsch d'Alger par « un quarteron de généraux en retraite » (Salan, Challe, Zeller, Jouhaud). Effondrement de l'insurrection le 25.

1962
□ 8 FÉVR. Métro Charonne : mort de 8 manifestants anti-O.A.S.
□ 8 AVR. Référendum en France sur l'autodétermination en Algérie (90 % de oui). M. Debré démissionne le 14.
□ 5 OCT. Vote d'une motion de censure contre le gouvernement Pompidou, qui démissionne.
□ 6 OCT. De Gaulle dissout l'Assemblée.
□ 28 OCT. Référendum sur l'élection du président au suffrage universel (62,25 % de oui).
□ 25 NOV. Élections législatives. Succès écrasant de l'U.N.R.-U.D.T. (gaullistes). Large renouvellement du personnel parlementaire.

1964

□ 24 AVR. Discours de F. Mitterrand à l'Assemblée, dénonçant le pouvoir personnel.

1965

□ NOV. Affaire Ben Barka.
□ 19 DÉC. De Gaulle, en ballottage, est réélu président au second tour (54,5 %) contre F. Mitterrand.

1966

□ 8 DÉC. Réforme électorale exigeant 10 % des suffrages exprimés pour se maintenir au second tour (défavorise les petits partis).

1967

□ 5-12 MARS. Élections législatives. La coalition qui soutient de Gaulle n'a qu'une voix de majorité. Valéry Giscard d'Estaing en position de force.
□ 31 DÉC. Vœux télévisés du général de Gaulle : « L'année 1968, je la salue avec sérénité. »

1968

□ 22 MARS. Agitation à la faculté des lettres de Nanterre.

□ MAI. Manifestations étudiantes à Paris. Contagion en province.
□ 13 MAI. Grève générale d'une ampleur sans précédent (dernières séquelles fin juin).
□ 29 MAI. De Gaulle quitte secrètement le territoire français pour rencontrer le commandant des troupes françaises en Allemagne. Le 30, dissolution de l'Assemblée.
□ 23-30 JUIN. Élections législatives. Impressionnante poussée des gaullistes, démultipliée par le scrutin majoritaire.

1969

□ 17 JANV. Georges Pompidou, qui n'a pas été reconduit comme Premier ministre, se porte candidat à la succession du général de Gaulle (discours de Rome).
□ 27 AVR. Échec du référendum sur le Sénat et les Régions. De Gaulle démissionne.
□ 11-15 JUIN. Élection présidentielle. Georges Pompidou élu (57,5 %) contre Alain Poher (42,5 %). Jacques Chaban-Delmas, Premier ministre.

1970

□ 9 NOV. Mort du général de Gaulle.

	Demandeurs d'emploi	Inflation (%)	Prix du baril de pétrole (en dollars)	Salaires accroissement en %	Évolution du dollar (en francs)
1975	927 100	11,8	11,2		
1976	952 000	9,6	11,89		
1977	1 109 500	9,4	12,90		
1978	1 274 200	9,1	18,90		
1979	1 402 800	10,8	18,70		
1980	1 502 000	13,6	31,00		
1981	1 916 800	13,4	35,50		5,80
1982	2 027 700	11,8	34,20		6,94
1983	2 001 000	9,2	29,40	+10,9 %	7,97
1984	2 440 000	7,6	29,10	+ 8,33 %	7,90
1985	c.3 000 000	4,7	18,00		8,50

1971

☐ 11-13 JUIN. Congrès d'Épinay : création du parti socialiste (P.S.).

☐ AVR.-JUILL.-NOV. Parfum de scandales (rapport sénatorial sur la Villette, Garantie foncière).

1972

☐ 19 JANV. *Le Canard enchaîné* publie la déclaration d'impôts de J. Chaban-Delmas.

☐ 23 AVR. Référendum sur l'Europe (40 % d'abstentions ; oui : 68 %).

☐ 5 JUILL. Démission du Premier ministre, J. Chaban-Delmas, sur décision de G. Pompidou. Pierre Messmer à Matignon.

1973

☐ 4-11 MARS. Élections législatives. L'U.D.R. (gaulliste) et ses alliés Républicains indépendants conservent la majorité des sièges parlementaires. La gauche a la majorité en voix au premier tour.

1974

☐ 2 AVR. Décès de G. Pompidou.

☐ 5-19 MAI. Élection présidentielle : V. Giscard d'Estaing élu (50,81 %) contre F. Mitterrand. Jacques Chirac, Premier ministre.

1976

☐ 25 AOÛT. Démission de J. Chirac, accompagnée d'une déclaration télévisée, fait sans précédent. Raymond Barre, Premier ministre.

1977

☐ 25 MARS. J. Chirac, maire de Paris.

☐ SEPT.-OCT. Rupture de l'union de la gauche.

1978

☐ 12-19 MARS. Élections législatives : la droite l'emporte : 290 sièges contre 208 à la gauche. Mauvais report des voix socialistes au second tour.

1979

☐ 2 JUIN. Élections des députés à l'Assemblée européenne au scrutin proportionnel. Elle sera dominée par les tendances de centre droit.

☐ 30 OCT. Suicide de R. Boulin, ministre du Travail. Retombées politiques.

1980

☐ 23-30 NOV. Élections législatives partielles : succès de l'opposition de gauche.

☐ 20 DÉC. Loi Sécurité et Liberté.

Politique extérieure

1959

☐ 1er JANV. Entrée en vigueur du Marché commun.

1960

☐ 13 FÉVR. Première explosion atomique française au Sahara.

☐ 19 DÉC. L'Assemblée générale des Nations unies proclame le droit du peuple algérien à l'autodétermination.

1961

☐ JUILL. Crise franco-tunisienne à propos de la base de Bizerte.

1962

☐ 18 MARS. Conclusion des accords d'Évian. Fin de la guerre en Algérie.

1964

☐ 7 MARS. La France se retire du dispositif militaire intégré de l'O.T.A.N.

☐ 30 AOÛT. Discours de Phnom Penh : de Gaulle demande aux États-Unis d'évacuer le Viêt-nam.

1967

☐ 26 JUILL. De Gaulle, discours à Montréal : « Vive le Québec libre ! »

1968
☐ MAI. Voyages de G. Pompidou en Iran et en Afghanistan (2-11 mai), et du général de Gaulle en Roumanie (14-18 mai).

1970
☐ JANV. La France livre des avions « Mirage » à la Libye.

1972
☐ 5-16 JUIN. La conférence des Nations unies sur l'environnement condamne les essais nucléaires français.

1973
☐ SEPT. Après la disparition de Salvador Allende, la France reconnaît la junte dirigée par le général Pinochet.

1974
☐ 4-7 DÉC. Rencontre Brejnev-Giscard d'Estaing à Rambouillet.

1976
☐ 17-23 MAI. Voyage du président Giscard d'Estaing aux États-Unis.
☐ 31 MAI. Vente de centrales nucléaires françaises à l'Afrique du Sud.

1977
☐ AVR. Assistance militaire française au Maroc pour une opération au Zaïre.

1978
☐ 7 MAI. Le ministre des Affaires étrangères minimise les interventions françaises au Tchad.

1979
☐ 12-13 MARS. Sommet européen à Paris.
☐ 20-21 AOÛT. Intervention militaire française en Centrafrique pour déposer l'empereur Bokassa.

1980
☐ 2 MARS. V. Giscard d'Estaing reconnaît aux Palestiniens « le droit à l'auto-détermination ».

☐ 18 MAI. Le président fait un voyage à Varsovie pour rencontrer M. Brejnev.

Économie – Société

1959
Redressement des finances de l'État (Antoine Pinay).

1960
☐ 1ᵉʳ JANV. Le N.F. en vigueur.

1962
☐ AOÛT. Le tunnel du Mont-Blanc percé.

1963
☐ MARS-AVR. Grève des Charbonnages.

1964
☐ 6-7 NOV. Scission C.F.T.C.-C.F.D.T.

1966
☐ 7 JANV. Création des I.U.T.

1967
☐ 25 AVR. Naufrage du pétrolier *Torrey Canyon :* la « marée noire ».

1968
☐ FIN MAI. Accords de Grenelle.

1969
☐ SEPT.-OCT. Nombreuses grèves (R.A.T.P., S.N.C.F., Sécurité sociale, P.T.T., usines Renault, C.E.A., E.D.F...).

1970
☐ 1ᵉʳ MAI. Premier défilé unitaire depuis 1947 (C.G.T, C.F.D.T., F.E.N., partis de gauche).

1971
☐ MARS. Fait divers significatif : un cafetier meurtrier d'un adolescent tapageur à la Courneuve.

1972
□ DÉC. Des micros clandestins au siège du *Canard enchaîné.*

1973
□ AVR. Début de l'« affaire Lip » : le personnel vend le stock de montres pour soutenir son action.

1974
□ FÉVR.-DÉC. Vague de grèves : paralysie des P.T.T. (oct.-déc.).

1975
□ 29 SEPT. Un dirigeant d'entreprise est incarcéré pour violation de la réglementation sur la sécurité du travail.
□ 29 OCT. Loi Mazeaud sur le développement du sport.

1976
□ 11 MARS. *Concorde* interdit d'atterrissage à Kennedy Airport.

1977
□ 14 OCT. Vente du paquebot *France* à une société étrangère.

1978
□ JANV.-MARS. Instabilité du franc sur le marché des changes.
□ AVR.-JUILL.-AOÛT. Plan Barre : liberté des prix industriels.

1979
□ 23 OCT. Grève largement suivie des médecins.

Civilisation et cultures

1959 R. Queneau publie *Zazie dans le métro* □ J. Pollock au musée d'Art moderne □ F. Truffaut : *les 400 Coups.*

1960 Saint-John Perse, prix Nobel de littérature □ J.-L. Godard : *À bout de souffle* □ Au music-hall, triomphes de Fernand Raynaud et de Raymond Devos.

1961 Télévision : création de l'émission *Au théâtre ce soir,* de P. Sabbagh.

1963 M. Foucault : *Histoire de la folie à l'âge classique* □ R. Barthes lance la controverse sur la « nouvelle critique » □ V. Vasarely expose au musée des Arts décoratifs.

1964 Enregistrement du *Sacre du printemps* d'Igor Stravinski par P. Boulez et l'orchestre de la R.T.F. □ J. Demy : *les Parapluies de Cherbourg.*

1965 Rétrospective J. Dubuffet □ R. Allio : *la Vieille Dame indigne.* J.-L. Godard : *Pierrot le Fou.*

1966 *Les Paravents* de J. Genêt : événement de la saison théâtrale □ Cl. Lelouch : *Un homme et une femme.*

1967 A. Pieyre de Mandiargues : *la Marge* (Goncourt) □ Exposition Magritte □ M. Béjart crée *Messe pour le temps présent,* au festival d'Avignon.

1968 F. Truffaut : *Baisers volés* □ Les Shaddocks, grand succès à la télévision.

1969 E. Morin : *la Rumeur d'Orléans* (irrationalité de l'antisémitisme) □ Costa-Gavras inaugure, avec *Z,* sa série de films politiques.

1970 M. Tournier : *le Roi des aulnes* (Goncourt) □ Madeleine Renaud crée *Oh les beaux jours* de S. Beckett.

1971 Paul Meurisse joue *Un sale égoïste* de F. Dorin □ Vif succès des « Radioscopies » de J. Chancel.

1972 Ch. Franck : *la Nuit américaine* (Renaudot) □ G. Solti à la direction de l'Orchestre de Paris □ Cl. Sautet : *César et Rosalie.*

1973 G. Brassens triomphe à l'Olympia □ Troisième chaîne de télévision.

1974 G. Braque à l'Orangerie □ Belle année pour le cinéma : B. Blier : *les Valseuses ;* L. Malle : *Lacombe Lucien ;* B. Tavernier : *l'Horloger de Saint-Paul.*

1975 E. Ajar (R. Gary) : *la Vie devant soi* (Goncourt) □ Deux concerts de P. Boulez. D. Barenboïm, directeur de l'Orchestre de Paris.

1976 Exposition Picabia au Grand Palais □ E. Rohmer : *la Marquise d'O.*

1977 92e titre de San Antonio (F. Dard) □ Inauguration, le 31 janvier, du Centre Georges-Pompidou.

1978 R. Hossein : *Notre-Dame de Paris,* au palais des Sports □ A. Vitez monte quatre comédies de Molière au festival d'Avignon □ A. Mnouchkine : *Molière.*

1980 15 avril : mort de Jean-Paul Sartre □ À l'I.R.C.A.M., P. Boulez développe l'utilisation de l'ordinateur pour la recherche musicale □ Réalisations de bonne qualité pour le cinéma français : *la Boum,* de Cl. Pinoteau ; *le Dernier Métro,* de F. Truffaut ; *les Uns et les autres,* de Cl. Lelouch.

Biographies

Aron (RAYMOND), philosophe et sociologue (1905-1983). Une autre référence, avec et contre J.-P. Sartre, du milieu intellectuel français. Son talent éclectique de sociologue, de philosophe, de journaliste, d'universitaire, ses prises de positions de « spectateur engagé » dans le libéralisme politique expliquent sa notoriété comme analyste de la vie politique et internationale. Les activités d'enseignement et de recherche qu'il déploie, les lieux universitaires où il parle et agit (Institut d'études politiques de Paris, École nationale d'administration, Sorbonne, École pratique des hautes études, Collège de France) permettent de saisir à quel point ses positions ont influencé la formation de la classe dirigeante française. Il collabore également au *Figaro* à partir de 1947. Ses études comparées du système occidental et du système soviétique (*Dix-Huit Leçons sur la société industrielle,* 1963 ; *la Lutte des classes,* 1964 ; *Démocratie et Totalitarisme,* 1965) explorent les réalités économiques, sociales, politiques à travers le prisme des valeurs libérales. Il joue un rôle important dans la résurgence d'Alexis de Tocqueville.

Platini (MICHEL), footballeur français (né en 1956). Meneur de jeu exceptionnel, milieu de terrain offensif, il est capable de renverser l'issue d'un match à lui seul, par sa clairvoyance, sa technique et ses qualités d'athlète. Redoutable buteur des deux pieds et de la tête, il a porté à la perfection le coup franc à la limite de la surface de réparation, avec des balles aux effets « en feuilles mortes » qui sont la terreur des gardiens de but et rendent fatalistes les meilleurs. Il a contribué, avec l'entraîneur Michel Hidalgo, au renouveau de l'équipe de France, dont il est le capitaine. Demi-finaliste de la Coupe du monde de 1982, il conduit la France à la victoire en coupe d'Europe des nations (1984). Plusieurs fois sacré meilleur joueur européen, il a conquis presque tous les titres dont peut rêver un footballeur. En 1988, il interrompt sa carrière de joueur et devient bientôt entraîneur de l'équipe de France.

Yourcenar (MARGUERITE), femme de lettres (1903-1987). Le plus grand écrivain français contemporain est une femme. Avant d'être la première femme élue à l'Académie française en 1980, elle a su s'assurer par son œuvre littéraire sans grand tapage une très grande estime à l'écart des conflits et des modes culturels. La pureté expressive du style reflète une inquiétude intérieure. Elle médite souvent, avec quelques nuances de regret, sur la pesanteur et les misères du corps. Sagesse et lucidité, retenue des émotions, interrogations sur le divin traversent son œuvre, tous genres confondus. On y remarque aussi un penchant souvent repéré vers le stoïcisme, une volonté du détachement, de la distanciation de soi. On trouve également, presque comme une constante, un questionnement sur la complexité, simultanément attractive et répulsive, de la relation homosexuelle. La connaissance de soi et la sage souffrance qui en découle sont peut-être, autant que des procédés littéraires, un indice que l'auteur accepte de livrer sur son être intérieur. Principaux romans et nouvelles : *Mémoires d'Hadrien,* 1951 ; *l'Œuvre au noir,* 1968 ; *Souvenirs pieux,* 1974 ; *Archives du Nord,* 1977. La gamme des talents de M. Yourcenar est d'une étonnante richesse, communiquée aussi dans les entretiens qu'elle accorde (M. Galley, « les Yeux ouverts, entretiens avec M. Yourcenar », 1980).

Bibliographie

S. Sur : *la Vie politique en France sous la Ve République.*

A. Gauron : *Histoire économique et sociale de la Ve République.*

A. Grosser : *Affaires extérieures, la politique de la France 1944-1984.*

Déclaration de Robert Schuman

« La paix mondiale ne saurait être sauvegardée sans des efforts créateurs à la mesure des dangers qui la menacent.

La contribution qu'une Europe organisée et vivante peut apporter à la civilisation est indispensable au maintien des relations pacifiques. En se faisant depuis plus de vingt ans le champion d'une Europe unie, la France a toujours eu pour objet essentiel de servir la paix. L'Europe n'a pas été faite, nous avons eu la guerre.

L'Europe ne se fera pas d'un coup, ni dans une construction d'ensemble : elle se fera par des réalisations concrètes créant d'abord une solidarité de fait. Le rassemblement des nations européennes exige que l'opposition séculaire de la France et de l'Allemagne soit éliminée. L'action entreprise doit toucher au premier chef la France et l'Allemagne.

Dans ce but, le Gouvernement français propose immédiatement l'action sur un point limité, mais décisif.

Le Gouvernement français propose de placer l'ensemble de la production franco-allemande de charbon et d'acier sous une Haute Autorité commune, dans une organisation ouverte à la participation des autres pays d'Europe.

La mise en commun des productions de charbon et d'acier assurera immédiatement l'établissement de bases communes de développement économique, première étape de la Fédération européenne, et changera le destin de ces régions longtemps vouées à la fabrication des armes de guerre, dont elles ont été les plus constantes victimes.

La solidarité de production qui sera ainsi nouée manifestera que toute guerre entre la France et l'Allemagne devient non seulement impensable, mais matériellement impossible. L'établissement de cette unité puissante de production ouverte à tous les pays qui voudront y participer aboutissant à fournir à tous les pays qu'elle rassemblera les éléments fondamentaux de la production industrielle aux mêmes conditions jettera les fondements réels de leur unification économique.

Cette production sera offerte à l'ensemble du monde, sans distinction ni exclusion, pour contribuer au relèvement du niveau de vie et au progrès des œuvres de paix. L'Europe pourra, avec des moyens accrus, poursuivre la réalisation de l'une de ses tâches essentielles, le développement du continent africain.

Ainsi sera réalisée simplement et rapidement la fusion d'intérêts indispensable à l'établissement d'une communauté économique qui introduit le ferment d'une communauté plus large et plus profonde entre des pays longtemps opposés par des divisions sanglantes.

Par la mise en commun de la production de base et l'institution d'une Haute Autorité nouvelle, dont les décisions lieront la France, l'Allemagne et les pays qui y adhéreront, cette proposition réalisera les premières assises concrètes d'une Fédération européenne indispensable à la préservation de la paix. »
extrait tiré de Joël Boudant et Max Gounelle, *les Grandes Dates de l'Europe communautaire*, 1989.

La Vᵉ République (2)

Si l'arrivée au pouvoir, en 1981, d'une majorité de gauche, président et Assemblée, marque un changement important dans le paysage politique du pays, elle ne modifie pas fondamentalement la situation de la France. Le rôle du chef de l'État s'inscrit, avec François Mitterrand, dans le prolongement de la pensée du fondateur de la Vᵉ République. L'élection, en 1986, d'une majorité parlementaire non compatible avec le président et l'épisode des deux ans de cohabitation, n'ont pas compromis le bon fonctionnement des institutions politiques.

Le nouvel équilibre des forces politiques est marqué par la montée de l'extrême droite, plus récemment celle des écologistes, et la chute du parti communiste. Ces résultats, accompagnés de forts taux d'abstentions, manifestent la perte de confiance des électeurs dans les partis traditionnels. Les préoccupations des Français vont au chômage, au surendettement, à la paix et, plus généralement, à l'insécurité.

Cependant, l'action menée par les gouvernements successifs a contribué, par des réformes économiques, industrielles, sociales et financières, à permettre une modification des équipements et des infrastructures, dans la perspective du grand marché européen. Durant cette période, la place du droit communautaire dans le droit national est allé en se renforçant, comme le rôle accordé à la C.E.E. dans laquelle la France s'efforce de jouer un rôle moteur. Le problème posé par la ratification des derniers accords de Maastricht laisse présager les profonds changements qu'apportera l'Union européenne dans la décennie à venir.

Vie politique et institutionnelle

1981

☐ 10 MAI. Élection présidentielle : François Mitterrand, président de la République (51,75 %) contre Valéry Giscard d'Estaing. Dissolution de l'Assemblée nationale.

☐ 1ᵉʳ-21 JUIN. Large victoire socialiste aux législatives (P.S. et M.R.G. : 37,51 %. P.C.F. : 16,17 %. R.P.R. : 20,80 %. U.D.F. :

19,20 %. Pierre Mauroy, Premier ministre d'un gouvernement de 44 membres, parmi lesquels 4 communistes.

☐ 29 JUILL. Session extraordinaire du Parlement : suppression de la Cour de sûreté de l'État.

1982

☐ JANV. Nouvelle loi sur les nationalisations après le rejet de quelques articles par le Conseil constitutionnel. Adoption du projet de loi sur la décentralisation, définissant les prérogatives des communes, départements et régions.

□ OCT. Adoption définitive des modifications du mode d'élection des conseils municipaux qui combine le système majoritaire et proportionnel.

1983

□ MARS. Élections municipales : recul de la gauche.

□ JUIN. Divergences au sein de la majorité parlementaire entre socialistes et communistes. Adoption de lois importantes : protection des victimes d'infractions, égalité professionnelle entre hommes et femmes, ouverture du secteur public.

1984

□ AVR.-JUIN. Apogée de la querelle scolaire. Manifestations massives des partisans de l'enseignement privé professionnel.

□ 17 JUIN. Poussée de l'extrême droite et net recul de la gauche aux élections européennes, marquée par un très fort taux d'abstention.

□ 17 JUILL. P. Mauroy démissionne. Laurent Fabius, Premier ministre. Le P.C. refuse de participer au gouvernement.

□ 31 AOÛT. Adoption du projet de loi sur le statut de la Nouvelle-Calédonie, devant déboucher sur un référendum, prévu en 1989, sur l'autodétermination. Début de la mission d'Edgar Pisani (déc.).

1985

□ JANV. E. Pisani propose « l'indépendance-association » pour la Nouvelle-Calédonie et instaure l'état d'urgence.

□ MARS. Succès de l'opposition aux élections cantonales.

□ JUIN. Effet F.N. aux régionales ; adoption définitive de la réforme électorale : scrutin proportionnel à un tour pour les élections législatives, élection au suffrage universel direct des conseils régionaux.

□ 13 JUIN. M. Rocard démissionne du gouvernement.

□ 26-29 JUILL. L'adoption du projet de loi sur le statut de la Nouvelle-Calédonie provoque de graves troubles à Thio.

□ 17-25 SEPT. Affaire « Greenpeace » : démission du ministre de la Défense Ch. Hernu.

□ 17-19 OCT. Signature d'un accord électoral entre le R.P.R. et l'U.D.F. en vue des législatives.

1986

□ 16 MARS. Élections législatives et régionales à la proportionnelle ; la fin de la campagne est marquée par la question des otages français au Liban. La coalition R.P.R.-U.D.F. n'obtient pas la majorité absolue. Défaite communiste. Poussée de l'extrême droite. (R.P.R.-U.D.F. : 40,98 %, 277 sièges ; P.S. : 31,04 %, 196 s. ; P.C. : 9,78 %, 35 s. ; F.N. : 9,65 %, 35 s.).

□ 20 MARS. Jacques Chirac, Premier ministre : les débuts de la « cohabitation ».

□ 13 MAI-2 AVR. Le gouvernement autorisé à légiférer par ordonnances pour les privatisations.

□ JUIN. Début de la longue affaire « Carrefour du développement ».

□ 9 JUIN. Vote définitif de la loi sur la Nouvelle-Calédonie.

□ 14-31 JUILL. Privatisations : premier accroc à la cohabitation.

□ 3 SEPT. Adoption des lois « Pasqua » sur la sécurité et sur les étrangers.

1987

□ FÉVR. Le président de la République en désaccord avec le gouvernement sur la Nouvelle-Calédonie.

□ MARS. Actes de candidature en chaîne aux élections présidentielles. L'année est dominée par leur préparation, suscitant au sein des partis des divisions et de vives polémiques, notamment autour de l'extrême droite et des « affaires » politico-financières (Carrefour du développement, Luchaire...).

☐ 30 AOÛT. Succès des anti-indépendantistes au référendum en Nouvelle-Calédonie.

1988

☐ 2-25 FÉVR. Vote de deux lois sur le financement de la vie politique.

☐ AVR. Les élections en Nouvelle-Calédonie coïncident avec le premier tour de l'élection présidentielle. Prise d'otages des indépendantistes et intervention de l'armée.

☐ 1-8 MAI. Réélection de F. Mitterrand à la présidence de la République face à Jacques Chirac. Michel Rocard, Premier ministre (10 mai). Le P.S. n'obtient pas la majorité absolue des sièges parlementaires aux législatives.

☐ 26 JUIN. Accord fragile entre les partis en Nouvelle-Calédonie, sous l'impulsion de M. Rocard. Le référendum (17 nov.) donne 80 % de « oui », mais 63 % d'abstentions.

☐ 25 SEPT.-2 OCT. Élections cantonales marquées par un très fort taux d'abstentions (plus de 50 % au premier tour).

1989

☐ 12-19 MARS. Succès du P.S. aux élections municipales.

☐ 4 ET 20 MAI. Nouvelle-Calédonie : assassinat par les extrémistes de Jean-Marie Tjibaou et de Yeiwéné Yeiwéné, chefs indépendentistes modérés.

☐ 4-6 JUIN. Modification de la « loi Pasqua » sur l'immigration.

☐ 7 OCT.-22 DÉC. Adoption du projet de loi sur le financement des partis ; règlement de la question controversée de l'amnistie.

☐ 4-27 NOV. Mise en cause de la politique d'immigration et progression du F.N. aux élections législatives partielles.

1990

☐ MARS. Mise en place du Haut-Conseil de l'intégration créé le 19 décembre 1989 pour l'insertion des immigrés.

☐ 26 JUIN. Confédération R.P.R.-U.D.F., l'« Union pour la France », en vue des présidentielles.

☐ OCT. Remaniement ministériel. Adoption du projet de loi sur la C.S.G. (contribution sociale généralisée). Nouveau statut de la Corse transformée en collectivité territoriale pourvue d'un exécutif élu.

1991

☐ 2 JANV. Dispositif « Vigipirate » (antiattentat) dans le contexte de la crise du Golfe.

☐ 29 JANV. Démission de J.-P. Chevènement, ministre de la Défense, opposé à la guerre du Golfe. Remplacé par P. Joxe.

☐ AVR. 60 mesures, économiques et sociales (« pacte de solidarité »), en faveur des D.O.M.-T.O.M., après les émeutes de février. Affaire Urbatechnique.

☐ 15 MAI. Démission de M. Rocard remplacé par E. Cresson, première femme à occuper ce poste.

Politique extérieure

1981

☐ 30 NOV. F. Mitterrand en Algérie : accord sur le gaz naturel et la circulation des personnes.

1982

☐ AVR. Regain d'activité du terrorisme international (le 22, rue Marbœuf à Paris : 1 mort, 60 blessés), la Syrie mise en cause.

☐ 4 JUIN. Huitième sommet des pays industrialisés à Versailles.

☐ AOÛT. Série d'attentats à Paris (le 9, rue des Rosiers), conséquence de la politique française au Proche-Orient. Mesures antiterroristes.

1983

☐ FÉVR. Cl. Cheysson, ministre des Relations extérieures en Jordanie, en Irak (soutien de la France au gouvernement de Bagdad dans la guerre qui l'oppose à l'Iran) et Syrie (normalisation des relations).

☐ AOÛT. Intervention française au Tchad pour soutenir le gouvernement d'Hissenabré.

☐ OCT. Attentat de Beyrouth contre la force multinationale : 300 morts parmi les soldats américains et français (58).

☐ 7-10 OCT. Première visite officielle d'un chef d'État algérien, depuis l'Indépendance.

1984 Nombreuses visites officielles du président de la République à l'étranger (États-Unis, Suède, Norvège, Jordanie, Algérie, Grande-Bretagne).

☐ MARS. Tension franco-espagnole sur la question de zones de pêche.

1985

☐ MAI. Isolement de la France au sommet des pays industrialisés.

☐ 10-26 JUILL. Attentat contre un bateau du mouvement écologiste Greenpeace en Nouvelle-Zélande ; les services secrets français mis en cause et les faux « époux Turenge » condamnés par la justice néo-zélandaise (nov.).

1986

☐ 20 JANV. Accord avec la Grande-Bretagne pour la construction du tunnel sous la Manche.

☐ 3-19 FÉVR. Série d'attentats à Paris suivis de nombreuses expulsions.

☐ FÉVR. Nouvelle intervention française au Tchad.

☐ MARS. Durcissement des Hezbollah dans l'affaire des otages du Liban.

☐ MAI. Début de normalisation des relations avec l'Iran : deux otages libérés (juin), mais les pressions reprennent (juill., condamnation de Georges Ibrahim Abdallah) ; menaces sur les otages, assassinats de soldats français de la F.I.N.U.L. et de l'attaché militaire à Beyrouth.

☐ JUILL. Accord pour le règlement de l'affaire Greenpeace.

☐ 1er-30 SEPT. 11 morts à Paris dans des attentats (le plus meurtrier a lieu rue de Rennes, le 17). Les mesures de sécurité antiterroristes sont renforcées.

1987 Nombreuses visites du président à l'étranger (Algérie, Portugal, Finlande, Argentine, Uruguay, Pérou, R.F.A., Djibouti) et du chef du gouvernement (États-Unis, U.R.S.S., Brazzaville, Canada, Israël).

☐ 18 MARS. Attentat à Djibouti : 11 morts dont 1 Français.

☐ AVR. Mesures d'expulsions réciproques avec l'U.R.S.S. après la découverte d'un réseau d'espionnage en Normandie.

☐ 2-30 JUILL. Rupture des relations diplomatiques avec l'Iran. Le *Clemenceau* en mer d'Oman.

☐ JUIN. Détérioration des relations avec l'Afrique du Sud, après la condamnation d'un coopérant français, Albertini, libéré en sept.

☐ 27-30 NOV. Libération de 2 otages au Liban et fin de la « guerre des ambassades » avec l'Iran.

1988

☐ JANV. Visite officielle d'Erich Honecker, chef du gouvernement de la R.D.A. (7-9). 75 prix Nobel à Paris (18-21).

☐ AVR. Libération des otages du Liban. Rétablissement des relations diplomatiques avec l'Iran (23 juin).

☐ JUIN. Signature avec l'Algérie d'une convention sur les enfants des couples mixtes.

☐ NOV. Pourparlers khmers sur l'avenir du Cambodge sous l'impulsion française.

☐ DÉC. F. Mitterrand en Tchécoslovaquie : développement d'une politique de rapprochement avec les pays de l'Est.

1989 Nombreuses visites du président (Bulgarie, Inde, Algérie, Canada, États-Unis, Tunisie, Pologne, Venezuela, Équateur, Colombie) ; rencontres avec M. Gorbatchev et G. Bush.

☐ JANV. Conférence internationale sur les armes chimiques à Paris. Accord gazier avec l'Algérie et relance de la coopération (12).

☐ MAI. Visite officielle controversée de Yasser Arafat (2-4).

☐ 8-16 JUILL. Sommet des sept pays industrialisés à Paris.

☐ 30 JUILL.-1er AOÛT. Conférence internationale de Paris sur le Cambodge.

☐ SEPT. Un DC-10 d'U.T.A., transportant 171 personnes, explose en vol au-dessus du Niger. Le 30 oct. 91, le juge chargé de l'affaire met en cause la Libye.

☐ OCT. Conf. de Paris sur l'Antarctique.

1990

☐ 13 FÉVR. Le gouvernement autorise de nouveau l'octroi de crédits à la Chine.

☐ 9 MARS. Fouad Ali Saleh, tunisien chiite, responsable d'une quinzaine d'attentats à Paris en 1985-86, condamné à 20 ans de prison.

☐ 28 OCT. M. Gorbatchev à Paris : octroi d'un prêt de 5 milliards de F et signature d'un accord bilatéral d'entente et de coopération (le 29).

☐ 5 DÉC. Première visite depuis l'avènement de la République islamique en 1979 d'un ministre des Affaires étrangères iranien.

1991

☐ AVR. O.N.U. : initiative de la France qui demande la condamnation de la répression des Kurdes en Irak ainsi qu'un droit d'accès humanitaire au Kurdistan irakien (le 5). Signature d'un traité d'amitié et de solidarité avec la Pologne lors de la visite officielle du président L. Walesa.

☐ 20 NOV. Signature d'un traité d'entente et de coopération entre la France et la Roumanie (I. Iliescu, président).

La France dans la C.E.E.

1981

☐ 1er JANV. Entrée de la Grèce dans la C.E.E. : les « Dix ».

La crise du Golfe

☐ 9 AOÛT. F. Mitterrand refuse d'associer la France à la force multinationale, conduite par les Américains, qui doit protéger l'Arabie Saoudite après l'invasion du Koweït par l'Irak, le 2 août, mais annonce l'envoi du *Clemenceau* dans le Golfe.

☐ 18 AOÛT. 560 Français, parmi les 12 000 étrangers, en Irak et au Koweït, retenus en otage par Saddam Hussein.

☐ 21 AOÛT. Conférence de presse du président : « la logique de guerre ». Des renforts sont envoyés dans le Golfe.

☐ 15 SEPT. Engagement de l'opération « Daguet » : renforts en hommes et en matériels envoyés en Arabie Saoudite.

☐ 24 SEPT. F. Mitterrand devant les Nations unies évoque une « logique de paix » et propose un plan de règlement du conflit.

☐ 23-30 OCT. S. Hussein relâche tous les Français encore retenus en otage.

☐ 8 DÉC. Renforcement du dispositif « Daguet » : 9 500 hommes prévus à la mi-janvier 1991.

□ 23 MARS-1ᵉʳ AVRIL. Conseil européen de Maastricht. Accords sur la sidérurgie (fin progressive des aides publiques et restructuration) et sur les prix agricoles.

1982
□ NOV. Polémique franco-américaine, après la levée de l'embargo américain, sur le gazoduc sibérien, dans le cadre de la C.E.E.

1983
□ MARS. Prêt de la C.E.E. à la France (27 millions de F) sous condition de poursuite du plan de rigueur économique.
□ DÉC. Échec du sommet d'Athènes. Heurt entre France et Grande-Bretagne sur les allégements de contributions budgétaires.

1984
□ MAR. Les Dix adoptent le programme de recherche et de développement dans le domaine des techniques de l'information (« Esprit »). Échec du sommet européen de Bruxelles, mais accord sur la politique agricole.
□ JUIN. Élections européennes marquées par une forte abstention et le recul presque général des majorités au pouvoir. Conseil européen de Fontainebleau : accord sur le conflit budgétaire avec la Grande-Bretagne.
□ 8 DÉC. Signature de la troisième convention de Lomé : C.E.E. et Afrique, Caraïbes, Pacifique (A.C.P.).

1985
□ 28-29 JUIN. Le traité d'union européenne (coopération politique) ne recueille pas la majorité ; mais le projet « Eurêka » pour le développement technologique en Europe, proposé par Paris, est accepté.
□ 16 JUILL. Conclusion du conflit sur les prix agricoles.
□ 2-17 DÉC. Le Conseil européen de Luxembourg réclame le resserrement des liens entre les États membres, afin de préparer le « grand marché intérieur » de 1992. C'est désormais la majorité et non plus l'unanimité qui régira les votes.

1986
□ 1ᵉʳ JANV. Entrée effective de l'Espagne et du Portugal : les « Douze ».
□ 28 FÉVR. Signature de l'Acte unique

La guerre du Golfe

□ 14 JANV. Plan de paix de la dernière chance proposé par F. Mitterrand au Conseil de sécurité de l'O.N.U. ; repoussé par les États-Unis.
□ 17 JANV. 2 h 40, heure locale. Les forces coalisées engagent l'opération « Tempête du désert ». 600 000 soldats alliés dont 12 000 Français. Attaques aériennes et bombardements de l'Irak.
□ 24 FÉVR. 6 h, heure locale. Les forces coalisées, dont la division « Daguet », engagent l'offensive terrestre. Progression rapide au Koweït et en Irak.
□ 27 FÉVR. Koweït-ville libérée. Le soir, l'Irak accepte toutes les résolutions de l'O.N.U. Cessez-le-feu provisoire déclaré par G. Bush qui doit prendre effet à 8 h, heure locale, le 28. La guerre du Golfe aura fait 283 morts parmi les soldats alliés dont 2 Français ; le bilan est plus difficile à établir du côté irakien, sans doute 200 000/300 000 morts civils et militaires.
□ 3 MARS. Allocution du chef de l'État : « la France a tenu son rôle et son rang ».

européen par les douze États membres de la C.E.E.

☐ AVR. Compromis sur les prix agricoles.

☐ DÉC. La France obtient une aide compensatoire après le vote de la réforme des marchés laitiers et bovins de la Communauté.

1987

☐ JANV. Réaménagement au sein du S.M.E. (Serpent monétaire européen).

☐ 21 JUILL. L'Europe « verte » : accord sur la voiture « propre ».

1989

☐ 11-12 FÉVR. Conseil européen extra-ordinaire à Bruxelles (après l'échec de celui de Copenhague, déc. 87) : nouveau système de financement de la C.E.E.

☐ OCT. Retentissement de la baisse du dollar sur le S.M.E.

☐ 9 NOV. Les cendres de Jean Monnet, le « père de l'Europe », transférées au Panthéon.

1989

☐ 26-27 AVR. Conseil européen de Madrid. Compromis sur l'union économique et monétaire.

☐ JUILL. L'Autriche demande son rattachement à la Communauté.

☐ NOV. Les réactions des Douze devant la chute du mur de Berlin. Ils se prononcent en faveur de l'unité allemande (déc.).

☐ DÉC. Signature de l'union monétaire. Quatrième accord de Lomé entre C.E.E. et A.C.P. Relance du dialogue avec les pays arabes.

1990

☐ 30 JANV. La Pologne dépose une demande officielle d'adhésion.

☐ 20 FÉVR. Les Douze réunis à Dublin approuvent le programme de réunification de l'Allemagne.

☐ 5 AVR. Le conflit Strasbourg/Bruxelles tranché par le Parlement européen : les sessions normales en Alsace, les sessions spéciales en Belgique.

☐ 28 MARS. Conseil européen de Dublin : la date du 1er janvier 1993 est retenue comme celle de l'avènement du grand marché européen, mais aussi de l'union économique et monétaire, ainsi que l'union politique.

☐ 19 JUIN. Accords de Schengen (Luxembourg) entre la Belgique, la France, le Luxembourg, les Pays-Bas, l'Allemagne, sur la libre circulation des personnes.

☐ JUILL. Libération officielle des mouvements des capitaux, première étape du processus d'union économique et monétaire (U.E.M.), effective fin 1992 (le 1er). Demande d'adhésion de Chypre.

☐ 28 NOV. Entrée en vigueur de la seconde phase de l'U.E.M., dont la date est repoussée au 1er janvier 1994 ; accord sur la nécessité d'une politique étrangère de sécurité commune (seule opposition : Grande-Bretagne).

1991

☐ 4 FÉVR. Les Douze lèvent les sanctions financières contre la Syrie, adoptées en 1986 à la suite d'attentats terroristes.

☐ AVR. La Banque européenne pour la reconstruction et le développement (B.E.R.D.), est chargée d'accorder des prêts aux pays de l'Est (le 15).

☐ 27 AOÛT. Sur l'initiative de la France, l'Europe impose sa médiation dans le conflit yougoslave et décide de l'organisation d'une conférence de paix qui s'ouvre à La Haye le 7 septembre.

☐ 22 NOV. Accords d'association avec la Pologne, la Hongrie, la Tchécoslovaquie, en vue de leur adhésion à la Communauté.

☐ 9-10 DÉC. Sommet européen de Maastricht : nouveau traité d'union économique et monétaire (U.E.M.) et progrès sur l'union politique.

☐ 23 DÉC. Reconnaissance de la C.E.I. (Communauté des États indépendants, issue du démembrement de l'ex-U.R.S.S.).

Économie et société

1981
□ JUIN-SEPT. Amorce puis amplification d'une nouvelle politique économique distributive.
□ 11-12 AOÛT. « Régularisation exceptionnelle » de la situation de 300 000 travailleurs émigrés clandestins arrivés avant le 1er janvier et ayant un emploi stable.
□ 1er-8 SEPT. Abolition de la peine de mort votée par l'Assemblée.
□ 4 OCT. Dévaluation de 3 % du franc (la première depuis 1969).
□ 6 OCT. Adoption du projet de loi sur les nationalisations.
□ NOV. Le cap des 2 millions de chômeurs est franchi.

1982
□ JANV.-MARS. Mesures sociales : 39 h/semaine, contrats solidarité entre État et entreprises privées, État et collectivités publiques pour lutter contre le chômage. Âge de la retraite abaissé à 60 ans.
□ JUIN. Nouvelle dévaluation du franc.
□ JUILL. Blocage des prix et des salaires jusqu'en novembre. Adoption de la réforme de l'audiovisuel : 4e chaîne de télévision, radios libres, création d'une Haute Autorité de 9 membres.
□ SEPT. Emprunt de l'État à un consortium de banques internationales.

1983
□ 25 MARS. Troisième dévaluation du franc (8 %). Instauration de la politique de rigueur pour lutter contre le chômage, l'inflation et le déficit du commerce extérieur.

□ 31 AOÛT. Renforcement de la lutte contre l'immigration clandestine.
□ 3 DÉC. Succès de la marche contre le racisme : 600 000 personnes à Paris, nombreux échos dans la classe politique.

1984
□ FÉVR. Mise en place du plan de modernisation industrielle.
□ 27 JUIN. La France gagne la Coupe d'Europe de football.
□ 12 DÉC. Adoption définitive de la loi sur la presse « limitant la concentration et assurant la transparence financière et le pluralisme des entreprises de presse » (loi « anti-Hersant »).
□ OCT. Majoration de l'impôt sur les grandes fortunes en faveur de la lutte contre la pauvreté.
□ 4 NOV. Canal plus, chaîne de télévision à péage.
□ 12-21 DÉC. Adoption de plusieurs projets de loi (droit des faillites, décentralisation de l'enseignement, famille).

1985
□ JANV. La politique de rigueur économique est poursuivie.
□ AVR. Comptes de la nation : le pouvoir d'achat des Français a baissé en 1984 (comme en 1983) de 0,7 %.
□ MAI. Agitation dans les prisons (surpopulation carcérale).
□ 15 JUIN. Paris : grande manifestation contre le racisme.
□ 18-25 JUILL. Accords sur l'assurance chômage et adoption du projet de loi sur les reconversions.
□ 15-27 NOV. Le coût du crédit baisse, la Bourse monte et les indices économiques s'améliorent.
□ 13 DÉC. Loi sur les télévisions privées.

1986
□ JANV. Indices économiques pour 1985 : baisse du chômage, hausse des prix modérée (4,5 %), commerce extérieur stabilisé.

□ FÉVR. Adoption de la loi sur la flexibilité du travail.

□ AVR. Dévaluation du franc.

□ JUIN.-JUILL. La suppression de l'autorisation administrative de licenciement entre en vigueur.

□ 10-16 SEPT. Deuxième phase de la politique économique du gouvernement : baisse des impôts et privatisations.

□ DÉC. Le Comité d'éthique réclame un moratoire sur les manipulations génétiques portant sur les embryons humains.

1987

□ JANV. La politique de rigueur salariale est maintenue malgré de nombreux mouvements de grèves. Poursuite des privatisations.

□ 3-26 AVR. Des incidents dans les centrales françaises relancent la polémique sur la sécurité du nucléaire.

□ MAI. Procès du SS Klaus Barbie à Lyon : condamnation à la prison à perpétuité (4 juill.), pour crime contre l'humanité.

□ 14-30 SEPT. Grave crise boursière. La Bourse de Paris subit le contrecoup de la chute du *Dow Jones,* à New York (hausse des taux d'intérêts, aggravation du déficit du commerce extérieur). Deux « lundis noirs », le 19 : –9,3 % (N.Y. : –22,6 %) ; le 26 : –4,9 % (N.Y. : 8%) ; baisse du dollar. Le 28, l'indice C.A.C. baisse encore de 5,9 %.

1988

□ JANV. Début des procès d'*Action directe* devant le tribunal correctionnel de Paris. Remboursement de l'emprunt « Giscard » (le 18).

□ 10-14 JUIN. Pertes de la société des Bourses françaises sur le M.A.T.I.F.

□ OCT. Fin du dur conflit des gardiens de prisons. Grèves suivies des infirmières et des fonctionnaires.

□ 22 OCT. Adoption du R.M.I. (revenu minimum d'insertion).

□ 9-10 DÉC. Quarantième anniversaire de la Déclaration universelle des droits de l'homme. Adoption du projet de loi sur le Conseil supérieur de l'audiovisuel.

1989

□ JANV. Les « affaires » politico-financières continuent de soulever de vives polémiques ; de nouvelles apparaissent (Pechiney...).

□ MAI. Arrestation de Paul Touvier, accusé de collaboration sous l'Occupation. Il bénéficie d'un non-lieu le 13 avril 1992 (la notion de crime contre l'humanité n'a pas été retenue par le tribunal), l'arrêt est déférée devant la Cour de cassation.

□ 29 JUIN. Nouvelle loi sur les rapports entre locataires et propriétaires.

□ 13-18 JUILL. Lancement des cérémonies officielles du Bicentenaire de la Révolution française. Le 12 décembre, un hommage solennel est rendu à l'abbé Grégoire, Monge et Condorcet.

□ 24 AOÛT. Records des Bourses de Paris et de New York.

□ OCT. Polémique provoqué par le refus d'admettre le port du foulard islamique à l'école. Multiplication des conflits sociaux.

1990

□ JANV. Grèves des internes et chefs de clinique ; une nouvelle convention médicale est signée le 9 mars 1991.

□ FÉVR. Grève des avocats.

□ 1er MARS. Entrée en vigueur de la « loi Neiertz » (promulguée le 31 déc. 1989) sur le désendettement des ménages.

□ 26 AVR. Bonne tenue du franc. Baisse du taux directeur de la Banque de France : 10 à 9,75 % puis 9,5 % (le 26).

□ 23 MAI. « Plan de développement des universités. »

□ JUIN. Premiers résultats du recensement de 1990 par l'I.N.S.E.E. : 58,4 millions d'habitants (56,5 en métropole, 1,9 million dans les D.O.M.).

☐ 24 SEPT. Conséquence de la guerre du Golfe et de la hausse du prix du pétrole, la chute des coûts boursiers atteint 24 % à Paris (32 à Tokyo, 15,4 à New York).
☐ 21 DÉC. Fermeture du dernier puits d'extraction de charbon dans la région Nord-Pas-de-Calais.

1991
☐ JANV. 200 000 personnes manifestent dans toute la France contre la guerre du Golfe, à l'appel notamment du P.C. et des Verts.
☐ MARS. La Banque de France abaisse encore son taux directeur, qui atteint 9 %.
☐ MAI. La Cour de cassation déclare illicite la pratique des « mères porteuses ».
☐ AVR.-OCT. Scandale du sang contaminé après la révélation que le Centre national de transfusion sanguine a continué à distribuer, en 1985, des produits contaminés par le virus du sida.
☐ JUIN. Après Sartrouville (mars), nouvel épisode, à Mantes, du malaise des banlieues : le gouvernement adopte une série de mesures d'urgence (12 juin).
☐ NOV. Plan de modernisation des ports et réforme du statut des dockers.
☐ 1ᵉʳ DÉC. Tennis : la France gagne la coupe Davis.

Civilisation et cultures

1981 W. Jankélévitch : *le Paradoxe de la morale* ☐ Cl. Miller réalise *Garde à vue.*

1982 Création mondiale à Aix-en-Provence : *les Boréades,* de Rameau ☐ J. Demy : *Une chambre en ville* ☐ Mort du poète et romancier Louis Aragon.

1983 René Char publié dans la collection « la Pléiade » ☐ Création de l'œuvre lyrique d'Olivier Messiaen : *Saint François d'Assise* ☐ Cinéma : *À nos amours* de M. Pialat et *l'Argent* de R. Bresson.

1984 Mort de Michel Foucault ☐ M. Duras, prix Goncourt pour *l'Amant* ☐ « Découverte » des sculptures de Camille Claudel, sœur de Paul.

1985 Claude Simon, prix Nobel de littérature ☐ Parmi les livres publiés : *le Chercheur d'or* de J.-M.G. Le Clézio ; *Déplacements dégagements* de H. Michaux ☐ *Shoah* (film de Cl. Lanzmann sur l'extermination des juifs).

1986 Premiers états généraux de la Francophonie ☐ *Thérèse,* film de A. Cavalier.

1987 Les droits d'auteur de Marcel Proust tombent dans le domaine public ☐ Chorégraphie de M. Béjart pour le ballet *Malraux ou la Métamorphose des dieux* ☐ Les *écrits intertestamentaires,* troisième volume de la Bible, dans la collection « la Pléiade » ☐ L. Malle réalise *Au revoir les enfants.*

1988 V. Farias : *Heidegger et le nazisme* ☐ Publication des Carnets de travail de G. Flaubert ☐ Célébration du bicentenaire de Buffon.

1989 La vogue du baroque se poursuit après la création, en 1982, d'un centre de musique baroque à Versailles : deux opéras mis en scène : *Atys* et *Platée* ☐ Le Grand Louvre.

1990 Création au Théâtre musical Paris-Châtelet de la version intégrale de la comédie-ballet de Molière, *le Malade imaginaire,* sur une musique de M.A. Charpentier ☐ L'Opéra de la Bastille est inauguré par la représentation des *Troyens* de Berlioz ☐ J.-P. Sartre entre au répertoire de la Comédie Française : *Huis clos,* mis en scène par Cl. Régy.

Biographies

Char (RENÉ), poète français (1907-1988). Ses premières œuvres sont marquées par son amitié avec A. Breton et P. Eluard et le surréalisme, dont il s'éloigne cependant assez vite (*le Marteau et l'enclume,* 1934). La guerre d'Espagne, puis la défaite française de 1940 suscitent son engagement. De 1942 à 1944, sous le nom de capitaine Alexandre, il joue un rôle important dans la Résistance, devenant chef de maquis des Basses-Alpes. L'expérience de la guerre modifie profondément sa conception de la poésie, pensée désormais comme voix de l'action, leçon de vie (*Feuillets d'Hypnos,* 1946). Paroles éclatées, fragmentées en de multiples formes (aphorisme, maxime, invocation...), les poésies s'attachent, contre les hasards et les fatalités, à dire les grandeurs de la nature et de l'homme : l'optimisme généreux du poète en révèle la force et la beauté (*Fureur et mystère,* 1948 ; *Aromates chasseurs,* 1976). Pour Char, œuvre poétique et conduite morale — vie — ne sont qu'une seule et même chose.

Lévi-Strauss (CLAUDE), ethnologue, né en 1908. Après des études de philosophie, il se tourne vers l'ethnologie : *Tristes Tropiques,* publiés en 1955, feront le récit de la naissance de sa vocation et de son premier voyage auprès des Indiens du Brésil. Professeur à São Paulo et aux États-Unis, puis occupant la chaire d'anthropologie sociale au Collège de France (1959), il se détache peu à peu des écoles de pensée que sont l'évolutionnisme (L. H. Morgan) ou le fonctionnalisme (Malinowski), et s'attache à offrir à l'ethnologie une nouvelle méthodologie.

L'analyse proposée par Lévi-Strauss, méthode rationnelle qui, à partir de l'observation rigoureuse d'une société, fait émerger la structure naturelle — inconsciente — de son fonctionnement, est cependant appliquée à des sujets irrationnels par excellence : mythes des Indiens d'Amérique, ou relations de parenté. *Structures élémentaires de la parenté* (1949) mettent ainsi en évidence la fonction de la prohibition de l'inceste et son sens. De même, *le Totémisme* ou *la Pensée sauvage* (1962) découvrent la signification et les règles régissant le symbolique ou la pensée « pré-logique ». L'*Anthropologie structurale* (1958) de l'ethnologie a offert un nouveau modèle méthodologique et épistémologique dont les sciences humaines se sont largement inspirées.

Dolto (FRANÇOISE, née Marette), psychanalyste (1908-1988). Infirmière, faute d'avoir pu faire médecine, elle découvre, en 1932, la psychanalyse auprès du fondateur du mouvement en France, René Laforgue, et s'installe bientôt comme analyste. Deux ans plus tard, elle passe l'internat en psychiatrie et rédige sa thèse sur les enfants *(Psychanalyse et pédiatrie).* En 1938 a lieu la rencontre déterminante avec Jacques Lacan, devenu un proche, et dont l'œuvre ne cessera d'alimenter ses propres travaux. Refusant le recours à la psychiatrie, jugée inadaptée dans les cas d'enfants à problèmes, la thérapie psychanalytique de F. Dolto est fondée sur l'écoute de l'inconscient spécifique de l'enfant. Se définissant comme « médecin de l'éducation », son traitement fait intervenir le rapport parental. Ses interventions sur la sexualité féminine, en 1960, le caractère non conformiste de son enseignement et de sa méthode thérapeutique lui valent bien des critiques (1963, École freudienne de Paris fondée avec Lacan), mais son œuvre rencontre la faveur du public (*Lorsque l'enfant paraît,* 3 vol., 1977-1979).

INDEX

L'index renvoie aux principales données présentées dans les rubriques :
Vie politique et institutionnelle, Politique extérieure, Économie et société.
Les chiffres en romain renvoient aux cartes.

Aubin Imprimeur

LIGUGÉ, POITIERS

Photocomposition Maury Malesherbes
Dépôt légal octobre 1992
N° de série éditeur 17164
N° d'imprimeur L 41337
Imprimé en France
(*Printed in France*) – 720265 – octobre 1992